大学赤本シリーズ

517

甲南大学

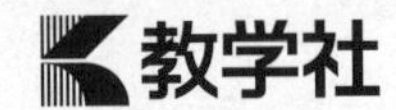

は　し　が　き

おかげさまで，大学入試の「赤本」は，今年で創刊70周年を迎えました。

これまで，入試問題や資料をご提供いただいた大学関係者各位，掲載許可をいただいた著作権者の皆様，各科目の解答や対策の執筆にあたられた先生方，そして，赤本を使用してくださったすべての読者の皆様に，厚く御礼を申し上げます。

以下に，創刊初期の「赤本」のはしがきを引用します。これからも引き続き，受験生の目標の達成や，夢の実現を応援してまいります。

本書を活用して，入試本番では持てる力を存分に発揮されることを心より願っています。

編者しるす

＊　＊　＊

学問の塔にあこがれのまなざしをもって，それぞれの志望する大学の門をたたかんとしている受験生諸君！　人間として生まれてきた私たちは，自己の欲するままに，美しく，強く，そして何よりも人間らしく生きることをねがっている。しかし，一朝一夕にして，この純粋なのぞみが達せられることはない。私たちの行く手には，絶えずさまざまな試練がまちかまえている。この試練を克服していくところに，私たちのねがう真に人間的な世界がはじめて開かれてくるのである。

人生最初の最大の試練として，諸君の眼前に大学入試がある。この大学入試は，精神的にも身体的にも，大きな苦痛を感ぜしめるであろう。あるスポーツに熟達するには，たゆみなき，はげしい練習を積み重ねることが必要であるように，私たちは，計画的・持続的な努力を払うことによって，この試練を克服し，次の一歩を踏みだすことができる。厳しい試練を経たのちに，はじめて満足すべき成果を獲得できるのである。

本書は最近の入学試験の問題に，それぞれ解答を付し，さらに問題をふかく分析することによって，その大学独特の傾向や対策をさぐろうとした。本書を一般の参考書とあわせて使用し，まとはずれのない，効果的な受験勉強をされるよう期待したい。

（昭和35年版「赤本」はしがきより）

挑む人の、いちばんの味方

1954年に大学入試の過去問題集を刊行してから70年。赤本は大学に入りたいと思う受験生を応援しつづけてきました。これからも，苦しいとき落ち込むときにそばで支える存在でいたいと思います。

そして，勉強をすること，自分で道を決めること，努力が実ること，これらの喜びを読者の皆さんが感じることができるよう，伴走をつづけます。

そもそも赤本とは…

受験生のための大学入試の過去問題集！

70年の歴史を誇る赤本は，500点を超える刊行点数で全都道府県の370大学以上を網羅しており，過去問の代名詞として受験生の必須アイテムとなっています。

…………… なぜ受験に過去問が必要なのか？ ……………

大学入試は大学によって問題形式や頻出分野が大きく異なるからです。

赤本の掲載内容

傾向と対策

これまでの出題内容から，問題の「**傾向**」を分析し，来年度の入試に向けて具体的な「**対策**」の方法を紹介しています。

問題編・解答編

- 年度ごとに問題とその解答を掲載しています。
- 「**問題編**」ではその年度の試験概要を確認したうえで，実際に出題された過去問に取り組むことができます。
- 「**解答編**」には高校・予備校の先生方による解答が載っています。

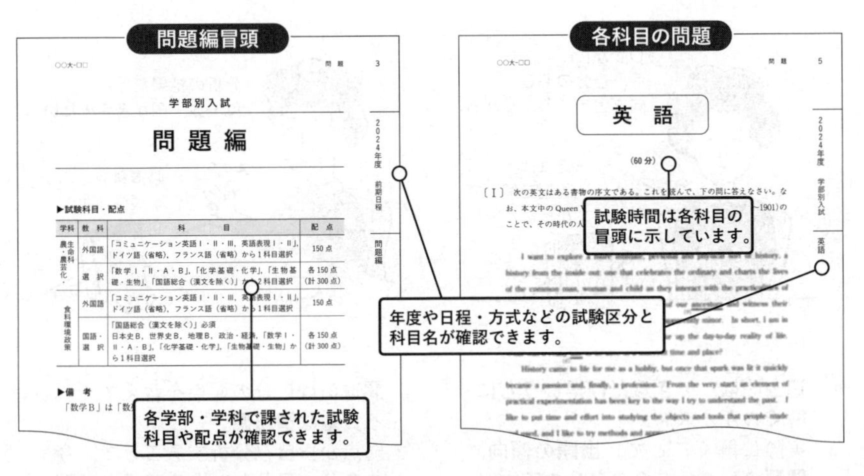

他にも，大学の基本情報や，先輩受験生の合格体験記，在学生からのメッセージなどが載っていることがあります。

掲載内容について

著作権上の理由やその他編集上の都合により問題や解答の一部を割愛している場合があります。
なお，指定校推薦入試，社会人入試，編入学試験，帰国生入試などの特別入試，英語以外の外国語科目，商業・工業科目は，原則として掲載しておりません。また試験科目は変更される場合がありますので，あらかじめご了承ください。

受験勉強は

過去問に始まり，

STEP 1

なにはともあれ

まずは解いてみる

しずかに…
今，自分の心と
向き合ってるんだから

ムーン

過去問は，**できるだけ早いうちに解く**のがオススメ！
実際に解くことで，**出題の傾向，問題のレベル，今の自分の実力**がつかめます。

STEP 2

じっくり具体的に

弱点を分析する

分析の結果だけど
英・数・国が苦手みたい
スリー
必須科目だホン
頑張るホン

間違いは自分の弱点を教えてくれる**貴重な情報源。**
弱点から自己分析することで，**今の自分に足りない力や苦手な分野**が見えてくるはず！

合格者があかす 赤本の使い方

傾向と対策を熟読
（Fさん／国立大合格）

大学の出題傾向を調べるために，赤本に載っている「傾向と対策」を熟読しました。

繰り返し解く
（Tさん／国立大合格）

1周目は問題のレベル確認，2周目は苦手や頻出分野の確認に，3周目は合格点を目指して，と過去問は繰り返し解くことが大切です。

過去問に終わる。

STEP 3

志望校にあわせて

苦手分野の重点対策

明日からはみんなで頑張るよ！
参考書も！ 問題集も！
よろしくね！
呼んだ？
なにを!? どこから!?
グッ
グッ

参考書や問題集を活用して，苦手分野の**重点対策**をしていきます。**過去問を指針**に，合格へ向けた具体的な学習計画を立てましょう！

STEP 1 ▶ 2 ▶ 3

サイクルが大事！

実践を繰り返す

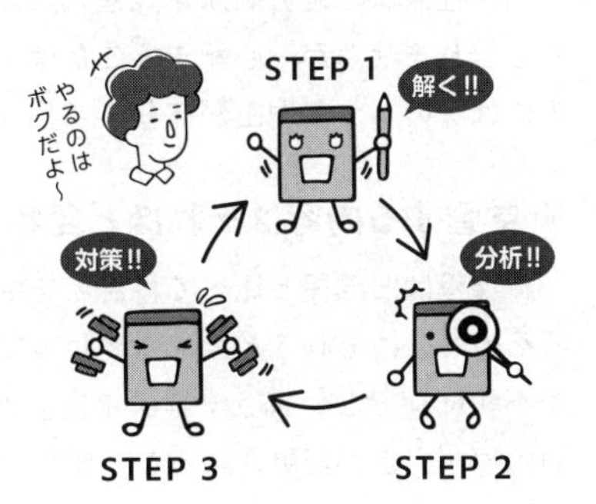

STEP 1～3を繰り返し，実力アップにつなげましょう！
出題形式に慣れることや，**時間配分を考えること**も大切です。

目標点を決める
（Yさん／私立大合格）
赤本によっては合格者最低点が載っているので，それを見て目標点を決めるのもよいです。

時間配分を確認
（Kさん／私立大学合格）
赤本は時間配分や解く順番を決めるために使いました。

添削してもらう
（Sさん／私立大学合格）
記述式の問題は先生に添削してもらうことで自分の弱点に気づけると思います。

新課程入試 Q&A

2022 年度から新しい学習指導要領（新課程）での授業が始まり，2025 年度の入試は，新課程に基づいて行われる最初の入試となります。ここでは，赤本での新課程入試の対策について，よくある疑問にお答えします。

Q1. 赤本は新課程入試の対策に使えますか？

A. もちろん使えます！

旧課程入試の過去問が新課程入試の対策に役に立つのか疑問に思う人もいるかもしれませんが，心配することはありません。旧課程入試の過去問が役立つのには次のような理由があります。

● 学習する内容はそれほど変わらない

新課程は旧課程と比べて科目名を中心とした変更はありますが，学習する内容そのものはそれほど大きく変わっていません。また，多くの大学で，既卒生が不利にならないよう「経過措置」がとられます（Q３参照）。したがって，出題内容が大きく変更されることは少ないとみられます。

● 大学ごとに出題の特徴がある

これまでに課程が変わったときも，各大学の出題の特徴は大きく変わらないことがほとんどでした。入試問題は各大学のアドミッション・ポリシーに沿って出題されており，過去問にはその特徴がよく表れています。過去問を研究してその大学に特有の傾向をつかめば，最適な対策をとることができます。

出題の特徴の例	・英作文問題の出題の有無 ・論述問題の出題（字数制限の有無や長さ） ・計算過程の記述の有無

新課程入試の対策も，赤本で過去問に取り組むところから始めましょう。

Q2. 赤本を使う上での注意点はありますか？

A. 志望大学の入試科目を確認しましょう。

過去問を解く前に，過去の出題科目（問題編冒頭の表）と 2025 年度の募集要項とを比べて，課される内容に変更がないかを確認しましょう。ポイントは以下のとおりです。科目名が変わっていても，実際は旧課程の内容とほとんど同様のものもあります。

英語・国語	科目名は変更されているが，実質的には変更なし。 ▶▶ **ただし，リスニングや古文・漢文の有無は要確認。**
地歴	科目名が変更され，「歴史総合」「地理総合」が新設。 ▶▶ **新設科目の有無に注意。ただし，「経過措置」(Q3参照) により内容は大きく変わらないことも多い。**
公民	「現代社会」が廃止され，「公共」が新設。 ▶▶ **「公共」は実質的には「現代社会」と大きく変わらない。**
数学	科目が再編され，「数学 C」が新設。 ▶▶ **「数学」全体としての内容は大きく変わらないが，出題科目と単元の変更に注意。**
理科	科目名も学習内容も大きな変更なし。

数学については，科目名だけでなく，どの単元が含まれているかも確認が必要です。例えば，出題科目が次のように変わったとします。

旧課程	「数学Ⅰ・数学Ⅱ・数学 A・数学 B（数列・ベクトル）」
新課程	「数学Ⅰ・数学Ⅱ・数学 A・**数学 B（数列）・数学 C（ベクトル）**」

この場合，新課程では「数学C」が増えていますが，単元は「ベクトル」のみのため，実質的には旧課程とほぼ同じであり，過去問をそのまま役立てることができます。

Q3.「経過措置」とは何ですか？

A. 既卒の旧課程履修者への対応です。

多くの大学では，既卒の旧課程履修者が不利にならないように，出題において「経過措置」が実施されます。措置の有無や内容は大学によって異なるので，募集要項や大学のウェブサイトなどで確認しておきましょう。

◯旧課程履修者への経過措置の例

- 旧課程履修者にも配慮した出題を行う。
- 新・旧課程の共通の範囲から出題する。
- 新課程と旧課程の共通の内容を出題し，共通範囲のみでの出題が困難な場合は，旧課程の範囲からの問題を用意し，選択解答とする。

例えば，地歴の出題科目が次のように変わったとします。

旧課程	「日本史 B」「世界史 B」から１科目選択
新課程	「**歴史総合**，日本史探究」「**歴史総合**，世界史探究」から１科目選択※ ※旧課程履修者に不利益が生じることのないように配慮する。

「歴史総合」は新課程で新設された科目で，旧課程履修者には見慣れないものですが，上記のような経過措置がとられた場合，新課程入試でも旧課程と同様の学習内容で受験することができます。

要チェックだホン

新課程の情報は WEB もチェック！
より詳しい解説が赤本ウェブサイトで見られます。
https://akahon.net/shinkatei/

科目名が変更される教科・科目

	旧課程	新課程
国語	国語総合 国語表現 現代文A 現代文B 古典A 古典B	現代の国語 言語文化 論理国語 文学国語 国語表現 古典探究
地歴	日本史A 日本史B 世界史A 世界史B 地理A 地理B	歴史総合 日本史探究 世界史探究 地理総合 地理探究
公民	現代社会 倫理 政治・経済	公共 倫理 政治・経済
数学	数学Ⅰ 数学Ⅱ 数学Ⅲ 数学A 数学B 数学活用	数学Ⅰ 数学Ⅱ 数学Ⅲ 数学A 数学B 数学C
外国語	コミュニケーション英語基礎 コミュニケーション英語Ⅰ コミュニケーション英語Ⅱ コミュニケーション英語Ⅲ 英語表現Ⅰ 英語表現Ⅱ 英語会話	英語コミュニケーションⅠ 英語コミュニケーションⅡ 英語コミュニケーションⅢ 論理・表現Ⅰ 論理・表現Ⅱ 論理・表現Ⅲ
情報	社会と情報 情報の科学	情報Ⅰ 情報Ⅱ

大学のサイトも見よう

目　次

2022 年度
問題と解答

●総合型選抜公募制推薦入試

●一般選抜前期日程

掲載内容についてのお断り

- 総合型選抜公募制推薦入試（教科科目型）および一般選抜前期日程のうち１日程分を掲載しています。なお，2024 年度の総合型選抜公募制推薦入試の教科科目型面接方式は掲載していません。
- 著作権の都合上，2024 年度の下記の内容を省略しています。
  一般選抜前期日程「英語」大問②の英文・全訳

大学情報

基本情報

学部・学科・学環の構成

大　学

●文学部　岡本キャンパス
日本語日本文学科
英語英米文学科
社会学科
人間科学科
歴史文化学科

●経済学部　岡本キャンパス
経済学科

●法学部　岡本キャンパス
法学科

●経営学部　岡本キャンパス
経営学科

●マネジメント創造学部〔CUBE〕 西宮キャンパス

マネジメント創造学科

●グローバル教養学環〔STAGE〕 岡本キャンパス

●理工学部 岡本キャンパス

物理学科

生物学科

機能分子化学科

●知能情報学部 岡本キャンパス

知能情報学科

●フロンティアサイエンス学部〔FIRST〕 ポートアイランドキャンパス

生命化学科

大学院

人文科学研究科 / 社会科学研究科 / 自然科学研究科 / フロンティアサイエンス研究科

大学所在地

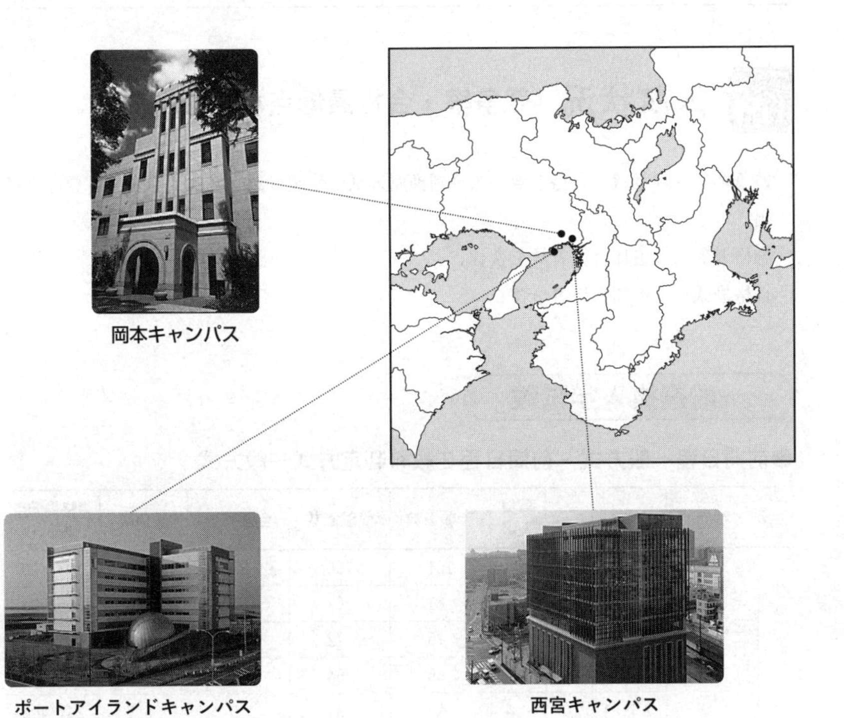

岡本キャンパス	〒658-8501	神戸市東灘区岡本 8-9-1
西宮キャンパス	〒663-8204	西宮市高松町 8-33
ポートアイランドキャンパス	〒650-0047	神戸市中央区港島南町 7-1-20

2024 年度入試データ

入試状況（競争率・合格最低点など）

○競争率は受験者数÷合格者数（公募制推薦入試は受験者数÷２次選考合格者数）で算出。
○合格者数には追加合格者数を含む。
○合格最低点は追加合格者を含む。

一般選抜入学試験

●前期日程一般方式・前期日程２教科判定方式一般方式

学部・学科等		試験日		募集人員	志願者数	受験者数	合格者数	競争率	合格最低点／配点
文	日本語日本文	3 教科	2/1	34	101	100	33	3.0	303/500
			2/2		61	61	20	3.1	316/500
			2/4		75	72	23	3.1	295/500
			2/5		65	64	18	3.6	339/500
		2 教科	2/3	4	52	51	9	5.7	241/400
	英語英米文	3 教科	2/1	40	85	85	24	3.5	308/500
			2/2		65	65	21	3.1	304/500
			2/4		69	68	19	3.6	290/500
			2/5		73	71	23	3.1	329/500
		2 教科	2/3	5	66	64	18	3.6	309/500
	社会	3 教科	2/1	30	104	101	24	4.2	320/500
			2/2		86	85	20	4.3	336/500
			2/4		97	94	22	4.3	329/500
			2/5		94	91	21	4.3	343/500
		2 教科	2/3	4	49	49	7	7.0	249/400

（表つづく）

学部・学科等		試験日		募集人員	志願者数	受験者数	合格者数	競争率	合格最低点／配点
文	人間科	3 教科	2/1	40	145	142	32	4.4	311/500
			2/2		119	117	24	4.9	339/500
			2/4		124	120	26	4.6	302/500
			2/5		131	124	28	4.4	336/500
		2 教科	2/3	4	66	66	10	6.6	232/400
	歴史文化	3 教科	2/1	30	100	100	24	4.2	400/600
			2/2		59	59	15	3.9	426/600
			2/4		72	72	17	4.2	413/600
			2/5		79	79	19	4.2	403/600
		2 教科	2/3	1	12	11	1	11.0	320/400
経　済		3 教科	2/1	135	304	300	81	3.7	185/300
			2/2		281	272	90	3.0	180/300
			2/4		304	296	76	3.9	177/300
			2/5		278	264	81	3.3	181/300
		2 教科	2/3	20	150	144	26	5.5	183/300
法		3 教科	2/1	120	224	221	72	3.1	242/400
			2/2		200	197	64	3.1	240/400
			2/4		223	220	70	3.1	222/400
			2/5		243	237	78	3.0	242/400
		2 教科	2/3	20	195	189	59	3.2	222/400
経　営		3 教科	2/1	130	276	273	63	4.3	314/500
			2/2		244	241	58	4.2	312/500
			2/4		259	245	59	4.2	306/500
			2/5		271	268	60	4.5	334/500
		2 教科	2/3	25	229	228	47	4.9	113/200
マネジメント創造		3 教科	2/1	60	99	98	25	3.9	234/400
			2/4		105	103	24	4.3	225/400
			2/5		97	93	21	4.4	226/400
		2 教科	2/3	12	95	93	21	4.4	133/250
グローバル教養学環		3 教科	2/1	5	29	29	13	2.2	235/400

（表つづく）

学部・学科等		試験日		募集人員	志願者数	受験者数	合格者数	競争率	合格最低点/配点
理工	物理	3教科	2/1	20	131	128	44	2.9	168/300
			2/4		134	128	43	3.0	162/300
		2教科判定	2/1		69	69	24	2.9	107/200
			2/4		74	72	26	2.8	114/200
	生物	3教科	2/1	25	115	113	38	3.0	160/300
			2/4		119	115	38	3.0	176/300
		2教科判定	2/1		64	63	16	3.9	126/200
			2/4		65	63	16	3.9	118/200
	機能分子化	3教科	2/1	20	91	88	37	2.4	164/300
			2/4		92	87	42	2.1	152/300
		2教科判定	2/1		40	39	19	2.1	100/200
			2/4		56	54	27	2.0	104/200
知能情報		3教科	2/1	42	227	224	78	2.9	274/500
			2/4		167	160	55	2.9	274/500
		2教科	2/3	20	151	147	55	2.7	121/300
フロンティアサイエンス		3教科	2/1	11	96	94	30	3.1	222/400
		2教科	2/3	11	83	80	25	3.2	173/300

●前期日程外部英語試験活用方式・前期日程2教科判定方式外部英語試験活用方式

＊募集人員は前期日程一般方式・前期日程2教科判定方式一般方式に含まれる。

学部・学科等		試験日		募集人員	志願者数	受験者数	合格者数	競争率	合格最低点/配点
文	日本語日本文	3教科	2/1	34	25	25	7	3.6	400/500
			2/2		11	11	4	2.8	382/500
			2/4		15	15	5	3.0	357/500
			2/5		17	17	6	2.8	374/500
		2教科	2/3	4	16	16	3	5.3	298/400
	英語英米文	3教科	2/1	40	42	42	13	3.2	341/500
			2/2		40	40	14	2.9	351/500
			2/4		41	41	14	2.9	337/500
			2/5		48	47	14	3.4	386/500
		2教科	2/3	5	51	49	15	3.3	382/500

（表つづく）

学部・学科等		試験日		募集人員	志願者数	受験者数	合格者数	競争率	合格最低点／配点
文	社　会	3教科	2/1	30	42	42	9	4.7	363/500
			2/2		36	36	8	4.5	392/500
			2/4		28	27	6	4.5	369/500
			2/5		38	37	9	4.1	378/500
		2教科	2/3	4	26	26	3	8.7	304/400
	人間科	3教科	2/1	40	62	62	14	4.4	353/500
			2/2		53	53	14	3.8	363/500
			2/4		41	40	10	4.0	348/500
			2/5		57	54	12	4.5	382/500
		2教科	2/3	4	28	28	5	5.6	288/400
	歴史文化	3教科	2/1	30	23	23	5	4.6	461/600
			2/2		18	18	4	4.5	473/600
			2/4		23	23	5	4.6	493/600
			2/5		21	21	5	4.2	464/600
		2教科	2/3	1	5	5	0	—	—/400
経　済		3教科	2/1	135	74	73	19	3.8	211/300
			2/2		71	70	18	3.9	216/300
			2/4		77	76	18	4.2	205/300
			2/5		87	86	21	4.1	215/300
		2教科	2/3	20	67	67	9	7.4	236/300
法		3教科	2/1	120	65	65	21	3.1	274/400
			2/2		51	51	15	3.4	283/400
			2/4		60	58	20	2.9	279/400
			2/5		64	62	19	3.3	297/400
		2教科	2/3	20	77	76	25	3.0	280/400
経　営		3教科	2/1	130	89	89	21	4.2	369/500
			2/2		80	78	20	3.9	357/500
			2/4		74	72	17	4.2	364/500
			2/5		90	90	20	4.5	390/500
		2教科	2/3	25	80	80	13	6.2	144/200
マネジメント創造		3教科	2/1	60	33	32	9	3.6	289/400
			2/4		41	41	10	4.1	301/400
			2/5		33	32	8	4.0	287/400
		2教科	2/3	12	34	33	7	4.7	178/250

（表つづく）

学部・学科等		試験日		募集人員	志願者数	受験者数	合格者数	競争率	合格最低点/配点
グローバル教養学環		3教科	2/1	5	26	26	14	1.9	286/400
理工	物理	3教科	2/1	20	29	29	10	2.9	184/300
			2/4		26	25	9	2.8	194/300
	生物	3教科	2/1	25	36	36	10	3.6	177/300
			2/4		43	43	12	3.6	199/300
		2教科判定	2/1		23	23	7	3.3	132/200
			2/4		32	32	10	3.2	151/200
	機能分子化	3教科	2/1	20	17	17	7	2.4	188/300
			2/4		16	16	7	2.3	194/300
知能情報		3教科	2/1	42	64	62	21	3.0	317/500
			2/4		37	37	14	2.6	310/500
		2教科	2/3	20	45	44	16	2.8	151/300
フロンティアサイエンス		3教科	2/1	11	30	30	9	3.3	245/400
		2教科	2/3	11	28	28	9	3.1	206/300

●中期日程一般方式・中期日程2教科判定方式一般方式

学部・学科等		種別	募集人員	志願者数	受験者数	合格者数	競争率	合格最低点/配点
文	日本語日本文	3教科	3	71	67	21	3.2	371/500
	英語英米文	3教科	6	88	81	20	4.1	385/500
	社会	3教科	6	72	68	19	3.6	385/500
	人間科	3教科	6	112	107	18	5.9	450/600
	歴史文化	3教科	3	90	85	15	5.7	313/400
経済		3教科	22	286	267	45	5.9	223/300
法		3教科	15	228	208	85	2.4	282/400
経営		3教科	20	273	259	74	3.5	381/500
マネジメント創造		3教科	10	101	96	30	3.2	274/400
理工	物理	3教科	5	57	53	19	2.8	139/300
		2教科判定		43	42	16	2.6	90/200
	生物	3教科	6	53	48	8	6.0	183/300
		2教科判定		36	34	6	5.7	139/200
	機能分子化	3教科	10	51	45	22	2.0	131/300
		2教科判定		34	31	13	2.4	80/200

（表つづく）

学部・学科等	種　別	募集人員	志願者数	受験者数	合格者数	競争率	合格最低点／配点
知能情報	3 教科	10	126	120	37	3.2	180/350
フロンティアサイエンス	3 教科	5	41	38	14	2.7	216/400
	2 教科判定		27	25	9	2.8	198/300

●中期日程外部英語試験活用方式・中期日程 2 教科判定方式外部英語試験活用方式

＊募集人員は中期日程一般方式・中期日程 2 教科判定方式一般方式に含まれる。

学部・学科等		種　別	募集人員	志願者数	受験者数	合格者数	競争率	合格最低点／配点
文	日本語日本文	3 教科	3	23	22	6	3.7	397/500
	英語英米文	3 教科	6	43	41	9	4.6	406/500
	社会	3 教科	6	44	42	7	6.0	405/500
	人間科	3 教科	6	62	61	16	3.8	464/600
	歴史文化	3 教科	3	27	26	4	6.5	342/400
経済		3 教科	22	99	93	29	3.2	226/300
法		3 教科	15	72	67	28	2.4	308/400
経営		3 教科	20	95	91	26	3.5	400/500
マネジメント創造		3 教科	10	51	49	16	3.1	305/400
理工	物理	3 教科	5	12	11	3	3.7	191/300
	生物	3 教科	6	23	20	6	3.3	155/300
		2 教科判定		19	17	3	5.7	148/200
	機能分子化	3 教科	10	12	11	3	3.7	206/300
知能情報		3 教科	10	40	35	7	5.0	187/350
フロンティアサイエンス		3 教科	5	19	19	6	3.2	251/400
		2 教科判定		14	14	5	2.8	214/300

●後期日程

学部・学科等	募集人員	志願者数	受験者数	合格者数	競争率	合格最低点／配点
経済	15	160	152	32	4.8	134/200
法	25	218	209	37	5.6	128/200
経営	10	149	139	38	3.7	133/200
マネジメント創造	5	25	23	5	4.6	193/300

（表つづく）

学部・学科等		募集人員	志願者数	受験者数	合格者数	競争率	合格最低点／配点
理工	物理	4	54	45	9	5.0	188/300
	機能分子化	4	21	17	3	5.7	134/200

●共通テスト併用型（前期日程）

学部・学科等		試験日		募集人員	志願者数	受験者数	合格者数	競争率	合格最低点／配点
文	日本語日本文	3教科	2/1	6	42	41	14	2.9	297/400
			2/2		27	27	11	2.5	277/400
			2/4		32	30	9	3.3	250/400
			2/5		26	26	10	2.6	281/400
	英語英米文	3教科	2/1	5	38	38	12	3.2	261/400
			2/2		20	20	6	3.3	252/400
			2/4		29	28	10	2.8	254/400
			2/5		29	28	10	2.8	273/400
	社会	3教科	2/1	8	42	40	12	3.3	342/500
			2/2		32	30	9	3.3	327/500
			2/4		42	39	10	3.9	347/500
			2/5		39	36	9	4.0	344/500
	人間科	3教科	2/1	4	60	58	12	4.8	199/300
			2/2		45	45	10	4.5	206/300
			2/4		46	45	9	5.0	196/300
			2/5		52	50	11	4.5	209/300
	歴史文化	3教科	2/1	7	51	50	10	5.0	309/400
			2/2		33	33	6	5.5	324/400
			2/4		29	29	5	5.8	325/400
			2/5		42	42	9	4.7	320/400
経済		3教科	2/1	15	88	88	24	3.7	275/400
			2/2		79	77	21	3.7	264/400
			2/4		87	85	22	3.9	261/400
			2/5		72	70	18	3.9	267/400
		2教科	2/3	5	65	63	21	3.0	187/300

（表つづく）

学部・学科等	試験日		募集人員	志願者数	受験者数	合格者数	競争率	合格最低点／配点
法	3 教 科	2/1	20	78	78	20	3.9	282/400
		2/2		71	70	22	3.2	270/400
		2/4		73	72	23	3.1	273/400
		2/5		82	81	26	3.1	272/400
	2 教 科	2/3	5	89	86	28	3.1	254/400
経 営	3 教 科	2/1	20	93	92	22	4.2	202/300
		2/2		86	84	22	3.8	196/300
		2/4		92	88	24	3.7	197/300
		2/5		100	98	23	4.3	203/300
	2 教 科	2/3	5	120	120	20	6.0	145/200
マネジメント創造	3 教 科	2/1	3	30	30	8	3.8	192/300
		2/4		37	36	10	3.6	186/300
		2/5		21	20	6	3.3	190/300
	2 教 科	2/3	2	22	20	6	3.3	127/200
理工 物理	3 教 科	2/1	5	39	39	15	2.6	311/500
		2/4		40	40	14	2.9	301/500
理工 生物	3 教 科	2/1	3	33	32	10	3.2	368/600
		2/4		35	34	11	3.1	363/600
理工 機能分子化	3 教 科	2/1	8	35	35	16	2.2	360/600
		2/4		29	29	14	2.1	370/600
知能情報	3 教 科	2/1	5	90	89	26	3.4	183/300
		2/4		62	60	20	3.0	185/300
	2 教 科	2/3	3	69	68	21	3.2	153/300
フロンティアサイエンス	3 教 科	2/1	1	49	49	16	3.1	267/400
	2 教 科	2/3	1	44	42	13	3.2	190/300

●共通テスト併用型（後期日程）

学部・学科等	募集人員	志願者数	受験者数	合格者数	競争率	合格最低点／配点
法	10	36	33	5	6.6	297/400
経 営	5	35	30	9	3.3	199/300
理工 機能分子化	2	7	6	1	6.0	313/500

●共通テスト利用型（前期日程一般方式・外部英語試験活用方式）

学部・学科等		種別	募集人員	志願者数	受験者数	合格者数	競争率	合格最低点／配点
文	日本語日本文	一般	2	53	53	15	3.5	383/500
		外部英語		24	24	8	3.0	402/500
	英語英米文	一般	5	45	45	12	3.8	300/400
		外部英語		51	51	21	2.4	326/400
	社会	一般	4	107	105	18	5.8	366/500
		外部英語		68	67	12	5.6	397/500
	人間科	一般	3	104	104	22	4.7	381/500
		外部英語		55	55	12	4.6	416/500
	歴史文化	一般	2	60	60	9	6.7	480/600
		外部英語		19	19	3	6.3	311/400
経済		一般	10	190	188	67	2.8	288/400
		外部英語		83	82	25	3.3	320/400
法		3科目	15	204	203	94	2.2	270/400
		4科目		133	133	67	2.0	288/400
		外部英語		87	87	42	2.1	300/400
経営		一般	10	228	228	90	2.5	210/300
		外部英語		104	104	45	2.3	230/300
マネジメント創造		英語重視	5	31	31	10	3.1	279/400
		バランス		65	64	21	3.0	209/300
		外部英語		43	43	14	3.1	139/200
理	物理	一般	2	59	59	24	2.5	414/600
		外部英語		17	17	5	3.4	273/400
	生物	一般	3	47	47	11	4.3	496/700
		外部英語		15	15	2	7.5	350/500
工	機能分子化	一般	2	53	52	18	2.9	483/700
		外部英語		4	4	2	2.0	368/500
知能情報		一般	5	104	104	39	2.7	277/400
		外部英語		29	29	11	2.6	276/400
フロンティアサイエンス		一般	1	91	91	48	1.9	247/400
		外部英語		28	28	16	1.8	240/400

(備考)「外部英語」は「外部英語試験活用方式」のことである。

●共通テスト利用型（後期日程）

学部・学科等		募集人員	志願者数	受験者数	合格者数	競争率	合格最低点／配点
経済		3	18	18	8	2.3	291/400
法	3科目	5	14	14	7	2.0	293/400
	4科目		8	8	4	2.0	298/400
経営		5	17	17	8	2.1	210/300
理工	機能分子化	1	5	5	1	5.0	399/600
知能情報		2	4	4	2	2.0	286/400
フロンティアサイエンス		1	3	3	2	1.5	219/400

公募制推薦入学試験

●教科科目型　一般方式・外部英語試験活用方式

学部・学科等		募集人員	志願者数	受験者数	合格者数	競争率
文	日本語日本文	約 9	252	248	31	8.0
	英語英米文	約10	324	303	50	6.1
	社会	約12	349	331	35	9.5
	人間科	約10	345	337	30	11.2
	歴史文化	約 6	142	138	11	12.5
経済		約25	471	469	150	3.1
法		約20	425	410	98	4.2
経営		約30	830	811	114	7.1
マネジメント創造		約20	359	337	108	3.1
グローバル教養学環		約 5	81	73	12	6.1
理工	物理	約10	72	71	45	1.6
	生物	約 6	110	107	21	5.1
	機能分子化	約10	89	87	63	1.4
知能情報		約15	224	222	60	3.7
フロンティアサイエンス		約 6	55	53	35	1.5

入学試験要項（出願書類）の入手方法

入学試験要項は，甲南大学の受験生向け情報サイトである甲南 Ch. からダウンロードするか，下記請求先へ請求してください。

資料請求先・問い合わせ先

甲南大学　アドミッションセンター
〒658-8501　神戸市東灘区岡本 8-9-1〈岡本キャンパス〉
TEL　078-435-2319（直通）
ホームページ　https://ch.konan-u.ac.jp/

科目ごとに問題の「傾向」を分析し，具体的にどのような「対策」をすればよいか紹介しています。まずは出題内容をまとめた分析表を見て，試験の概要を把握しましょう。

注　意

「傾向と対策」で示している，出題科目・出題範囲・試験時間等については，2024 年度までに実施された入試の内容に基づいています。2025 年度入試の選抜方法については，各大学が発表する学生募集要項を必ずご確認ください。

来年度の変更点

2025 年度入試では，以下の変更が予定されている（本書編集時点）。

- 一般選抜の日程を変更する。
  前期日程：1 月 30 日，31 日，2 月 1 日，4 日，5 日
  中期日程：2 月 17 日，18 日
  前期日程は 3 教科，中期日程は 2 教科で試験を実施する。
- 総合型選抜公募制推薦入試【教科科目型】の面接方式は廃止する。

外国語の変更点について

2025 年度入試より，一般選抜入試 前期日程・中期日程，公募制推薦入試【教科科目型】の「外国語」の出題形式が以下のようになる。

⑴一般選抜入試 前期日程・中期日程

全学部・学環共通問題となり，試験時間は 70 分に統一される。解答方式はマークシート方式。

【大問構成】 4 題

①読解問題 800 語程度（単語，文法，内容一致問題）
※ 2023・2024 年度入試 前期日程の大問 1 を参照してください。

②読解問題 400 語程度（単語，文法，内容一致問題）
※ 2023・2024 年度入試 前期日程の大問 2 を参照してください。

③文法問題（空所補充問題）
※ 2023・2024 年度入試 中期日程*の大問 3 を参照してください。

④会話問題
※ 2023・2024 年度入試 前期日程の大問 3，中期日程*の大問 4 を参照してください。

＊本書には中期日程の問題は掲載しておりません。中期日程の過去問題につきましては，甲南大学が作成している一般選抜過去問題集にてご確認ください。なお，一般選抜過去問題集の発行は 8 月の予定です。

⑵公募制推薦入試【教科科目型】

2024 年度入試より，全学部・学環共通問題となり，試験時間は 60 分，解答方式はマークシート方式となった。2025 年度からは，大問構成が一般選抜 前期日程・中期日程と統一される予定（上記**【大問構成】**参照）。

「外国語」のサンプル問題は下記リンクよりご参照ください（掲載時期は 7 月頃を予定）。

URL：https://ch.konan-u.ac.jp/admission/sample-test/

英　語

▶総合型選抜公募制推薦入試

年度	番号	項　目	内　容
2024 ●	〔1〕	読　　解	内容説明，内容真偽，同意表現
	〔2〕	文法・語彙	空所補充
	〔3〕	会 話 文	空所補充
	〔4〕	読　　解	欠文挿入箇所，空所補充
2023 ●	〔1〕	読　　解	内容説明，空所補充，同意表現
	〔2〕	文法・語彙	空所補充
	〔3〕	会 話 文	空所補充
	〔4〕	読　　解	欠文挿入箇所，空所補充
2022 ●	〔1〕	読　　解	内容説明
	〔2〕	文法・語彙	空所補充
	〔3〕	会 話 文	空所補充
	〔4〕	読　　解	欠文挿入箇所，空所補充

（注）●印は全問，◑印は一部マークシート方式採用であることを表す。

▶一般選抜前期日程

年　度		番号	項　目	内　容
2024	文理系系 ◑●	〔1〕	読　　解	内容説明，同意表現，空所補充，英文和訳（文系学部のみ）
		〔2〕	読　　解	同意表現，空所補充，内容説明
		〔3〕	会 話 文	空所補充
		〔4〕	英 作 文	絵の描写（50 語）（文系学部のみ）
2023	文理系系 ◑●	〔1〕	読　　解	空所補充，内容説明，同意表現，英文和訳（文系学部のみ）
		〔2〕	読　　解	同意表現，空所補充，内容説明
		〔3〕	会 話 文	空所補充
		〔4〕	英 作 文	絵の描写（50 語）（文系学部のみ）

2022	文理系系 ◑●	〔1〕	読　　解	同意表現，空所補充，英文和訳（文系学部のみ）
		〔2〕	読　　解	同意表現，内容説明
		〔3〕	読　　解	同意表現，内容説明
		〔4〕	会 話 文	空所補充
		〔5〕	英 作 文	絵の描写（50 語）（文系学部のみ）

（注）●印は全問，◑印は一部マークシート方式採用であることを表す。

読解英文の主題

▶総合型選抜公募制推薦入試

年度	番号	主　題
2024	〔1〕	タキーレ島の男たちと編み物
	〔4〕	赤ワインは心臓によいのか
2023	〔1〕	日本での外国人教育の現状
	〔4〕	インドの持続可能性への取り組み
2022	〔1〕	自転車教育プログラムの広まり
	〔4〕	フローという精神状態

▶一般選抜前期日程

年度	番号	主　題
2024	〔1〕	ライト兄弟による飛行機の発明
	〔2〕	動物における右利きの研究
2023	〔1〕	ストーンヘンジ地下のトンネル掘削工事
	〔2〕	マシュマロ実験
2022	〔1〕	ネコは冷たいのか
	〔2〕	韓国ドラマの描く女性像
	〔3〕	バイリンガルの乳児の特徴

標準レベルの長文問題を確実に解けることが必須

01　出題形式は？

公募制推薦：長文読解問題が 2 題，文法・語彙問題が 1 題，会話文問題

が 1 題の計 4 題の構成である。マークシート方式のみで，試験時間は 60 分。

一般前期：2023・2024 年度は，文系学部は長文読解問題が 2 題，会話文問題が 1 題，英作文問題が 1 題の計 4 題，理系学部は英作文がない 3 題の構成である。文系学部は長文読解問題の英文和訳と英作文が記述式で，あとはすべてマークシート方式，理系学部はマークシート方式のみの出題形式である。試験時間は，文系学部が 80 分，理系学部が 70 分。

02 出題内容はどうか？

公募制推薦：〔1〕の長文読解問題は標準的な語彙・難度の英文で，内容説明，内容真偽，空所補充，同意表現などの出題である。本文の内容の理解を，パラフレーズした選択肢から選ぶ形で問うているものが多い。また，会話文と〔4〕の長文読解問題はいずれも空所補充形式で，論理展開を正しくとらえ，文脈理解ができているかを問うている。

一般前期：長文読解問題は，同意表現・空所補充・内容説明・英文和訳（文系学部のみ）が出題されており，毎年ほぼ同じ構成である。内容説明は，段落を指定して出題されることがほとんどなので，根拠を探す目安となる。また，同意表現を問う設問が比較的多いことも特徴であろう。

会話文は，全体的に標準的なレベルであるが，難解な選択肢や紛らわしい選択肢のある設問も散見される。

03 難易度は？

ほとんどが標準レベルである。読解問題の内容真偽や内容説明も，本文中の該当箇所が見つかれば，受験生が迷うようなものは少ない。同意表現で問われる語句や，選択肢の語句も決して難解なものではなく標準的なレベルのものがほとんどである。

なお，前出の「外国語の変更点について」に記載の通り，2025 年度は問題構成が大幅に変更される予定である。これを踏まえた上で，時間配分をシミュレーションしておこう。特に文系学部では，試験時間が 80 分から 70 分になり，英作文の出題がなくなるので，注意しよう。

01 語彙力をつけよう

語彙力はすべての問題を解く上で必要不可欠なものである。市販の単語集『英単語ターゲット 1900』（旺文社）や熟語集『解体英熟語』（Ｚ会）などを使い，基本語彙から徐々に単語力と熟語力をつけていこう。読解問題において同意表現を問う問題では，本文中でどのような意味で使われているかが解答のカギとなる。まずは過去問を解いてみて，下線が引かれている語の意味を確実に理解できているかを確認しよう。知らない単語があるならば現時点では語彙力不足である。また，ただ意味だけを覚えるのではなく，例文を読み，どういう文脈で使われているかといったことにも注意しながら，正確な知識を身につけていくことを心がけよう。

02 読解力をつけよう

読解力の向上には，文法と単語の知識を身につけるだけでは不十分である。単語や文法の知識を活用して一文ずつ意味を正確に理解するだけでなく，段落全体，文章全体でどういうことを言おうとしているのかを把握することも必要である。また，試験時間内に解き終わるスピードで読むためには，難度の高い英文にチャレンジするのではなく，『短期で攻める スピード英語長文』（桐原書店）の Level 2・3 など，構文や単語が比較的易しめのものを決まった時間内に読むトレーニングから始め，英文のレベルを徐々に上げるのが効果的である。一文が長い英文が多く出題されるので，『やっておきたい英語長文 500』（河合出版）などを使い，音読をくり返すとよい。音読することで，左から右へ読みながら文意をとらえる力をつけよう。

日本史

▶一般選抜前期日程

年度	番号	内　容	形　式
2024 ◑	〔1〕	古代〜近世の経済史　⊘史料・視覚資料	記述・選択
	〔2〕	明治の法典整備，近代の国際協調主義　⊘史料	記述・選択
	〔3〕	国宝の文化財　⊘史料・視覚資料・地図	選　択
2023 ◑	〔1〕	古代〜近世の関東　⊘史料・地図	記述・選択
	〔2〕	近世〜近現代の思想・学問弾圧　⊘史料	記述・選択
	〔3〕	古代〜近世の文化　⊘視覚資料	正　誤
2022 ◑	〔1〕	古代〜近世の飢饉　⊘史料	記述・選択
	〔2〕	憲法と政党政治・経済政策	記述・選択
	〔3〕	古代〜明治初期の貨幣　⊘史料	選　択

（注）●印は全問，◑印は一部マークシート方式採用であることを表す。

史料や視覚資料・地図に要注意 社会経済史・文化史重視の傾向

01 出題形式は？

出題数は3題，解答個数は40個である。試験時間は60分。出題形式は，マークシート方式による選択式と記述式の併用である。2024年度では，2023年度に復活した正誤法がなくなった。ここ数年，正誤法での出題は隔年になっている。

なお，2025年度は出題科目が「日本史探究」となる予定である（本書編集時点）。

02 出題内容はどうか？

時代別では，古代から近現代まで広く出題されている。時代縦断型のテーマ史では，社会経済史と文化史が比較的多く取り上げられている。2024年度でも社会経済史や文化史の比重が大きかった。

史料問題は，史料群の中から関連するものを選択する形でよく出題されていたが，2023・2024 年度はその形での出題はなかった。史料はリード文中や設問に引用する形で多く使用されている。

03 難易度は？

ほとんどの問題は教科書レベルの内容であるが，単に語句を覚えているだけでは解けない問題が多い。教科書の太字の語句を暗記するだけの学習ではなく，教科書本文の内容を理解し，時代の流れや背景などを具体的に正しく理解することが必要である。また，史料や地図・視覚資料を用いた出題や文化史の出題もあるので，教科書，図録・史料集に掲載されているものには必ず目を通しておきたい。記述式の問題では，標準的な歴史用語が問われているので，正確な漢字で記述することにも気をつけたい。試験本番では見直しの時間も確保できるよう，時間配分を意識すること。

対策

01 教科書の精読が第一

問題の大半は教科書の内容からである。設問の文章が教科書の本文や欄外の文章に準拠している例も多い。まずは教科書を精読しておくことが大切である。語句を覚えることだけに集中するのではなく，原因・理由や結果・影響を考えたり，長い時間の変遷を追うような学習が大切である。これも最初は教科書のような長い文章を丁寧に精読することでつけられる力である。また，史料集・図録にも丁寧に目を通しておこう。

02 史料学習

毎年，史料が出題されているので，史料問題対策を十分に講じておこう。なじみの薄い史料まで含めて，史料の出典や内容が問われている。史料問題は，最初見たときに「わからない，難しい」と思ってしまいがちである。まずこの苦手意識を克服しよう。そのためには，できるだけ多くの史料に慣れ親しむことから始めるしかない。史料にはキーワードがある。そのキーワードをすばやく見つけ，史料の内容や性格を類推する力を養ってほしい。できるだけ史料問題に接し，注などを参考にして，書かれている内容を理解する学習がポイントとなる。

03 正確な漢字表記

記述問題への対策として，市販の問題集などを活用しながら，平素から書いて覚えることを習慣にし，正確に漢字で書けるようにしておこう。

04 社会経済史・文化史の対策

社会経済史の比重が大きいことが，出題の特徴の一つである。社会経済史は苦手とする受験生が多い。表面上のことだけではなく，なぜそうなるのか，というような本質的な理解がないと正解にたどりつけない。事件や人物を覚えるだけで済ませていると解けない問題が見られるので注意が必要である。

また，文化史の比重が大きいことも出題の特徴である。文化史は多くの受験生が苦手だと思いがちな分野であり，十分な対策が必要である。著作物は作者や成立した時期をきちんと押さえるだけでなく，内容についても確認しておこう。文学作品ならば有名な部分を読んでみたり，美術作品ならば図録などで確認したりしておくなど，丁寧な学習が必要である。

社会経済史や文化史の比重が大きい傾向が続いていることから，分野別やテーマ別になっている問題集に取り組むことをお勧めする。たとえば『改訂版 分野別日本史問題集 ②社会・経済史』や『改訂版 分野別日本史問題集 ③文化史』（ともに山川出版社）などがある。また，本書を使用して過去問の演習もしっかりしておこう。

05 近現代史の対策

例年，近現代からの出題があり，また，戦後史も出題されているので，対策が必要である。これらは時間的に学習が不足しがちであり，早めに市販のサブノートなどを利用して学習しておいたほうがよいだろう。その上で，問題集などを活用し，効果的な知識獲得に努めたい。

世界史

▶一般選抜前期日程

年度	番号	内　容	形　式
2024 ◑	〔1〕	近世のヨーロッパ　**⊘地図・視覚資料**	記述・選択
	〔2〕	北アフリカの歴史　**⊘地図**	記述・選択
	〔3〕	中世ヨーロッパ文化，奴隷貿易，現代中国史　**⊘統計表・視覚資料**	配列・選択
2023 ◑	〔1〕	ローマ帝国　**⊘地図**	記述・選択
	〔2〕	南アジア史の中の女性　**⊘視覚資料・地図**	選択・記述
	〔3〕	サハラ交易，永楽帝，ビスマルク	選　択
2022 ◑	〔1〕	地中海世界の歴史と大西洋革命　**⊘地図**	記述・選択
	〔2〕	色をテーマとした中国史	記述・選択
	〔3〕	全範囲からの小問集合	選　択

（注）●印は全問，◑印は一部マークシート方式採用であることを表す。

傾向　地図問題頻出！　地理的理解も問われる

01　出題形式は？

例年，出題数は3題，解答個数は40個程度である。試験時間は60分。選択式（マークシート方式）と記述式の併用である。大問〔3〕は，2022年度までは小問集合となっていたが，2023・2024年度は3つの小テーマに沿って出題された。地図問題が毎年出題されていることが特徴である。また，2023・2024年度は視覚資料を使用した問題，2024年度は統計表を使用した問題が出題された。

なお，2025年度は出題科目が「世界史探究」となる予定である（本書編集時点）。

02 出題内容はどうか？

地域別では，〔1〕〔2〕でヨーロッパ史，アジア史を中心とした出題，〔3〕では広範囲にわたる時代・地域からの出題が続いている。中国・中近東・イスラーム史関係の出題も多い。2024 年度は，〔2〕で北アフリカが取り上げられた。

時代別では，年度によってやや変化はあるものの，古代から現代まですべての時代が出題対象となっている。第二次世界大戦後の歴史も問われている。

分野別では，政治史が中心であるが，文化史，社会経済史も出題されているので，今後も十分な準備が必要であろう。なお，地図問題は頻出であるが，地図問題ではなくても地理的な知識を問う小問が散見される。また，解答に年代の知識が必要な小問や配列問題も出題されている。

03 難易度は？

教科書レベルの学習をしっかりとしておけば対応可能なものがほとんどであるが，一部にやや難しい問題も見られる。消去法によって解答することも可能であるので，落ち着いて対応したい。幅広い地域・時代から出題されていることや，地図問題の中には都市などのかなり正確な位置を問う問題もあることから，得点差の出やすい内容となっている。試験時間は十分にあるので，まずは解ける問題から解いていき，余った時間で残りの問題に当たろう。

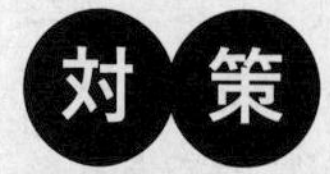

01 教科書の徹底学習

出題の大部分は教科書レベルの基本的事項が問われている。この基本的な問題を落とさないことが最重要である。特に記述問題については正確な表記ができるように，中国史関連の漢字はもちろんのこと，カタカナの用語についても平素から「書いて覚える学習」を心がける必要がある。教科書記載の事項は確実に理解しておくことが大切である。また，教科書学習の際には，文章だけを読むのではなく，地図やグラフ，視覚資料の説明文にまで注意を払いたい。

02 用語集・資料集・問題集の活用

記述問題への対策として，歴史用語を正確に理解し書けるようにするために，用語集はぜひ利用したい。『世界史用語集』（山川出版社）や『必携世界史用語』（実教出版）などを常に参照しながら学習を進めてほしい。また，多くの問題がテーマ史として出題されている。資料集の特集テーマの記事は大いに役立つ。それらを参考にしながら，各国史や地域の通史，文化史などをまとめておくことも有効である。統計表を使った問題，論理的な考察を求める問題への対策として，『30 テーマ 世界史問題集』（山川出版社）や『共通テスト過去問研究 歴史総合，世界史探究』（教学社）などによって，数量の比や増減の傾向などの分析と主張の根拠の考察に慣れることが大切である。

03 地図・年表の活用，テーマ史・文化史・現代史対策

解答個数約 40 個中 5 個前後が地図問題である。都市などの場所は必ず教科書や資料集・図説で確認する習慣をつけることが非常に大切である。また，年表を活用して，国やテーマごとに歴史の流れを縦に理解するとともに，同時代の各地域を横に見ることが必要である。年表を縦横に読み取る学習は，テーマ史対策としても効果がある。

文化史では，視覚資料などで視覚的な理解をはかるとともに，思想・文学や美術様式の流れ，人物の業績や作品などを整理しておくとよい。

また，現代史，特に第二次世界大戦後の歴史の学習も必須である。教科書の精読とともに，資料集にまとめてあるテーマごとに整理して理解しておく必要がある。

04 過去問の研究

言うまでもなく，過去問を解くことは，出題傾向を把握するとともに，出題形式に慣れ，難易度を自分の力ではかることでもある。本番の試験問題は過去の問題の延長線上にあるため，過去問には必ず取り組んでおこう。

数　学

▶総合型選抜公募制推薦入試

年度	区分	番号	項　目	内　容
2024 ●	数学①	〔1〕	場合の数, 確率	玉を取り出す試行における順列, さいころを投げる試行における確率
		〔2〕	2 次 関 数	2次関数の最大値・最小値, 平行移動, 対称移動, x 軸との共有点の個数
		〔3〕	ベクトル	ベクトルの内積, 三角形の面積, 角の二等分線の大きさ, ベクトルの絶対値の最小値
		〔4〕	数列, 極限	2項間漸化式, 数列の極限, 無限級数, 部分分数分解
	数学②	〔1〕	〈数学①〉〔1〕に同じ	
		〔2〕	〈数学①〉〔2〕に同じ	
		〔3〕	〈数学①〉〔3〕に同じ	
		〔4〕	微　分　法	3次関数の最大値・最小値, 3次方程式が異なる3個の実数解をもつ条件
	数学③	〔1〕	〈数学①〉〔1〕に同じ	
		〔2〕	〈数学①〉〔2〕に同じ	
		〔3〕	図形と計量, 三角関数	正弦定理, 三角関数の最大値, 三角関数の合成, 三角形の面積
		〔4〕	〈数学②〉〔4〕に同じ	
2023	数学①	〔1〕	場合の数	同じものを含む順列
		〔2〕	図形と計量	正弦定理, 余弦定理, 中線定理
		〔3〕	ベクトル	ベクトルの大きさ, 2次関数
		〔4〕	極　　限	数列の極限, 初項から第 n 項までの和が与えられた数列の一般項
	数学②	〔1〕	〈数学①〉〔1〕に同じ	
		〔2〕	〈数学①〉〔2〕に同じ	
		〔3〕	〈数学①〉〔3〕に同じ	
		〔4〕	微・積分法	接線に垂直な直線, 面積
	数学③	〔1〕	〈数学①〉〔1〕に同じ	
		〔2〕	〈数学①〉〔2〕に同じ	
		〔3〕	2 次 関 数	絶対値記号を含んだ曲線のグラフ, 実数解の個数 ⊘図示
		〔4〕	〈数学②〉〔4〕に同じ	

年度	区分	番号	項目	内容
2022	数学①	〔1〕	確　　率	3数の積および和が奇数となる確率
		〔2〕	式と証明	3次式の値
		〔3〕	数　　列	初項から第 n 項までの積が与えられた数列の一般項
		〔4〕	極　　限	関数の極限
	数学②	〔1〕	〈数学①〉〔1〕に同じ	
		〔2〕	〈数学①〉〔2〕に同じ	
		〔3〕	〈数学①〉〔3〕に同じ	
		〔4〕	微・積分法	接線の方程式，面積
	数学③	〔1〕	〈数学①〉〔1〕に同じ	
		〔2〕	〈数学①〉〔2〕に同じ	
		〔3〕	方 程 式	2次方程式の解の存在範囲
		〔4〕	〈数学②〉〔4〕に同じ	

（注）●印は全問，◑印は一部マークシート方式採用であることを表す。

2024年度：理工（物理）・知能情報学部は数学①を，理工（生物・機能分子化）・フロンティアサイエンス学部は数学②を，文系学部は数学③を解答。

2023年度：理工（物理）・知能情報学部は数学①を，理工（生物・機能分子化）学部は数学②を，文系学部は数学③を解答。

2022年度：理工（物理・機能分子化）・知能情報学部は数学①を，理工（生物）学部は数学②を，文系学部は数学③を解答。

▶一般選抜前期日程（理系学部）

年度	区分	番号	項　目	内　容
2024	数学①	〔1〕	整数の性質	$n!$ に含まれる素因数 p の個数
		〔2〕	指数関数，2 次 関 数	相加平均・相乗平均の関係，指数関数，2次関数の最小値
		〔3〕	ベクトル	ベクトルの内積およびその最大値・最小値
		〔4〕	積 分 法	分数関数のグラフ，直線と曲線で囲まれた図形の面積 ⊘図示
	数学②	〔1〕	〈数学①〉〔1〕に同じ	
		〔2〕	〈数学①〉〔2〕に同じ	
		〔3〕	〈数学①〉〔3〕に同じ	
		〔4〕	数　　列	等比数列であることの証明，漸化式，数学的帰納法 ⊘証明
2023	数学①	〔1〕	図形と計量	三角形の面積
		〔2〕	ベクトル	垂心の性質，平面上の点の存在範囲 ⊘証明・図示
		〔3〕	確　　率	5桁の偶数の個数，5桁の数の和
		〔4〕	微・積分法	定積分と不等式 ⊘証明

年度		番号	項目	内容	
	数学②	〔1〕	〈数学①〉〔1〕に同じ		
		〔2〕	〈数学①〉〔2〕に同じ		
		〔3〕	〈数学①〉〔3〕に同じ		
		〔4〕	数　列	漸化式，等差数列，数列の和	⊘証明
2022	数学①	〔1〕	図形と方程式	領域と最大・最小	
		〔2〕	図形と計量	三角形の外接円・内接円の半径	
		〔3〕	確　率	組合せの数と確率	
		〔4〕	数列，極限	漸化式と極限	⊘証明
	数学②	〔1〕	〈数学①〉〔1〕に同じ		
		〔2〕	〈数学①〉〔2〕に同じ		
		〔3〕	〈数学①〉〔3〕に同じ		
		〔4〕	ベクトル	分点公式，直線のベクトル方程式	⊘証明

(注)　理工（物理）学部は数学①を，理工（生物）学部は数学②を，理工（機能分子化）・知能情報・フロンティアサイエンス学部は数学①と数学②のいずれかを選択し解答。

▶一般選抜前期日程（文系学部）

年度	番号	項　目	内　容
2024	〔1〕	小問2問	(1)2次関数の最小値　(2)三角比の計算
	〔2〕	小問2問	(1)対数方程式　(2)2つの円が内接するための条件，円と直線が接するための条件
	〔3〕	小問2問	(1)ベクトルの絶対値の最大値・最小値，ベクトルのなす角　(2)群数列
	〔4〕	微分法	接線の方程式，共有点の x 座標，共有点の個数
2023	〔1〕	小問4問	(1)曲線で囲まれた部分の面積　(2)三角形の面積　(3)等比数列　(4)確率
	〔2〕	微分法	3次関数の極値，3次方程式が2個の異なる実数解をもつ条件
2022	〔1〕	小問4問	(1)絶対値記号を含んだ不等式　(2)平面ベクトルと図形　(3)図形と計量　(4)確率
	〔2〕	三角関数	合成公式，三角方程式

出題範囲の変更

2025 年度入試より，数学は新教育課程での実施となります。詳細については，大学から発表される募集要項等で必ずご確認ください（以下は本書編集時点の情報）。

			2024 年度（旧教育課程）	2025 年度（新教育課程）
公募制推薦入試	理系	数学①	数学Ⅰ・Ⅱ・Ⅲ（平面上の曲線と複素数平面，極限，微分法）・A・B（数列，ベクトル）	数学Ⅰ・Ⅱ・Ⅲ（極限，微分法）・A・B（数列）・C（ベクトル）
		数学②	数学Ⅰ・Ⅱ・A・B（数列，ベクトル）	数学Ⅰ・Ⅱ・A・B（数列）・C（ベクトル）
	文系		数学Ⅰ・Ⅱ・A	数学Ⅰ・Ⅱ・A
一般選抜前期日程	理系	数学①	数学Ⅰ・Ⅱ・Ⅲ・A・B（数列，ベクトル）	数学Ⅰ・Ⅱ・Ⅲ・A・B（数列）・C（ベクトル，平面上の曲線と複素数平面）
		数学②	数学Ⅰ・Ⅱ・A・B（数列，ベクトル）	数学Ⅰ・Ⅱ・A・B（数列）・C（ベクトル）
	文系		数学Ⅰ・Ⅱ・A・B（数列，ベクトル）	数学Ⅰ・Ⅱ・A・B（数列）・C（ベクトル）

旧教育課程履修者への経過措置

2025 年度に限り，旧教育課程履修者の学習内容に配慮した出題範囲とする。

各分野の基本問題重視
基礎力の充実と苦手分野の克服を

01　出題形式は？

公募制推薦：数学①・②・③ともに大問 4 題の出題。2023 年度までは全問記述式であったが，2024 年度は全問マークシート方式となった。各大問は 2 ～ 3 問の小問で構成されている。試験時間は 60 分。

一般前期（理系学部）：例年，数学①・②ともに大問 4 題の出題である。全問記述式で，証明問題や図示問題も出題されている。試験時間は 80 分。

一般前期（文系学部）：2023 年度までは大問 2 題の出題で，〔 1 〕は 4 問の小問からなる空所補充形式，〔 2 〕は過程も答える記述式であった。2024 年度は大問 4 題の出題で，全問空所補充形式となった。試験時間は 60 分。

02 出題内容はどうか？

理系学部：単年度ではやや分野に偏りがある印象を受けても，数年を通して見ると，幅広く各分野からの出題となっている。

文系学部：ほぼすべての範囲を含んだ小問集合問題，大問として円と直線を中心とした図形的内容を問う問題や，微分法が出題されている。

03 難易度は？

理系学部：例年，基本重視の取り組みやすい問題が多く出題されており，単純なミスは致命的である。一般前期では証明問題も出題されているが，限られたスペースに記述しなければならないので，要領よく簡潔に解答する力をつけておく必要がある。2022 年度の一般前期の数学①〔4〕，2023 年度の一般前期の〔3〕(2)のような，やや難しい問題も出題されることがあるが，全般的に基本ないし標準的な問題である。

文系学部：教科書の章末問題程度の難易度であり，教科書や傍用問題集を中心に問題演習をすることによって，十分に対応できる。

対策

理系学部：

01 基本的事項の確認

定理や公式を完全に覚えておくことはもちろんであるが，その意味を理解し，適切に使いこなせるよう練習しておくことが重要である。出題範囲の基本事項はすべて確認しておこう。そのためには公式集などを利用するとよい。

02 苦手分野の克服

苦手な単元があると高得点は望めない。基礎から始めて集中的に学習し，どの単元が出題されても得点できる力を養っておくことが大事である。

03 応用力の養成

基本的事項をマスターしたのち，標準的な受験参考書で，例題を中心に解答を論理的に組み立てていく手法を身につけることが肝要である。証明問題も出題されているので，簡潔で筋の通った答案が書けるように練習しておく必要がある。

04 融合問題への対応

一般前期では出題範囲が広い割には出題数が多くないことから，融合問題の出題率も高い。融合問題を解く根幹の力は，数と式，２次関数，方程式と不等式によるところが大きい。これらの分野は，柔軟な思考力を養う題材と受け止めて，十分に学習しておこう。しっかりとした計算力をつけて正確に解くことが大切である。

文系学部：

01 基本事項の完全習得

問題が教科書の章末問題程度の難易度であるため，基本事項の完全習得が最大のポイントになる。教科書や傍用問題集を中心とした学習により，基本事項を完全に自分のものにしておきたい。基礎力をつけた上で，受験用の問題集で実戦力を養えば心強いだろう。

02 苦手分野の克服

苦手な単元があっては高得点は望めない。基礎から始めて集中的に学習し，どの単元から出題されても得点できる力を養っておくことが大事である。

一般前期は広い範囲から偏りなく出題されている。したがって，苦手分野については徹底的に学習し，苦手意識をなくしておきたい。また，関数，確率，図形と方程式，微・積分法などの頻出分野については十分にトレーニングしておきたい。

03 ミスをなくす

空所補充形式においては，計算ミスなどのケアレスミスに十分に気をつけること。日頃の問題演習で正確な計算力の養成に努めるとともに，不注意によるミスをなくすことを心がけたい。試験時間は十分あるので，あわてず丁寧に解答するようにしたい。

物　理

▶一般選抜前期日程

年度	番号	項　目	内　容
2024	〔1〕	力　学	摩擦のある面上での運動方程式，仕事とエネルギー
	〔2〕	電磁気	電場と電位，非直線抵抗を含む回路　⊘論述
	〔3〕	熱力学	球形容器内の気体分子の運動論
2023	〔1〕	力　学	直線上の2物体の衝突
	〔2〕	電磁気	自由電子の運動，電気抵抗
	〔3〕	波動，熱力学	気柱の共鳴，理想気体の音速の導出
2022	〔1〕	力　学	円運動，斜方投射
	〔2〕	電磁気	コンデンサーを含んだ回路，電気量保存則
	〔3〕	波　動	弦の振動，うなり，ドップラー効果

傾向　全分野から基本～標準的な問題を中心に出題　論述問題も！

01　出題形式は？

空所補充形式が多いが，論述問題も出題されており，大問数は3題が定着している。試験時間は80分。

02　出題内容はどうか？

出題範囲は「物理基礎・物理」である。

力学，電磁気は毎年出題され，残りの1題は波動，熱力学から出題されている。内容的には偏りはなく，出題範囲の全分野から出題されている。法則や公式を使って解く応用問題よりも，法則や公式を導出したり，変形したりする問題が出題されているので注意を要する。特に実験をテーマにした問題はよく出題されていることから，興味・関心をもって実験に臨み，そのデータ処理・考察に努めよう。

03 難易度は？

例年，基本から標準的な問題がそろっている。教科書の内容をうまくまとめた問題や，身近な現象を取り入れた良問が出されている。物理の根底にある事項や概念を丁寧に問う問題で，難問・奇問は見られない。しかし，計算過程の記述や論述問題に時間をとられることがないよう，練習を積んでおきたい。

対策

01 普段の授業を大切に

やはり授業を徹底的に生かし，毎日の復習を十分にしておくこと。実験をするときは常に興味・関心をもって臨もう。また，その実験原理，目的をしっかり理解した上で実験を行い，結果の処理をきちんとしよう。

02 基本事項の徹底理解

広く教科書の基本事項の内容を理解しなければならないが，特に，一つの現象を考えるとき，なぜそうしなければならないか，他の方法ではなぜいけないか，ということも理解する必要がある。そのためには，教科書傍用問題集のほかに標準的な問題集で演習しておくことが望ましい。『大学入試 ちゃんと身につく物理』（教学社）などの参考書も活用するとよいだろう。

03 物理的思考力をつける

身のまわりの現象からのちょっとしたヒントを手がかりに思考力を問う問題も多いので，日常における身のまわりの現象を物理的に解明してみることも有益であろう。教科書に公式や実験の説明があった場合，これを丁寧に理解しよう。表面的な理解から一歩深めた学習をすること。

04 論述・描図対策

2022・2023 年度は出題されていないが，2024 年度は論述問題が出題された。論述問題は何が要求されているかを見極め，必要なことを与えられたスペースの中でまとめなければならないので，文章表現力も必要である。教科書の記述を参考にして，実際に書く練習を積んでおこう。また，過去には，描図問題が出題されたこともあり，基本的な物理現象の知識をグラフによって確認する問題であった。普段から問題を解く際は，その状況を図やグラフに描きながら考えるようにしよう。

化学

▶一般選抜前期日程

年度	番号	項目	内容
2024	〔1〕	構造	原子の構造，アボガドロ定数（20字2問） ⊘論述・計算
	〔2〕	変化	溶解熱，ボルン・ハーバーサイクル ⊘計算
	〔3〕	有機・高分子	アルコールとエステル（20・30・40字） ⊘論述・計算
2023	〔1〕	状態・変化	塩の水溶液の性質 ⊘計算・論述
	〔2〕	状態	分子量の測定 ⊘描図・論述・計算
	〔3〕	無機	製鉄，鉄の性質と化合物 ⊘論述
	〔4〕	有機	アニリンの合成と反応 ⊘論述
2022	〔1〕	構造	原子の構造と化学結合（20字） ⊘論述
	〔2〕	変化	pH の計算 ⊘計算
	〔3〕	状態・有機	ベンゼンとトルエンの混合溶液 ⊘計算
	〔4〕	有機・高分子	脂肪族と糖類の基礎知識（60字） ⊘論述

理論に重点をおいた出題

01 出題形式は？

例年，大問4題の出題だったが，2024年度は大問3題の出題となった。試験時間は80分である。記述式が中心である。論述問題は必出であり，空所補充問題も見られる。計算問題は必出だが，その過程は求められていない。描図問題も出されるなど，出題形式は多彩である。

02 出題内容はどうか？

出題範囲は「化学基礎・化学」である。

理論分野の比率が高く，全般的にいろいろな分野から出題されているが，特に熱化学や化学平衡に関する問題が多い。有機分野では，構造と反応性を中心に出題されている。

03 難易度は？

全体的には教科書に記載されている内容について，標準的な問い方がなされている問題が多いが，思考力・応用力を試す問題も見られる。大問間，設問間の難易度の差が大きいので，問題を解く順序の見極めが重要である。2023 年度については，〔2〕の分子量の測定の計算，〔4〕問 3(2)の混合液から未反応のアニリンを回収する方法の論述，2024 年度については，〔1〕のアボガドロ定数を求める方法に関する問題，〔2〕の塩化ナトリウムの溶解熱に関する問題で差がついたと思われる。

対策

01 理論

教科書の基本的な事項を確実に理解すること。その上で標準的な問題に数多く当たって計算に慣れておこう。また，論述問題対策として，まず教科書をよく読み込み，化学現象や物質の性質を確認しておくこと。『高校これでわかる化学基礎』『高校これでわかる 化学』（ともに文英堂）で基礎を固め，『エクセル化学 総合版』（実教出版）などで問題演習を重ねるとよい。

02 無機

金属イオンの分析実験や非金属元素の反応については，十分な知識を身につけておきたい。無機化学工業（硫酸や硝酸の製造，アンモニアソーダ法，金属の精錬など）にも注目して復習しておこう。

03 有　機

アルコールやベンゼンを出発物質とした種々の化合物群の性質や合成法，異性体の識別法などをまとめておこう。その上で化合物の元素分析や構造決定に関する問題の演習，異性体を書き出す練習もしておこう。また，有機合成実験の操作についても図録などで確認しておこう。アミノ酸，タンパク質，糖類などの高分子化合物も基本的な事項と計算問題を確実に理解し演習しておくこと。

生　物

▶一般選抜前期日程

年度	番号	項　目	内　容
2024	〔1〕	動物の反応	ヒトの眼の構造，視細胞 ✓計算
	〔2〕	代　　謝	光合成と窒素同化，葉の構造
	〔3〕	生殖・発生，進化・系統	ショウジョウバエの発生に関わる遺伝子，ショウジョウバエの分類 ✓論述
	〔4〕	遺伝情報	DNA・RNA の構造，サンガー法 ✓論述
2023	〔1〕	遺伝情報，代　　謝	バイオテクノロジー，PCR 法，酵素と無機触媒（10 字他） ✓計算・論述
	〔2〕	遺伝情報，生殖・発生	DNA の構造，SNP，顕性の法則，伴性遺伝，パフ ✓論述・計算
	〔3〕	植物の反応	フィトクロムと光発芽種子，植物ホルモン，発芽のしくみ ✓論述
	〔4〕	進化・系統，生　　態	地質時代，大量絶滅，示準化石，適応度，分子系統樹 ✓論述
2022	〔1〕	進化・系統	二名法，ハーディー・ワインベルグの法則，自然選択，中立説 ✓論述・計算
	〔2〕	動物の反応	興奮の伝導と伝達，筋収縮と滑り説 ✓計算
	〔3〕	代　　謝	呼吸，発酵と解糖，ATP の構造と高エネルギーリン酸結合 ✓論述
	〔4〕	遺伝情報	PCR 法，遺伝子組換え，遺伝暗号表 ✓論述

論述問題頻出，実験考察問題も

01 出題形式は？

試験時間 80 分に対して大問 4 題の出題である。空所補充や生物用語を答えるものなど知識を問う問題のほか，論述問題や計算問題などが出題されている。また，実験考察問題も出題され，過去には描図問題が出題されたこともあり，出題形式は多様である。

02 出題内容はどうか？

出題範囲は「生物基礎・生物」である。

代謝や遺伝情報からの出題が多い。数年を通して見ると，ほぼすべての分野から出題されており，１つの大問に複数の分野から出題されることもある。

03 難易度は？

空所補充問題や生物用語を答える問題は基本的なものが多く，全体としては標準的である。しかし，比較的詳細な用語理解や，知識の裏付けが必要なもの，字数制限がなく記述量の多い論述問題，逆に，１，２行で簡潔にまとめる論述問題，実験考察問題などがある。これらの問題に時間を割けるよう，基本的な知識問題は要領よく片付けるなど，時間配分に留意しよう。

対策

01 問題を徹底的に演習しよう

年度によって多少の偏りはあるものの，全範囲から幅広く出題されている。そのため，標準的な問題を正確に答えられる学力，空所補充問題や生物用語を答える問題に必要な幅広い知識を身につけ，異なる分野にまたがった知識のネットワークを作っておきたい。教科書傍用問題集でひととおり演習しておこう。その際，問題演習用のノートを作って演習を行い，答え合わせをしたあと，間違えた問題に関する「知識をまとめておくスペース」を作っておくこと。試験の前には必ずこのスペースのまとめを見直し，同じ内容や類題で再び間違えないことが大切である。

02 論述練習をしよう

合格するためには，標準的なレベルの論述問題に対して，正確な解答を書けるようになることが大切である。まずは，問題集に出てくる論述問題を解いてみよう。答えが書けないときには，生物用語のような単語を書き出すことから始め，それも無理なら解答を見て答えを書き写してみるのもよい。答え合わせをするときや解答を書き写すときには，「キーワードになる語句」や正解のポイントとなる表現をチェックして覚えよう。書けなかった論述問題は，問題演習用ノートの「知識をまとめておくスペース」やカードの裏表に，簡潔に問題内容と答えの文章を書いて，何度も読み返して覚えよう。

03 必ず過去問で演習をしよう

早い時期から過去問を試験時間内で解答し，出題形式や問題量に慣れ，解答スピードなどが適切であるかどうかを確かめておこう。また，過去に出題された問題内容が異なる表現で問われることもある。正解できなかった問題や苦手な分野は，教科書や資料集などで関連する分野を含めて知識のまとめを行っておくことが大切である。

国　語

▶総合型選抜公募制推薦入試

年度	番号	種　類	類　別	内　容	出　典
2024 ●	〔1〕	現代文	評　論	書き取り，空所補充，内容説明，内容真偽	「思考の庭のつくりかた」 福嶋亮大
	〔2〕	現代文	小　説	語意，空所補充，内容説明，表現効果	「死んでいない者」 滝口悠生

(注) ●印は全問，◑印は一部マークシート方式採用であることを表す。
2024 年度から出題。

▶一般選抜前期日程

年度	番号	種　類	類　別	内　容	出　典
2024 ◑	〔1〕	現代文	評　論	書き取り，読み，内容説明，空所補充，語意，指示内容，内容真偽	「労働の思想史」 中山元
	〔2〕	古　文	説　話	人物指摘，内容説明，文法，口語訳 (10 字他)，内容真偽	「沙石集」 無住
2023 ◑	〔1〕	現代文	評　論	書き取り，読み，内容説明，空所補充，箇所指摘，内容真偽	「中世かわらけ物語」中井淳史
	〔2〕	古　文	室町物語	語意，口語訳（10 字他），内容説明，人物指摘，空所補充	「転寝草子」
2022 ◑	〔1〕	現代文	評　論	書き取り，読み，空所補充，内容説明，語意，内容真偽	「対話の技法」 納富信留
	〔2〕	古　文	日　記	人物指摘，文法，口語訳（7 字他），内容説明，内容真偽	「蜻蛉日記」 藤原道綱母

(注) ●印は全問，◑印は一部マークシート方式採用であることを表す。

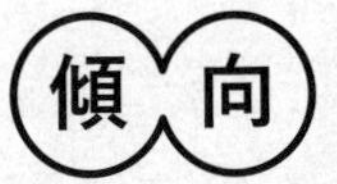

現代文は本文に即して精読しよう
古文は基本事項の確認が肝要

01 出題形式は？

公募制推薦：現代文が 2 題で，試験時間は 60 分。全問マークシート方式による解答である。

一般選抜：例年，現代文・古文１題ずつの出題で，試験時間は 70 分。マークシート方式による選択式と記述式の併用で，読み・書き取り，箇所指摘や短めの口語訳などが記述式となっている。

02 出題内容はどうか？

公募制推薦：2024 年度は評論と小説から１題ずつ出題された。評論は芸術論，小説は現代小説で，比較的読みやすい内容であった。設問は書き取り，空所補充，内容説明などである。

一般選抜：現代文は，評論から出題されている。内容は，文化論，哲学，社会科学などについての文章で，論旨が明快で読みやすい。設問は，読み・書き取り，空所補充，箇所指摘，内容説明，内容真偽などオーソドックスである。

古文は，中古・中世を中心に幅広いジャンルの作品が出題されている。設問は，文法，語意，口語訳，人物指摘，内容説明など基本的でオーソドックスな内容である。

03 難易度は？

公募制推薦：レベル・分量ともに標準またはやや取り組みやすい部類に入ると思われる。迷う設問で時間を使いすぎないよう時間配分に気をつけて，手堅く正解を導きたい。

一般選抜：現代文は標準レベルである。古文の内容もおおむね平易だが，2022 年度の『蜻蛉日記』は主語の判別が難しい箇所が多かった。基本的な文法力・単語力に加えて，文脈を読み取る力が欠かせない。時間配分としては，古文を 30 分以内で仕上げ，できるだけ多くの時間を現代文にあてるとよい。

対策

01 現代文

評論の中では，文化・芸術・言語・環境・社会などに関する比較的新しい出典のものが出題されているので，普段から意識的に新聞の記事や文化欄，新書などに目を通しておくとよい。評論で頻出の用語もあるので，『現代文キーワード読解』（Ｚ会）などの評論用語集を繰り返し読んでおき，入試までに言葉をたくさん知っておこう。演習では，何冊も問題集をこなすより，解答に至る考え方を確認しながら１冊か２冊を何度か解くほうが効果的である。本文に即して精読する練習と，例示と筆者の主張とを分けながら要点をつかむ要約をする練習の両方をこなしておきたい。

02 漢　字

漢字の読み・書き取りは確実な得点源になる。常用漢字についてはしっかり習得しておく必要がある。同音異義や同訓異字の問題に慣れておくとよい。また，常用漢字表外の読みが問われることもあるので，入試頻出のものを覚えておこう。

03 古　文

文法の基本事項（助動詞・助詞・敬語など）を確認し，基本古語は頻出のものを覚えておくこと。古典常識（陰暦の月の異名，有職故実など），和歌の修辞法も要点を押さえておこう。標準的な問題集で，主語（登場人物）を意識しながらさまざまなジャンルの文章に慣れておこう。2023 年度の『転寝草子』は，見慣れない出典であるが，リード文にあらすじが示されており，読解する上でヒントとしておおいに活用できるものであった。リード文や注への目配りも必須である。

2024年度

問題と解答

総合型選抜公募制推薦入試

問題編

【教科科目型：一般方式・外部英語試験活用方式】

▶試験科目・配点

<table>
<tr><th colspan="3">学部・学科等</th><th>教　科</th><th>科　　目</th><th>配　点</th></tr>
<tr><td rowspan="14">国語評価</td><td rowspan="4">文</td><td rowspan="2">英語英米文</td><td>外国語</td><td>コミュニケーション英語Ⅰ・Ⅱ・Ⅲ，英語表現Ⅰ・Ⅱ</td><td>200 点</td></tr>
<tr><td>国　語</td><td>国語総合（古文・漢文を除く）・現代文Ｂ</td><td>100 点</td></tr>
<tr><td rowspan="2">英語英米文を除く</td><td>外国語</td><td>コミュニケーション英語Ⅰ・Ⅱ・Ⅲ，英語表現Ⅰ・Ⅱ</td><td>150 点</td></tr>
<tr><td>国　語</td><td>国語総合（古文・漢文を除く）・現代文Ｂ</td><td>150 点</td></tr>
<tr><td colspan="2" rowspan="2">経　済</td><td>外国語</td><td>コミュニケーション英語Ⅰ・Ⅱ・Ⅲ，英語表現Ⅰ・Ⅱ</td><td>100 点</td></tr>
<tr><td>国　語</td><td>国語総合（古文・漢文を除く）・現代文Ｂ</td><td>100 点</td></tr>
<tr><td colspan="2" rowspan="2">法</td><td>外国語</td><td>コミュニケーション英語Ⅰ・Ⅱ・Ⅲ，英語表現Ⅰ・Ⅱ</td><td>160 点</td></tr>
<tr><td>国　語</td><td>国語総合（古文・漢文を除く）・現代文Ｂ</td><td>160 点</td></tr>
<tr><td colspan="2" rowspan="2">経　営</td><td>外国語</td><td>コミュニケーション英語Ⅰ・Ⅱ・Ⅲ，英語表現Ⅰ・Ⅱ</td><td>200 点</td></tr>
<tr><td>国　語</td><td>国語総合（古文・漢文を除く）・現代文Ｂ</td><td>200 点</td></tr>
<tr><td colspan="2" rowspan="2">マネジメント創造</td><td>外国語</td><td>コミュニケーション英語Ⅰ・Ⅱ・Ⅲ，英語表現Ⅰ・Ⅱ</td><td>200 点</td></tr>
<tr><td>国　語</td><td>国語総合（古文・漢文を除く）・現代文Ｂ</td><td>100 点</td></tr>
<tr><td colspan="2" rowspan="2">グローバル教養</td><td>外国語</td><td>コミュニケーション英語Ⅰ・Ⅱ・Ⅲ，英語表現Ⅰ・Ⅱ</td><td>200 点</td></tr>
<tr><td>国　語</td><td>国語総合（古文・漢文を除く）・現代文Ｂ</td><td>200 点</td></tr>
</table>

方式	学部	学科	教科	科目	配点
数学評価	法		外国語	コミュニケーション英語Ⅰ・Ⅱ・Ⅲ，英語表現Ⅰ・Ⅱ	160 点
			数　学	数学Ⅰ・Ⅱ・A	160 点
	経　営		外国語	コミュニケーション英語Ⅰ・Ⅱ・Ⅲ，英語表現Ⅰ・Ⅱ	200 点
			数　学	数学Ⅰ・Ⅱ・A	200 点
	マネジメント創造		外国語	コミュニケーション英語Ⅰ・Ⅱ・Ⅲ，英語表現Ⅰ・Ⅱ	100 点
			数　学	数学Ⅰ・Ⅱ・A	200 点
	理工	物　理	外国語	コミュニケーション英語Ⅰ・Ⅱ・Ⅲ，英語表現Ⅰ・Ⅱ	100 点
			数　学	数学Ⅰ・Ⅱ・Ⅲ・A・B	200 点
		生物・機能分子化	外国語	コミュニケーション英語Ⅰ・Ⅱ・Ⅲ，英語表現Ⅰ・Ⅱ	200 点
			数　学	数学Ⅰ・Ⅱ・A・B	200 点
	知能情報		外国語	コミュニケーション英語Ⅰ・Ⅱ・Ⅲ，英語表現Ⅰ・Ⅱ	100 点
			数　学	数学Ⅰ・Ⅱ・Ⅲ・A・B	200 点
	フロンティアサイエンス		外国語	コミュニケーション英語Ⅰ・Ⅱ・Ⅲ，英語表現Ⅰ・Ⅱ	200 点
			数　学	数学Ⅰ・Ⅱ・A・B	200 点

▶備　考

- 「数学Ⅲ」は「平面上の曲線と複素数平面」,「極限」および「微分法」,「数学B」は「数列」および「ベクトル」を出題範囲とする。
- 上記の試験（外部英語試験活用方式は，外部英語試験などの得点を外国語の得点にみなし換算する）と「調査書（学習成績の状況を 10 倍して得点化）」,「志望理由書・自己推薦書」により判定。「調査書」「志望理由書・自己推薦書」の配点は次の通り。

学部・学科等	調査書	志望理由書・自己推薦書
文（歴史文化除く）	50点	15点
文（歴史文化）	50点	30点
経済	50点	15点
法	50点	30点
経営	50点	30点
マネジメント創造	50点	30点
理工	50点	30点
知能情報	50点	15点
フロンティアサイエンス	50点	30点
グローバル教養	50点	30点

英 語

（60分）

1 次の文を読んで，それぞれの問いの答えとして最も適切なものを (A)～(D) より一つ選び，その記号をマークせよ。

On the tiny island of Taquile, which is home to about 1,300 people, a man's worth (1) is not measured by his ability to make money or even by his ability to hunt and fish, but rather by his ability to knit. Alejandro Flores Huatta was born on the island located in Lake Titicaca, a large lake between Peru and Bolivia. The island is about a three-hour trip by boat from the nearest city. The 67-year-old started learning how to knit tall and floppy traditional hats called *chullos* in his early childhood, with his older brother and grandfather teaching him by using the thorns of a cactus as knitting needles. "Most of the boys learn by watching. Because I don't have a father, my older brother and grandfather taught me to knit. So, by watching them, I learned little by little," he said.

In addition to the *chullos*, Taquile is famous for its wool and clothing. However, while the women weave clothing and belts and care for the sheep that provide the wool, it is only the men who produce the island's famous knitted hats. The *chullos* are seen as having deep cultural importance, playing a key role in protecting the island's social structure and allowing men to show their creativity while also displaying their marital status, dreams, and personalities. The islanders are working hard to preserve this tradition.

Residents were relatively cut off from the mainland until the 1950s, and Taquile's isolation has helped to keep much of its cultural heritage and way of life intact (2). Locals live according to the Inca moral code of "*Ama sua, ama llulla, ama qhilla*" (Do not steal, do not lie, do not be lazy). Taquileans still use traditional farming methods; the island communities rotate crops of potatoes, corn, beans, and barley in terraces on the mountainsides. They raise sheep, chickens, and pigs on the land and catch fish in the surrounding waters of Lake Titicaca.

Taquilean boys are taught to knit from the age of five or six. The first *chullo* a boy knits is white, though he later learns to use sheep wool dyed with local plants and minerals. His technique is refined (3) until he is able to make a hat that is tightly woven and neat. It is a difficult and slow process — even the most experienced knitters on the island need almost a month to complete the task due to the intricate(4) patterns reflecting agricultural, seasonal, and familial symbols that must be carefully woven into it.

The *chullos* also play a key role in pairing young couples for marriage. Men are chosen by their future mates (and their families) based on their ability to skillfully knit a *chullo* with tiny wire-thin needles. According to Alejandro, the sign of a good partner is the ability to make one that is knitted so tightly and neatly that it can hold water for a long time when turned upside down. Future fathers-in-law often test the *chullos* of their daughters' potential husbands. Alejandro proudly explained that his could hold water for thirty minutes without losing a single drop, and was impressive enough to attract his wife, Teodosia, 44 years ago. "Apparently she saw my knitting skill in my *chullo*. I used to make a really good one; I was an excellent knitter," he said.

"The girls look for the best *chullo*. So, if you're wearing a really nice one, you're likely to get a girlfriend more easily and faster," added his friend Juan, explaining that it's a community event when a future father-in-law checks the knitting skill of a potential husband for his daughter. "The father-in-law pours the water into the *chullo*, and the young man has to show it to everyone gathered there. All the family members must be able to see the water in the hat," he said.

Despite its strong cultural traditions, to many outsiders Taquilean culture appears to be surprisingly open-minded. For example, Alejandro and his wife are both considered (5)authorities on the island and share decision-making responsibilities. "We are both in charge. We always work together, and we make decisions together," Teodosia said. "A man cannot be a good leader alone. He always needs his wife. Even in ancient times it was like that."

Nowadays, many men have started to use bicycle spokes as knitting needles. "We find and use them because they are easier than cactus thorns to knit with. They are thin and they don't break easily," Alejandro said. However, for Alejandro, Juan, and the other knitting men of Taquile, recent changes they have been experiencing on the island of Taquile make it even more important to protect their culture and traditions. Both men have already passed on their knitting skills to their sons. "We have lots of knowledge from our ancestors, and I need to help younger generations understand that this must be always in our minds — in our consciousness, because that's knowledge and wisdom that must not be lost or forgotten, ever!" Juan said. "We Taquilians understand that, as the world is getting smaller, change is coming and we need to accept it, but without forgetting our background. As my grandpa said, 'A man who can't knit is not a man.'"

注 thorn: a sharp, needle-shaped part of some plants such as rose bushes or cactus plants

出典追記：Taquile: Where manliness is based on knitting. BBC Travel on September 2, 2021 by Erin Rhone

注 spokes: thin metal rods between the center of a bicycle wheel and the outer edge of the wheel

1. Which of the following is NOT indicated by a man's *chullo*?
(A) his knitting skill
(B) how much money he has
(C) his future hopes
(D) whether he is single or married

2. According to the passage, what is one reason the people of Taquile have been able to keep their old customs for so long?
(A) Their island is located far from the cities.
(B) They don't trust people from the outside world.
(C) Their culture has been protected by the government.
(D) People from other places have avoided contact with them.

3. Which of the following statements is the best summary of the content of Paragraph 5?
(A) A possible husband is evaluated by a woman and her father based on his ability to knit a *chullo* that can hold water for a long time.
(B) Alejandro boasts that he was chosen by his wife Teodosia because he is really good at knitting a *chullo*.
(C) Very thin needles are needed in order to make a *chullo* that is good enough to impress a woman and her father.
(D) A *chullo* that is loosely knitted and has a simple design is unlikely to impress a potential bride and her parents.

4. Which of the following paragraphs gives the most information about what a *chullo* looks like?
(A) Paragraph 2
(B) Paragraph 4
(C) Paragraph 6
(D) Paragraph 8

5. Which of the following paragraphs gives the most information about the process of testing a *chullo*?
(A) Paragraph 4
(B) Paragraph 5
(C) Paragraph 6
(D) Paragraph 7

6. According to the passage, which of the following is NOT true?
(A) The women weave clothing but do not knit *chullos*.
(B) The men start to learn knitting when they are small boys.
(C) Testing a potential husband's knitting skill involves the whole community.
(D) The needles used for knitting *chullos* have not changed since ancient times.

7. We can infer from the passage that the people of Taquile
(A) wish to be more separated from outside influences
(B) want their society to return to its ancient customs
(C) regret being cut off from the outside for so long
(D) feel cautiously open-minded to modern ways

8. For each of the following words, select the answer which is closest in meaning within the context of the passage.
(1) worth
(A) value (B) wealth (C) personality (D) luck
(2) intact
(A) cheap (B) inside (C) moral (D) unchanged
(3) refined
(A) increased (B) improved (C) beaten (D) hardened
(4) intricate
(A) internal (B) simple (C) expensive (D) detailed
(5) authorities
(A) police (B) writers (C) leaders (D) experts

2 それぞれの英文の下線部に当てはまる最も適切なものを (A)〜(D) より一つ選び，その記号をマークせよ。

1．The little girl was so ________ to see the baby panda at the zoo.

(A) excitement
(B) exciting
(C) excited
(D) excitingly

2．I like ________ swimming in my free time.

(A) to play
(B) to go
(C) when
(D) before

3．I have too many passwords for various things, so I sometimes have difficulty ________ them.

(A) remembering
(B) remember
(C) to remember
(D) at remembering

4．By the time I get back to Japan, I will ________ abroad for more than three years.

(A) have lived
(B) live
(C) be living
(D) living

5．The teacher called on me to read my answer ________ the whole class.

(A) on
(B) at
(C) to
(D) by

6．If there is anything on the menu you don't understand, please don't hesitate ________ me.

(A) at asking
(B) from asking
(C) to ask
(D) so ask

7. If you have finished the task, you may leave the classroom early, but please keep ________ that other students are still studying.
(A) your mind
(B) in mind
(C) minding
(D) mind

8. After studying until 3 a.m., I was ________ tired that I could hardly keep my eyes open.
(A) as
(B) more
(C) quite
(D) so

9. He hurt his shoulder ________ playing ice hockey.
(A) during
(B) while
(C) in
(D) for

10. You really need to work harder ________ better grades if you want to graduate.
(A) by getting
(B) from getting
(C) for get
(D) to get

11. I can't find my book anywhere in the house — I ________ it at school.
(A) must have left
(B) should have left
(C) could leave
(D) might leave

12. He went to his office to work as usual ________ it was a holiday.

(A) even though

(B) in addition

(C) because

(D) so

3 次の会話文を読み，それぞれの空所に入る最も自然で適切な表現を (A)〜(D) より一つ選び，その記号をマークせよ。

Naoko is at a sushi restaurant in Seattle with her American friend, Sandra.

Sandra　So, Naoko, what do you think of this sushi restaurant?

Naoko　Hmm. ___1___ It's comfortable and has a nice view of the ocean, but it feels a little strange to me.

Sandra　Oh, really? ___2___ Are sushi restaurants different in Japan?

Naoko　Well, yeah, the traditional ones are usually smaller than this. ___3___, the sushi shop I usually go to in Osaka is much smaller, and we sit right in front of the sushi bar and chat with the chef while he makes our sushi.

Sandra　___4___ I'd like to do that. I think you can find sushi shops like that in Seattle too. Unfortunately, the sushi in this restaurant is made in the kitchen, so we can't even see who's making it.

Naoko　In Japan, sushi chefs are really skilled. In fact, most of them have trained for many years. And ___5___ — they're also good at getting to know the customers and guessing what we want to eat next. So, sometimes I just let the chef decide what to make for me.

Sandra　Wow, that is different! I can't imagine just leaving it to the chef, but it would be cool to talk with her while she makes the sushi. I've never even met the chef here, but I've heard she's really good.

Naoko　Did you say "she"? A female sushi chef? That's ___6___! In Japan, there are still very few female sushi chefs, although recently that's been changing a little.

Sandra　Really?! Why?

Naoko　Well, it's kind of difficult for me to explain it well in English now. ___7___ I'll try to explain later. Look, here comes our order. Wow! Those rolls are so big! And, why is the *nori* wrapped inside the rolls? *Nori* should be wrapped around the outside!

Sandra　Hmm. Sorry, but ___8___ The roll looks much more attractive and delicious if the *nori* is inside.

Naoko Well, it does look interesting, but it's not like Japanese *makizushi*. And why is there no *nigiri*, or *sashimi*?

Sandra Oh, you can also order them if you want, but many Americans just prefer the sushi rolls — we love the rich taste of a lot of different ingredients and spices mixed together.

Naoko: Really? In Japan ___9___. Many Japanese like very simple ingredients so we can taste the pure fresh flavor of the fish.

Sandra: That is a big difference! Anyway, please try this roll — it's called the Seattle Roll.

Naoko: ___10___?

Sandra: Well, let's see... It looks like smoked salmon with avocado, cucumber, salmon eggs, and lots of cream cheese. Here, take a bite... ___11___?

Naoko: Mmmm! I love all the flavors! It tastes great! But to me, this is ___12___ sushi. It is an interesting international food though — maybe Italian and Japanese fusion! (*laughing*)

Sandra: Yeah, I guess it might look a little like Italian restaurant food. You just need to add carbonara sauce and Parmesan cheese! (*laughing*)

1. (A) I'm not sure. (B) It's perfect!
   (C) It should be bigger. (D) I don't care!
2. (A) I doubt it. (B) It's so strange!
   (C) Why is that? (D) Is it crowded?
3. (A) And yet (B) However (C) Similarly (D) For example
4. (A) I don't care. (B) Sounds like fun!
   (C) Our way is better! (D) Who cares?
5. (A) it's all they do (B) not only that
   (C) they're too shy (D) the work is boring
6. (A) as I expected (B) old fashioned
   (C) very disappointing (D) quite amazing
7. (A) And (B) Since (C) But (D) Also
8. (A) I don't agree. (B) you're right. (C) what's *nori*? (D) both are right.
9. (A) it's similar (B) we don't care
   (C) we like spice (D) it's the opposite
10. (A) How much is it (B) What's in it
    (C) Who made it (D) Where's the wasabi
11. (A) Is it expensive (B) Are you full
    (C) Do you need sauce (D) How's the taste
12. (A) very nostalgic (B) not real (C) quite expensive (D) very fresh

4 次のそれぞれの問いに答えよ。

I 次の英文を完成させるために，空所に入る最も適切な文を (A)～(D) より選び，その記号をマークせよ。

The phrase "the French Paradox" is a widely used term to describe the surprisingly low rates of heart disease experienced by French people despite the fact that their diet includes some foods thought to be bad for one's heart. (①) However, in recent years, scientists have pointed out that, to get enough of this substance to benefit from it, a person would need to drink very large quantities of red wine. (②) These newer research results have caused many experts to conclude that the health benefits previously associated with drinking red wine might instead be due to other lifestyle choices such as getting more physical exercise, talking more with friends and loved ones, and eating meals more slowly. (③) So, it seems that now there is much less certainty about the connection between red wine and good heart health. (④)

(A) In addition, some studies came out just last year showing that drinking even one or two glasses of wine every day can actually increase the risk of various health problems, and that drinking only once or twice a week, or not drinking at all, lowers this risk.

(B) This mysterious situation was once thought to be caused by French people's daily consumption of red wine as it contains resveratrol, which is believed to protect the heart.

(C) In any case, we do know for sure that it is not necessary to drink red wine in order to have a healthy heart, and, if we do choose to drink any kind of alcohol, we should do so responsibly and in moderation.

(D) This view is also supported by the observation that these healthy activities and habits are often enjoyed by the same people who also happen to occasionally enjoy drinking moderate amounts of red wine, thus suggesting that it is not necessarily the wine that is benefiting their hearts.

Ⅱ　次のそれぞれの英文を完成させるために，空所に入る最も適切なものを (A)～(D) より選び，その記号をマークせよ。

1．Resveratrol is the name of a chemical substance (①) in red grapes and in products (②) from red grapes such as wine and grape juice. Some researchers used to (③) that resveratrol is helpful for preventing health problems such as heart disease, but there is not enough evidence to (④) for certain that it has significant health benefits for humans.

(A)　think

(B)　made

(C)　prove

(D)　found

2．The traditional French diet includes foods that are considered by some diet experts to be (①). However, in addition to eating smaller amounts of food for (②) meal, the French tend to eat more slowly than (③) North Americans. Some researchers believe this custom helps the French feel more (④) by the end of the meal, despite eating less.

(A)　each

(B)　most

(C)　unhealthy

(D)　satisfied

数学

(60分)

学部・学科	解答する試験問題
理系学部（物理学科，知能情報学部）	数学①
理系学部（生物学科，機能分子化学科，フロンティアサイエンス学部）	数学②
文系学部	数学③

解答上の注意

1．問題の文中の［ア］，［イウ］などには，符号(－)，数字(0～9)が入る。ア，イ，ウ，…の一つ一つは，これらのいずれか一つに対応する。それらを解答用紙のア，イ，ウ，…で示された解答欄にマークすること。

例　［アイ］に－8と答えたいとき

ア	● ⓪ ① ② ③ ④ ⑤ ⑥ ⑦ ⑧ ⑨
イ	⊖ ⓪ ① ② ③ ④ ⑤ ⑥ ⑦ ● ⑨

2．分数形で解答する場合，分数の符号は分子につけ，分母につけてはならない。

例えば，$\dfrac{\boxed{ウエ}}{\boxed{オ}}$ に $-\dfrac{4}{5}$ と答えたいときは，$\dfrac{-4}{5}$ として答えること。

また，それ以上約分できない形で答えること。

例えば，$\dfrac{3}{4}$ と答えるところを，$\dfrac{6}{8}$ のように答えてはならない。

3．小数の形で解答する場合，指定された桁数の一つ下の桁を四捨五入して答えること。また，必要に応じて，指定された桁まで⓪にマークすること。

例えば，［カ］.［キク］に2.5と答えたいときは，2.50として答えること。

4．根号を含む形で解答する場合，根号の中に現れる自然数が最小となる形で答えること。

例えば，$4\sqrt{2}$，$\dfrac{\sqrt{13}}{2}$ と答えるところを，$2\sqrt{8}$，$\dfrac{\sqrt{52}}{4}$ のように答えてはならない。

5．同一の問題文中に［ケコ］などが2度以上現れる場合，原則として，2度目以降は，［ケコ］のように細字で表記している。

■数　学　①■

1 以下の問いに答えよ。

(1) 白玉，黒玉，赤玉，青玉，緑玉がそれぞれ3個ずつ合計15個あり，この中から3個を取り出して左から順に並べていくことを考える。ただし，同じ色の玉は区別しないものとする。このとき，並べ方の総数は [アイウ] 通りあり，そのうちすべての玉の色が異なる並べ方は [エオ] 通りある。

(2) 1個のさいころを6回続けて投げるとき，奇数の目がちょうど3回出る確率は $\dfrac{\fbox{カ}}{\fbox{キク}}$ である。また，6回目に3度目の奇数の目が出る確率は $\dfrac{\fbox{ケ}}{\fbox{コサ}}$ である。

2 放物線 $C_1 : y=x^2-4x+13$ があり，C_1 を x 軸に関して対称移動した放物線 C_2 の方程式を $y=f(x)$ とする。

(1) C_1 の頂点の座標は（ [ア] ， [イ] ）である。
また，$f(x)$ の $-1 \leqq x \leqq 1$ における最大値は [ウエオ] ，最小値は [カキク] である。

a を実数とする。以下，C_2 を x 軸方向に a，y 軸方向に a^2 だけ平行移動した放物線 C_3 の方程式を $y=g(x)$ とする。

(2) $a=2$ のとき，$g(x)$ の $-1 \leqq x \leqq 1$ における最大値は [ケコサ] である。
また，$g(x)$ の $-1 \leqq x \leqq 1$ における最大値が $g(1)$ となるような a のとり得る値の範囲は $a \geqq$ [シス] である。

(3) C_3 が x 軸と異なる2点で交わるような a のとり得る値の範囲は $a<$ [セソ] ， [タ] $<a$ である。

3 平面上に次の3つの条件を満たす3点O，A，Bがある。

$|\overrightarrow{OA}|=3$

$|\overrightarrow{OB}|=2$

$\overrightarrow{OA}+\overrightarrow{OB}$ と $\overrightarrow{OA}-6\overrightarrow{OB}$ が垂直である。

(1) $\overrightarrow{OA}\cdot\overrightarrow{OB}=$ [アイ] であり，$\angle AOB=\dfrac{[ウ]}{[エ]}\pi$ である。

(2) △OABの面積は $\dfrac{[オ]\sqrt{[カ]}}{[キ]}$ である。

また，∠AOBの二等分線と辺ABとの交点をCとすると，$|\overrightarrow{OC}|=\dfrac{[ク]}{[ケ]}$ である。

(3) t を実数とする。$|\overrightarrow{OA}+t\overrightarrow{OB}|$ は $t=\dfrac{[コ]}{[サ]}$ のとき，最小値 $\dfrac{[シ]\sqrt{[ス]}}{[セ]}$ をとる。

4 以下の問いに答えよ。

(1) 数列 $\{a_n\}$ を次の条件によって定める。

$a_1=3,\ a_{n+1}=-\dfrac{1}{3}a_n+2$ （$n=1,\ 2,\ 3,\ \cdots\cdots$）

このとき，$\{a_n\}$ の一般項は，$a_n=\dfrac{[ア]}{[イ]}+\dfrac{[ウ]}{[エ]}\cdot\left(\dfrac{[オカ]}{[キ]}\right)^{n-1}$ である。

また，$\displaystyle\lim_{n\to\infty}a_n=\dfrac{[ク]}{[ケ]}$ であり，$\displaystyle\sum_{n=1}^{\infty}\left(a_n-\dfrac{[ク]}{[ケ]}\right)^2=\dfrac{[コサ]}{[シス]}$ である。

(2) $b_n=\displaystyle\sum_{k=1}^{n}\dfrac{1}{k(k+1)}$ とする。

このとき，$\displaystyle\lim_{n\to\infty}b_n=$ [セ] であり，$\displaystyle\lim_{n\to\infty}n\log b_n=$ [ソタ] である。

ただし，対数は自然対数である。

■数 学 ②■

1 以下の問いに答えよ。

(1) 白玉，黒玉，赤玉，青玉，緑玉がそれぞれ3個ずつ合計15個あり，この中から3個を取り出して左から順に並べていくことを考える。ただし，同じ色の玉は区別しないものとする。このとき，並べ方の総数は [アイウ] 通りあり，そのうちすべての玉の色が異なる並べ方は [エオ] 通りある。

(2) 1個のさいころを6回続けて投げるとき，奇数の目がちょうど3回出る確率は $\frac{\boxed{カ}}{\boxed{キク}}$ である。また，6回目に3度目の奇数の目が出る確率は $\frac{\boxed{ケ}}{\boxed{コサ}}$ である。

2 放物線 $C_1: y=x^2-4x+13$ があり，C_1 を x 軸に関して対称移動した放物線 C_2 の方程式を $y=f(x)$ とする。

(1) C_1 の頂点の座標は（ [ア] ， [イ] ）である。
また，$f(x)$ の $-1 \leqq x \leqq 1$ における最大値は [ウエオ] ，最小値は [カキク] である。

a を実数とする。以下，C_2 を x 軸方向に a，y 軸方向に a^2 だけ平行移動した放物線 C_3 の方程式を $y=g(x)$ とする。

(2) $a=2$ のとき，$g(x)$ の $-1 \leqq x \leqq 1$ における最大値は [ケコサ] である。
また，$g(x)$ の $-1 \leqq x \leqq 1$ における最大値が $g(1)$ となるような a のとり得る値の範囲は $a \geqq$ [シス] である。

(3) C_3 が x 軸と異なる2点で交わるような a のとり得る値の範囲は $a <$ [セソ] ， [タ] $< a$ である。

3 平面上に次の3つの条件を満たす3点O，A，Bがある。

$|\overrightarrow{OA}|=3$

$|\overrightarrow{OB}|=2$

$\overrightarrow{OA}+\overrightarrow{OB}$ と $\overrightarrow{OA}-6\overrightarrow{OB}$ が垂直である。

(1) $\overrightarrow{OA}\cdot\overrightarrow{OB}=$ [アイ] であり，$\angle AOB=\dfrac{[ウ]}{[エ]}\pi$ である。

(2) △OABの面積は $\dfrac{[オ]\sqrt{[カ]}}{[キ]}$ である。

また，∠AOBの二等分線と辺ABとの交点をCとすると，$|\overrightarrow{OC}|=\dfrac{[ク]}{[ケ]}$ である。

(3) t を実数とする。$|\overrightarrow{OA}+t\overrightarrow{OB}|$ は $t=\dfrac{[コ]}{[サ]}$ のとき，最小値 $\dfrac{[シ]\sqrt{[ス]}}{[セ]}$ をとる。

4 a を実数とする。$f(x)=x^3-3ax^2+4$ について，以下の問いに答えよ。

(1) $a>0$ とする。$0\leqq x\leqq 2$ における関数 $f(x)$ の最小値を m，最大値を M とすると，

$0<a<$ [ア] のとき，$m=$ [イウ] $a^{[エ]}+$ [オ] であり，

$a\geqq$ [ア] のとき，$m=$ [カキク] $a+$ [ケコ] である。

$0<a<\dfrac{[サ]}{[シ]}$ のとき，$M=$ [スセソ] $a+$ [タチ] であり，

$a\geqq\dfrac{[サ]}{[シ]}$ のとき，$M=$ [ツ] である。

(2) 方程式 $f(x)=0$ が異なる3個の実数解をもつような a のとり得る値の範囲は $a>$ [テ] である。

また，方程式 $f(x)=3x^2$ が異なる3個の実数解をもつような a のとり得る値の範囲は $a>$ [ト] である。

■数　学　③■

1　以下の問いに答えよ。

(1)　白玉，黒玉，赤玉，青玉，緑玉がそれぞれ3個ずつ合計15個あり，この中から3個を取り出して左から順に並べていくことを考える。ただし，同じ色の玉は区別しないものとする。このとき，並べ方の総数は［アイウ］通りあり，そのうちすべての玉の色が異なる並べ方は［エオ］通りある。

(2)　1個のさいころを6回続けて投げるとき，奇数の目がちょうど3回出る確率は $\dfrac{\text{カ}}{\text{キク}}$ である。また，6回目に3度目の奇数の目が出る確率は $\dfrac{\text{ケ}}{\text{コサ}}$ である。

2　放物線 $C_1: y=x^2-4x+13$ があり，C_1 を x 軸に関して対称移動した放物線 C_2 の方程式を $y=f(x)$ とする。

(1)　C_1 の頂点の座標は（［ア］，［イ］）である。
また，$f(x)$ の $-1 \leqq x \leqq 1$ における最大値は［ウエオ］，最小値は［カキク］である。

a を実数とする。以下，C_2 を x 軸方向に a，y 軸方向に a^2 だけ平行移動した放物線 C_3 の方程式を $y=g(x)$ とする。

(2)　$a=2$ のとき，$g(x)$ の $-1 \leqq x \leqq 1$ における最大値は［ケコサ］である。
また，$g(x)$ の $-1 \leqq x \leqq 1$ における最大値が $g(1)$ となるような a のとり得る値の範囲は $a \geqq$［シス］である。

(3)　C_3 が x 軸と異なる2点で交わるような a のとり得る値の範囲は $a <$［セソ］，［タ］$< a$ である。

3　△ABC において，BC＝3，$\angle BAC=\dfrac{\pi}{3}$，$\angle ABC=\theta$ とする。

(1)　△ABC の外接円の半径は $\sqrt{\boxed{\text{ア}}}$ であり，θ のとり得る値の範囲は

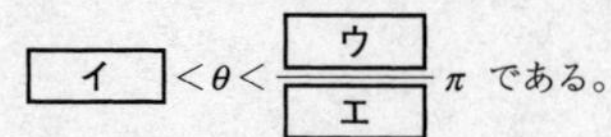

$\boxed{\text{イ}}<\theta<\dfrac{\boxed{\text{ウ}}}{\boxed{\text{エ}}}\pi$ である。

(2)　$AC=\boxed{\text{オ}}\sqrt{\boxed{\text{カ}}}\sin\theta$，$AB=\sqrt{\boxed{\text{キ}}}\sin\theta+\boxed{\text{ク}}\cos\theta$ である。

(3)　AB＋AC は $\theta=\dfrac{\boxed{\text{ケ}}}{\boxed{\text{コ}}}\pi$ のとき，最大値 $\boxed{\text{サ}}$ をとる。このとき，△ABC の面積は

$\dfrac{\boxed{\text{シ}}\sqrt{\boxed{\text{ス}}}}{\boxed{\text{セ}}}$ である。

4　a を実数とする。$f(x)=x^3-3ax^2+4$ について，以下の問いに答えよ。

(1)　$a>0$ とする。$0\leqq x\leqq 2$ における関数 $f(x)$ の最小値を m，最大値を M とすると，

$0<a<\boxed{\text{ア}}$ のとき，$m=\boxed{\text{イウ}}\,a^{\boxed{\text{エ}}}+\boxed{\text{オ}}$ であり，

$a\geqq\boxed{\text{ア}}$ のとき，$m=\boxed{\text{カキク}}\,a+\boxed{\text{ケコ}}$ である。

$0<a<\dfrac{\boxed{\text{サ}}}{\boxed{\text{シ}}}$ のとき，$M=\boxed{\text{スセソ}}\,a+\boxed{\text{タチ}}$ であり，

$a\geqq\dfrac{\boxed{\text{サ}}}{\boxed{\text{シ}}}$ のとき，$M=\boxed{\text{ツ}}$ である。

(2)　方程式 $f(x)=0$ が異なる3個の実数解をもつような a のとり得る値の範囲は $a>\boxed{\text{テ}}$ である。

また，方程式 $f(x)=3x^2$ が異なる3個の実数解をもつような a のとり得る値の範囲は

$a>\boxed{\text{ト}}$ である。

国語

（六〇分）

1 次の文章を読んで、後の問いに答えよ。

そもそも、芸術はいつの時代でも、メディアやテクノロジーと切り離せません。ここで言う「メディア」の意味は最大限に広くとってください——例えば、絵画のカンヴァスや絵具、音楽の楽器や譜面、それらはすべて色や音を伝えるメディア＝[a]バイカイですし、さらには絵画それ自体、建築それ自体、音楽それ自体もすべて情報を伝えるメディアとしての性格をもちます。それゆえ、インターネットという新興メディアが出てくれば、それに対応して芸術の質も否応なく変わることになります。

では、具体的には何がどう変化したのでしょうか。ここで思考の基準点として、ヴァルター・ベンヤミンの一九三六年の名高いエッセイ「複製技術時代の芸術作品」に立ち返っておきましょう。ベンヤミンはそこで、写真、映画、レコードのような「複製技術」の台頭に注意を向けていました。

ベンヤミンの考えでは、これらの複製技術は、旧来の芸術のもつ〈いま・ここ〉の一回性を奪いとるものです。写真やレコードの普及する前、芸術作品はその所在地に行かなければ、鑑賞することはできませんでした。アートは特定の時間と空間にしっかり結びついており、ひとびとはこの唯一無二の芸術作品に「礼拝」するように接していた。美術館の絵画やコンサートホールの音楽は一回きりのものであり、［ア］そこには礼拝的価値、すなわち「アウラ」（オーラ）が宿っていました。

しかし、複製技術が大衆にまで浸透してくると、まさにこのオリジナルのもつ〈いま・ここ〉の唯一無二性が失われます。芸術はいくらでもコピー可能になり、どんな場所にも出現できるし、かつ所有も容易になる。ベンヤミンの考えでは、このとき芸術のもつアウラは衰退してゆきます。一点しかない絵画が写真として大量にコピーされ、一度しか聴けない音楽がレコードとして大量にコピーされるとき、「芸術作品の〈いま・ここ〉的性質だけは必ず無価値」になるとベンヤミンは断言していました。

ベンヤミンはきわめて重要な問題を言い当てています。二〇世紀という時代を考えるとき、コピーがオリジナルを凌駕し始めるという現象は、絶対に見逃すことはできません。アウラをもたない複製物が、人間の考え方やアイデンティティの土台となる。さらには、政治や経済のようなマクロのレベルも、複製メディアの宣伝力によって動かされるようになる——これが二〇世紀の社会に起こった決定的な変化です。誰でも容易に情報の「コピペ」ができる二一世紀のインターネットは、この複製技術時代の性質をいっそう極端にしたものだと言えるでしょう。

そういうわけで、[1]ベンヤミンのテクストは繰り返し再読されるに値します。ただ、この優れた評論にも多少の修正の余地はあるかもしれません。

実際、今から振り返ってみれば、レコードにはそれなりに「アウラ」はなかったでしょうか。レコードを再生するのは手間がかかるし、一度かけ始めると、それを取り替えるのは難儀です。少なくとも、YouTubeを再生することに比べれば、レコードをかけることには儀式的な重々しさがあります。コピーだからといって、［X］取り扱うわけにはいかない。むろん、ホールで演奏を聴くのとはまったく異なる体験であるとはいえ、それでも室内で静かにレコードに耳を傾ける行為には、何らかの礼拝的価値が残っていました。

さらに、レコードのような新しいテクノロジーこそがライブでは得られない、新しい音楽的体験を可能にするという立場もありました。例えば、ピアニストのグレン・グールドは、電子メディアのもつ「解剖能力」や「分析能力」を高く評価し、コンサートホールでのライブからは撤退して、バッハの『ゴルトベルク変奏曲』をはじめとする数々の素晴らしい録音を残しました。グールドによれば、アルノルト・シェーンベルクのbビザイな音楽も、電子メディアによってはじめてそれにふさわしい鮮明度を得られるというのです。

あるいは、映画館に足を運んで映画を見ることは、それ自体が礼拝に似ていないでしょうか。確かに映画そのものは複製物であり、有名なハリウッド映画ともなれば、世界じゅうで鑑賞可能です。［イ］、期待を胸に抱いた観客たちが劇場で静かに映画を見る、この「享受」の体験のほうには、かけがえのない一回きりの〈いま・ここ〉的性質が宿るのではないか。特に、ビデオやDVDがなかった時代には、映画を見ることはcノウミツな「一回性」と結びついた体験であったはずです。

こう考えると、ベンヤミンの問題をもう一歩先に進めることができます。彼は芸術作品のアウラの衰退をdスルドく捉えた反面、受け手サイドの問題、つまり享受の一回性については詳しく分析しませんでした。これはちょっと不思議なことです。レコードや映画は〈いま・ここ〉の制限から解き放たれて、コピー可能な商品として世界じゅうに流通しましたが、それを見たり聴いたりする体験には、依然としてアウラらしきもの、つまり〈いま・ここ〉に根ざした一回性が残っていたのではないでしょうか。

とはいえ、この「アウラらしきもの」が今も残っているかは疑わしい。というのも、二一世紀のメディアと芸術に生じた最大の変化の一つは、まさに享受の一回性の衰退だからです。

今やインターネットのサブスクリプションのサービスで、映画を見たり音楽を聴いたりすることは常態化しました。どのみち定額制ですから、気に入らなければさっさと視聴を停止しても負担にならないし、レコードのようなセッティングの手間もかからない。しかも、スマートフォンさえあれば、いつでもどこでもサービスにアクセスできる――こうして、芸術作品の享受に伴っていた〈いま・ここ〉の重々しさは、スマホによってすっかり払拭されました。

さらに、かつてはレコードならば音楽だけ、映画館ならば映画だけ、という具合に、複製メディアのあいだにも分業がありました。しかし、今はそのようなメディア間の垣根もありません。インターネットやスマホにおいては、あらゆるジャンルが「アプリ」として横並びになります。映像を見るのに飽きたから、音楽やチャットのアプリに移るということも簡単です。

要するに、芸術・文化の享受はかつてなく軽いものになったわけです。ベンヤミンを引き継いで言えば、この軽量化は「アウラの二度目の喪失」と言い表せるでしょう。インターネットで音楽を聴き、映画を見ることに、もはや儀式的・礼拝的な態度は要りません。すべては指先一つで切り替えられるアプリにすぎない。スマホの登場は、芸術の歴史において、見た目以上に大きな意味をもっているわけです。

このように、新たな情報技術が浸透していくにつれて、われわれは時空の限界から解放され、芸術へのアクセスも容易になりました。それは一面においては歓迎すべきことです。インターネットのおかげで、たとえ経済的余裕がなかったり地方在住であったりしても、質の高い映画や音楽に触れられるチャンスは格段に増えました。この点で、ネットは格差をならすleveler（水平にする機械）として機能しています。

僕自身、iTunesは生活必需品のようになっています。定額で良い音楽をいくらでも聴けるのは有難い限り――と思いつつも、しかしなけなしの小遣いをはたいてCDを買っていた時代のほうが、音楽をもっと大切に聴いていたような気もします。[3]利便性と引き換えに、何かを失っている印象も拭えません。同じ印象をもつ読者も多いのではないでしょうか。

そもそも、文化体験には大なり小なり受苦的な性格があります。わざわざ遠くまで映画や美術を見に行って、そのつまらなさに落胆してトボトボと帰る――アートにはこういうムダな「苦行」がつきものです。硬い椅子で長大な映画を見るのも、半ば拷問に近い。でも、良い作品に出会える保証は何もないにもかかわらず、現場に出かけずにはいられない性分の人間が、アートを支えてきたわけです。

アプリの切り替えでいつでも作品から降りられるインターネットは、確かにこのような苦行を減らしました。しかし、［Y］にだけ身を委ねていると、ノウミツな芸術体験はかえって遠ざかってゆく可能性があります。そもそも、長時間、椅子に強制的に縛られるからこそ、人間はその作品について仕方なくあれこれ考えてしまうのです。芸術がアプリになったとき、その考える時間を確保できるでしょうか。

加えて「つまらなさ」も一概に悪とは言えません。映画館でつまらない映画を見るのは、確かに時間のムダですが、それでも我慢して見続けていると、ふと印象に残る映像に出くわしたり、あるいは映画とは全然関係のないアイディアがひらめいたりする。ベンヤミンは「退屈とは、経験という卵をかえす夢の鳥だ」（「物語作家」）と洒落（しゃれ）た言い方をしていますが、退屈にも確かに、眠りと同じく頭脳をリフレッシュする効用はあるわけです。

それに、ちょっと性格の悪いことを言いますが、中途半端によくできた作品よりも、明らかにダメな作品のほうが、そのジャンルの平均的水準や特性を把握するのに有益なことも多い。ダメな作品がなぜダメなのかを考えていくと、良い作品がなぜ良いのかが、かえって鮮明になることもあるのです。

新型コロナウイルスのパンデミックの起こる以前には、音楽業界の「ライブ回帰」がよく言われていました。インターネット時代にはCDで収益をあげられないので、ライブでそれをまかなうというわけです。これは「享受の一回性」をもう一度組織し直そうとする動きですが、メディア体験がかつてなく軽くなったことを照らし出してもいます。

［ウ］、映画であれ建築であれ絵画であれ音楽であれ、芸術メディアとは受け手を深く取り込んで、その体験をノウミツ化してゆく「囲い」のようなものです。その囲いのなかで、作品を全身[e]ゼンレイで「享受」するからこそ、アートの側も面白いものを差し出してくれる。しかし、芸術の享受がアプリ化＝軽量化すれば、そのような関係は成立しにくくなります。

その意味で、二一世紀とは「アウラの二度目の喪失」を経由したポストメディアの時代だとまとめられるでしょう。映画、建築、絵画、音楽というそれぞれのメディアの独立性が弱まり、すべてが情

報空間のなかで横並びになる――しかも、情報になったとたん、作品の享受はたいへん「軽い」もの
になる。あらゆる分野のアーティストにとって、これは大きな試練ではないでしょうか。

（福嶋亮大『思考の庭のつくりかた　はじめての人文学ガイド』による。
なお、設問の都合で表記を一部改めている。）

（注）ヴァルター・ベンヤミン　ドイツの批評家（一八九二～一九四〇）。
YouTube　ユーザーが動画を投稿・閲覧などできる、世界最大の動画共有サービス。
バッハ　ヨハン・ゼバスティアン・バッハ。ドイツの作曲家（一六八五～一七五〇）。
アルノルト・シェーンベルク　オーストリアの作曲家（一八七四～一九五一）。
サブスクリプション　料金を支払うことで、製品やサービスを一定期間利用することができる形式のビジネスモデル。
iTunes　アップル社が開発及び配布しているメディアプレイヤー。

〔問1〕二重傍線部a～eに相当する漢字が傍線部相当の漢字と一致するものを、次の各群の選択肢からそれぞれ一つずつ選び、その番号をマークせよ。

a　バイカイ
1　バイシャク人をつとめる
2　興味がバイカする
3　歌会にバイセキする
4　有権者をバイシュウする
5　細菌をバイヨウする

b　ビサイ
1　サンビを極めた現場
2　ショウビの急を告げる
3　シュビは上々だ
4　現象をビシ的に捉える
5　食材をビチクする

c　ノウミツ
1　家族のことでクノウする
2　取引先にノウヒンする
3　ユウノウな新人が登場する
4　妙案がノウリにひらめく
5　液体のノウドを計測する

d　スルドく

1　エイリ目的の活動
2　エイイ研究に励む
3　大統領をゴエイする
4　エイタツを望まない
5　世相をハンエイする

e　ゼンレイ

1　巧言レイショク鮮(すくな)し仁
2　衣食足りてレイセツを知る
3　レイゲンあらたか
4　レイラクした元貴族
5　リュウレイな調べを奏でる

〔問2〕　空白部ア〜ウを埋めるのに最も適当なものを次の選択肢からそれぞれ一つずつ選び、その番号をマークせよ。ただし、同じ番号を二度用いてはいけない。

1　それゆえ　　2　まして　　3　そもそも　　4　むしろ　　5　だとしても

〔問3〕　傍線部1「ベンヤミンのテクストは繰り返し再読されるに値します」とあるが、それはなぜか。その説明として最も適当なものを次の選択肢から一つ選び、その番号をマークせよ。

1　コピーを容易にすることができるインターネットは複製技術時代の性質をいっそう極端にしたものであるが、ベンヤミンはその予兆について早くから言及していたから。
2　芸術の価値はオリジナル作品がもつ〈いま・ここ〉の唯一無二なものであるが、複製技術によりそれが損なわれ、芸術家が創作意欲をなくすとベンヤミンは考えていたから。
3　新しいメディアが台頭してくることで芸術の性質が変わってしまうが、複製技術が出てきたことで、芸術の一回性が喪失することをベンヤミンは指摘していたから。
4　複製技術が誕生し、コピーがオリジナルを凌駕(りょうが)するようになったが、より重要なことはそれが政治や経済のレベルにも起こっていることだとベンヤミンは信じていたから。
5　複製メディアの宣伝力は社会全般を動かしているが、二〇世紀、二一世紀へと時代を経るごとに、その勢いはどんどん加速しているとベンヤミンは分析していたから。

〔問4〕　空白部X・Yを埋めるのに最も適当なものを、次の各群の選択肢からそれぞれ一つずつ選び、その番号をマークせよ。

X
1　ほしいままに　　2　慇懃(いんぎん)に　　3　ぞんざいに　　4　高飛車に
5　ねんごろに

Y
1　可塑性　　2　効率性　　3　蓋然性　　4　所与性
5　即興性

〔問5〕 傍線部2「芸術・文化の享受はかつてなく軽いものになった」とあるが、その説明として最も適当なものを次の選択肢から一つ選び、その番号をマークせよ。

1 インターネットだけではなくスマホが登場したことで、すべてを指先ひとつで操作することができるようになり、受け手の感性が弱まることになったということ。

2 芸術作品がもっていた〈いま・ここ〉の一回性がなくなり、芸術作品を制作することの重々しさが損なわれたことで、享受することの重みもなくなったということ。

3 インターネットやスマホにおいては、あらゆるジャンルが「アプリ」で横並びになり、ジャンル間の格差がなくなり、芸術の均質化がいっそう進んだということ。

4 複製技術が登場してきたことによって、オリジナルの芸術作品がもっていた儀礼的、礼拝的価値がなくなり、人びとから必要とされなくなったということ。

5 インターネットやスマホによって、芸術作品を享受する際における一回性がなくなり、あらゆるジャンルを「アプリ」で楽しめるようにもなったということ。

〔問6〕 傍線部3「利便性と引き換えに、何かを失っている印象も拭えません」とあるが、筆者は何を失うと考えているのか。その説明として最も適当なものを次の選択肢から一つ選び、その番号をマークせよ。

1 良い作品に出会える保証が何もないのに、良い作品に出会うためにインターネットにアクセスし続ける時間を失う。

2 作品について不承不承に考えたり、つまらない作品を見続けることによりある種の効用を味わったりする時間を失う。

3 良い作品がなぜ良いのか、ダメな作品はなぜダメなのかということを考えてしまい、純粋に芸術を味わう時間を失う。

4 中途半端によくできた作品よりも明らかにダメな作品の方が良いなどというあまのじゃくなことを考える時間を失う。

5 快適な空間で作品を見ることが可能になり、長時間、狭くて硬い椅子に縛られるという苦痛を楽しむ時間を失う。

〔問7〕 本文の内容の説明として最も適当なものを次の選択肢から一つ選び、その番号をマークせよ。

1 インターネットやスマホが登場したことで、芸術、文化を享受することが軽いものになってしまったが、いま一度重々しさを取り戻さなければならない。

2 一九三六年に書かれたベンヤミンの「複製技術時代の芸術作品」という名高いエッセイには、二一世紀の芸術受容に対する問題がすでに提起されていた。

3 近代に入って複製技術が格段の進歩を遂げたことではじめて、人間に備わった感性がメディアやテクノロジーの影響を受け変化することになった。

4 ポストメディア時代になって、オリジナル作品がもつ〈いま・ここ〉の唯一無二性は、電子メディアという新しいメディアによっても得ることが可能になった。

5 絵画や音楽や映画などのさまざまな文化領域は、制作や受容の両面において情報化の作用を受けているのだが、それらは一概に良いことばかりではない。

2　次の文章を読んで、後の問いに答えよ。

押し寄せてきては引き、また押し寄せてくるそれぞれの悲しみも、一日繰り返されていくうち、どれも徐々に小さく、静まっていき、斎場で通夜の準備が進む頃には、その人を故人と呼び、また他人からその人が故人と呼ばれることに、誰も彼も慣れていた。

人は誰でも死ぬのだから自分もいつかは死ぬし、次の葬式はあの人か、それともこちらのこの人かと、まさか口にはしないけれども、そう考えることをとめられない。むしろそうやってお互いにお互いの死をゆるやかに思い合っている連帯感が、今日この時の空気をわずかばかり穏やかなものにして、みんなちょっと気持ちが明るくなっているようにも思えるのだ。

よしなさいよ、縁起でもない。

などと思ったところで、誰かがその［X］、親戚など縁起そのものじゃないか、それ以外の意味などあるのだろうか、などと言い出し話を複雑にする。縁起、縁起、とどこかから呟（つぶや）く声がさっきからしている。

大方、おしゃべり好きの春寿（はるひさ）が酒に酔ってそういうことを言う。人の揚げ足をとったり、言葉の端々に小さなa皮肉を混ぜがちなのは、隙あらば人にものを教えてやろうとするいかにも元教員らしい悪癖といっていい。

それにしても春寿とはおめでたい名前で、こういう葬式の場にはbそぐわない。

馬鹿言え。俺だって好きでこんな和菓子みたいな名ァ名乗ってるわけじゃないんだよ。

しかも彼は、喪主なのだった。他に代わりはいなかったのか。しかし彼こそが、故人と、これもすでに十年以上前になくなった故人の妻との長子であり、葬儀には似合わぬその名も、他ならぬ故人がつけたものだった。自らの葬儀の喪主を、自ら名づけたおめでたい名の息子が務めるという。上空でか、あるいは地下でか、故人は、どう思うのだろうか。

そんなことはわからない。その人は死んだのだ。

子どものはしゃぐ声がどこかから聞こえ、廊下やホールに響いた。

こんな時でも無邪気でいられ、人間の生老病死の深刻さになどふれ得ない。いやしかし、と思い直す。子どもだからといって、死者の体にみっちりと詰まって固まったような死を、感じないわけがない。いや、むしろ子どもの方こそそれを直観しているんじゃないか。

自分が子どもの頃を思っても、死者を目の当たりにした時、いやおうなしに思い知らされたものだ。

それが誰の死だったのか、死んだ誰の体だったのか。誰であれ親戚の人間なのであれば、今お盆やポットを持ってそのへんをcせわしなく行ったり来たりしている喪服姿の誰か彼かにとっても、近く遠くの親戚筋ということになる。

縁起、縁起、とまた聞こえてくる。

見習いの坊主が説法をさらいながら、寺に迎えにやった車でこちらに向かっていた。後部座席の傍らに置かれた、袈裟（けさ）にはそぐわないスポーツブランドのナイロン製ミニバッグの中の携帯電話が誤作動し、さっきから葬儀会場の電話に何度も無言電話をかけていた。受話器を取った者がよく聞けば、雑音のなかにくぐもった説法の練習が聞こえた。これから試験でもあるみたいだ、と運転手の男は思った。ていうか、車で迎えに行くような距離かよ。歩けよ。

たとえば故人は、あそこで重なった寿司桶（おけ）の数を数えている吉美（よしみ）の父であり、その横で携帯電話を耳に当て、おそらくまだ実家にいる弟の保雄（やすお）に数珠（じゅず）を持ってきてくれるよう頼んでいる多恵の父でもある。もちろんその電話を受けている保雄や、彼らの兄にあたる喪主春彦の父でもある。故人には五人子がいた。

また[1]子どもの声が響いた。

小さい子どもは今年三歳になる秀斗（しゅうと）しかいないからあの声は彼の声だ。吉美の娘の紗重（さえ）の息子、だから故人のひ孫ということになり、秀斗から見れば故人は曾祖父、ひいおじいさんということになる。

この日の朝、鎌倉から、紗重と紗重の夫のダニエルとともに車でやって来た秀斗は、実家で故人に対面し、人生ではじめて死んだ人間を見た。見たと言うより、それは出会ったと言う方が近かったろうか。秀斗は、目の前にいるのがこれまで数度会ったことがあり、ぼんやりとながらばあばのお父さん、と認識もしていた曾祖父のことだとわかっていたが、同時に自分の知っていた彼と今目の前にいる彼とは決定的に違う、ということもはっきりと感じていた。ゆうべなくなった、つまり死んだ、と聞かされたその意味をわかってはいたが、こうして目の当たりにしてみると死ぬとはどういうことなのかやっぱりわからなくなり混乱していた。とはいえ彼にとってその程度の混乱は　Y　だったので、取り乱すことはなく、むしろ自分のお父さんがこんなふうになってしまった状況にある祖母吉美のことを案じていた。

大丈夫、ばあばは大人だから。紗重はそう言って[2]秀斗の頭をなでた。

秀ちゃん、やさしいねえ。ばあばの心配、してくれるのか。してくれるのかこれ、これこれ。そう言って孫の頬（ほお）に自分の頬をすり寄せる吉美の目にこの時浮かんできた涙は、父の死というよりも孫の素朴な優しさに誘われたものだったろうか。

考えてみれば、それがどんな感慨であったにしろ、心理的な揺れや変化が直接的にはなんの刺激もない目玉から水分を出すに至るというのは想像を超えている。それもこれも生きていればこそなのだ。短絡、安直に過ぎるとは自覚しつつも、何かにつけてそう結論づけてしまう。誰かが死んだ時は通常の短絡が短絡でなく、安直が安直でなく感じ入る。大人だって、死ぬとはどういうことなのかなどわからない。単に、わからないでいることに慣れたか、諦めたか、混乱しないでいられるだけだ。実際、父がもう長くはない、と知った時から、吉美たちはその死に慣れはじめていたように思う。自分の死についてだって、それがなんなのかさっぱりわからないまま、刻々それに近づいていっている、あるいは近づかれている。まあ諦めるしかない話ではあるが、そんな達観はあまり意味のない言わば人生の休日の思考であり、生きるとは結局その渦中にあることの連続なのだと、孫の秀斗と娘の紗重を半々に見ながら吉美は考えた。

内なる混乱は、秀斗の横に立ち、両肩に手を添えていた父親のダニエルも一緒だった。彼もまた、日本で、死んだ人間に対面するのははじめてだったし、死んだ日本人を見るのもはじめてのことだったから。日本人の妻を持つことになった彼は、他のアメリカ人よりもずっと日本の死生観に通じてはいたが、それでも実際に死者を目の前にすると、その人の行く先について働かせる自分の想像力はひどく頼りなかった。

[3]秀斗とダニエル、ふたりの顔つきがよく似ていた。わずかに開いた口元の、その唇の向きと形がお

んなじだと紗重は思った。祖父の死体から目を逸らし、夫と息子に目を向け、そう思った。その一連の自分の動作と感慨を、祖父に見られているような気がした。その祖父の目は、体にあったのか、それとも天井か、窓の外か、もっと上方にあったのか。どこにもないのに見られている感じがする、というその感じを、人は本当に感じられるものだろうか。

その時感じたそのことを、紗重はその後もたびたび思い返した。自分が昔、祖母に口元が似ているとよく言われていて、祖母がなくなった時にその祖母を見ていた自分のことを思い出したりもしたし、もし自分が今死んだら、夫と息子がやはりああして自分のことを見つめる、その時にはもう少し悲しげになるだろうなどとも思った。人の死に際し、自分の死や死んだ先祖たちのことに思いが向くのはきっと自然なことだ。親の親のそのまた親の代があり、そこから自分に至るまでのどこが欠けても自分はいないというこのことは、家系図や言葉ではわかっていても、そうして誰かが死んだ時にしか真に迫ってこない。あるいは誰かが生まれた時にしか。一方で、しかし、と頭に浮かんできたのは、親の親のそのまた親の、そのどこかで系図が途絶えていたとしても、自分はひょっこりどこか全然別のところで生まれていたのではないか、そうに違いないという気持ちで、そんなことを思ったのははじめてだった。子どもを持つようになったからそういうふうに思うのかも、と紗重は思った。子どもを産んでからというもの、そういうちょっとした世界観の変化みたいなものに気づくことがたびたびあった。

たとえば夫のダニエルはアメリカのウィスコンシン州で生まれ育ち、紗重は日本の鎌倉で海を見ながら育った。そんな遠くで生まれ育ったふたりが出会い、子どもを持ったことは奇跡的なこととしか思えない。ダニエルと知り合う前に付き合っていた高校時代の同級生だった男とくらべて、ダニエルと出会う確率の低さはどうだろう。

確率ってそういうものなのかな。

ダニエルはそう言って、黒いネクタイをゆるめた。額と首筋に汗をかいている。背広のボタンを外して、ひとつばさりと懐に風を入れると、日本人とは違う夫の体の匂いがした。家のなかではほとんど感じないが、こうやって外にいると時々感じることがあって、紗重はその匂いも、その瞬間も好きだ。

それはおんなじ確率じゃないかな。

おんなじじゃなくない?

おんなじじゃないかもしれないけど、そうじゃなくて、確率じゃなくない?　奇跡的っていうのは。

あー、確率じゃ……確率じゃないかもね。

紗重は確率の話がしたいの?　奇跡の話がしたいの?

あ、そういう言い方むかつくよダニエル。確率じゃないって私言ってるよ。

ごめん。

ダニエルにとっては、紗重と出会い、こうして一緒に過ごしていることの奇跡は確率じゃ説明できない。したくない。しかし、ならば確率の話はもうしなくてもいいし、確率の話がしたいわけじゃないと言っているのに、確率っていうのはさあ、とひとしきり理屈をこねはじめ、まるで確率について考えることが、反証的に奇跡の価値を高めるかのようなのだった。そして実際、ふたりの実感においてそれは高まる。

それは確率じゃない。

私たちが出会った奇跡は、確率じゃはかれない。

そうやって馬鹿みたいに言い合ったあと、ならば4その奇跡とはいったいどういうものか検討されるのかと思えば、ダニエルはいったんそこで満足したのかそれ以上話すのをやめてしまったし、紗重の方も一緒に満足気にしている。

（滝口悠生『死んでいない者』による。なお、設問の都合で表記を一部改めている。）

〔問1〕二重傍線部a～cの意味として最も適当なものを、次の各群の選択肢からそれぞれ一つずつ選び、その番号をマークせよ。

a　皮肉
1　直接的に非難を加えること
2　端的に問題点を指摘すること
3　遠回しに弱点を突くこと
4　感情をあらわに憤ること
5　不合理な理屈を言うこと

b　そぐわない
1　尊くてもったいない
2　似つかわしくない
3　違和感を覚えない
4　ひけをとらない
5　こだわらない

c　せわしなく
1　嫌そうに
2　ゆっくりと
3　喜び勇んで
4　いそがしく
5　戸惑いながら

〔問2〕空白部X・Yを埋めるのに最も適当なものを、次の各群の選択肢からそれぞれ一つずつ選び、その番号をマークせよ。

X
1　是非を論じて　2　毒気に当てられて　3　言質を取って
4　不意を突いて　5　言葉尻を捕まえて

Y
1　寝耳に水　2　おあつらえ向き　3　日常茶飯事
4　立て板に水　5　折り紙つき

〔問3〕傍線部1「子どもの声が響いた」とあるが、このときの子どもの状態の説明として最も適当なものを次の選択肢から一つ選び、その番号をマークせよ。

1　母の紗重と父のダニエルと一緒に車でやってきたため、ばあばのお父さんが死んだなどとはつゆ知らず、知らない人が沢山いるので、少し感情をたかぶらせている。

2　周囲の人たちの様子を見ていて死というものを直感し、理由はわからないものの恐怖を覚えたので、声を出すことによって少しでもそれを紛らわそうとしている。

3　普段は一緒に生活していた曾祖父ではなかったので、その死を身近に感じることもできず、いつも遊んでいるのと同じように場所をわきまえることもなく遊んでいる。

4　あまり深く考えることもなく、調子にのってさわいでいるだけのように見えながらも、理屈では分かっていないかもしれないが、死というものをなんとなくは感じている。

5　死を目の当たりにして、いままでは概念としてしか理解していなかったものが現実となり、それをどのように理解し、対処してよいのか分からなくなっている。

〔問4〕　傍線部2「秀斗の頭をなでた」とあるが、紗重が秀斗の頭をなでたのはなぜか。その説明として最も適当なものを次の選択肢から一つ選び、その番号をマークせよ。

1　なくなった曾祖父よりも吉美のほうが好きだった秀斗が、吉美のことを案じている姿を見て好ましく思ったから。

2　吉美が涙を流しているのを見て、なぜかわからないが心配している秀斗はなんて優しいのだろうかと思ったから。

3　秀斗と吉美が頬を寄せ合っているのを見て、吉美が自分の父親がなくなった悲しみを忘れてくれると思ったから。

4　三歳にもならない子供である秀斗が吉美の心配をしているのに、自分は気にもしておらず、情けなく思ったから。

5　自分の父親がなくなってさぞ悲しいだろうと、吉美のことを気に掛けている秀斗をとてもいとおしく思ったから。

〔問5〕　傍線部3「秀斗とダニエル、ふたりの顔つきがよく似ていた」とあるが、このことを通して紗重はどのようなことを考えたのか。その説明として最も適当なものを次の選択肢から一つ選び、その番号をマークせよ。

1　大人であっても子どもであっても、身近な人の死を目の当たりにすると、なぜだかわからないものの、人間はみんな同じような表情をするものであるということ。

2　祖母がなくなった時にその祖母を見ていた自分のことを思い出し、自分が死んだならば、その時に果たして夫と息子は悲しげな表情を見せるだろうかということ。

3　アメリカのウィスコンシン州生まれと、日本の鎌倉生まれという違いがあるのに、秀斗とダニエルの顔つきが瓜二つであることは奇跡的なことであるということ。

4　普段は感じないことなのだが、人の死に出会うと、自分の死のことや死んだ祖先のことなどが思われ、自分も血筋のつながりの中に存在しているのだということ。

5　誰かが生まれ、そして誰かが死んでいく、そのような場に立ち会うことを通して、人間というものは大きな時間の流れの中で生きている存在なのだということ。

〔問6〕 傍線部4「その奇跡」とあるが、紗重はどういうことを奇跡と捉えているのか。その説明として最も適当なものを次の選択肢から一つ選び、その番号をマークせよ。

1　高校時代には思いもよらないことだったが、外国人の男性の体の匂いにひかれているということを奇跡と捉えている。

2　普通では出会わないような二人が出会い、一緒に生活をして、子どもを産むことになるということを奇跡と捉えている。

3　自分の親が誰であるのか、自分はどのような子どもを産むのかは決まっているということを奇跡と捉えている。

4　アメリカ育ちの夫、鎌倉育ちの自分が馬鹿みたいに言い合った後でも、仲良くしているということを奇跡と捉えている。

5　確率の問題ではない二人の出会いを、確率の話をすることによって自分が実感しているということを奇跡と捉えている。

〔問7〕 本文で用いられている表現方法の説明として最も適当なものを、次の選択肢から二つ選び、その番号を解答欄の各段に一つずつマークせよ。なお、マークの順序は問わない。

1　「縁起」という言葉を繰り返し用いることによって、身近な人の死に出会い、翻弄されながらも、次第に落ち着きを取り戻していく人びとの気持ちの動きを表現しようとしている。

2　なくなった人を生前の名前ではなく、「故人」と呼ぶことによって、死というものを感情的にではなく冷静に捉えることができるようになっていく人びとの姿を描写している。

3　「人生の休日の思考」は、自他の死を諦めて受け入れるしかないと考えることが、日常を生きている時には頭には浮かばないということを表している。

4　「自分はひょっこりどこか全然別のところで生まれていたのではないか」とあるが、「ひょっこり」という表現を用いて、悲惨な人生を軽く受け止めようとする気持ちが明示されている。

5　本文では台詞（ぜりふ）の部分をカギ括弧でくくらないという古典的な技法を用いることによって、葬式の場にのぞむ人たちの悲しみやダニエルと紗重の仲の悪さなどを描こうとしている。

解答編

英語

1 解答

1 —(B)　2 —(A)　3 —(A)　4 —(B)　5 —(C)　6 —(D)　7 —(D)

8．(1)—(A)　(2)—(D)　(3)—(B)　(4)—(D)　(5)—(C)

全訳

《タキーレ島の男たちと編み物》

1　およそ1,300人が暮らす小さなタキーレ島では，男性の価値は金を稼ぐ能力や狩りや釣りの能力によってではなく，むしろ編み物をする能力によって測られる。Alejandro Flores Huatta は，ペルーとボリビアの間にある大きな湖であるチチカカ湖に位置するその島で生まれた。その島は，最寄りの街からボートでおよそ3時間のところにある。67歳の彼は，とても幼い頃にチューリョと呼ばれる丈高で柔らかな伝統的帽子の編み方を習い始めたが，それは，兄と祖父がサボテンのとげを編み針として使って彼に教えたのだった。「ほとんどの男の子は見よう見まねで覚えます。私には父がいなかったので，兄と祖父とが私に編み方を教えてくれました。だから私は彼らを見て少しずつ学びました」と彼は言った。

2　チューリョに加えて，タキーレは羊毛と衣服で有名である。しかし，女性たちが衣服とベルトを織り，羊毛を与えてくれる羊の世話をする一方で，その島の有名なニット帽を作るのは男性たちだけだ。チューリョは深い文化的重要性をもっていると見られており，島の社会構造を守ることと，男性たちに自分たちの創造性を示させる一方で彼らの婚姻状況や夢，個性を示させることにも重要な役割を果たしている。島の人々はこの伝統を守るため懸命に働いている。

3　住民たちは1950年代まで本土から比較的切り離されており，タキーレの孤立はその文化遺産と生活様式の多くをそっくりそのまま保つのに役立ってきた。地元民たちは“*Ama sua, ama llulla, ama qhilla*”（盗むな，嘘をつくな，怠けるな）というインカの道徳規範に従って生きている。タキーレの人々は今でもなお伝統的な農法を用いている。すなわち，その島の共同体は山腹の段々畑でジャガイモ，トウモロコシ，豆，大麦といった作物を輪作しているのだ。彼らは陸地で羊，ニワトリ，豚を育て，周りを取り囲むチチカカ湖で魚を捕まえている。

④ タキーレの男の子たちは5歳か6歳から編み方を教わる。男の子が編む最初のチューリョは白いが，後に地元の植物と鉱物とで染められた羊毛を使うようになる。その技術は，帽子が堅く編まれ，きちんとしたものにできるまで磨かれる。それは困難でゆっくりとした過程である――島で最も経験豊富な編み手でさえ，その作業を完成させるのに約1カ月を必要とする。注意深く編み込まれなければならない農業の，季節の，家族の象徴を反映する複雑な模様のためだ。

⑤ チューリョはまた，若い男女を結婚させることにおいても重要な役割を果たす。男性たちは，小さく極細の針を使って巧みにチューリョを編む自身の能力に基づいて，彼らの将来の伴侶（とその家族）によって選ばれる。Alejandroによれば，よい伴侶の印は，逆さにしたときに長い時間水を溜めておけるほど堅く，きちんと編まれたチューリョを作る能力だ。未来の義理の父親たちはしばしば，自分たちの娘の夫となるかも知れない者たちのチューリョをテストする。Alejandroは，自分のものはほんの一滴も失うことなく30分の間水を溜めておくことができ，44年前に彼の妻Teodosiaを惹きつけたほど見事なものだったと誇らしげに説明した。「明らかに彼女は私のチューリョの中に私の編む技術を見ました。私は本当によいものを作っていました。私は優れた編み手でした」と彼は言った。

⑥ 「娘らは最高のチューリョを探しています。だから，もしあなたが本当によいものを身につけているならば，あなたにはより簡単に，より早くガールフレンドができるでしょう」と彼の友人Juanはつけ加え，未来の義理の父親が自分の娘の夫になるかも知れない者の編む技術を確認するのは地域のイベントなのだと説明した。「義理の父親はチューリョに水を注ぎ，若い男はそこに集まった皆にそれを見せなければなりません。家族の全員が帽子の中の水を見ることができなければなりません」と彼は言った。

⑦ その強い文化的伝統にもかかわらず，多くの部外者にとってタキーレの文化は驚くほど寛大に見える。たとえば，Alejandro と彼の妻は，二人ともその島で権威者と考えられており，意思決定の責任を共有している。「私たちには二人とも責任があるのです。私たちはいつも一緒に働き，一緒に決定を下します」と Teodosia は言った。「男性は一人きりではよいリーダーになれません。いつでも妻が必要です。古代においても，それは同じでした」

⑧ 今日，多くの男性たちは自転車のスポークを編み針として使い始めている。「サボテンのとげよりも編むのが楽なので，私たちはそれらを見つけて使っています。それらは細くて簡単に折れません」と Alejandro は言った。しかし，Alejandro と Juan，そして他のタキーレの編み手の男性たちにとって，彼らがタキーレ島で経験してきた最近の変化は，自分たちの文化と伝統を守ることをなお一層重要なものにしている。その男性たちは二人とも，すでに自分たちの編む技術を息子に伝えていた。「私たちは祖先からの知識をたくさんもっており，私は，これはいつでも自分たちの心の中に――自分たちの意識の中に――なければならないのだと若い世代が理解するのを手助けする必要があります。なぜならそれは，決して失われたり忘れ去られたりしてはならない知識と知恵だからです！」と Juan は言った。「私たちタキーレの人間は，世界が小さくなっているのだから変化は訪れるし，私たちはそれを受け入れる必要があるけれども，ただし私たちの背景を忘れることなく，そうするのだと理解しています。おじいさんが言っていたように『編めない男は男じゃない』のです」

解説

1.「次のどれが男性のチューリョによって示されていないか」

(A)「編む技術」

(B)「どれほどの金を持っているか」

(C)「将来の希望」

(D)「独身か既婚者か」

第2段第3文（The *chullos* are seen …）の後半に「男性たちに自分たちの創造性を示させる一方で彼らの婚姻状況や夢，個性を示させることにも重要な役割を果たしている」とあるので，(B)が正解。

2.「本文によれば，タキーレの人々がこれほど長い間，彼らの古い慣習を維持してこられた一つの理由は何か」

(A)「彼らの島は都市から遠く離れたところにある」

(B)「彼らは外の世界から来る人々を信頼しない」

(C)「彼らの文化は政府によって保護されてきた」

(D)「他の場所から来る人々は彼らとの接触を避けた」

第3段第1文（Residents were relatively …）に「タキーレの孤立はその文化遺産と生活様式の多くをそっくりそのまま保つのに役立ってきた」とあるので，(A)が正解。

3.「次の文のどれが第5段の内容の最もよい要約か」

(A)「夫になるかも知れない者は，女性とその父親とによって，水を長い間溜めておけるチューリョを編む能力に基づいて評価される」

(B)「Alejandro は，自分は本当にチューリョを編むのが得意なので，妻 Teodosia に選ばれたと自慢している」

(C)「女性とその父親とを感動させるほどよいチューリョを作るために，とても細い針が必要とされる」

(D)「ゆるく編まれ，簡素なデザインのチューリョは，妻になるかも知れない者とその両親とを感動させられない可能性が高い」

第5段第2文（Men are chosen …）にある「男性たちは小さく極細の針を使って巧みにチューリョを編む自身の能力に基づいて，彼らの将来の伴侶（とその家族）によって選ばれる」が本段落の要旨である。したがって，(A)が正解。(B)の Alejandro の自慢話は確かに書かれているが，補足的な挿入に過ぎない。(C)は書かれていない。(D)は同段第3文（According to Alejandro, …）の裏返しになっており，同文から推測される内容だが，「第5段の内容の最もよい要約」には当たらない。

4.「次の段落のどれがチューリョの外見について最も情報を与えているか」

第4段第2文（The first *chullo* …）に「男の子が編む最初のチューリョは白いが，後に地元の植物と鉱物とで染められた羊毛を使うようになる」とあり，これが最も詳しくチューリョの外見に関して説明しているので，(B)が正解。

5.「次の段落のどれがチューリョをテストする過程について最も情報を与えているか」

第5・6段（The *chullos* also … he said.）の両方に，チューリョの良し悪しで娘の結婚相手にふさわしいかどうかを判断する風習について書いてあるが，チューリョの出来をテストするprocessについて詳しく書いてあるのは(C)の第6段である。第6段第3～最終文（“The father-in-law … he said.）がその該当箇所である。

6.「本文によれば，次のどれが正しくないか」
(A)「女性たちは衣服を織るが，チューリョは編まない」
(B)「男性たちは小さい頃に編み方を習い始める」
(C)「夫になるかも知れない男性の編む技術をテストすることは地域全体に関わる」
(D)「チューリョを編むために使われる針は，古代から変わっていない」

最終段第1文（Nowadays, many men …）に「今日，多くの男性たちは自転車のスポークを編み針として使い始めている」とあるので，(D)が正解。

7.「我々が本文から推測できることは，タキーレの人々は…」
(A)「外部の影響からもっと切り離されていたいと思っている」
(B)「自分たちの社会に古代の慣習へ戻って欲しいと思っている」
(C)「非常に長い間，外部から切り離されていたことを悔やんでいる」
(D)「現代的なやり方に対して慎重ながらも寛大である」

最終段最後から2文目（We Taquilians understand …）に「私たちタキーレの人間は，世界が小さくなっているのだから変化は訪れるし，私たちはそれを受け入れる必要があるけれども，ただし私たちの背景を忘れることなく，そうするのだと理解しています」とある。自分たちの背景を忘れないように慎重ではありつつも，変化に対して寛大な態度を示しているので，(D)が正解。

8.「次の各語に対して，本文の文脈において最も近い意味の答えを選べ」
(1) 主語として使われているので，このworthは「価値」という意味の名詞。(A)「価値」が正解。(B)「富」 (C)「個性」 (D)「運」
(2) 「そっくりそのままで，無傷で」という意味の形容詞。(D)「変化していない」が正解。(A)「安い」 (B)「内部の」 (C)「道徳の」
(3) 「磨かれた」という意味の過去分詞。(B)「向上した（＝向上させられた）」が正解。(A)「増やされた」 (C)「打たれた」 (D)「固くされた」

(4)「複雑な」という意味の形容詞。(D)「細かな手をほどこした」が正解。(A)「内部の」 (B)「単純な」 (C)「高価な」

(5)「権威者たち」という意味の名詞。ここの文脈においては，(C)「リーダーたち」が正解。(D)「専門家たち」が紛らわしいが，下線部の後のTeodosiaの言葉（“A man cannot …）に「男性は一人きりではよいリーダーになれません」とあるので，ここでは「専門家たち」ではなく「リーダーたち」の意味で用いられていることがわかる。(A)「警察」 (B)「作家たち」

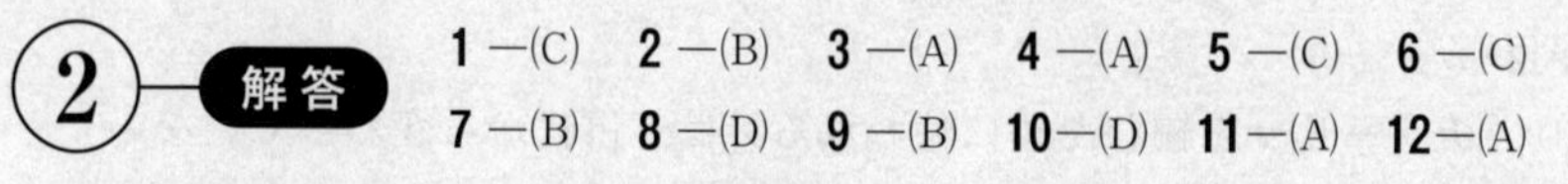

2
解答
1 —(C) 2 —(B) 3 —(A) 4 —(A) 5 —(C) 6 —(C)
7 —(B) 8 —(D) 9 —(B) 10—(D) 11—(A) 12—(A)

解説

1.「その幼い少女は動物園で赤ちゃんパンダを見てとても興奮していた」

「～させる」という意味の他動詞から派生した分詞形容詞の問題。現在分詞が形容詞化したものは「（人を）～させるような」の意味に，過去分詞が形容詞化したものは「（Sが）～した」の意味になる。exciteは「～を興奮させる」という意味の他動詞なので，「その幼い少女は興奮していた」という意味にするためには過去分詞派生の(C)が正解となる。

2.「私は空いた時間に泳ぎに行くのが好きです」

下線部の直後にあるswimmingに着目する。go swimmingで「泳ぎに行く」という意味になるので，(B)が正解。このgo *doing*の表現はほかに，go shopping「買い物に行く」，go skiing「スキーに行く」，go walking「散歩をしに行く」などがある。

3.「私は色々なものにあまりにもたくさんのパスワードをもっているので，時々思い出すのに苦労する」

have difficulty *doing*で「～するのに苦労する」の意味。(A)が正解。

4.「日本に戻るまでに私は海外に３年以上住んだことになる」

未来のある時点まで継続していると考えられる事柄を表す時制は，未来完了will have *done*である。本問では，「日本に戻る」という未来のある時点から見て「３年以上住んだことになる」という継続の内容を表すので，未来完了形を作る(A)が正解。

5.「先生は私にクラス全体に向かって自分の答えを読み上げるように求

めた」

read *A* to *B* で「*B* に向かって *A* を読む」の意。したがって，(C)が正解。この to は方向を示す to である。

6.「メニューにわからないことが何かございましたら，遠慮なく私にお尋ねください」

hesitate は to 不定詞を目的語にとる動詞。hesitate to *do* で「〜するのに躊躇する」の意味。したがって，(C)が正解。

7.「その課題が終わったら早く教室を出てよいですが，他の生徒たちはまだ勉強していることを覚えておいてください」

keep *A* in mind で「*A* を心にとどめる」の意味。したがって，(B)が正解。本問では *A* が that 節で長いため，後ろに移動している。

8.「午前3時まで勉強した後で，私はあまりにも疲れたのでほとんど目を開けていられなかった」

下線部の後に that 節があることに注目。so 〜 that … 構文を作ると文脈に合うので，(D)が正解。

9.「彼はアイスホッケーをしている最中に肩を怪我した」

「〜している最中に，〜している間に」という意味になる語を選ばせる問題。(A)の during「〜の間じゅう」は前置詞であり，stay「滞在」，movie「映画」，World War Ⅱ「第二次世界大戦」など名詞を目的語にとり，分詞や動名詞は目的語にとらないので，不正解。(B)の while「〜している間に」は接続詞であり，節中の主語が主節の主語と同じ場合は主語と be 動詞が省略可能なため，while he was playing は while playing とできる。したがって，(B)が正解。(C)の in は，in *doing* で「〜するとき，〜する際」の意味になる。文脈から外れてはおらず文法的にも正しいが，「〜している最中に（…する）」という状況を表す最も適切な表現は while *doing* のほうであるため，正解にはならない。(D)の for は，「アイスホッケーをするために肩を怪我した」となり，文意がおかしい。

10.「もしあなたが卒業したいのならば，あなたはよりよい成績をとるためにもっと懸命に勉強する必要がある」

下線部を「〜するために」という内容にすると文意が通るので，(D)が正解。これは目的を表す to 不定詞である。(A)は「とることによって」，(B)は「とることから」の意。(C)は，前置詞の目的語に動詞はとれないため，不可。

11.「家のどこにも本が見つからない――学校に置いてきたにちがいない」

助動詞には話し手の気持ちを表現する働きがあり，〈助動詞＋have *done*〉の形で過去のできごとに対する推量や非難，後悔などを表すことができる。本が見つからないのは現在で，学校に置いてきたとすればそれは過去のことなので，(A)または(B)が正解となる。それぞれの意味をみると，must have *done* は「～したにちがいない」という推量を，should have *done* は「～すべきだったのに」という非難や後悔を表す。should have *done* には他に「～してしまったはずだ，～するはずだったのに」という意味もあるが，いずれにしてもここでの文脈に合わない。したがって，(A)が正解。(C)と(D)はともに「置いておくかも知れない」の意。

12.「彼は休日だったのに普段通り会社へ行った」

「休日だった」と「普段通り会社へ行った」は，逆接でつなげると意味が通るので，(A)が正解。(C)だと「休日だったので普段通り会社へ行った」の意味に，(D)だと「普段通り会社へ行ったので休日だった」の意味になり，どちらも不自然。(B)は「加えて」という意味の副詞句で，文と文を接続できないため不可。

3　解答

1―(A)　**2**―(C)　**3**―(D)　**4**―(B)　**5**―(B)　**6**―(D)
7―(C)　**8**―(A)　**9**―(D)　**10**―(B)　**11**―(D)　**12**―(B)

全訳

《シアトルの寿司店での会話》

ナオコはアメリカ人の友人サンドラとシアトルの寿司店にいる。

サンドラ：ナオコ，このお寿司屋さんはどう？

ナオコ：うーん，よくわからないなあ。居心地がよくて海の眺めはいいけれど，私にはちょっと変な感じがする。

サンドラ：ほんとに？　それはどうして？　日本ではお寿司屋さんがこうじゃないの？

ナオコ：うん，そうだね，伝統的なところはたいていここよりもっと小さいよ。たとえば私が大阪でふだん行くお寿司屋さんはここよりずっと小さいし，職人さんが寿司を握っている間，カウンターのすぐ前に座って職人さんとおしゃべりするの。

サンドラ：楽しそう！　私もそれやりたいわ。シアトルでもそういうお寿司屋さんを見つけられると思うよ。あいにくこのお店のお寿司はキッチンで作られるから，誰が作っているのか見ることさえできないけど。

ナオコ：日本では寿司職人さんたちは本当に熟練者なの。実際，ほとんどの人は何年もの間，修業したんだよ。さらにそれだけじゃないの――彼らはまたお客のことを知って，私たちが次に何を食べたいか当てるのが得意なの。だから，たまに私はただ職人さんに何を握るか決めてもらうんだよ。

サンドラ：わあ，それは違ってるね！　職人さんにただお任せするなんて想像もできないけど，彼女が寿司を握ってる間にお話しするのは素敵でしょう。私はここでは一度も職人さんに会ったことすらないけど，彼女は本当に上手だって聞いたわ。

ナオコ：「彼女」って言ったの？　女性の寿司職人さん？　それは実に驚き！　日本にはまだ女性の寿司職人さんはほとんどいないの，最近ちょっと変わってきてるけど。

サンドラ：ほんとに？　どうして？

ナオコ：うん，それは今，英語で上手に説明するのは私にはちょっと難しいな。でも後で説明しようと思う。見て，私たちの注文したものがくるよ。わあ！　あのロール寿司はすごく大きい！　それに，なぜ海苔が巻き物の内側に包まれてるの？　海苔は外側に巻いたほうがいいんだけど！

サンドラ：うーん，悪いけど私はそう思わないわ。ロール寿司は海苔が内側にあるとずっと魅力的でおいしそうに見える。

ナオコ：まあ，確かに面白くは見えるけど，日本の「巻き寿司」とは違うわね。それとなぜ握りとか刺身がないの？

サンドラ：ああ，欲しかったらそれらも注文できるけど，アメリカ人の多くはロール寿司のほうが好きなの――私たちはたくさんのいろいろな食材と香辛料が混ざり合ってる豊かな味が大好きなのよ。

ナオコ：ほんとに？　日本では逆よ。日本人の多くは魚のまじりけのない新鮮な味を味わえるように，すごくシンプルな食材が好きなの。

サンドラ：それは大きな違いね！　とにかく，このロール寿司を食べてみて――それはシアトル巻きっていうのよ。

ナオコ：中に何が入ってるの？

サンドラ：ええっと…それはアボカド，キュウリ，いくらとたっぷりのクリームチーズを添えたスモークサーモンみたいね。ほら，一口食べて…お味はどう？

ナオコ：うーん！　全部の味が大好き！　すごくおいしい！　でも私にとってはこれは本物の寿司じゃないな。面白い国際的な食べ物だけど――たぶんイタリアンと和食の融合！（笑）

サンドラ：うん，それはちょっとイタリアンレストランのお料理に見えるかもね。カルボナーラソースとパルメザンチーズをかけなくっちゃ！（笑）

解説

1．「ナオコ，このお寿司屋さんはどう？」と尋ねられたことへの返答。「居心地がよくて海の眺めはいい」と答える一方で，「私にはちょっと変な感じがする」とも言っており，よい感想ばかりではないことに注意する。評価を差し控えて言葉を濁した(A)「よくわからない」が適切。

2．ナオコの「私にはちょっと変な感じがする」という発言が意外だったサンドラが，「ほんとに？」と言った後の発言。(C)「それはどうして？」を入れて，ナオコが変だと思った理由をサンドラが尋ねたのだと考えると，その後で，理由としてナオコが伝統的な寿司屋の説明をするのが自然な流れとなる。

3．ナオコは「伝統的なところはたいていここよりもっと小さいよ」と言い，その具体例として大阪でよく行く寿司屋の説明をしているので，(D)が正解。

4．ナオコが，大阪の寿司屋では寿司を握る職人と会話をすると言ったのを聞いて，サンドラは「私もそれやりたいわ」と答えているので，「楽しそう！」という意味の(B)が正解。

5．空所の後に also という語があるので，not only と also が呼応していると考えて，(B)「それだけじゃないの」を選ぶ。

6．ナオコはサンドラが寿司職人のことを「彼女」と呼ぶのを聞いて驚いているので，(D)が正解。

7．ナオコは「それは今，英語で上手に説明するのは私にはちょっと難しいな」と言いつつ，「後で説明しようと思う」と続けている。逆接なので，

(C)が正解。

8. サンドラは，ナオコが海苔は寿司の外側に巻いてあるべきだと言うのを受けて Sorry, but … と言っている。反論をしようとしているので，(A)が正解。

9. ナオコは，サンドラが「私たちはたくさんのいろいろな食材と香辛料が混ざり合ってる豊かな味が大好きなのよ」と言うのを受けて，「日本人の多くは魚のまじりけのない新鮮な味を味わえるようにすごくシンプルな食材が好きなの」と言っている。好みが正反対なので，(D)が正解。

10. 空所の発言を受けてサンドラが「それはアボカド，キュウリ，いくらとたっぷりのクリームチーズを添えたスモークサーモンみたいね」とロール寿司の中身を説明しているので，(B)が正解。

11. 空所の発言を受けてナオコが「全部の味が大好き！　すごくおいしい！」と答えているので，味はどうかと尋ねる(D)が正解。

12. ナオコはシアトル巻きのことを「面白い国際的な食べ物だけど――たぶんイタリアンと和食の融合！」と言っているので，本物の寿司ではないという意味になる(B)が正解。

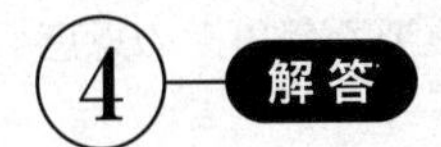

Ⅰ. ①―(B)　②―(A)　③―(D)　④―(C)

Ⅱ. 1. ①―(D)　②―(B)　③―(A)　④―(C)

2. ①―(C)　②―(A)　③―(B)　④―(D)

全訳

《赤ワインは心臓によいのか》

Ⅰ.「フランスの逆説」というフレーズは，フランス人の食事が心臓に悪いと考えられているいくつかの食べ物を含んでいるという事実にもかかわらず，フランス人がかかる心臓病の驚くべき低い率を表すために広く用いられる用語である。この不思議な状況は，心臓を守ると信じられているレスベラトロールを赤ワインが含んでいるため，フランス人が赤ワインを日常的に摂取することによって引き起こされるとかつては考えられていた。しかし近年，この物質を赤ワインから恩恵を受けるほど十分に摂取するためには，人は実に大量の赤ワインを飲む必要があるだろうと科学者たちは指摘している。加えて，毎日1，2杯のワインを飲むことでさえ，実はさまざまな健康問題のリスクを増大させることや，週に1，2回だけ飲む，もしくは全く飲まないことでこのリスクを下げられることを示すいくつかの研究がつい昨年出た。これらのより新しい研究結果は，以前は赤ワインを飲むことと結びつけられていた健康上の恩恵が，そうではなく，より多くの運動をすることや友人たちや愛する者たちとより多く話すこと，それによりゆっくりと食事をとることなど，他の生活様式上の選択のためであるかも知れないと多くの専門家たちに結論づけさせた。この考えはまた，たまたま時々適度な量の赤ワインを嗜む人々によってもこれらの健康的な活動や習慣はしばしば楽しまれているという観察によって支持されており，したがって彼らの心臓に恩恵をもたらしているのは必ずしもワインではないということを示している。だから今では，赤ワインと心臓の健康との間の関連については，はるかにより不確かであるように思われる。いずれにしても，我々は健康的な心臓をもつために赤ワインを飲む必要はないと確かに知っており，そしてもし我々がなんらかの種類のアルコールを飲む選択をするのならば，我々は責任をもって適度にそうするべきなのである。

Ⅱ．1． レスベラトロールは，赤ブドウや，ワインやグレープジュースなどの赤ブドウから作られる製品の中に見られる化学物質の名称である。一部の研究者たちはかつて，レスベラトロールは心臓病のような健康問題を防ぐのに役立つと考えていたが，それが人間にとって重要な健康上の恩恵をもつと確かに証明するのに十分な証拠はない。

2． 伝統的なフランスの食事は，一部の食事療法専門家によって健康的でないと考えられる食品を含んでいる。しかし，一回の食事ごとにより少ない量の食べ物を食べることに加えて，フランス人はほとんどの北米人よりもゆっくりと食べる傾向がある。一部の研究者たちは，この習慣のためにフランス人は，より食べる量が少ないにもかかわらず，食事の終わりまでにより満足感を覚えるのだと信じている。

解説

Ⅰ． ①空所の前には，フランス人が心臓に悪いとされる食べ物を食べていても心臓病にかかる率が低いという不思議な事実が書かれている。したがって，「この不思議な状況は」と始まる(B)が正解。

②空所の後には「これらのより新しい研究結果は」と始まる文が続く。(A)にはつい昨年出たいくつかの研究の内容が記されているので，(A)が正解。

③空所の前には「より多くの運動をすることや友人たちや愛する者たちと

より多く話すこと，それによりゆっくりと食事をとる」といったことが健康によいと書かれている。(D)には「これらの健康的な活動や習慣」という言葉があり，これは上記の行為を指すので，(D)が正解。

④(C)は「いずれにしても」と始まる。これは議論を締めくくる言葉であるので，最終文に入るのは(C)が適切。

Ⅱ．1．①「化学物質」という名詞を後置修飾するものが入る。(B)と(D)は過去分詞であり，直後のin red…とともに分詞句として「化学物質」を後置修飾することができる。文脈から(D)を選ぶ。

②「製品」という名詞を後置修飾するものが入る。①の解説の通り，(B)と(D)の過去分詞はそれが可能だが，文脈から(B)を選ぶ。made from～は「～から作られた」の意味。

③空所の後には「一部の研究者たち」がかつて考えていた内容が書かれているので，(A)が正解。

④「十分な証拠」を後置修飾する形容詞用法のto不定詞が入る。「～を証明する十分な証拠」とすると文脈に合うので，(C)が正解。

2．①Ⅰの本文の内容からわかることとして，伝統的なフランスの食事には心臓に悪いと考えられる食品が含まれるので，(C)「健康的ではない」が正解。

②「食事」を修飾する語が入る。「一回の食事ごとに」とすると文脈に合うので，(A)が正解。eachは単数形名詞を伴う。

③「北米人」を修飾する語が入る。「ほとんどの北米人」とすると文脈に合うので，(B)が正解。

④feelは形容詞や過去分詞，名詞，前置詞句を伴って，feel Cで「Cと感じる」の意味になる。(C)と(D)のうち文脈に合うのは(D)のsatisfied。

数　学

■数　学　①■

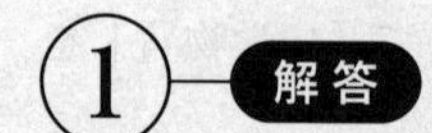

(1)アイウ. 125　**エオ.** 60

(2)カ. 5　**キク.** 16　**ケ.** 5　**コサ.** 32

解説

《玉を取り出す試行における順列，さいころを投げる試行における確率》

(1)　取り出した3個の玉の色の数で場合分けをする。

(i) 1種類の場合

色の選び方は　　5通り

並べ方はそれぞれ1通りずつあるので，並べ方の総数は

$5\times1=5$ 通り

(ii) 2種類の場合

色の選び方は ${}_5C_2$ 通りあり，2個となる玉の色の決め方がそれぞれ2通りずつある。また，並べ方はそれぞれ $\dfrac{3!}{2!}$ 通りずつあるので，並べ方の総数は

$${}_5C_2\times2\times\frac{3!}{2!}=60 \text{ 通り}$$

(iii) 3種類の場合

色の選び方は　${}_5C_3$ 通り

並べ方はそれぞれ3! 通りずつあるので，並べ方の総数は

${}_5C_3\times3!=60$ 通り

以上より，並べ方の総数は　　$5+60+60=125$ 通り　(→ア～ウ)

そのうちすべての玉の色が異なる並べ方は　　60通り　(→エオ)

(2)　1個のさいころを6回続けて投げるとき，奇数の目がちょうど3回出る確率は

$${}_6C_3\left(\frac{3}{6}\right)^3\left(\frac{3}{6}\right)^3=\frac{20}{2^6}$$

$$=\frac{5}{16}$$　(→カ〜ク)

また，6回目に3度目の奇数の目が出る場合，5回目までに奇数の目が2回，偶数の目が3回出て，6回目に奇数の目が出ればよいので，求める確率は

$$ {}_5C_2\left(\frac{3}{6}\right)^2\left(\frac{3}{6}\right)^3\times\frac{3}{6}=\frac{10}{2^6}$$

$$=\frac{5}{32}$$　(→ケ〜サ)

2　解答

(1)**ア.** 2　**イ.** 9　**ウエオ.** −10　**カキク.** −18
(2)**ケコサ.** −14　**シス.** −1
(3)**セソ.** −3　**タ.** 3

解説

《2次関数の最大値・最小値，平行移動，対称移動，x軸との共有点の個数》

$C_1: y=x^2-4x+13$
$C_2: y=f(x)$

(1)　$C_1: y=(x-2)^2+9$ より，C_1 の頂点の座標は　(2, 9)　(→ア，イ)

また，C_2 の方程式は，C_1 の方程式において y を $-y$ で置き換えて

$-y=x^2-4x+13$

$\therefore\quad y=-(x-2)^2-9$

よって，$f(x)$ の $-1\leqq x\leqq 1$ における

最大値は　$f(1)=-10$　(→ウ〜オ)，

最小値は　$f(-1)=-18$　(→カ〜ク)

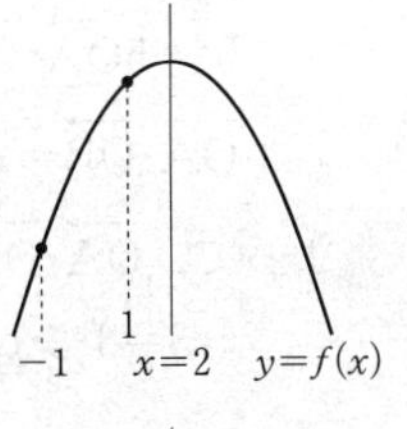

(2)　C_3 の方程式は，C_2 の方程式において x を $x-a$，y を $y-a^2$ で置き換えて

$y-a^2=-(x-a-2)^2-9$

$\therefore\quad y=-(x-a-2)^2-9+a^2$

$a=2$ のとき　$g(x)=-(x-4)^2-5$

このとき，$g(x)$ の $-1\leqq x\leqq 1$ における最大値は

$g(1)=-14$　(→ケ〜サ)

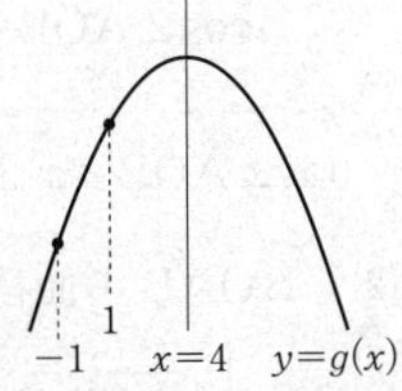

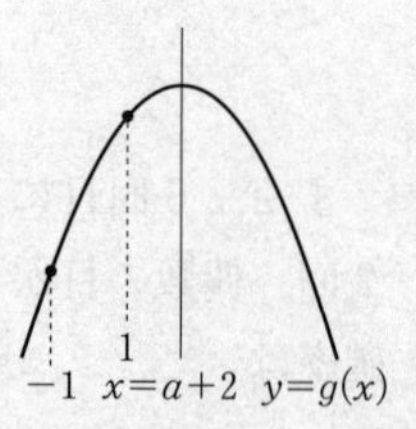

また，$g(x)$ の $-1 \leqq x \leqq 1$ における最大値が $g(1)$ となるような a のとり得る値の範囲は

$$1 \leqq a+2$$

$$\therefore \quad a \geqq -1 \quad (\rightarrow \text{シス})$$

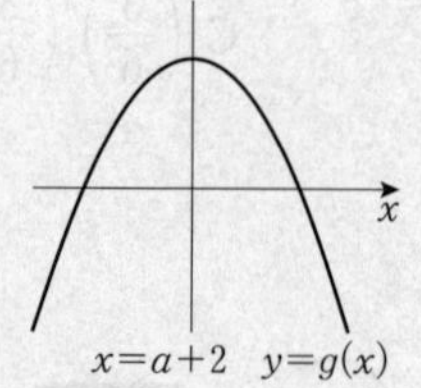

(3)　C_3 が x 軸と異なる2点で交わるような a のとり得る値の範囲は，C_3 の頂点の y 座標が正となるための条件を考えて

$$-9+a^2>0$$

$$a^2>9$$

$$\therefore \quad a<-3,\ 3<a \quad (\rightarrow \text{セ〜タ})$$

3 解答

(1)アイ. -3　**ウ.** 2　**エ.** 3
(2)オ. 3　**カ.** 3　**キ.** 2　**ク.** 6　**ケ.** 5
(3)コ. 3　**サ.** 4　**シ.** 3　**ス.** 3　**セ.** 2

解説

《ベクトルの内積，三角形の面積，角の二等分線の大きさ，ベクトルの絶対値の最小値》

(1)　$(\overrightarrow{OA}+\overrightarrow{OB}) \perp (\overrightarrow{OA}-6\overrightarrow{OB})$ より　$(\overrightarrow{OA}+\overrightarrow{OB})\cdot(\overrightarrow{OA}-6\overrightarrow{OB})=0$

$$|\overrightarrow{OA}|^2-6\overrightarrow{OA}\cdot\overrightarrow{OB}+\overrightarrow{OA}\cdot\overrightarrow{OB}-6|\overrightarrow{OB}|^2=0$$

$$3^2-5\overrightarrow{OA}\cdot\overrightarrow{OB}-6\cdot2^2=0$$

$$\therefore \quad \overrightarrow{OA}\cdot\overrightarrow{OB}=-3 \quad (\rightarrow \text{アイ})$$

よって，$\overrightarrow{OA}\cdot\overrightarrow{OB}=|\overrightarrow{OA}||\overrightarrow{OB}|\cos\angle AOB$ より

$$-3=3\cdot2\cdot\cos\angle AOB$$

$$\therefore \quad \cos\angle AOB=-\frac{1}{2}$$

$0 \leqq \angle AOB \leqq \pi$ より　$\angle AOB=\frac{2}{3}\pi \quad (\rightarrow \text{ウ，エ})$

(2)　$\triangle OAB$ の面積は

$$\frac{1}{2}|\overrightarrow{OA}||\overrightarrow{OB}|\sin\angle AOB=\frac{1}{2}\cdot3\cdot2\cdot\frac{\sqrt{3}}{2}$$

$$=\frac{3\sqrt{3}}{2} \quad (\rightarrow \text{オ〜キ})$$

また，$\angle \mathrm{AOB}$ の二等分線と辺 AB との交点を C とすると

$$\triangle \mathrm{OAB}=\triangle \mathrm{OAC}+\triangle \mathrm{OBC}$$

これより

$$\frac{3\sqrt{3}}{2}=\frac{1}{2}|\overrightarrow{\mathrm{OA}}||\overrightarrow{\mathrm{OC}}|\sin\angle \mathrm{AOC}+\frac{1}{2}|\overrightarrow{\mathrm{OB}}||\overrightarrow{\mathrm{OC}}|\sin\angle \mathrm{BOC}$$

$$=\frac{1}{2}\cdot 3\cdot|\overrightarrow{\mathrm{OC}}|\cdot\frac{\sqrt{3}}{2}+\frac{1}{2}\cdot 2\cdot|\overrightarrow{\mathrm{OC}}|\cdot\frac{\sqrt{3}}{2}$$

$$=\frac{5\sqrt{3}}{4}|\overrightarrow{\mathrm{OC}}|$$

$\therefore\ |\overrightarrow{\mathrm{OC}}|=\dfrac{6}{5}$　（→ク，ケ）

別解　$\angle \mathrm{AOB}$ の二等分線と辺 AB との交点を C とすると，角の二等分線の性質より

$$\mathrm{AC}:\mathrm{BC}=\mathrm{OA}:\mathrm{OB}=3:2$$

$$\therefore\ \overrightarrow{\mathrm{OC}}=\frac{2\overrightarrow{\mathrm{OA}}+3\overrightarrow{\mathrm{OB}}}{3+2}=\frac{2}{5}\overrightarrow{\mathrm{OA}}+\frac{3}{5}\overrightarrow{\mathrm{OB}}$$

$$|\overrightarrow{\mathrm{OC}}|^2=\left|\frac{2}{5}\overrightarrow{\mathrm{OA}}+\frac{3}{5}\overrightarrow{\mathrm{OB}}\right|^2$$

$$=\frac{4}{25}|\overrightarrow{\mathrm{OA}}|^2+\frac{12}{25}\overrightarrow{\mathrm{OA}}\cdot\overrightarrow{\mathrm{OB}}+\frac{9}{25}|\overrightarrow{\mathrm{OB}}|^2$$

$$=\frac{4}{25}\cdot 3^2+\frac{12}{25}\cdot(-3)+\frac{9}{25}\cdot 2^2$$

$$=\frac{36}{25}$$

$$\therefore\ |\overrightarrow{\mathrm{OC}}|=\frac{6}{5}$$

(3)

$$|\overrightarrow{\mathrm{OA}}+t\overrightarrow{\mathrm{OB}}|^2=|\overrightarrow{\mathrm{OA}}|^2+2t\overrightarrow{\mathrm{OA}}\cdot\overrightarrow{\mathrm{OB}}+t^2|\overrightarrow{\mathrm{OB}}|^2$$

$$=3^2+2t\cdot(-3)+t^2\cdot 2^2$$

$$=4t^2-6t+9$$

$$=4\left(t-\frac{3}{4}\right)^2+\frac{27}{4}$$

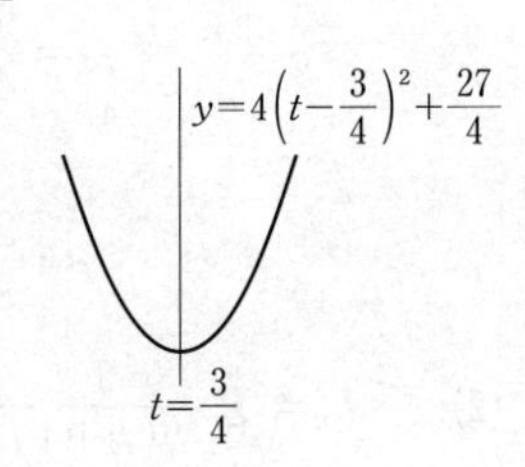

よって，$|\overrightarrow{\mathrm{OA}}+t\overrightarrow{\mathrm{OB}}|$ は $t=\dfrac{3}{4}$　（→コ，サ）の

とき，最小値 $\sqrt{\frac{27}{4}}=\frac{3\sqrt{3}}{2}$ （→シ～セ）をとる。

4 解答 **(1)ア．** 3 **イ．** 2 **ウ．** 3 **エ．** 2 **オカ．** −1
キ． 3 **ク．** 3 **ケ．** 2 **コサ．** 81 **シス．** 32
(2)セ． 1 **ソタ．** −1

解説

《２項間漸化式，数列の極限，無限級数，部分分数分解》

(1) $a_1=3,\ a_{n+1}=-\frac{1}{3}a_n+2$ ……①

①を変形すると

$$a_{n+1}-\frac{3}{2}=-\frac{1}{3}\left(a_n-\frac{3}{2}\right)$$

$$a_n-\frac{3}{2}=\left(a_1-\frac{3}{2}\right)\cdot\left(-\frac{1}{3}\right)^{n-1}$$

$$\therefore\quad a_n=\frac{3}{2}+\frac{3}{2}\cdot\left(\frac{-1}{3}\right)^{n-1}\quad (\to ア～キ)$$

また $\lim_{n\to\infty}a_n=\frac{3}{2}+\frac{3}{2}\cdot 0=\frac{3}{2}$ （→ク，ケ）

であり

$$\sum_{n=1}^{\infty}\left(a_n-\frac{3}{2}\right)^2=\lim_{n\to\infty}\sum_{k=1}^{n}\left\{\frac{3}{2}\left(-\frac{1}{3}\right)^{k-1}\right\}^2$$

$$=\lim_{n\to\infty}\sum_{k=1}^{n}\frac{9}{4}\left(\frac{1}{9}\right)^{k-1}$$

$$=\lim_{n\to\infty}\frac{9}{4}\cdot\frac{1-\left(\frac{1}{9}\right)^n}{1-\frac{1}{9}}$$

$$=\frac{9}{4}\cdot\frac{1-0}{1-\frac{1}{9}}$$

$$=\frac{81}{32}\quad (\to コ～ス)$$

(2) $b_n=\sum_{k=1}^{n}\frac{1}{k(k+1)}$

$$=\sum_{k=1}^{n}\left(\frac{1}{k}-\frac{1}{k+1}\right)$$

$$=\left(\frac{1}{1}-\frac{1}{2}\right)+\left(\frac{1}{2}-\frac{1}{3}\right)+\left(\frac{1}{3}-\frac{1}{4}\right)+\cdots+\left(\frac{1}{n}-\frac{1}{n+1}\right)$$

$$=1-\frac{1}{n+1}$$

よって　$\lim_{n\to\infty}b_n=1-0=1$　(→セ)

であり

$$\lim_{n\to\infty}n\log b_n=\lim_{n\to\infty}n\log\left(1-\frac{1}{n+1}\right)$$

$$=\lim_{n\to\infty}n\log\frac{n}{n+1}$$

$$=\lim_{n\to\infty}n\log\left(\frac{n+1}{n}\right)^{-1}$$

$$=\lim_{n\to\infty}-\log\left(1+\frac{1}{n}\right)^{n}$$

$$=-\log e$$

$$=-1$$　(→ソタ)

■数　学　②■

1　〈数学①〉〔1〕に同じ。

2　〈数学①〉〔2〕に同じ。

3　〈数学①〉〔3〕に同じ。

4　**解答**　**(1)ア.** 1　**イウ.** -4　**エ.** 3　**オ.** 4
カキク. -12　**ケコ.** 12　**サ.** 2　**シ.** 3
スセソ. -12　**タチ.** 12　**ツ.** 4
(2)テ. 1　**ト.** 0

解説

《3次関数の最大値・最小値，3次方程式が異なる3個の実数解をもつ条件》

$$f(x)=x^3-3ax^2+4$$

(1)　$f'(x)=3x^2-6ax$
$=3x(x-2a)$

x	$\cdots$	0	$\cdots$	$2a$	$\cdots$
$f'(x)$	$+$	0	$-$	0	$+$
$f(x)$	↗		↘		↗

$f(x)=f(0)$ を解くと

$x^3-3ax^2+4=4$

$x^3-3ax^2=0$

$x^2(x-3a)=0$

$\therefore\ x=0,\ 3a$

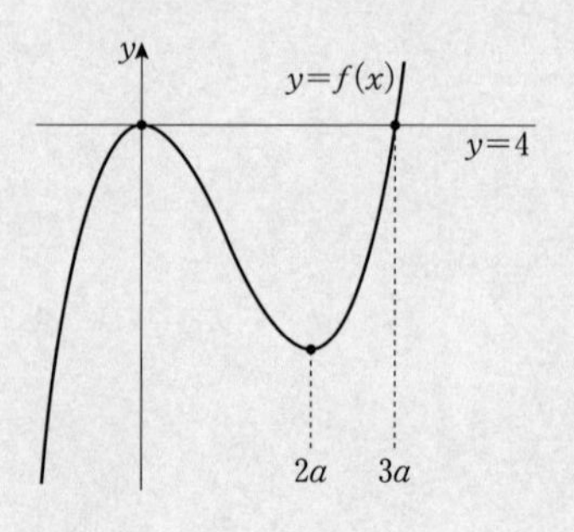

よって，$0\leqq x\leqq 2$ における関数 $f(x)$ の最小値を m，最大値を M とすると
$0<2a<2$　すなわち　$0<a<1$　(→ア)
のとき，$m=f(2a)=-4a^3+4$　(→イ～オ) であり，

$2 \leqq 2a$　すなわち　$a \geqq 1$ のとき，$m=f(2)=-12a+12$　（→カ～コ）である。

$0<3a<2$　すなわち　$0<a<\dfrac{2}{3}$　（→サ，シ）のとき，

$M=f(2)=-12a+12$　（→ス～チ）であり，

$2 \leqq 3a$　すなわち　$a \geqq \dfrac{2}{3}$ のとき，$M=f(0)=4$　（→ツ）である。

(2)　方程式 $f(x)=0$ が異なる 3 個の実数解をもつとき，$y=f(x)$ が極値をもち，かつ極大値と極小値の正負が異なればよいので，求める a のとり得る値の範囲は

$0 \neq 2a$　かつ　$f(0) \cdot f(2a)<0$

$a \neq 0$　かつ　$4 \cdot (-4a^3+4)<0$

$a \neq 0$　かつ　$a^3-1>0$

$a \neq 0$　かつ　$(a-1)(a^2+a+1)>0$

よって，$a^2+a+1=\left(a+\dfrac{1}{2}\right)^2+\dfrac{3}{4}>0$ より　$a>1$　（→テ）

また，$g(x)=f(x)-3x^2$ とおくと

$g'(x)=f'(x)-6x$

$=3x^2-6(a+1)x$

$=3x\{x-2(a+1)\}$

よって，方程式 $f(x)=3x^2$　すなわち　$g(x)=0$ が異なる 3 個の実数解をもつとき，上と同じように考えると，求める a のとり得る値の範囲は

$0 \neq 2(a+1)$　かつ　$g(0) \cdot g\{2(a+1)\}<0$

$a \neq -1$　かつ　$4\{8(a+1)^3-12a(a+1)^2+4-3 \cdot 4(a+1)^2\}<0$

$a \neq -1$　かつ

$2(a^3+3a^2+3a+1)-3a(a^2+2a+1)+1-3(a^2+2a+1)<0$

$a \neq -1$　かつ　$-a^3-3a^2-3a<0$

$a \neq -1$　かつ　$a^3+3a^2+3a>0$

$a \neq -1$　かつ　$a(a^2+3a+3)>0$

よって，$a^2+3a+3=\left(a+\dfrac{3}{2}\right)^2+\dfrac{3}{4}>0$ より　$a>0$　（→ト）

■数　学　③■

1

〈数学①〉〔1〕に同じ。

2

〈数学①〉〔2〕に同じ。

3

解答

(1)**ア.** 3　**イ.** 0　**ウ.** 2　**エ.** 3

(2)**オ.** 2　**カ.** 3　**キ.** 3　**ク.** 3

(3)**ケ.** 1　**コ.** 3　**サ.** 6　**シ.** 9　**ス.** 3　**セ.** 4

解説

《正弦定理，三角関数の最大値，三角関数の合成，三角形の面積》

(1)　$\triangle$ABC の外接円の半径を R とすると，正弦定理より

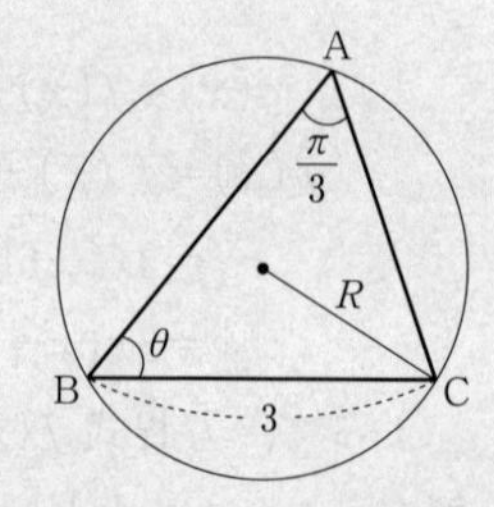

$$2R=\frac{BC}{\sin\angle BAC}$$

$$=\frac{6}{\sqrt{3}}$$

$$=2\sqrt{3}$$

$\therefore$　$R=\sqrt{3}$　(→ア)

また，$\angle ACB=\pi-\dfrac{\pi}{3}-\theta=\dfrac{2}{3}\pi-\theta$ であり，$\angle ABC>0$ かつ $\angle ACB>0$ より

$$\theta>0 \quad かつ \quad \frac{2}{3}\pi-\theta>0$$

$\therefore$　$0<\theta<\dfrac{2}{3}\pi$　(→イ～エ)

(2)　正弦定理より

$$2R=\frac{AC}{\sin\theta} \quad かつ \quad 2R=\frac{AB}{\sin\left(\frac{2}{3}\pi-\theta\right)}$$

$\therefore$　$AC=2\sqrt{3}\sin\theta$　(→オ，カ)

$$\mathrm{AB}=2\sqrt{3}\sin\left(\frac{2}{3}\pi-\theta\right)$$
$$=2\sqrt{3}\left(\sin\frac{2}{3}\pi\cdot\cos\theta-\cos\frac{2}{3}\pi\cdot\sin\theta\right)$$
$$=2\sqrt{3}\left(\frac{\sqrt{3}}{2}\cos\theta+\frac{1}{2}\cdot\sin\theta\right)$$
$$=\sqrt{3}\sin\theta+3\cos\theta\quad(\to キ，ク)$$

(3)
$$\mathrm{AB}+\mathrm{AC}=(\sqrt{3}\sin\theta+3\cos\theta)+2\sqrt{3}\sin\theta$$
$$=3\sqrt{3}\sin\theta+3\cos\theta$$
$$=6\left(\frac{\sqrt{3}}{2}\sin\theta+\frac{1}{2}\cos\theta\right)$$
$$=6\left(\cos\frac{\pi}{6}\cdot\sin\theta+\sin\frac{\pi}{6}\cdot\cos\theta\right)$$
$$=6\sin\left(\theta+\frac{\pi}{6}\right)$$

$0<\theta<\frac{2}{3}\pi$ より，$\frac{\pi}{6}<\theta+\frac{\pi}{6}<\frac{5}{6}\pi$ なので，AB+AC は $\theta+\frac{\pi}{6}=\frac{\pi}{2}$，すなわち $\theta=\frac{\pi}{3}$ （→ケ，コ）のとき最大となる。

その最大値は　$6\sin\frac{\pi}{2}=6$ （→サ）

このとき，△ABC は正三角形であり，その面積は

$$\frac{1}{2}\cdot\mathrm{AB}\cdot\mathrm{AC}\cdot\sin\angle\mathrm{BAC}=\frac{1}{2}\cdot3\cdot3\cdot\frac{\sqrt{3}}{2}$$
$$=\frac{9\sqrt{3}}{4}\quad(\to シ〜セ)$$

〈数学②〉〔4〕に同じ。

国語

出典 福嶋亮大『思考の庭のつくりかた――はじめての人文学ガイド』（星海社新書）

解答

問1 a―1 b―4 c―5 d―2 e―3
問2 ア―1 イ―5 ウ―3
問3 1
問4 X―3 Y―2
問5 5
問6 2
問7 5

解説

問3 ベンヤミンの考えは「複製技術は、旧来の芸術のもつ〈いま・ここ〉の一回性を奪いとるもの」（第三段落）である。筆者が第五段落で「ベンヤミンはきわめて重要な問題を言い当てています」と述べている点に着目しよう。ベンヤミンは二一世紀の「誰でも容易に情報の『コピペ』ができる」インターネット時代の状況を先取りしていたと筆者は述べている。ベンヤミンのテクストは再読される価値があると、筆者が述べる理由である。正解は、1。

問4 空欄Xを含む第七段落には、レコードをかけることに「アウラ」の重々しさが残っていることが書かれている。したがって、Xには〝軽い〟扱いになるという意味の語である3「ぞんざいに」が入ることになる。空欄Yを含む文の内容は、傍線部3と同内容である。「利便性」と同じ内容の2「効率性」を選ぼう。

問5 第十一～十四段落に「アウラの二度目の喪失」について書かれている。傍線部2の「軽い」とは、「享受の、一回性の、衰退」（第十一段落）のことである。よって、5が正解。1は「受け手の感性が弱まる」が不適。2の内容は、第十二・十三段落に書かれている因果関係と異なる。本文には享受が軽くなった理由として「こうして、芸術作品の享受に伴っていた〈いま・ここ〉の重々しさは、スマホによってすっかり払拭されました」

と書かれている。3は「芸術の均質化がいっそう進んだ」が不適。4は「人びとから必要とされなくなった」が不適。

問6 傍線部3の「何か」については、具体的にも抽象的にも繰り返し例示がある。傍線部直前の「音楽をもっと大切に聴いていた」（第十六段落）、「ノウミツ（濃密）な芸術体験」「考える時間を確保」（第十八段落）に着目しよう。さらに第十九段落に着目すると、筆者は「つまらなさ」「退屈」にも効用があることをベンヤミンの引用を踏まえながら主張している。「利便性」や「効率性」と引き換えに「つまらなさ」や「退屈」から得られる効用を失っているという流れが読み取れるため、2が正解。

問7 本文は、メディアやテクノロジーと芸術との関わりについて、影響の良し悪しを織り交ぜながら、時代を追って書かれている。「アウラ」をもたない複製物の話（第二〜五段落）→制作面からだけでなく受け手側・享受の一回性が失われていない時代があったという話（第六〜十段落（その中には新しい音楽的体験を可能にするというよい影響の話を含む（第八段落））→とうとう享受の一回性を失う＝「アウラ」の二度目の喪失（第十一〜十四段落）→さらに利便性を追うことで失ったもの＝退屈の効用（第十六〜二十段落）→そして享受の軽さを再度強調し「ポストメディアの時代」であるとまとめている。以上を的確にまとめた5が正解。1は「いま一度…ならない」が本文中にはない内容である。2は「芸術受容に…提起されていた」が第十段落と異なる。3は「近代に入って…はじめて」が第一段落と異なる。4は、複製技術によりオリジナル作品の「アウラ」＝唯一無二性が失われたことは書かれているが、その後、電子メディアによってオリジナル作品の唯一無二性が再び得られたといった内容は本文中に書かれていない。

②

出典 滝口悠生『死んでいない者』（文春文庫）

問1 a—3　b—2　c—4

問2 X—5　Y—3

問3 4

問4 5

問5 4

問6　2

問7　1・3

解説

問2　空欄Xには、直前の「縁起でもない」という言葉に即座に「縁起そのもの」と応じていることから考えれば、5が入る。

空欄Yは、直前の「その程度の」、後の「取り乱すことはなく、…案じていた」に着目して考えよう。さらに、曾祖父が亡くなったということは一応聞いていたという場面であることや、秀斗の祖母を気遣う優しい面からも1や2や4は入りにくく、5の内容も不適。3が正解。

問3　第十・十一・十九段落に着目しよう。4が正解。第十・十一段落の内容と合致している。1は「ばあばのお父さんが死んだなどとはつゆ知らず」が、第十九段落第四文の内容と異なる。2は「恐怖を覚えたので、…紛らわそうとしている」が文中に記述なし。3の内容も、文中に記述なし。5は「いままでは概念としてしか理解していなかった」が本文中に記述なし。「概念」とは〝事物の本質をとらえる思考形式〟の意で、「概念」を三歳児の秀斗がとらえていたとする記述はない。

問4　第十九段落の後半部と第二十一段落に着目しよう。5が正解。1は「なくなった曾祖父よりも吉美のほうが好きだった秀斗が」が本文中に記述なし。2は、出来事の順序が本文中の記述（第二十一段落）と異なる。秀斗が吉美を案じたので、吉美は涙したのである。3は「吉美が自分の父親がなくなった悲しみを忘れてくれると思ったから」が、4は「自分は気にもしておらず、情けなく思ったから」が本文中に記述がないので不適である。

問5　紗重が考えたのは、死を通しての自分と先祖とのつながりや、子どもを産んだあとの自分の世界観の変化である。特に先祖とのつながりが想起されている部分が4の選択肢の内容と合致している。5の後半にあるような、悠久の時間の中で生かされているといった内容は、傍線部の段落とその次の段落にも書かれていない。1は「人間はみんな」以下が不適。2の「悲しげな表情を見せるだろうか」が傍線部の次の第二十五段落第二文の内容と異なる。3の内容は、本文内容とずれが生じている。「日本の鎌倉生まれ」なのは、紗重のことである（第二十六段落）。

問6　紗重が言う「奇跡」について着目すべき箇所は、第二十六・三十一・三十四段落、および最後の三つの段落である。特に第二十六段落を言い換えた2が正解である。1は「外国人の男性の…ひかれている」が不適。3は「決まっている」が不適。4の内容は本文中に記述はある（最終段落）が、紗重の言う「奇跡」は第二十六段落の内容である。5について、本文ではダニエルのほうが理屈をこねている（第三十六段落）部分はあるが、紗重とダニエルが出会い秀斗が生まれたことはけっして確率ではないことをあげつらって「奇跡」を実感することが、「奇跡」の内容そのものではないので、不適となる。

問7　表現技法の説明問題は、本文には使われていないものを探して消去法で選択肢を絞っていき、正解を残すとよい。2は「『故人』と呼ぶことによって」の部分の根拠となる文章がないため、不適。4は「悲惨な人生を軽く受け止めようと」が不適。第二十五段落と異なる。紗重は子どもを産んだことで「全然別のところで生まれていたのではないか」という世界観の変化を得たのである。5は「ダニエルと紗重の仲の悪さ」が不適。最後の五段落を読むと二人の仲は良好であることがわかる。

一般選抜前期日程

問題編

▶試験科目・配点

学部・学科等	教科	科目	配点
文・経営	外国語	コミュニケーション英語Ⅰ・Ⅱ・Ⅲ，英語表現Ⅰ・Ⅱ	200点
	地歴・数学	日本史Ｂ，世界史Ｂ，「数学Ⅰ・Ⅱ・Ａ・Ｂ（数列，ベクトル)」のうちから１科目選択	100点※
	国語	国語総合・現代文Ｂ・古典Ｂ（「国語総合」および「古典Ｂ」は漢文を除く）	200点
経済	外国語	コミュニケーション英語Ⅰ・Ⅱ・Ⅲ，英語表現Ⅰ・Ⅱ	100点
	地歴・数学	日本史Ｂ，世界史Ｂ，「数学Ⅰ・Ⅱ・Ａ・Ｂ（数列，ベクトル)」のうちから１科目選択	100点
	国語	国語総合・現代文Ｂ・古典Ｂ（「国語総合」および「古典Ｂ」は漢文を除く）	100点
法	外国語	コミュニケーション英語Ⅰ・Ⅱ・Ⅲ，英語表現Ⅰ・Ⅱ	150点
	地歴・数学	日本史Ｂ，世界史Ｂ，「数学Ⅰ・Ⅱ・Ａ・Ｂ（数列，ベクトル)」のうちから１科目選択	100点
	国語	国語総合・現代文Ｂ・古典Ｂ（「国語総合」および「古典Ｂ」は漢文を除く）	150点
マネジメント創造・グローバル教養	外国語	コミュニケーション英語Ⅰ・Ⅱ・Ⅲ，英語表現Ⅰ・Ⅱ	200点
	地歴・数学	日本史Ｂ，世界史Ｂ，「数学Ⅰ・Ⅱ・Ａ・Ｂ（数列，ベクトル)」のうちから１科目選択	100点
	国語	国語総合・現代文Ｂ・古典Ｂ（「国語総合」および「古典Ｂ」は漢文を除く）	100点
理工 物理	外国語	コミュニケーション英語Ⅰ・Ⅱ・Ⅲ，英語表現Ⅰ・Ⅱ	100点
	数学	数学Ⅰ・Ⅱ・Ⅲ・Ａ・Ｂ（数列，ベクトル）	100点
	理科	「物理基礎・物理」，「化学基礎・化学」，「生物基礎・生物」のうち１科目選択	100点

学部	学科	教科	科目	配点
理工	生物	外国語	コミュニケーション英語Ⅰ・Ⅱ・Ⅲ，英語表現Ⅰ・Ⅱ	100点
		数学	数学Ⅰ・Ⅱ・A・B（数列，ベクトル）	100点
		理科	「物理基礎・物理」，「化学基礎・化学」，「生物基礎・生物」のうち１科目選択	100点
	機能分子化	外国語	コミュニケーション英語Ⅰ・Ⅱ・Ⅲ，英語表現Ⅰ・Ⅱ	100点
		数学	「数学Ⅰ・Ⅱ・Ⅲ・A・B（数列，ベクトル）」，「数学Ⅰ・Ⅱ・A・B（数列，ベクトル）」のいずれかを選択	100点
		理科	「物理基礎・物理」，「化学基礎・化学」，「生物基礎・生物」のうち１科目選択	100点
知能情報		外国語	コミュニケーション英語Ⅰ・Ⅱ・Ⅲ，英語表現Ⅰ・Ⅱ	200点
		数学	「数学Ⅰ・Ⅱ・Ⅲ・A・B（数列，ベクトル）」，「数学Ⅰ・Ⅱ・A・B（数列，ベクトル）」のいずれかを選択	200点
		理科	「物理基礎・物理」，「化学基礎・化学」，「生物基礎・生物」のうち１科目選択	100点
フロンティアサイエンス		外国語	コミュニケーション英語Ⅰ・Ⅱ・Ⅲ，英語表現Ⅰ・Ⅱ	100点
		数学	「数学Ⅰ・Ⅱ・Ⅲ・A・B（数列，ベクトル）」，「数学Ⅰ・Ⅱ・A・B（数列，ベクトル）」のいずれかを選択	100点
		理科	「物理基礎・物理」，「化学基礎・化学」，「生物基礎・生物」のうち１科目選択	200点

３教科型（２月１日実施分）を掲載。

▶備　考

※文学部歴史文化学科は200点。

【外部英語試験活用方式】

試験教科のうち「外国語」について，外部英語試験の得点などをみなし得点に換算して合否を判定する。

【共通テスト併用型（前期）】

1．共通テスト併用型（前期）は，各学部・学科が指定する《一般選抜（前期日程）の１教科の得点》と《大学入学共通テストの教科の得点》を合計して合否を判定するオプション型の入学試験（グローバル教養学環では実施なし）。

2．共通テスト併用型（前期）に出願できるのは，一般選抜（前期日程）で出願した学部・学科に限る（共通テスト併用型（前期）のみに出願することはできない）。

3．共通テスト併用型（前期）の合否判定の対象となるには，一般選抜（前期日程）の当該試験日の，すべての教科を受験する必要がある。

【一般選抜（前期日程）２教科判定方式（理工学部でのみ実施）】

1．２教科判定方式は，一般選抜（前期日程）で，物理学科・機能分子化学科は「数学」と「理科」，生物学科は「外国語」と「理科」の２教科を用いて合否を判定するオプション型の入学試験。

2．２教科判定方式に出願できるのは，２月１日，４日の一般選抜（前期日程）に出願した者のみで，出願した学科に限る（２教科判定方式のみに出願することはできない）。

3．２教科判定方式の合否判定の対象となるには，一般選抜（前期日程）に出願し，すべての教科を受験する必要がある。

英語

（文系学部：80分
理系学部：70分）

学部	試験時間	解答する問題番号
文系学部	80分	1 2 3 4 を解答すること。
理系学部	70分	1 2 3 を解答すること。 ※ 1 には理系学部受験者が解答する必要のない設問がある。

〔注意〕 記述式で解答する場合は解答用紙Aを，マーク式で解答する場合は解答用紙Bを使用せよ。

1 次の英文を読んで，後の問いに答えよ。

(1)Wilbur and Orville Wright didn't care much for attention. But after publicly demonstrating their flying machine, the inventors of the airplane became overnight international superstars. Crowds gathered to watch them take flight, and thousands followed their achievements, which repeatedly made front-page news. The worldwide public (2)had a thirst for information about the self-made engineers. What were they like? What were they doing? And where would they go next?

(3) it might sound nice to say the Wrights were born inventors and geniuses who had always been drawn to aeronautics, that's not really accurate. Beginning in their youth, the brothers faced numerous challenges. Their achievements came from their own initiative and cleverness. "These two people, working largely (4)on their own, created something that utterly changed the world," says Peter Jakab, a historian at the Smithsonian's Air and Space Museum.

Before they made history, Wilbur and Orville were fairly (5)unremarkable children. As the pair grew up in Dayton, Ohio, they weren't immediate geniuses. (イ)"If you knew the Wright brothers when they were growing up, you would have thought that they weren't really going to succeed," Jakab says. They were smart — but they didn't meet the typical criteria of success. Though Wilbur was well read and Orville took advanced courses, neither graduated from high school.

(6)Growing up, the Wrights learned to work with tools, a skill they received from their mother. She was the one who fixed things around the house, breaking the stereotype for women at the time. "The father couldn't hammer a nail in straight, but their mother learned to use tools as a young woman," Jakab says. In 1892, about three years after her death, Wilbur and Orville opened a bicycle repair shop and applied their skills to the two-wheeled transportation craze that was sweeping the country. In 1895, the brothers decided to manufacture their own line of bikes. (7) Theirs was a small-scale facility, featuring handcrafted rather than mass-produced products.

(8) The brothers' shift from ground to air transportation was likely driven largely by Wilbur. Even as they were producing bikes, Wilbur "was still casting around for something that he could work on to test his abilities," Jakab says. "Aeronautics was a new technology that people were starting to make some progress on. So, he got interested in flight." At the start, the brothers didn't intend to invent the airplane. They simply reviewed what others had published about aeronautics, hoping they could make some sort of contribution. And that was when they noticed, to their surprise, that very little progress had been made in (9) the field.

(10) They first designed a glider whose slightly twisted wings made it easier to control than previous models. Wilbur and Orville packed up and went to Kitty Hawk, North Carolina, a place known for its strong winds, to make their first flight tests. In 1902, while working on their third glider, the brothers added a movable rudder that could be operated by the pilot in the same motion as the wings. When their glider successfully flew, it earned the title of the "world's first fully controllable" flying machine.

(11) With that record under their belts, the brothers set their sights on a new goal: building a powered airplane. But problems remained. For one, the Wrights still didn't have an engine. And they lacked a method of forward motion for their aircraft. To solve both of these issues, Wilbur and Orville returned to their bicycle shop (12) roots. The Wrights designed their own engine and had their bike shop mechanic, Charlie Taylor, help build it. (ロ) The simple gasoline engine was kind of crude even for the standards of the day. "But that was not a huge concern for the Wrights. They just wanted a basic engine that was going to give them the minimum power that they needed to get off the ground," Jakab says. "But the real (13) breakthrough was the propellers."

Originally, the Wrights had considered using a ship's propeller for the air. When they realized that wouldn't work, they came up with the original idea of turning an airplane wing on its side and spinning it to generate forward motion. This would create the same lift force that a wing does, but horizontally rather than vertically, moving the plane forward. They connected a pair of propellers to the engine with a system that resembled a bicycle chain.

(14) By the end of 1903, their airplane was ready to test. On December 17, the Wright

Flyer flew four times, with the brothers taking turns as the pilot. For the final flight of that day, Wilbur piloted the plane, lying on his stomach at the controls. This was the longest — and thus most significant — of these attempts. It lasted 59 seconds, covered 852 feet (260 meters) and proved the Flyer could make a sustained, controlled and powered heavier-than-air flight. Photographer John T. Daniels captured the moment for all time, and with it, the age of flight truly began.

注 aeronautics 航空学 craze 大流行 glider グライダー rudder 方向舵

1．下線部 (1) Wilbur and Orville Wright で始まるパラグラフの内容と一致するものを選択肢から一つ選び，その記号をマークせよ（**解答用紙B**）。

A．The Wright Brothers intended to become inventors whose names would be recorded in history.

B．After creating the first flying machine, the Wright Brothers decided to keep their invention to themselves.

C．The Wright Brothers' creation quickly brought them worldwide fame.

D．Despite public interest in their flights, the Wright Brothers were ignored by the media.

2．下線部 (2) had a thirst for information の意味として最も適切なものを選択肢から選び，その記号をマークせよ（**解答用紙B**）。

A．didn't know very much B．wanted to know a lot

C．was able to find out D．found it difficult to find out

3．空所（ 3 ）に入る最も適切なものを選択肢から選び，その記号をマークせよ（**解答用紙B**）。

A．Because B．Given that C．Thus D．While

4．下線部 (4) on their own の意味として適切ではないものを選択肢から一つ選び，その記号をマークせよ（**解答用紙B**）。

A．by themselves B．collaboratively C．independently D．unassisted

5．下線部 (5) unremarkable に代わる語句として最も適切なものを選択肢から選び，その記号をマークせよ（**解答用紙B**）。

A．average B．incomprehensible

C．mature D．outstanding

出典追記：How the Wright Brothers Took Flight, Smithsonian Magazine on October 31, 2022 by Carlyn Kranking

6．下線部 (6) Growing up で始まるパラグラフの内容と一致するものを選択肢から一つ選び，その記号をマークせよ（**解答用紙Ｂ**）。

A．The Wright Brothers' mother often broke things around the house.

B．The Wright Brothers started a bicycle repair business with their mother.

C．Because repairing bicycles was a dirty process, the Wright Brothers had to sweep their shop regularly.

D．The Wright Brothers eventually went from repairing to producing bicycles.

7．下線部 (7) Theirs の意味として最も適切なものを選択肢から選び，その記号をマークせよ（**解答用紙Ｂ**）。

A．a bicycle　　B．a craftsman　　C．a wheel　　D．a workshop

8．下線部 (8) The brothers' shift で始まるパラグラフの内容と一致するものを選択肢から一つ選び，その記号をマークせよ（**解答用紙Ｂ**）。

A．Wilbur had the responsibility of driving the Wright Brothers from place to place.

B．Wilbur was searching for a new project that would challenge his skills.

C．The Wright Brothers got involved in aeronautics in order to realize their dream of creating a flying machine.

D．The Wright Brothers published their first work on aeronautics without having read anyone else's research.

9．下線部 (9) the field が指すものとして最も適切なものを選択肢から選び，その記号をマークせよ（**解答用紙Ｂ**）。

A．the location where the first airplane was flown

B．the repair of bicycles

C．the study of flying machines

D．the facility in which airplanes were built

10．下線部 (10) They first designed で始まるパラグラフの内容と一致するものを選択肢から一つ選び，その記号をマークせよ（**解答用紙Ｂ**）。

A．The Wright Brothers' first glider used a new type of wing which made it easier for the pilot to direct its movement.

B．The glider had greater storage space than previous models, making it possible to pack a large amount of baggage.

C．The glider's body shape made it particularly resistant to strong winds.

D．Unlike their previous attempts, the Wright Brothers' third glider added a pilot in order to make it easier to control.

11. 下線部 (11) With that record under their belts に代わる語句として最も適切なものを選択肢から選び，その記号をマークせよ（**解答用紙B**）。

A. Developing a kind of belt to replace the traditional chain

B. Because they had made careful records of their experiments

C. Having been the first to create a completely controllable flying machine

D. Once they designed a new type of pilot's suit

12. 下線部 (12) roots に代わる語句として最も適切なものを選択肢から選び，その記号をマークせよ（**解答用紙B**）。

A. design　B. location　C. origins　D. parents

13. 下線部 (13) breakthrough に代わる語句として最も適切なものを選択肢から選び，その記号をマークせよ（**解答用紙B**）。

A. advance　B. damage　C. mistake　D. surplus

14. 下線部 (14) By the end of 1903 で始まるパラグラフの内容と一致するものを選択肢から一つ選び，その記号をマークせよ（**解答用紙B**）。

A. On December 17, 1903, Wilbur flew the Wright Flyer three times in a row.

B. The pilot of the final flight lay face down when he flew the plane.

C. In order to prevent people from seeing it, the Wright Flyer was covered with 852 feet of cloth.

D. The photographer John T. Daniels was captured by the police while trying to take a picture of the Wright Flyer.

15. **この問題は文系学部に出願した者のみ解答すること。**

下線部 (イ), (ロ) を和訳せよ（**解答用紙A**）。

2　次の英文を読んで，後の問いに答えよ。

著作権の都合上，省略。

Just like people, most dolphins favour their right side: study, Global News on December 1, 2019 by Emerald Bensadoun

注　**bottlenose dolphin** バンドウイルカ　**echolocate** 超音波の反射で物体の位置を知る　**prey** 獲物　**pectoral fin** 胸びれ　**cetacean** クジラ目　**reindeer** トナカイ　**orangutan** オランウータン　**larynx** 喉頭

1．下線部 (1)，(2)，(4) に代わる語句として最も適切なものを選択肢から選び，その記号をマークせよ（**解答用紙B**）。

(1) unique

A．distinct　B．funny　C．random　D．strange

(2) Virtually

A．Practically　B．Suddenly　C．Unexpectedly　D．Unrealistically

(4) a number of

A．few　B．hardly any　C．several　D．uncountable

2．空所（ 3 ）に入る語句として，最も適切なものを選択肢から選び，その記号をマークせよ（**解答用紙B**）。

A．by no means　B．in any case

C．strictly speaking　D．to be honest

3．第1パラグラフの内容と一致するものを選択肢から一つ選び，その記号をマークせよ（**解答用紙B**）。

A．Whether people are right-handed or left-handed is determined while they grow up.

B．Humans are more likely to be right-handed than dolphins are.

C．Dolphins usually find their meals in the area near the surface of the ocean.

D．You can judge that a dolphin is right-handed when it makes left turns in catching food.

4．第2パラグラフの内容と一致するものを選択肢から一つ選び，その記号をマークせよ（**解答用紙B**）。

A．In the study in which researchers recorded 709 dolphin turns, 27 were made to the right.

B．When researchers counted the dolphin turns, they recorded only turns made by a certain dolphin.

C．The right turns recorded in the study were always made by a single dolphin.

D．The researchers thought that the shape of the fin was an important factor causing dolphins' right turns.

5．第3，4パラグラフの内容と一致するものを選択肢から二つ選び，解答欄の各段に一つずつ，その記号をマークせよ。なお，マークの順序は問わない（**解答用紙B**）。

A．Unlike in dolphins, you cannot find right-hand preference in any species of birds.

B．Chimpanzees, gorillas and orangutans all have right-handed bias.

C．Dolphins' right-handedness could be a factor contributing to how well they can swallow food.

D. Dolphins' echolocating clicks are made by their left fins.

E. Keeping the right side of their head close to the bottom of the sea could be an advantage for dolphins when echolocating.

3 次の会話文を読み，空所に入る最も適切なものを選択肢から選び，その記号をマークせよ（**解答用紙B**）。

Martha: May I come in?

Dr. Williams: Yes, please.

Martha: Good afternoon, Doctor.

Dr. Williams: Good afternoon. (1) can I help you?

Martha: I've been experiencing severe stomach pain since this morning, and it's really starting to worry me. It's like, I have something like a knot in my belly, and my husband says it might be a symptom of cancer.

Dr. Williams: O.K. Let's see if we can (2) what's going on. Can you describe the nature of your stomach pain?

Martha: When I woke up this morning, I felt a peculiar pain in my middle, on the right. It has been continuing since then. It is a dull but persistent pain.

Dr. Williams: I see. I want to ask you several questions to understand the possible causes of your stomach pain. Have you noticed any changes lately?

Martha: No, there haven't been any significant changes.

Dr. Williams: Thanks. That's helpful to know. Any other symptoms? Throwing up or fever?

Martha: I haven't been throwing up or experienced any fever or significant changes in my body temperature.

Dr. Williams: Thank you for sharing this. I can (3) down the possibilities. Please let me know if you feel a sharp pain when I touch your stomach.

(Dr. Williams taps several parts of Martha's stomach and notices nothing is wrong.)

Dr. Williams: Did you do anything that was (4) with your regular routine yesterday?

Martha: Why? Let me see. Yes, I was doing the bends last night.

Dr. Williams: Doing what?

Martha: The bends. Exercising. I lay on the bed, and keeping my upper body still, I raised my legs, then lowered them. Twenty times.

Dr. Williams: (5)

Martha: Last night was the first time I had done it in six years since before my little girl was born.

Dr. Williams: (With a sigh) You are fine, but you must pay ten dollars, please.

Martha: You mean I'm not going to die?

Dr. Williams: (6).

Martha: And you ask a healthy person with no need of treatment or drugs to pay ten dollars.

Dr. Williams: Come on. (7) So now you can open the door, leave this clinic, and high-five everyone you meet on the street, shouting, "I am alive! I am alive!" This sharing of your joy must (8) ten dollars.

Martha: I won't do that, but here's your precious ten-dollar bill.

(1) A. How B. What C. When D. Where

(2) A. break through B. figure out C. go through D. take out

(3) A. bring B. close C. narrow D. put

(4) A. in line B. in touch C. out of line D. out of touch

(5) A. Did your husband advise you to exercise?
B. Had you ever done those before?
C. That's why you are muscular.
D. Twenty is too many, don't you think?

(6) A. Maybe B. No C. Yes D. You are

(7) A. I suppose you are wealthy.
B. In case your condition worsens, I will introduce you to the Chicago University Hospital.
C. Now your worries are gone.
D. The American Medical Association decides the fee.

(8) A. be paid B. be the equal of
C. be worth D. not be wasted by

4 **この問題は文系学部に出願した者のみ解答すること。**

下の絵が表していると思うことを，50語程度の英語で書け（**解答用紙A**）。

日本史

（60 分）

〔注意〕記述式で解答する場合は解答用紙Ａを，マーク式で解答する場合は解答用紙Ｂを使用せよ。

1 次の文章を読み，①文中の空欄［ A ］～［ E ］に当てはまる語句を記入せよ（**解答用紙A**）。②文中の空欄（　1　）～（　9　）に当てはまる語句を下記の【**語群**】から選び，その記号をマークせよ（**解答用紙B**）。③下記の【**設問**】に答えよ（**解答用紙B**）。なお，史料はわかりやすくするために改めたところがある。

Ⅰ．律令政治が展開すると農業も進歩し，東北地方では領域の拡大が進められた。多賀城を基点として（　1　）をさかのぼりながら，城柵を設けて拠点を築き，役所や倉庫群を配置し，正規の鎮兵を配備した。さらにその周りには関東地方などの農民を（　2　）として移住させ，開拓と防衛を強化した。（　1　）の上流には志波城などが築かれ，東北経営の前進拠点となった。

一方，日本海側でも開拓が進められ，米代川流域まで律令国家の支配権がおよぶことになった。

Ⅱ．11世紀に藤原明衡が著した『新猿楽記』には，「三の君の夫は，出羽権介田中豊益，ひとえに耕農を業となして，更に他の計なし。数町の戸主，大名の［ A ］なり」とある。自力で農具や灌漑施設を整備し，小農民を組み入れて使役しながら，計画的に大規模な経営をする［ A ］が現れていた。

13世紀の西日本一帯では，米の収穫後に裏作として麦を作る（　3　）が普及した。また多収穫米の輸入品種である米は，［ B ］と呼ばれた。この米は赤米，唐法師とも呼ばれ，虫害などに強いことから作付けが進んだ。

室町時代になると，肥料には山野で調達した従来のものにくわえ，古代では汚物として廃棄されていた（　4　）も使われるようになったと考えられている。

1397年の離宮八幡宮文書によれば，「散在の土民等，ほしいままに（　5　）を売買せしむと云々。向後彼の油器を破却すべきの由，仰せ下さるる所なり」とある。史料では，商売敵となる摂津・近江の製油業者の営業を停止させ，大山崎神人らの座の特権が幕府から認められたことがうかがえる。当時，油の原料には（　5　）が利用されていたが，近世初頭には，圧搾圧の高い絞油法へと技術革新が進んだ。それにより，（　5　）以外の植物からの絞油が可能となり，そうした作物の栽培も進んだ。

Ⅲ．江戸時代には，農業技術が飛躍的にのび，数々の農具が考案・改良され，生産性が大いに高まった。

海外原産の作物で栽培が広まった例も少なくない。[C]は，近世前期までは高価な輸入薬種だったが，享保年間に中国などからその生根と実を入手し，国内での栽培を試みた結果，日光などでの栽培に成功した。国内栽培が盛んになるにつれ，幕府は[C]の専売のための座を設けたが，老中の（ 6 ）が失脚したのち，座は廃止された。

青木昆陽は，凶荒対策として（ 7 ）の栽培を説く書物を著した。その栽培は，将軍[D]の時代に各地で奨励され，西日本の沿岸部で広まったのち，関東でも主産地が形成されるほど急速に普及した。

他方，砂糖の原料となる（ 8 ）は，慶長年間に琉球・奄美大島で栽培と製糖が始まり，その後，土佐などでも生産されるようになった。近世中期までは長崎貿易による輸入砂糖が優勢だったが，その後，日本での（ 8 ）の栽培は拡大した。薩摩では奄美三島の黒砂糖の専売が強化された。

Ⅳ．1860年，幕府は，江戸問屋の保護と流通経済の統制のため，雑穀，[E]，蠟，呉服，糸について，五品江戸廻送令を発し，産地から開港場に直送することを禁じた。透明であることから法令中に「[E]」と記されている商品の原料は，換金性が高いため，畿内を中心に米の裏作として栽培が進んでいたものである。

幕末から明治にかけて輸出品として圧倒的な割合を占めていたのは，五品における「糸」すなわち生糸である。このほか，主要な輸出品には（ 9 ）があった。外国人へ輸出商品を売る日本の貿易商人は売込商と呼ばれ，問屋商人とはしばしば対立した。売込商の力は大きく，横浜では生糸を扱う売込商，神戸では（ 9 ）を扱う売込商の活躍が大きかった。

【語群】

あ．雄物川	い．二期作	う．武器	え．松平定信	お．柵戸
か．毛織物	き．北上川	く．大岡忠相	け．三毛作	こ．荏胡麻
さ．田沼意次	し．刈敷	す．俘囚	せ．甘藷（かんしょ）	そ．下肥
た．二毛作	ち．綿実	つ．鰊粕	て．櫨（はぜ）	と．テンサイ
な．麻	に．茶	ぬ．甘蔗（かんしゃ）	ね．神尾春央	の．最上川

【設問】

文中の下線部について，唐箕を次の選択肢から一つ選び，その記号をマークせよ。

あ

い

う

え

あ～え：『高校日本史B』実教出版（2015年）

2 次の文章を読み，①文中の空欄 [A] ～ [E] に当てはまる語句を記入せよ（**解答用紙A**）。②文中の空欄（ 1 ）～（ 7 ）に当てはまる語句を下記の【**語群**】から選び，その記号をマークせよ（**解答用紙B**）。③下記の【**設問**】に答えよ（**解答用紙B**）。なお，史料はわかりやすくするために改めたところがある。

Ⅰ．明治政府は，1881年に欽定憲法制定の基本方針を出し，翌1882年に伊藤博文らは憲法調査のためにヨーロッパに留学した(1)。伊藤はベルリン大学の（ 1 ）らから主としてドイツ流の憲法理論を学び，帰国後，憲法制定の準備をすすめた。政府の憲法草案作成作業においては，ドイツの法学者で政府顧問の（ 2 ）らの助言を得て，伊藤が中心となって起草に当たった。憲法草案は，1888年に設置された [A] で伊藤を初代議長として審議され，翌1889年に大日本帝国憲法が発布された。

法典編纂は憲法に先行して着手された。政府はフランスの法学者の（ 3 ）を政府顧問にし，フランス法をモデルとする各種法典を起草させ，1880年には [B] と治罪法を公布した。また，地方制度の改革も，内相の（ 4 ）のもとで政府顧問の助言を得ながらすすめられ，1888年に市制・町村制が，1890年には府県制・郡制が制定された。

Ⅱ．第一次世界大戦終結後，アメリカ大統領の（ 5 ）による14カ条の平和原則の提唱をもとに，国際平和を維持する機関として国際連盟の設立が決定され，日本は，（ 6 ）・イギリス・フランスとともに常任理事国となった。続いて1921年からは，海軍軍縮と太平洋および極東問題を審議するための国際会議がワシントンで開かれた。会議をつうじて，戦争再発の防止と列強間の協調をめざした一連の国際協定が締結された。日本も1924年以降，護憲三派・憲政会・立憲民政党内閣で外相をつとめた [C] のもとに協調外交を展開した。

Ⅲ．1931年におきた満州事変に対し，国際連盟は1933年の臨時総会で，イギリスの [D] を団長とする調査団の報告書にもとづき，満州国は日本の傀儡国家であると認定し，日本が満州国の承認を撤回することを求める勧告案を採択した。これに対し，日本全権代表 [E] らは，総会場から退場し，翌月に日本政府は国際連盟から脱退することを正式に通告したが，結果として日本は国際的に孤立するに至った。

その後，1940年に軍部の支持を得て（　7　）を首班とする内閣が成立した。［ E ］はこの内閣で外相をつとめた。内閣は戦争に国民の総力を結集する新体制運動を推進し，「三締約国中いずれかの一国が，現に欧州戦争または日支紛争に参入し居らざる一国によって攻撃せられたるときは，三国はあらゆる政治的，経済的および軍事的方法により相互に援助すべきことを約す」と記された条約を締結した。

【語群】

あ．アメリカ　い．イタリア　う．井上馨　え．ウィルソン　お．オランダ
か．グナイスト　き．黒田清隆　く．ケーベル　け．近衛文麿　こ．シュタイン
さ．ソ連　し．ドイツ　す．東条英機　せ．ハーディング　そ．ホフマン
た．ボアソナード　ち．山県有朋　つ．米内光政　て．ランシング　と．ロエスレル

【設問】

1．文中の下線部(1)について，ヨーロッパに留学した人物の説明として誤っているものを次の選択肢から一つ選び，その記号をマークせよ。

あ．フランスに留学した黒田清輝は，「湖畔」を描いた。
い．フランスに留学した中江兆民は，『万国公法』を刊行した。
う．イギリスに留学した夏目漱石は，『吾輩は猫である』を著した。
え．ドイツに留学した森鷗外は，『舞姫』を著した。

2．文中の下線部(2)について，この条約以外に「三締約国中いずれかの一国」と日本との間で締結された文書の条文を次の選択肢から一つ選び，その記号をマークせよ。

あ．両締約国はもし右等利益にして別国の侵略的行動により，もしくは清国または韓国において両締約国いずれかその臣民の生命および財産を保護するため干渉を要すべき騒擾の発生によりて侵迫せられたる場合には，両締約国いずれも該利益を擁護するため必要欠くべからざる措置を執り得べきことを承認す。
い．締約国は共産「インターナショナル」の活動につき，相互に通報し，必要なる防衛措置につき協議しかつ緊密なる協力により右の措置を達成することを約す。
う．締約国の一方が一または二以上の第三国よりの軍事行動の対象となる場合には，他方締約国は該紛争の全期間中中立を守るべし。
え．締約国は，この条約の実施に関して随時協議し，また，日本国の安全または極東における国際の平和および安全に対する脅威が生じたときはいつでも，いずれか一方の締約国の要請により協議する。

3．文中の下線部(3)について，ここでの「一国」として想定されている国を**【語群】**から選び，その記号をマークせよ。

3 現在国宝に指定されている絵画・建物・書籍などについて書かれた次のⅠ～Ⅸの文章を読み，①文中の空欄（ 1 ）～（ 8 ）に当てはまる語句を下記の**【語群】**から選び，その記号をマークせよ（**解答用紙B**）。②下記の**【設問】**に答えよ（**解答用紙B**）。なお，史料はわかりやすくするために改めたところがある。

Ⅰ．**【図1】**の絵画は，古河藩の藩士で家老として有名な鷹見泉石を描いたものである。作者は谷文晁に絵画を習った画家として有名であり，三河国田原藩の年寄役を務めた武士（ 1 ）である。（ 1 ）は，洋学者としての一面も持ち，外国船の打ち払いを無謀なこととして批判し，幕府から弾圧を加えられた。

Ⅱ．この史料群は，空海が賜った寺院に伝わった，奈良時代から江戸時代初期にわたる約2万4千点からなる文書群である。中には，13世紀末に作成された，荘園（ 2 ）の寄進に関する史料があり，「寿妙の末流高方の時，権威を借らんがために，実政卿を以て領家と号し，年貢四百石を以て割き分かち，高方は庄家領掌進退の預所職となる」と記されている。江戸時代には，名君として名高い加賀藩主の（ 3 ）がこの史料群の保全に尽力した。

Ⅲ．**【図2】**の屏風は，大和絵を母体に新たな画風を大成した（ 4 ）の作品である。金雲たなびく山間を2頭の獅子が悠然と歩く様子が描かれている。この屏風は宮内庁に収蔵されており，2021年に国宝に指定された。

Ⅳ．この建物(1)は，「女人高野」とも呼ばれる山岳寺院の金堂である。真言宗が山林修行を重視したことから，山中に多くの寺院が建てられた。この寺院も地形に応じて伽藍が配置されている。

Ⅴ．この資料群は，慶長年間に（ 5 ）が，ローマ教皇およびスペイン国王に通商を目的として派遣した使節団が持ち帰ったものである。ラテン語で書かれた「ローマ市公民権証書」や，司祭がミサで着用する祭服などが含まれている。

Ⅵ．この建物は，巨大な盧舎那仏を安置している建築物である。現在の建物は，三好長慶の家臣であった（ 6 ）の兵乱に際して焼失し，その後，江戸時代に再建された建物である。

Ⅶ．この書籍は，現存する聖徳太子伝の最古本であり，平安時代中期に書写されたものと考えられている。この書籍には，（ 7 ）に断片として残る天寿国繡帳の銘文の記載や，仏教伝来の記述がある。

Ⅷ．この書状は，藤原佐理(2)が書いたもので，「離洛帖」と呼ばれている。佐理は，大宰府に赴く途中に摂政藤原道隆にこの書状を送り，その中で出発前に会えなかったことの詫びを述べている。

Ⅸ．**【図3】**の絵画は，京都の妙心寺退蔵院に所蔵されている。絵の序文によると，将軍足利義持が座右の小屏にするため（ 8 ）に描かせたものである。

【語群】

あ．阿氏河荘　い．有馬晴信　う．池田光政　え．大村純忠　お．小野篁
か．桛田荘　き．狩野永徳　く．狩野山楽　け．狩野探幽　こ．鹿子木荘
さ．広隆寺　し．周文　す．如拙　せ．平重衡　そ．高野長英
た．橘逸勢　ち．伊達政宗　つ．中宮寺　て．藤原行成　と．法隆寺
な．細川晴元　に．前田綱紀　ぬ．松永久秀　ね．明兆　の．渡辺崋山

【設問】

1．文中の下線部(1)について，この建物がある寺院の所在地を**【地図】**から選び，その記号をマークせよ。

2．文中の下線部(2)について，藤原佐理は三跡の一人として著名である。三跡に含まれる人物を**【語群】**から選び，その記号をマークせよ。

【図1】

【図2】

【図3】

【地図】

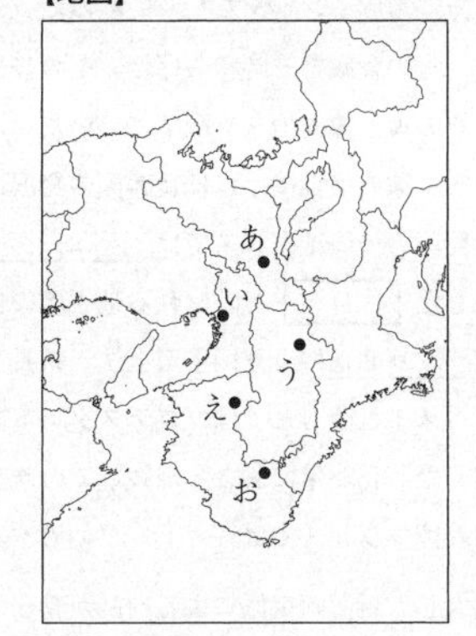

世界史

（60分）

〔注意〕記述式で解答する場合は解答用紙Aを，マーク式で解答する場合は解答用紙Bを使用せよ。

1　次の文章を読んで，問いに答えよ。

近世ヨーロッパ世界では，ローマ教皇や神聖ローマ皇帝の権威が衰え，各国はそれぞれに独立性を高めていった。そのなかで絶対王政と呼ばれる王を中心とした新たな統治体制(1)が出現した。これらの諸国が外交や戦争を通じて生み出した国際秩序は，三十年戦争(2)後に主権国家体制として確立される。

新しい国際秩序のきっかけとなったのが，1494年にフランス軍の侵入を発端にはじまったイタリア戦争である。このハプスブルク家とヴァロワ家によるヨーロッパの覇権争いは，さまざまな国を巻き込み，16世紀半ばまで続く長期戦争に発展した。この間，同盟関係は複雑に変化した。特に，ハプスブルク家出身のスペイン王が神聖ローマ皇帝［　A　］として選出されると，ハプスブルク家の強大化を恐れたイタリアの諸都市やイギリス，さらにはオスマン帝国がフランス側についた。この過程で，オスマン帝国によるウィーン(ア)包囲もおきた。結果的に，イタリア戦争は，1559年に締結された［　B　］条約によって終結した。

一方，スペイン=ハプスブルク家は，1571年に連合軍とともにオスマン帝国軍をレパント(イ)の沖合で破り，その脅威を一時和らげた。その後1580年にはスペイン王が［　C　］の王位を兼ねることになり，その海外植民地を支配下においた。こうしてスペインは，フェリペ２世の治世に全盛期を迎えた(3)。しかし，彼の治世後半には新興国の発展によって国力は低下していった。

新興国の一つイギリスでは，テューダー朝(4)のもとで王権が強化された。国王は，議会で地域社会を代表した［　D　］と呼ばれる地主層の自発的協力を得る統治体制を成立させた。ローマ教皇と対立したヘンリ８世(5)により国王至上法（首長法）が制定され，国王は国内の教会組織の頂点にたった。エリザベス１世のもとではプロテスタント国としての国民意識が形成され，イギリス絶対王政の最盛期を迎えた。1588年におこった戦いでの勝利はイギリス台頭の契機として知られている。

旧教国フランスでは，ヴァロワ朝のもとで中央集権化が進むが，16世紀半ばにカルヴァン派(6)の勢力が拡大し，新旧両宗派による内乱が勃発する。この内乱のなかブルボン家の［　E　］が即位した。彼は，ナント(ウ)の王令（勅令）を発し，内乱を終結に向かわせた。フランスはブルボン朝のもとで絶対王政の確立期を迎える。ルイ13世の時代から三部会の招集が停止され，幼少で即位したルイ14世は1661年以降親政を開始し，強大な権力をふるった。

また，17世紀のオランダでは商工業が盛んになった。こうしたなかで，市民の生活や好みを反映した文化が出現した(7)。

問1　空欄 A ～ E に該当する語句を記せ（**解答用紙A**）。

問2　波線部(ア)～(ウ)の位置を，地図中の記号から一つずつ選べ（**解答用紙B**）。

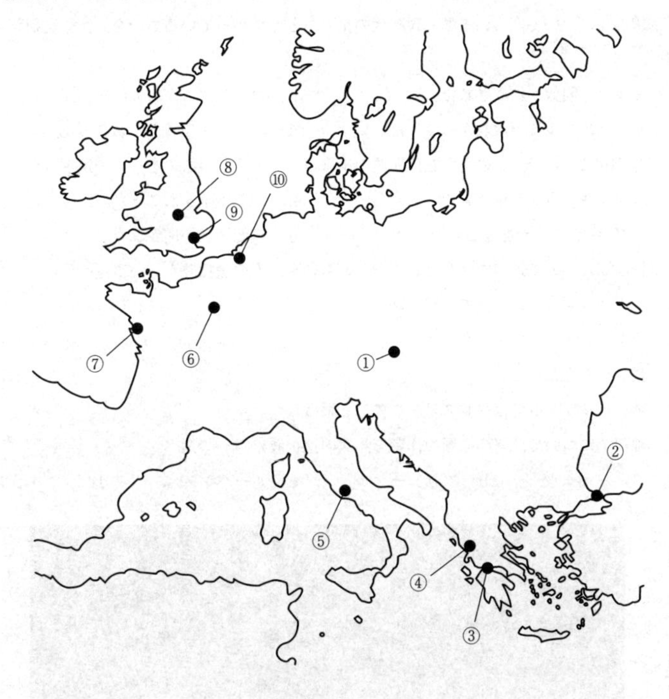

問3　下線部(1)～(7)について，以下の問いに答えよ（**解答用紙B**）。

(1)　下線部(1)について，絶対王政の特徴として**誤っているもの**を，次の選択肢から一つ選べ。

a．社会契約論が，王権の正当化に用いられた。

b．重商主義が展開された。

c．役人集団体制の官僚制が整備された。

d．常備軍が整備された。

(2)　下線部(2)について，この戦争の講和条約の結果として**誤っているもの**を，次の選択肢から一つ選べ。

a．神聖ローマ帝国の有名無実化を招いた。

b．スイスの独立が承認された。

c．ノルウェーが西ポンメルンを獲得した。

d．フランスがアルザス・ロレーヌの一部を獲得した。

(3)　下線部(3)について，フェリペ２世の時代の支配領域として**誤っているもの**を，次の選択肢から一つ選べ。

a．ヴェネツィア　b．サルデーニャ　c．シチリア　d．ナポリ

(4)　下線部(4)について，この王朝と同時代の出来事として**誤っているもの**を，次の選択肢から一つ選べ。

a．カルマル同盟が結成された。　b．コロンブスが新大陸に到達した。

c．サンバルテルミの虐殺がおこった。　d．ドイツ農民戦争がおこった。

(5)　下線部(5)について，この王の在位期間の出来事として正しいものを，次の選択肢から一つ選べ。

a．星室庁裁判所が整備された。　b．バラ戦争がおこった。

c．マグナ=カルタが発布された。　d．模範議会が開かれた。

(6)　下線部(6)について述べた文章として正しいものを，次の選択肢から一つ選べ。

a．アウクスブルクの和議で公認された。

b．ザクセンが中心であった。

c．長老主義をとった。

d．ネーデルラントではプレスビテリアンと呼ばれた。

(7)　下線部(7)について，下の絵画の作者を，次の選択肢から一つ選べ。

a．フェルメール　b．ブリューゲル　c．ルーベンス　d．レンブラント

2 次の文章を読んで，問いに答えよ。

「アフリカ」と言う地名は，アラビア語の「イフリキヤ」に由来し，元々は現在の《　X　》周辺を指す地名であった。地中海交易の要衝にあたるこの地は，古来多くの勢力の支配下に置かれて特色ある歴史を刻み，時に世界史をリードする事件や現象を生み出してきた。

この地で最初に栄えた都市，カルタゴは，伝説では紀元前814年に，(1)フェニキア人の移住者たちによって建設されたとされる。以後カルタゴは地中海随一の交易都市として栄え，地中海北岸の諸都市と覇権争いを繰り広げた。とくに，紀元前3世紀には新興国であるローマとしのぎを削ったポエニ戦争が有名である。カルタゴの将軍［　A　］は象軍を率いてアルプス山脈を越えて，一時的にローマを危機に陥れた。しかし，ローマ軍にザマの戦いで敗れたのをきっかけにカルタゴは衰退し，紀元前146年に滅亡した。

この地はローマの属領となった後も，5世紀には〔　ア　〕の支配下に，6世紀にはビザンツ帝国の支配下に置かれ，7世紀にはイスラーム教を奉じるアラブ人の支配が及ぶようになった。この時，アラブ軍を率いてきた将軍ウクバによって，(y)軍営都市（ミスル）の一つとしてカイラワーンが建設された。カイラワーンはその後も，北アフリカの学問・文化の中心地として栄えることとなる。

10世紀になると，イスラーム教［　B　］派の一派が遊牧民の支持を得て〔　イ　〕を築き，この地のマフディーヤに最初の首都を置いた。この王朝の君主はアッバース朝の正統性を否定し，みずからをカリフと称した。同時期の東方で，同じ宗派を信奉するブワイフ朝がアッバース朝のバグダードを征服したため，この時代の西アジア・北アフリカは「［　B　］派の世紀」と呼ばれる。

その後この地域周辺には二つの大帝国，(2)ムラービト朝とムワッヒド朝が相次いでおこったが，13世紀にはムワッヒド朝の後継国家であるハフス朝がイフリキヤを支配した。ハフス朝は，中世イスラーム世界を代表する歴史家［　C　］を生んだ王朝である。彼は北アフリカからイベリア半島の諸王朝に仕えた後，遊牧民と定住民の関係から歴史の法則を分析し，『歴史序説（世界史序説）』を著した。晩年の彼は，中央アジアからイラン，イラクを支配し，1400年にシリアに侵入した〔　ウ　〕と面会し，歴史談義を交わしたことでも知られている。

19世紀になると，アフリカ諸国は西洋列強による植民地化の脅威にさらされることになった。イフリキヤを統治していたフサイン朝の君主たちは，オスマン帝国の属国としての地位に留まりながらも，列強諸国との間に個別に外交関係を持っていた。(3)1830年以降は近隣諸国にならった一連の近代化改革を行い，列強の進出を阻止する試みもみられた。しかし，列強の一国である［　D　］が1881年にこの地を占領し，保護国とすると，イタリアがそれに反発してドイツに接近し，翌年〔　エ　〕を結成した。

《　X　》が独立国としての地位を獲得したのは，1956年のことであった。大戦間期に新ドゥストゥール党を結成して民族運動を率いてきたブルギバが大統領となり，従来の君主を廃して共和政国家が成立した。ブルギバを継いで大統領となったベンアリは，およそ20年にわたって独裁権力を握ったが，2010年に始まった反政府デモによって国外逃亡を余儀なくされた。近隣諸国に連鎖したこの民衆運動は「［　E　］」と呼ばれ，それぞれの国において政権交代をうながした。この運動は，いくつかの国に社会の混乱をもたらし，なかには(4)内戦に発展した国もあったが，《　X　》では大きな混乱を生むことなく民主化が進んだことから，［E］の唯一の成功例と呼ばれることもあった。この民主化プロセスが国際的に評価され，2015年には《　X　》国民対話カルテットに対してノーベル平和賞が与えられた。

問1　空欄［A］～［E］に該当する語句を記せ（**解答用紙A**）。

問2　空欄《　X　》および波線部(y)について，以下の問いに答えなさい（**解答用紙B**）。

(1)　空欄《　X　》に該当する地域はどこか。現在の国境を示した次の地図中のa～dから一つ選べ。

(2)　波線部(y)について，都市フスタートはどれか。次の地図中の❶～❹から一つ選べ。

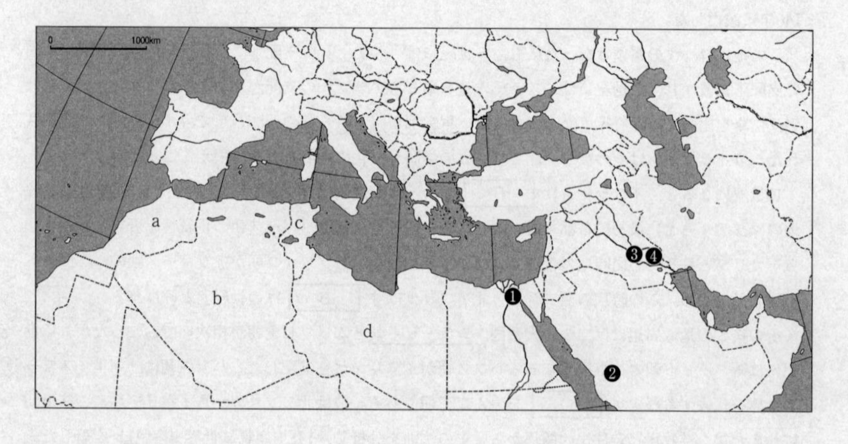

問3　空欄〔　ア　〕～〔　エ　〕に該当する語句を，次の選択肢から一つ選べ（**解答用紙B**）。

① アイユーブ朝　② ヴァンダル王国　③ 三国協商　④ 三国同盟
⑤ 三帝同盟　⑥ 神聖同盟　⑦ セルジューク朝　⑧ チンギス＝ハン
⑨ ティムール　⑩ トゥールーン朝　⑪ 西ゴート王国　⑫ バトゥ
⑬ 東ゴート王国　⑭ ファーティマ朝　⑮ ブルグンド王国　⑯ フレグ

問4　下線部(1)～(4)について，以下の問いに答えよ（**解答用紙B**）。

(1)　下線部(1)について述べた文章として正しいものを，次の選択肢から一つ選べ。

a．彼らの言語はオリエント世界の国際商業語となり，その文字はアラビア文字の原形となった。

b．楔形文字を発明し，それを用いて数学や占星術などを発達させた。

c．原カナーン文字を改良して実用的な文字を考案し，それがアルファベットの起源となった。

d．自分たちだけが神により救済されるという選民思想を形成し，唯一神信仰を深めた。

(2)　下線部(2)について述べた文章として**誤っているもの**を，次の選択肢から一つ選べ。

a．アルハンブラ宮殿を建造した。

b．ガーナ王国を征服した。

c．ベルベル人によって建てられた。

d．マラケシュを都とした。

(3)　下線部(3)に関連して，19世紀におこった出来事として**誤っているもの**を，次の選択肢から一つ選べ。

a．アラビア半島ではワッハーブ運動がはじまった。

b．イランでは，タバコ=ボイコット運動が組織された。

c．エジプトではムハンマド=アリーにより，徴兵制が実施された。

d．オスマン帝国ではギュルハネ勅令が出され，全臣民の平等が明示された。

(4)　下線部(4)について述べた文章として正しいものを，次の選択肢から一つ選べ。

a．アフガニスタンでは，ハマースと呼ばれるイスラーム急進派が力を強めた。

b．イラクでは，アメリカ軍の撤退後，パレスチナ暫定自治政府が成立した。

c．シリアでは，国民の３分の１を超える人々が難民や国内避難民となった。

d．リビアでは，サダム=フセインの独裁体制が崩れて内戦となった。

3　次の文章を読んで，問いに答えよ。

Ⅰ　中世の西ヨーロッパはキリスト教世界と言ってよい。ローマ教皇を頂点とするカトリック教会の聖職者位階制が形成され，人々の日常生活全般にも大きな影響を及ぼしていた。そのような時代にあっては，神学が最高の学問とされ，修道院(1)が貴族子弟の教育に大きな役割を果たしていた。やがてキリスト教の教義と信仰を学問的に体系化しようとするスコラ学がおこり，なかでも重要課題となったのが唯名論と実在論をめぐる普遍論争(2)であった。

当時，学問はキリスト教の影響下にあり，こうした学問にはもっぱらラテン語が用いられた。これに対して，文芸では各地の俗語も用いられ，教会による制約が少なかった。騎士の武勲や恋愛をテーマにした騎士道文学(3)は，その代表的な例である。

問１　下線部(1)について述べた文章ａ～ｃを，年代の古いものから順に配列した時，正しい順序となっているものはどれか。選択肢①～⑥から一つ選べ（**解答用紙Ｂ**）。

a．アッシジのフランチェスコが托鉢修道会をはじめた。

b．シトー修道会が森林や荒地の開墾運動をはじめた。

c．ベネディクトゥスがモンテ=カッシーノに修道会を創設した。

①　a　→　b　→　c　　②　a　→　c　→　b　　③　b　→　a　→　c

④　b　→　c　→　a　　⑤　c　→　a　→　b　　⑥　c　→　b　→　a

問２　下線部(2)について述べた文章として**誤っているもの**を，次の選択肢から一つ選べ（**解答用紙Ｂ**）。

a．アベラールは唯名論を唱えた。

b．アンセルムスが実在論を唱えた。

c．ウィリアム＝オブ＝オッカムは実在論を発展させた。

d．トマス＝アクィナスがスコラ学を集大成した。

問3　下線部(3)について，中世の騎士道文学に**該当しないもの**を，次の選択肢から一つ選べ（**解答用紙B**）。

a．『アーサー王物語』

b．『ガルガンチュアとパンタグリュエルの物語』

c．『ニーベルンゲンの歌』

d．『ローランの歌』

Ⅱ　大西洋ルートの黒人奴隷貿易(4)は近代欧米世界の形成に大きな影響を与えた。奴隷を用いた中南米のプランテーションは，ヨーロッパに大量の原料や食料を供給した。**表1**は，アメリカ合衆国における黒人奴隷の増大と綿花生産高・綿花輸出高の増加(5)を示している。また，**表2**は，1852年9月22日ジョージア州における奴隷売買の価格表の一部であるが，どのような人々が，どのような労働をするために，どれくらいの価格で売買されたのか(6)，興味深い事実を示している。

問4　下線部(4)について述べた文章として**誤っているもの**を，次の選択肢から一つ選べ（**解答用紙B**）。

a．黒人奴隷は，主としてアフリカの西海岸地域から供給された。

b．ダホメ王国では，「奴隷狩り」により黒人が黒人を捕まえて，白人に売り渡した。

c．奴隷は，アメリカ大陸だけでなく，カリブ海の島々のプランテーションでも働かされた。

d．奴隷は，主に金や銀と交換されて，奴隷商人に引き渡されていた。

問5　下線部(5)について，**表1**から読み取れる内容として正しいものを，次の選択肢から一つ選べ（**解答用紙B**）。

a．アメリカ総人口に占める黒人奴隷の割合は，この期間を通して常に20％以上であった。

b．この期間を通して，綿花生産高の過半が国内消費に回されていた。

c．1800年と1830年を比較した時，黒人奴隷数の増加とほぼ同じ割合で綿花生産高も増大している。

d．1840〜50年の黒人奴隷の増大数と1850〜60年のそれは，ほぼ同じ数である。

問6　下線部(6)に関連して，**表2**から読み取れる内容として正しいものを，次の選択肢から**二つ**選び，解答欄の各段に一つずつマークせよ。なお，マークの順序は問わない（**解答用紙B**）。

a．乳幼児も取引きされたが，値段はつかなかった。

b．家畜が奴隷とともに売られることがあった。

c．男女とも売買の対象となったが，男の方が常に高い価格で売りに出されていた。

d．大工の方が鍛冶屋よりも安い価格がつけられていた。

e．奴隷の売買価格は，年齢に比例しており，若いほど高かった。

f．売買の対象になったのは，健康な労働者だけであった。

g．プランテーションで働く労働者よりも，家事労働者に高い値段がつくことがあった。

h．料理や子育てをする人々は奴隷としては売買されなかった。

表 1

年	アメリカ総人口（万人）	黒人奴隷数（万人）	綿花生産高（トン）	綿花輸出高（トン）
1800	531	89	35	18
1810	724	119	77	85
1820	964	154	138	110
1830	1,286	201	222	191
1840	1,706	245	494	426
1850	2,319	320	530	361
1860	3,144	395	1,103	857

表 2

呼び名	年齢	特徴	価格（ドル）
Lunesta	27	米作プランテーション，上級	1,275
Violet	16	家事，子育て支援	900
Lizzie	30	米作プランテーション，不健康	300
Minda	27	綿花プランテーション，女性	1,200
Adam	28	綿花プランテーション，青年	1,100
Abel	41	米作プランテーション，雑役，弱視	675
Flementina	39	腕のよい料理人，膝に障害	400
Maccabey	35	上級，腕のよい大工	980
Dorcas Judy	25	お針子，家事手伝い	800
Happy	60	鍛冶屋	575
Mowden	15	上級，綿花プランテーション，少年	700
Bills	21	ラバを連れた雑役夫	900
Coolidge	29	米作プランテーション雑役，鍛冶屋	575
Bessie	69	病弱，お針子	250
Infant	1	元気なかわいい子ども	400
Samson	41	上級，家畜を連れた善良な男	975
Honey	14	上級，少女，聴覚障害	850
Angelina	16	上級，少女，家事や畑仕事	1,000
Noble	11	雑役夫，少年	900

Ⅲ　20世紀前半の中国は，日中戦争や国民党と共産党(7)の内戦で混乱状態にあったが，第二次世界大戦が終結した後，1949年になって図１の人物(8)が中華人民共和国の建国を宣言した。この国は当初ソヴィエト社会主義共和国連邦と友好条約を結び，アメリカと対立した。ところが1960年代になると逆に中ソ対立が顕著になり，アメリカは中国に対し関係正常化を提案した。こうして1972年，当時のアメリカ大統領(9)が中華人民共和国を訪問するに至った。米中の接近は世界各国に衝撃を与え，日本も同年に中華人民共和国と国交を結んだ。

図１

図１の写真は，著作権の都合により，類似の写真と差し替えています。
写真：毎日新聞社／アフロ

問７　下線部(7)について述べた文章として正しいものを，次の選択肢から一つ選べ（**解答用紙Ｂ**）。

ａ．共産党は三民主義を掲げた。

ｂ．国民党を結成した人物は蔣介石である。

ｃ．西安事件を経て，第２次国共合作が成立した。

ｄ．第１次国共合作は抗日を目的としていた。

問８　下線部(8)について，この人物の意向を受けて行われたこととして正しいものを，次の選択肢から一つ選べ（**解答用紙Ｂ**）。

ａ．一帯一路

ｂ．改革・開放政策

ｃ．社会主義市場経済の導入

ｄ．プロレタリア文化大革命

問９　下線部(9)の人物を，次の選択肢から一つ選べ（**解答用紙Ｂ**）。

ａ．カーター　ｂ．ケネディ　ｃ．ニクソン　ｄ．レーガン

数　学

◀理系学部▶

（80分）

（注）　理工学部物理学科を受験する者は数学①を，理工学部生物学科を受験する者は数学②を，その他の学部・学科を受験する者は数学①と数学②のいずれかを選択し解答すること。

解答には結果だけではなく，結果に至るまでの過程も記述せよ。

■数　学　①■

1　整数の範囲で 100 は 2 で 2 回割り切ることができる。同様に，2024! は 2024 で何回割り切ることができるか。

2　a，x を実数とする。関数 $f(x)=(4^x+4^{-x})-2a(2^x+2^{-x})+a^2+2a-1$ について，以下の問いに答えよ。

(1) 2^x+2^{-x} のとりうる値の範囲を求めよ。

(2) $f(x)$の最小値が 9 のとき，a の値を求めよ。

3　ベクトル $\vec{a}$，$\vec{b}$ が $|\vec{a}+\vec{b}|=2$，$|2\vec{a}-\vec{b}|=1$ を満たすとき，以下の問いに答えよ。

(1) $\vec{x}=\vec{a}+\vec{b}$，$\vec{y}=2\vec{a}-\vec{b}$ とおくとき，$\vec{a}$，$\vec{b}$ を $\vec{x}$，$\vec{y}$ を用いて表せ。

(2) $\vec{a}\cdot\vec{b}$ の最大値と最小値を求めよ。

4 関数 $f(x)=\dfrac{2x-2}{2x+1}$ について，以下の問いに答えよ。

(1) $y=f(x)$ のグラフの概形をかけ。

(2) 2点 $(0,\ f(0))$，$(1,\ f(1))$ を通る直線を $y=g(x)$ とする。このとき，$f(x)>g(x)$ を満たす x の範囲を求めよ。

(3) $y=f(x)$ と(2)で定めた $y=g(x)$ で囲まれた部分の面積を求めよ。

■数　学　②■

1　整数の範囲で100は2で2回割り切ることができる。同様に，2024! は2024で何回割り切ることができるか。

2　a，xを実数とする。関数 $f(x)=(4^x+4^{-x})-2a(2^x+2^{-x})+a^2+2a-1$ について，以下の問いに答えよ。

(1) 2^x+2^{-x} のとりうる値の範囲を求めよ。

(2) $f(x)$の最小値が9のとき，aの値を求めよ。

3　ベクトル$\vec{a}$，$\vec{b}$が $|\vec{a}+\vec{b}|=2$，$|2\vec{a}-\vec{b}|=1$ を満たすとき，以下の問いに答えよ。

(1) $\vec{x}=\vec{a}+\vec{b}$，$\vec{y}=2\vec{a}-\vec{b}$ とおくとき，$\vec{a}$，$\vec{b}$を$\vec{x}$，$\vec{y}$を用いて表せ。

(2) $\vec{a}\cdot\vec{b}$の最大値と最小値を求めよ。

4　$r=3+2\sqrt{2}$ とし，$a_n=\dfrac{r^n+r^{-n}}{2}$，$b_n=\dfrac{r^n-r^{-n}}{2\sqrt{2}}$ $(n=1, 2, 3, \cdots\cdots)$ とする。以下の問いに答えよ。

(1) $c_n=a_n+\sqrt{2}b_n$，$d_n=a_n-\sqrt{2}b_n$ とおくとき，数列 $\{c_n\}$，$\{d_n\}$ が等比数列であることを示せ。

(2) $a_{n+1}=sa_n+tb_n$，$b_{n+1}=ua_n+vb_n$ が常に成り立つ s，t，u，v の値を求めよ。

(3) a_nとb_nは常に正の整数であることを数学的帰納法を用いて示せ。

◀文系学部▶

(60分)

1 以下の空欄 ① ～ ⑤ にあてはまる数を所定の欄に記入せよ。

(1) $x-2y=3$ のとき，x^2+y^2 は $x=$ ① ，$y=$ ② で最小値をとる。

(2) $0\leqq\theta\leqq\pi$，$\sin\theta+\cos\theta=\frac{3}{5}$ とする。このとき，$\sin\theta\cos\theta=$ ③ ，

$\sin\theta-\cos\theta=$ ④ であり，$\tan\theta-\frac{1}{\tan\theta}=$ ⑤ である。

2 以下の空欄 ① ～ ⑤ にあてはまる数を所定の欄に記入せよ。

(1) $2\log_3(x-1)-\log_3(x-3)=2$ の解は，$x=$ ① ， ② である。

(2) 2つの円 $C_1：x^2+y^2=25$，$C_2：x^2+4x+y^2+3y+\frac{25}{4}=r^2$ $(r>0)$ を考える。$r=$ ③ のとき円 C_2 は円 C_1 に内接し，$r=$ ④ のとき円 C_1 が円 C_2 に内接する。また，直線 $y=-\frac{4}{3}x+k$ $(k>0)$ は，$k=$ ⑤ のとき，円 C_1 と接する。

3 以下の空欄 ① ～ ⑤ にあてはまる数を所定の欄に記入せよ。

(1) 2つのベクトル $\vec{x}$，$\vec{y}$ について，$|\vec{x}|=2$，$|\vec{y}|=5$ のとき，$|\vec{x}+2\vec{y}|$ の最大値は ① であり，最小値は ② である。また，$|\vec{x}+2\vec{y}|=2\sqrt{21}$ のとき，$\vec{x}$ と $\vec{y}$ のなす角 θ $(0\leqq\theta\leqq\pi)$ は $\theta=$ ③ である。

(2) 一般項が $a_n=2n+1$ $(n=1,\ 2,\ 3,\ \cdots)$ で表される数列 $\{a_n\}$ を，以下のように群に分ける。

$$3,\ 5\ |\ 7,\ 9,\ 11,\ 13\ |\ 15,\ 17,\ 19,\ 21,\ 23,\ 25,\ 27,\ 29\ |\ 31,\ 33,\ \cdots$$

ただし，第 n 群に含まれる項の個数は 2^n 個とする。このとき，第5群の最後の数は ④ であり，2023は第 ⑤ 群に含まれる。

4 $f(x)=x^3-4x^2+5x$ とし，曲線 $y=f(x)$ を C とする。また，C 上の点 $\mathrm{A}(-2,\ f(-2))$ における C の接線を ℓ とする。このとき，以下の空欄 ① ～ ⑤ にあてはまる数を所定の欄に記入せよ。

(1) ℓ の方程式を $y=ax+b$ とすると，$a=$ ① ，$b=$ ② である。

(2) ℓ と C の 2 個の共有点のうち，A と異なる点の x 座標は ③ である。

(3) 直線 $y=k$ は，$k=$ ④ または $k=$ ⑤ のとき，C とちょうど 2 個の共有点をもつ。

物　理

（80 分）

1 台上の物体の運動について，以下の問いに答えよ。

ひもを巻き取る装置が台に固定されている。これを巻取装置と呼ぶ。この巻取装置は巻き取る速さに関わらず一定の力の大きさ F でひもを巻き取ることができる。ただし，ひもはじゅうぶんに軽いものとし，重力加速度の大きさを g とする。また，物体は常に底面で台に接しているものとする。

Ⅰ．図1のように，水平で滑らかな台の上に置いた質量 m の物体にひもの一端をつなぎ，巻取装置を作動させると，装置はひもを巻き取り始め，物体は加速度運動をはじめた。

(a) 物体が台から受ける垂直抗力の大きさをかけ。

(b) 物体の加速度の大きさをかけ。

以下では，台と物体の間の静止摩擦係数と動摩擦係数の差はじゅうぶん小さく，静止摩擦係数と動摩擦係数は同じでともに μ であるとする。

Ⅱ．図2のように，水平であらい面をもつ台の上に置いた質量 m の物体にひもの一端をつなぎ，巻取装置を作動させると，装置はひもを巻き取り始め，物体は加速度運動をはじめた。

(c) 物体が台から受ける摩擦力の大きさをかけ。

(d) 物体の加速度の大きさをかけ。

(e) 物体が運動をはじめるために F が満たすべき不等式をかけ。

Ⅲ．図3のようにあらい面をもつ台を角度 θ $(0° < \theta < 90°)$ 傾け，物体が静止した状態から巻取装置を作動させると，装置はひもを巻き取り始め，物体は加速度運動をはじめた。以下では斜面に平行な方向は上向きを正とし，斜面に垂直な方向は上向きを正とする。

(f) 物体にはたらく重力の斜面に平行な成分をかけ。

(g) 物体にはたらく重力の斜面に垂直な成分をかけ。

(h) 物体が台から受ける摩擦力の斜面に平行な成分をかけ。

(i) 物体の加速度の斜面に平行な成分をかけ。

(j) 装置がひもを巻き取り，物体が運動をはじめるために F が満たすべき不等式をかけ。

巻取装置により物体は斜面の上を移動し，はじめの位置である点Aから距離Lだけ離れた点Bを通過した。

(k)　物体が点Aから点Bに移動する間に巻取装置のした仕事Wをかけ。

(l)　物体が点Aから点Bに移動する間に増加した重力による位置エネルギーUをかけ。

(m)　物体が点Aから点Bに移動する間に摩擦力のした仕事W_μをかけ。

(n)　点Bを通過したときの物体の運動エネルギーKをかけ。

(o)　W，U，W_μ，Kの間に成り立つ関係式をかけ。

以下では「$a\sin\theta + b\cos\theta = \sqrt{a^2+b^2}\sin(\theta+\delta)$ を満たすδがある」を用いて考えて良い。ただし，$a>0$，$b>0$のときδは$0° < \delta < 90°$である。

Ⅳ.

(p)　上記の三角関数に関する公式を参考に，(j)で求めた不等式をθ，δを用いてかけ。

(q)　台の角度θを$0° < \theta < 90°$の範囲のどの角度にしても巻取装置は物体が静止した状態からひもを巻き取り，物体は加速度運動をはじめた。すなわち，力の大きさFはθが$0° < \theta < 90°$の任意の角度で(j)で求めた不等式を満たした。このときFが満たすべき不等式をかけ。

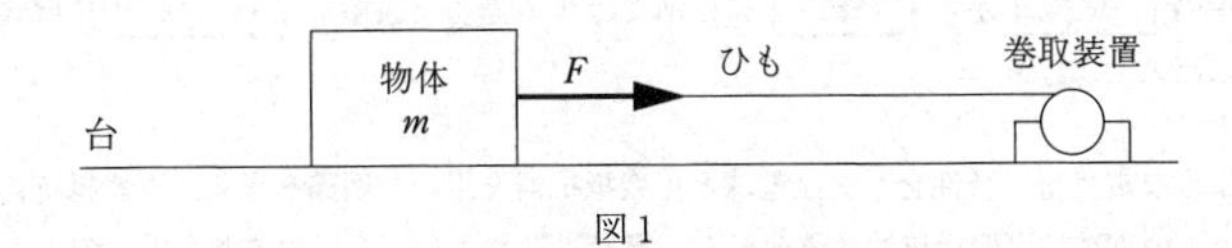

図1

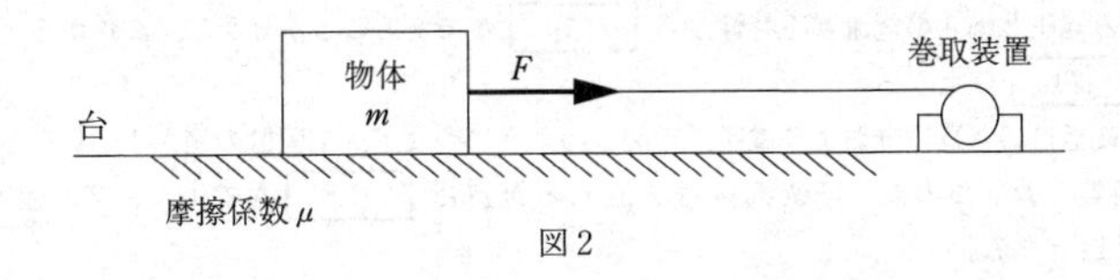

図2

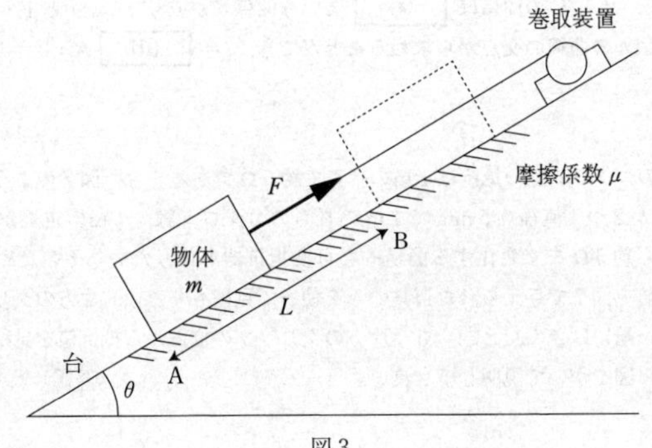

図3

2

Ⅰ．次の文中の［(あ)］から［(け)］にはあてはまる適切な式または数値を，［①］から［③］には図3から選んだ最も適切な記号を解答用紙の所定欄に記入せよ。ただし，クーロンの法則の比例定数をk，電気量qは正の量，電位の基準は無限遠点とする。

図1のように，x-y平面上の点A$(a,\ 0)$に電気量qの点電荷を固定した。この時，点B$(0,\ \sqrt{3}a)$の電場（電界）の強さは［(あ)］であり，その向きは図3の［①］の向きである。また点Bの電位は［(い)］である。次に点Aにある点電荷をそのままにして，点Bに電気量qの点電荷をおいた。この点電荷を点Oまで移動させるのに必要な仕事量は［(う)］となる。

今度は図2のように点Aに固定した点電荷はそのままにして，点C$(-a,\ 0)$に電気量$-q$の点電荷を固定した。この2つの点電荷によってつくられる点Bの電場を考える。点Cの点電荷による電場の強さは［(え)］であり，その向きは図3の［②］の向きである。したがって，重ね合わせの原理によって2つの点電荷によって作られる点Bの電場の強さは［(お)］であり，その向きは図3の［③］の向きである。このとき，点Bの電位は［(か)］である。電気量qの点電荷を点Bにおくと，この点電荷は点Aおよび点Cに置かれた点電荷が作る電場によって，大きさ［(き)］の力を受ける。点Oの電位は［(く)］であり，点Bに置かれた点電荷を点Oまで移動させるのに必要な仕事量は［(け)］となる。

Ⅱ．次の文中の［(こ)］から［(そ)］にはあてはまる適切な数値を，［④］には式を解答用紙の所定欄に記入せよ。

図4のような電流電圧特性をもつ豆電球と可変抵抗器を用いた回路を考え，可変抵抗器の抵抗値をRとする。この電球に可変抵抗器，電流計1，電流計2および5.0Vの電源を図5のようにつないだ。Rの値を調整すると，2つの電流計の示す値は等しくなった。この時，電流計の示す値は豆電球の両端にかかる電圧と図4の電流電圧特性から［(こ)］Aであることが分かる。これから，Rの値を求めると［(さ)］Ωとなる。

次に可変抵抗器と豆電球および電圧計を図6のようにつなぎ，電圧計の値が1.0Vを示すようにRの値を調整した。この時，可変抵抗器を流れる電流は［(し)］Aであり，Rの値を求めると［(す)］Ωとなる。

今度は，この回路でRの値を100Ωに調整した。電流計の示す値はI〔A〕を示し，電圧計はV〔V〕を示したとすると，IとVの間には［④］という関係式が成り立つ。IとVの値はこの関係式が表すグラフと，図4の曲線の交点から求めることができ，$I=$［(せ)］A，$V=$［(そ)］Vとなる。

Ⅲ．

直径0.5mmのニクロム線の抵抗は1mの長さで約5Ωである。今，図7のように導線のついた金属製のクリップが2つ，直径0.5mmで1mの長さのニクロム線，1mの定規がある。これらを用いて，約0Ωから約5Ωまで変化する簡易的な可変抵抗器を作りたい。そのために，可変抵抗器のおおよその抵抗値を図7で与えられた道具のみを使って見積もりたい。片方のクリップを図7のようにニクロム線の一端にはさんだとき，もう片方のクリップの位置から抵抗値を見積る方法を，解答欄にかけ。必要なら図をかいて説明しても良い。

〔解答欄〕横17.2cm×縦6.9cm

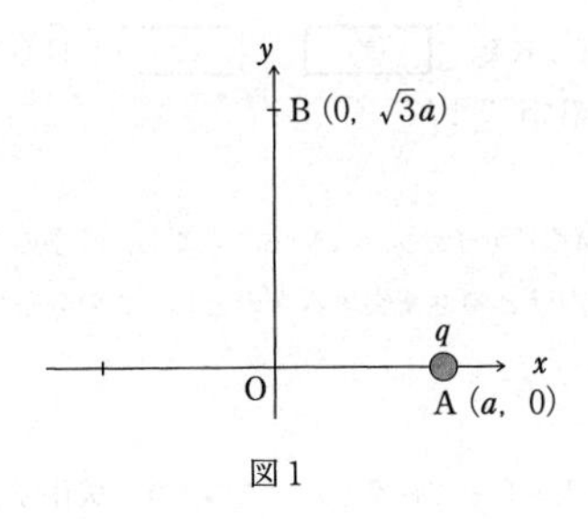

図1

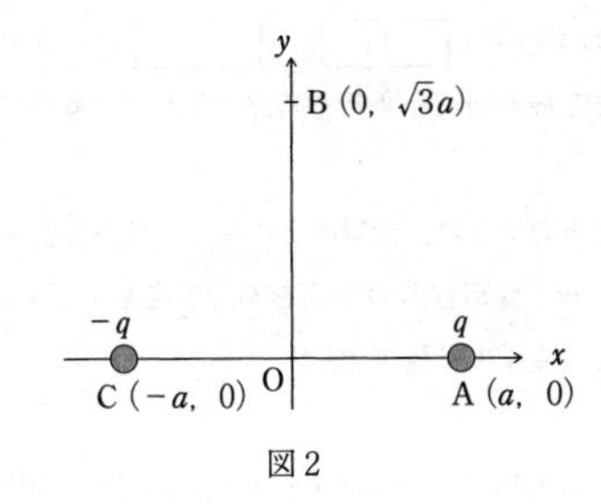

図2

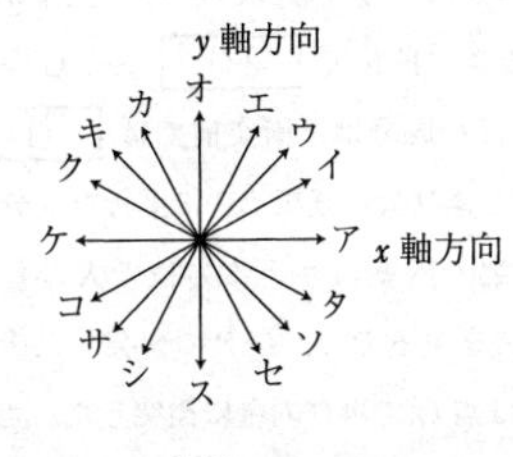

図3

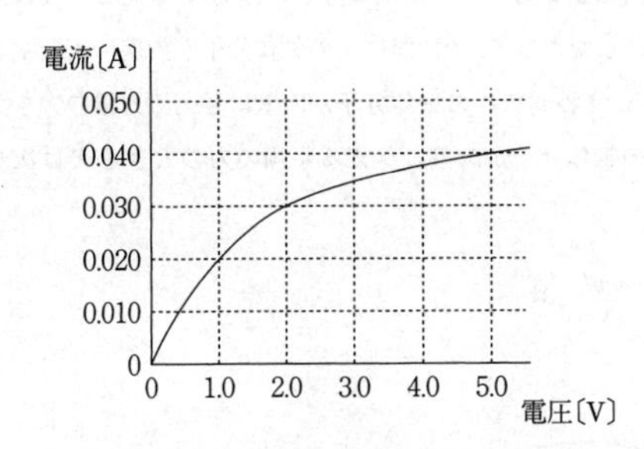

図4　豆電球の電流電圧特性

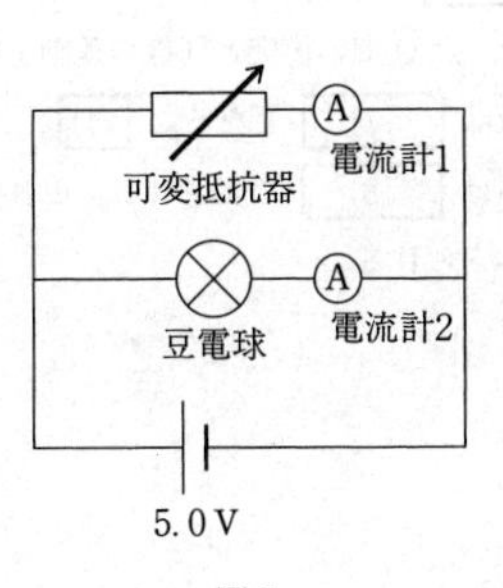

図5

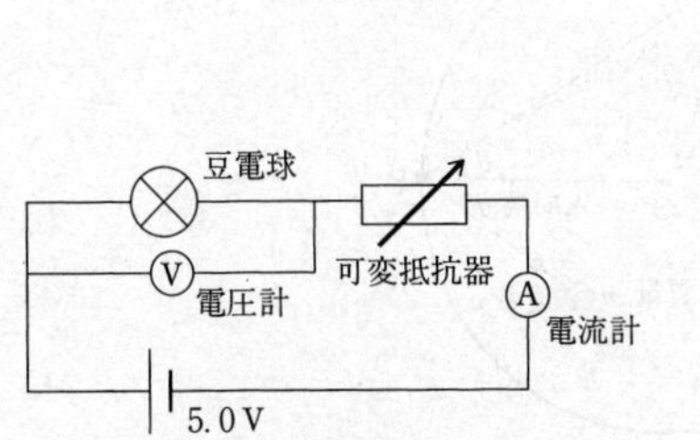

図6

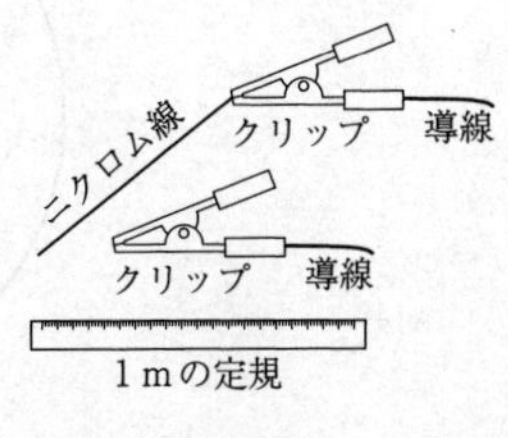

図7

3 次の文中の [(1)] ～ [(14)] にはあてはまる適切な式を，[(ア)] ～ [(ウ)] にはあてはまる最も適切な語句を語群より選び，解答用紙の所定欄に記入せよ。

Ⅰ．図1のように，内壁がなめらかな球形容器内に1個の単原子分子が入っている。ただし，分子の質量を m，球形容器の中心をO，半径を r とする。分子は内壁と弾性衝突するものとし，この分子にはたらく重力は無視する。

この気体分子が，図1のように速さ v で内壁の点Pに入射角 θ で衝突した。このとき，気体分子は内壁から力を受けるが，内壁はなめらかであるので，衝突している間，力の直線OPに垂直な成分は，[(ア)]。よって，運動量の直線OPに垂直な成分は，衝突の前後で [(イ)]。点Oから点Pに向かう向きを正の向きとすると，運動量の直線OPに平行な成分は，衝突前では [(1)] となり，衝突後では [(2)] となる。したがって，衝突前後での運動量の直線OPに平行な成分の変化は [(3)] である。これより，この気体分子が1回の衝突で内壁に与える力積の大きさは [(4)] で与えられる。気体分子は，なめらかな内壁と弾性衝突をするので，点Pで衝突した後は，直線OPと角度 θ をなして速さ v で運動した。その後，気体分子は点Qで再び内壁に衝突した。点Pから点Qまでの距離は [(5)] であるから，気体分子がこの距離を移動するのに要する時間は [(6)] となる。気体分子の点Qへの入射角は θ であるので，気体分子が点Qで衝突した後は，点P，点Qでの衝突と同様の運動を繰り返す。したがって，t 秒間にこの気体分子が内壁に衝突する回数は [(7)] となる。[(4)] と [(7)] から，t 秒間にこの気体分子が内壁に与える力積の大きさの和は [(8)] で表される。これより，この気体分子が内壁に与える平均の力の大きさ F は次式で与えられる。

$$F = \frac{mv^2}{r} \quad \cdots \text{(a)}$$

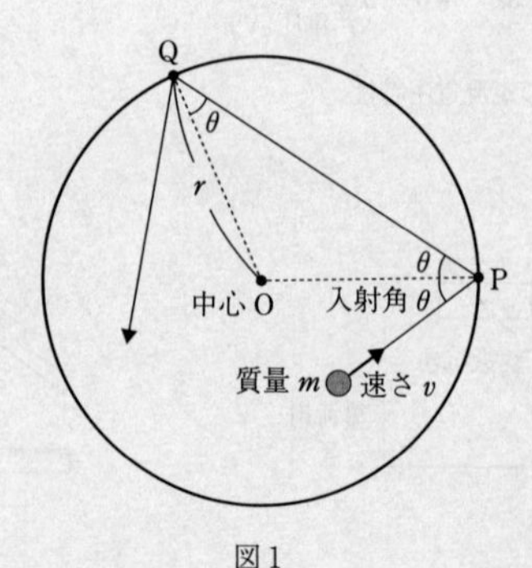

図1

Ⅱ．内壁がなめらかな球形容器内に N 個の単原子分子からなる理想気体が入っている。ただし，分子の質量を m，球形容器の中心をO，半径を r とする。分子は内壁と弾性衝突するものとし，この分子にはたらく重力は無視する。また，N はじゅうぶん大きな数とし，気体分子はすべて同じ速さ v であらゆる方向に飛びまわり互いに衝突しないものとする。

式(a)から，N 個の気体分子が内壁に与える力の大きさの和は ［(9)］ となる。単位面積あたりの力の大きさが圧力であるので，N 個の気体分子が内壁に与える圧力 p は ［(10)］ で与えられる。この球形容器の体積を V として，圧力 p を N，m，v，V を用いて表すと ［(11)］ となる。これより，N 個の気体分子の運動エネルギーの和は p，V を用いて次のように表される。

$$\frac{1}{2}Nmv^2 = \boxed{(12)}$$

一方，物質量 n，絶対温度 T の理想気体の状態方程式は，気体定数を R とすると，p，V，n，R，T を用いて ［(13)］ で与えられる。［(13)］ を用いると，N 個の気体分子の運動エネルギーの和は，n，R，T を用いて次のように表される。

$$\frac{1}{2}Nmv^2 = \boxed{(14)}$$

単原子分子理想気体の場合，［(14)］ がこの気体の ［(ウ)］ となる。

［語群］

増加する	減少する	増加して減少する
減少して増加する	0となる	変わらない
運動量	力積	位置エネルギー
内部エネルギー	定積モル比熱	定圧モル比熱

化　学

(80分)

1 次の文を読み，問1～問4に答えよ。

原子1個の質量は非常に小さく，g(グラム)などの単位を用いて質量を表すと，値が小さすぎて扱いにくい。そのため，原子の質量は$_{ア)}$特定の原子の質量を基準として，それとの比である相対質量で表す。自然界に存在する多くの元素には$_{イ)}$相対質量が異なる数種類の同位体が混じっている。例えば，$_{ウ)}$銅は相対質量が62.93の^{63}Cuと64.93の^{65}Cuが安定に存在する。各元素の同位体の存在比は地球上で場所を問わずほぼ一定であり，同位体の相対質量と存在比から求められる平均値を原子量という。

私たちが日常で取り扱う物質には膨大な数の原子や分子が含まれており，物質の量を表すときには，ある個数の粒子の集団を1単位として取り扱うと便利である。粒子の数をもとに表した物質の量を物質量といい，単位にはmol(モル)を用いる。また，1 molあたりの粒子の数を$_{エ)}$アボガドロ定数という。

問1　下線部ア)について，どのような基準が用いられているか。20字程度で説明せよ。

問2　下線部イ)について，それぞれの同位体において相対質量が異なる理由を原子構造の観点から20字程度で説明せよ。

問3　下線部ウ)について，銅の原子量が63.55であるとき，相対質量が62.93の^{63}Cuと64.93の^{65}Cuの存在比〔%〕をそれぞれ有効数字3桁で求め，^{63}Cuについては解答欄①に，^{65}Cuについては解答欄②に数値を記せ。なお，^{63}Cuと^{65}Cu以外の同位体の存在は無視できるものとする。

問4　下線部エ)について，アボガドロ定数を求める2つの方法に関する次の文章を読み，以下の問いに答えよ。

[方法1]

水を入れたメスシリンダーに，モル質量がM〔g/mol〕，質量がm〔g〕である，水とは反応しない純金属のブロックを静かに入れたところ，ブロックは完全に水中に沈んだ。このとき，メスシリンダー内の液面は上昇し，体積変化はV〔mL〕であった。なお，金属は結晶であり，その単位格子は一辺の長さがa〔cm〕の立方体である。また，単位格子中にはn個の原子が含まれている。

1）金属の密度〔g/cm^3〕を，m，V を用いた数式で表せ。

2）単位格子あたりの質量〔g〕を，a，m，V を用いた数式で表せ。

3）金属原子1個の質量〔g〕を，a，m，n，V を用いた数式で表せ。

4）アボガドロ定数〔/mol〕を，a，m，n，V，M を用いた数式で表せ。

［方法2］

ステアリン酸 $C_{17}H_{35}COOH$（分子量 284）は分子内に親水基と疎水基をもつ細長い分子である（図1）。ステアリン酸 0.071 g をシクロヘキサンに溶かして 250 mL の溶液 **A** を調製した。この溶液 **A** を 0.050 mL とり，水面にゆっくり滴下したところ，シクロヘキサンはすべて蒸発し，水面にはステアリン酸分子が親水基を水側に，疎水基を空気側に向けて密に並んだ単分子膜ができた（図2）。このとき，単分子膜の面積は $62\ cm^2$ であった。なお，ステアリン酸分子1個が水面で占める面積は $2.0\times10^{-15}\ cm^2$ であるとする。

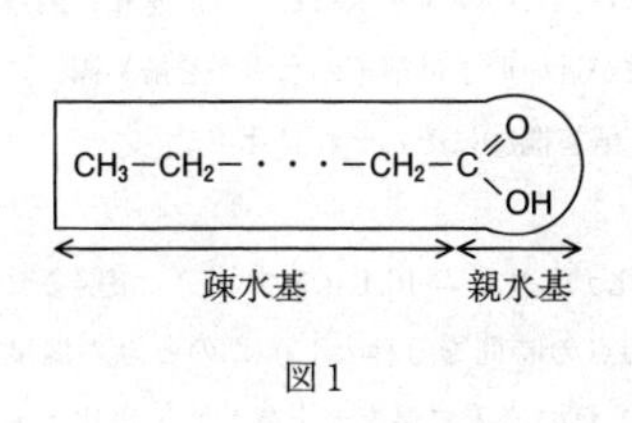

図1

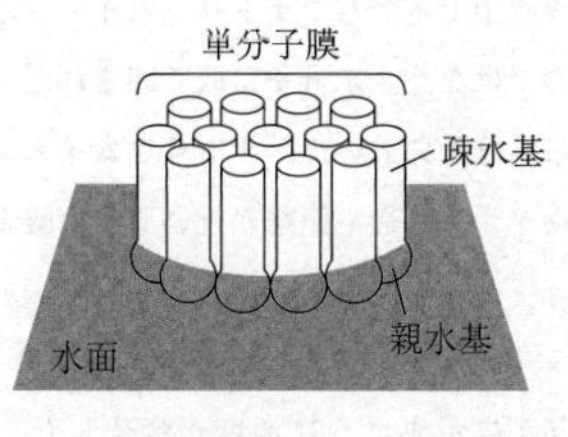

図2

5）溶液 **A** の濃度〔mol/L〕を有効数字2桁で求め，数値を記せ。

6）水面に滴下したステアリン酸の物質量〔mol〕を有効数字2桁で求め，数値を記せ。

7）得られた単分子膜に含まれるステアリン酸の分子数を有効数字2桁で求め，数値を記せ。

8）この実験結果より，アボガドロ定数〔/mol〕を有効数字2桁で求め，数値を記せ。

2　問1～問6に答えよ。必要があれば次の数値を用いること。

原子量 H＝1.00，O＝16.0，Na＝23.0，Cl＝35.5

問1　固体の塩化ナトリウムは，ナトリウムイオンと塩化物イオンが規則正しく配列した［　　］である。［　　］に当てはまる最も適当な語句を次の【解答群】から選び，記号を記せ。

【解答群】

(ア)　金属結晶　(イ)　イオン結晶　(ウ)　分子結晶　(エ)　共有結合の結晶

問2　塩化ナトリウム結晶において，1つのナトリウムイオンに着目したとき，そのイオンから最も近い距離にあるイオンについて，その名称を解答欄①に，またその数を解答欄②にそれぞれ記せ。

問3　固体の塩化ナトリウムが水に溶解すると，ナトリウムイオンと塩化物イオンに完全に電離する。この反応のイオン反応式を，NaCl，Na^+，Cl^- を用いて記せ。

問4　水溶液中で電離したナトリウムイオンと塩化物イオンは，真空中のイオンのように単独で存在するのではなく，水分子に取り囲まれた状態で存在する。この現象を水和という。水和に関与している水分子において，ナトリウムイオンに最も距離が近い原子は酸素か水素かを解答欄①に，塩化物イオンに最も距離が近い原子は酸素か水素かを解答欄②にそれぞれ記せ。

問5　プラスチックコップに水を90.0g入れ，そこに塩化ナトリウム10.0gをすばやく溶解させると，図1に示すように温度が変化した。溶解開始時点の時間を0秒とし，このときの温度を20.8℃とする。一旦温度が下がり，その後周囲からの熱の流入で温度が上昇した。塩化ナトリウムがすべて溶解し，かつ周囲からの熱の影響が全くないと仮定したときに予想される最低温度を，30秒付近からのグラフの直線部分を溶解開始時点まで延長して19.2℃と見積もった。以下の問いに答えよ。

1）塩化ナトリウムが水溶液に溶解するのは発熱反応か吸熱反応か。いずれかを解答欄に記せ。

2）物質1gを1K上昇させるのに必要な熱量を比熱容量という。この溶液の比熱容量は4.2J/(g･K)であるとすると，塩化ナトリウム1molあたりの溶解熱〔kJ/mol〕はいくらか。有効数字2桁で求め，数値を記せ。なお，溶解熱は発熱反応では正の値を，吸熱反応では負の値をとることに留意せよ。

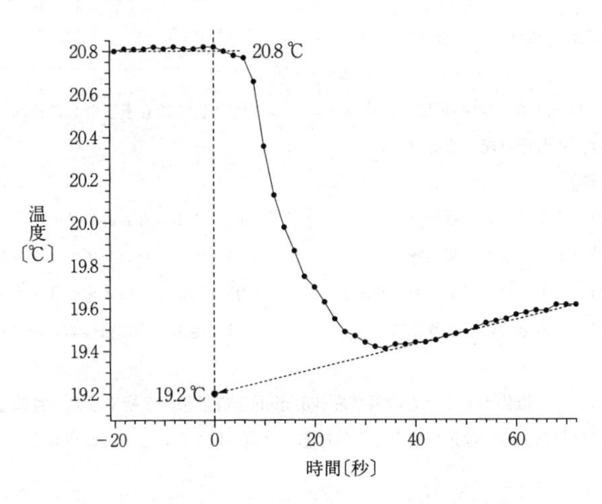

図1　NaCl(固)の水への溶解による温度変化

問6　ア)「反応熱の大きさは，反応の初めの状態と終わりの状態だけで決まり，反応経路には無関係である」という法則がある。この法則を用いて問5の実験結果が正しいかどうかを検証するため，NaCl(固)の水への溶解を，図2に示す(Ⅰ)〜(Ⅶ)の各段階に分けて考えた。この図より求められる塩化ナトリウムの溶解熱を，問5で行った実験より求めた値と比較すると，誤差3％程度の範囲で一致した。なお，吸熱反応は白い矢印，発熱反応は灰色の矢印で示している。矢印の長さはかならずしもエネルギーの大きさに対応していない。以下の問いに答えよ。

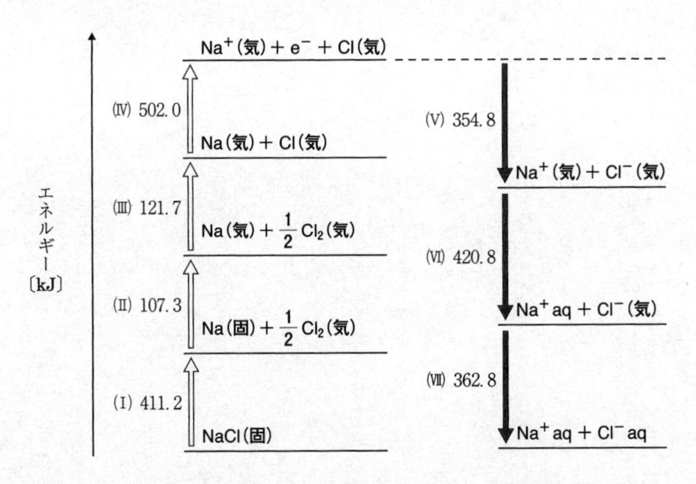

図2　NaCl(固)の1 mol あたりの溶解のエネルギー図

1）下線部ア）の法則の名称を記せ。

2）図2の(Ⅱ)，(Ⅳ)，(Ⅴ)の反応に対応するエネルギーとして最も適当なものを次の【解答群】から選び，それぞれ記号を記せ。

【解答群】

(ア)　ナトリウムの融解熱　　(イ)　ナトリウムの昇華熱

(ウ)　ナトリウムの蒸発熱　　(エ)　ナトリウム原子のイオン化エネルギー

(オ)　ナトリウム原子の電子親和力　　(カ)　塩素原子のイオン化エネルギー

(キ)　塩素原子の電子親和力　　(ク)　塩素分子の結合エネルギー

3）図2より，塩化ナトリウムの溶解熱〔kJ/mol〕を有効数字2桁で求め，数値を記せ。なお，溶解熱は発熱反応では正の値を，吸熱反応では負の値をとることに留意せよ。

4）断熱容器に氷を80gとNaCl(固)を20g入れてよく攪拌すると−20℃あたりまで温度が下がる。これは，氷の状態変化にともなう熱の出入り(吸熱)と塩化ナトリウムの溶解熱の両方の効果によるものである。この「氷の状態変化にともなって出入りする熱」の名称として最も適当なものを次の【解答群】から選び，記号を記せ。

【解答群】

(ア)　燃焼熱　　(イ)　中和熱　　(ウ)　生成熱　　(エ)　融解熱

(オ)　蒸発熱　　(カ)　昇華熱

3 次の文を読み，問１～問７に答えよ。必要があれば次の数値を用いること。
原子量 H＝1.00，C＝12.0，O＝16.0
また，構造式は以下の例にならって記せ。

（例）

$$CH_3-\overset{\displaystyle O}{\overset{\|}{C}}-NH_2 \qquad \left[\,CH_2-\underset{\displaystyle \underset{\displaystyle OH}{\overset{|}{C_6H_4}}}{\overset{}{CH}}\,\right]_n$$

有機化合物は官能基に着目して整理することができる。例えば，ヒドロキシ基を有する化合物はアルコールとして知られており，分子中にヒドロキシ基を１個有するものは一価アルコール，２個有するものは二価アルコールといい，２個以上有するものを特に［（a）］という。また，ヒドロキシ基が結合している炭素原子に，炭化水素基が１個結合していると第一級アルコール，炭化水素基が２個もしくは３個結合していると，それぞれ第二級アルコールもしくは第三級アルコールに分類される。第一級アルコールは［（b）］されると［①］基を有する化合物となり，さらに［（b）］されてカルボキシ基を有する化合物であるカルボン酸になる。第二級アルコールは［（b）］されると［②］基を有する化合物となり，これ以上は［（b）］されにくい。メタノールやエタノールのように$_{ア)}$<u>炭素数が３以下の一価アルコールは水に良く溶ける</u>が，これより炭素数が大きくなると水に溶けにくくなる。また一般に，$_{イ)}$<u>アルコールの炭素数が増えると沸点が高くなる</u>。

アルコールと同様に，カルボン酸も分子中にカルボキシ基を１個有するものは一価カルボン酸，２個有するものは二価カルボン酸に分類される。

カルボン酸とアルコールが脱水縮合して得られる化合物をエステルという。例えば，一価カルボン酸である酢酸(**A**)と，一価アルコールであるエタノール(**B**)から酸を触媒としてエステル(**C**)が得られる反応の化学反応式は，以下のように表される。

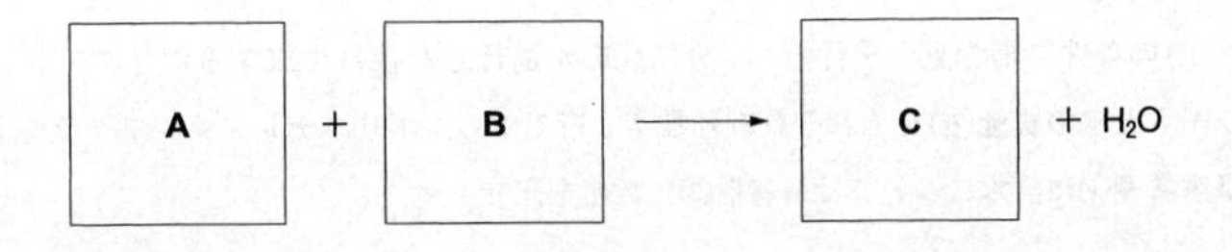

二価カルボン酸であるテレフタル酸と二価アルコールであるエチレングリコール(1,2-エタンジオール)が脱水縮合反応を繰り返すと(縮合重合)，$_{ウ)}$<u>ポリエチレンテレフタラート</u>が得られる。このように，$_{エ)}$<u>カルボキシ基とヒドロキシ基から繰り返しエステル結合が生成して重合度が十分に大きな高分子化合物を得るには，二価カルボン酸と二価アルコールの官能基の数を等しくする必要がある</u>。

問1 文中の （a） および （b） に当てはまる最も適当な語句を記せ。

問2 文中の ① および ② に当てはまる最も適当な語句を次の【解答群】から選び，それぞれ記号を記せ。

【解答群】

(ア) アミノ　(イ) ケトン　(ウ) アミド　(エ) ホルミル(アルデヒド)

問3 下線部ア)のような性質をもつ理由について，「疎水性」および「水素結合」という語句を用いて40字程度で説明せよ。

問4 下線部イ)のように沸点が高くなる理由について，30字程度で説明せよ。

問5 空欄**A**～**C**に当てはまる化合物の構造式を例にならって記せ。

問6 下線部ウ)の構造式を例にならって記せ。

問7 下線部エ)の条件の下で，ポリエチレンテレフタラートの合成を行うことを考える。いま手元に，テレフタル酸(分子量166)が332gと，エチレングリコール(分子量62.0)が155gある。これについて以下の問いに答えよ。

1) これらの原料を用い，カルボキシ基とヒドロキシ基の数が等しい条件で縮合重合を行う場合，それぞれの原料を最大で何molずつ用いることができるか。それぞれ有効数字2桁で求め，テレフタル酸の物質量〔mol〕を解答欄①に，エチレングリコールの物質量〔mol〕を解答欄②に数値を記せ。

2) 1)の条件で縮合重合を行い，十分に反応が進行した後に生成するポリエチレンテレフタラートと水の質量〔g〕をそれぞれ有効数字2桁で求め，ポリエチレンテレフタラートについては解答欄①に，水については解答欄②に数値を記せ。

3) 1)の縮合重合を行う際に，一価カルボン酸である酢酸を少量混ぜると，重合度が小さくなった。その理由を20字程度で記せ。

生　物

（80分）

1　次の文を読み，以下の問いに答えよ。

ヒトの眼は光刺激を受けとる（　a　）器である。ヒトの眼は球形の器官であり，眼に入った光は，角膜と（　b　）で屈折し，ガラス体を通過して，光（　a　）細胞として機能する視細胞が一層に並んだ網膜に像を結ぶ。光刺激によって生じた神経情報は，網膜から視神経を通り最終的に（　c　）脳へ伝えられ，複雑な情報処理を経て視覚が生じる。視細胞には2種類あり，おもに明るい場所ではたらく錐体細胞と，錐体細胞よりも薄暗い場所でよくはたらく（　d　）細胞にわけられる。①ヒトの網膜には，吸収する光の波長に応じて感度の違う3種類の錐体細胞があり，青錐体細胞，赤錐体細胞と緑錐体細胞とよばれる。これらの錐体細胞は，よく吸収する光の波長が異なる視物質をそれぞれもっている。②（　d　）細胞も視物質をもち，その働きにより，錐体細胞よりも非常に弱い光に反応できる。

ヒトの網膜に存在する視神経の神経繊維が1つに集まり束となって，網膜を貫いて眼球から出る部分を（　e　）という。③この部分では視細胞が欠けているため，結ばれた像が見えない性質がある。この性質を利用して，図3で示すように網膜の中央からこの部分までの，およその距離xを計算することができる。

問1　文中の（　a　）～（　e　）にあてはまる最も適当な語句を記入せよ。

問2　図1のA～Cの3つのグラフは，下線部①で示す3種類の錐体細胞に関する光の吸収量と光の波長を示す。A～Cの各グラフが，どの種類の錐体細胞に該当するか，最も適当なものを，次の選択肢から一つ選び，解答欄A～Cにそれぞれ記号で答えよ。

（ア）青錐体細胞　　（イ）赤錐体細胞　　（ウ）緑錐体細胞

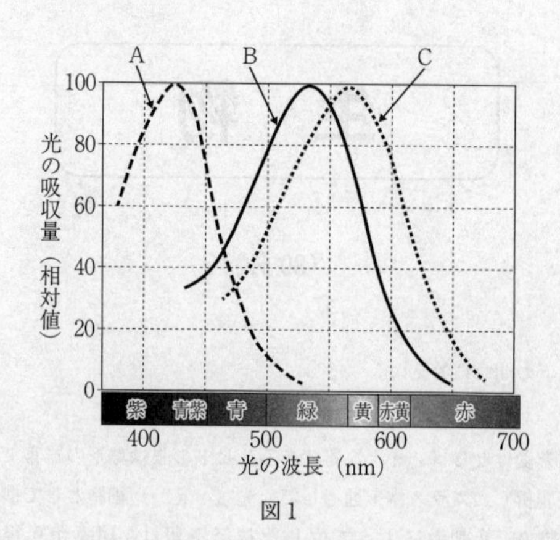

図1

問3　下線部②で示す視物質として最も適当なものを，次の選択肢から一つ選び，記号で答えよ。

（ア）　クリプトクロム　　（イ）　ジベレリン　　（ウ）　シャペロン
（エ）　リプレッサー　　（オ）　ロドプシン　　（カ）　フィトクロム
（キ）　フォトトロピン

問4　下線部③におけるxの値を求めるために次の実験を行った。図2で示すような「＋印」と「●印」が描かれた平らな白い紙を使い，左目を閉じて，右目の前方約20 cmの場所で＋印を正視したところ，●印が見えなくなった。そのときの右目，＋印と●印の位置を図3に示す。眼の直径を2 cmとしたときに，図3に示すxの長さを答えよ。答えの単位は「cm」とする。答えは小数第1位まで求め，解答欄には数字のみ記入せよ。割り切れない場合は，小数第2位の数字を四捨五入せよ。なお，図3に示すxの線は実際には曲線であるが，ここでは図2で示す白い紙と平行な「直線」と仮定して計算する。図3は模式図であり実際の大きさや比率とは異なる。

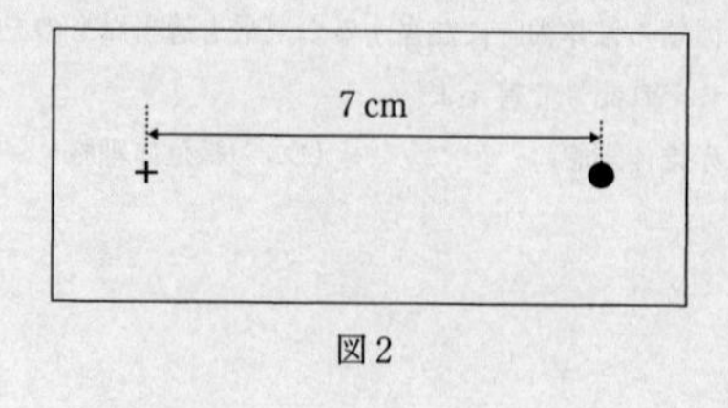

図2

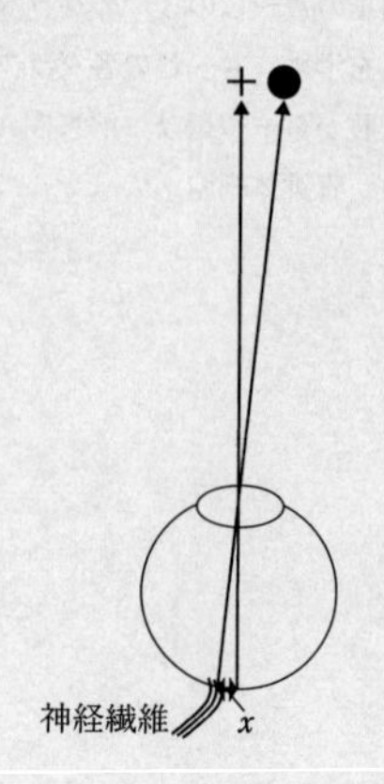

図3

2 次の文を読み，以下の問いに答えよ。

生物がCO_2を取り入れて有機物を合成するはたらきを（ a ）という。植物の光合成は，光のエネルギーを利用してATPやNADPHを生産し，それらを利用してCO_2から有機物を合成するはたらきであり，光のエネルギーを利用する（ a ）の代表例である。一方，緑葉での（ b ）の過程では，アンモニウムイオン①とグルタミン酸からグルタミンを合成する反応にATPを必要とする。この反応で使われるATPの一部は，光合成によって生じることから，光合成は（ b ）にも重要な役割をもっている。

植物の光合成は葉緑体で行われる。葉緑体は，内膜と外膜の二重の膜②に包まれており，内膜の内部には，扁平な袋状の構造である（ c ）が存在する。また，（ c ）が層状に重なった部分を（ d ）という。（ c ）には，光のエネルギーを吸収する光合成色素③が存在する。緑葉に直接いろいろな波長の光を照射して，各波長での光合成速度（単位時間当たりの光合成によるCO_2の吸収量）を調べると，緑や黄色以外の光が光合成に有効であることがわかる。このような光の波長と光合成速度との関係を示したグラフを［ A ］という。

葉緑体の内膜と（ c ）の間を満たしている基質部分を（ e ）という。葉緑体の（ e ）には，（ c ）でつくられたATPやNADPHを用いてCO_2を還元し，有機物を合成する反応が起こる。この一連の反応経路は循環しており，これを明らかにした研究者の名前を取って，（ f ）とよばれている。緑葉の気孔から取り込まれたCO_2は，リブロースビスリン酸カルボキシラーゼ／オキシゲナーゼ（ルビスコ）という酵素のはたらきによって，リブロースビスリン酸と結合し，ホスホグリセリン酸④になる。ホスホグリセリン酸はリン酸化された後，NADPHによって還元されグリセルアルデヒドリン酸になる。グリセルアルデヒドリン酸は，（ f ）だけではなく，他の代謝の経路でも重要な物質である。例えば，細胞質基質で行われる（ g ）では，グルコースがピルビン酸になりATPが合成される過程で，グリセルアルデヒドリン酸が中間的な代謝の物質として生じる。

問1 （ a ）～（ g ）にあてはまる最も適当な語句を記入せよ。

問2 下線部①について，アンモニウムイオンを化学式で記せ。

問3 植物細胞の内部には，様々な構造体（細胞小器官）が存在する。下線部②について，葉緑体のように，二重の膜に包まれている細胞小器官を二つ答えよ。

問4 ［ A ］にあてはまる最も適当なものを，次の選択肢から一つ選び，記号で答えよ。

（ア） 温室効果　（イ） 呼吸商　（ウ） 吸収スペクトル

（エ） 作用スペクトル　（オ） 純生産量

問5　下線部③について，植物に存在する光合成色素を二つ答えよ。

問6　下線部④について，リブロースビスリン酸1分子中に含まれる炭素原子の数を解答欄Ⅰに，ホスホグリセリン酸1分子中に含まれる炭素原子の数を解答欄Ⅱに，それぞれ記入せよ。

ツバキの緑葉をカミソリで薄く切って切片を作製し，顕微鏡で観察した。観察の記録として，図1に示すように葉の横断面をスケッチし，以下の通りレポートをまとめた。

1．上下両面に一層の細胞からなる（　w　）があった。

2．（　w　）の間の部分には，（　x　）と（　y　）があった。

3．葉の両面で緑色の濃さが違っていた。緑色の濃い面を上側の面とすると，（　x　）は上側の（　w　）と接していて，ぎっしりと並び，細胞の中には多数の葉緑体が見られた。

4．（　x　）が（　y　）に接するところに注意してスケッチした。（　x　）の下には不規則な形をした細胞が並んだ（　y　）が見られ，また，道管と師管が集まった通道組織である（　z　）も観察することができた。

5．下側の（　w　）の断面を注意深く観察すると，気孔⑤の切り口を観察することができた。

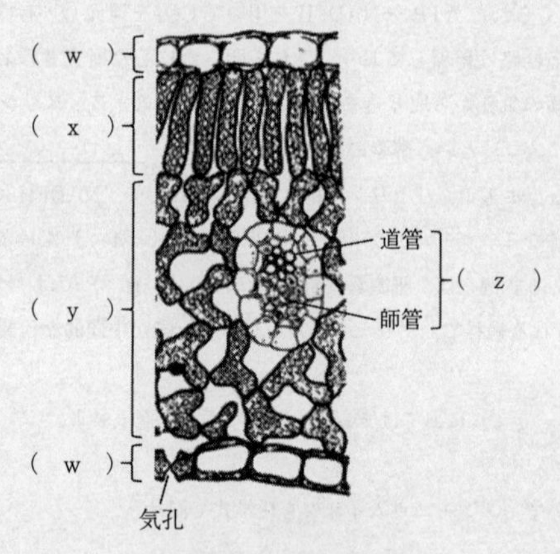

図1　ツバキ緑葉の横断面

問7　（　w　）～（　z　）にあてはまる最も適当なものを，次の選択肢からそれぞれ一つ選び，記号で答えよ。

（ア）維管束系　（イ）海綿状組織　（ウ）茎頂分裂組織
（エ）柵（さく）状組織　（オ）胚乳　（カ）表皮組織（表皮系）

問8　下線部⑤について，気孔は一対の特殊な細胞からなる。この細胞を何というか。

3 次の文を読み，以下の問いに答えよ。

キイロショウジョウバエは，古くから遺伝学や発生生物学の研究に用いられている昆虫①である。これまでに，キイロショウジョウバエのメスの卵細胞に蓄えられているさまざまな物質が，受精後の胚の体軸形成にかかわることが研究されてきた。胚の前後軸の決定には，母性因子であるビコイド遺伝子とナノス遺伝子の mRNA が関係しており，これらが正常に機能しないと前後軸が異常になる。これらの mRNA は図1のように未受精卵の前後軸に沿って分布している。受精するとこれらの翻訳がはじまり，それぞれのタンパク質は，図2のような分布を示す②。コーダル遺伝子とハンチバック遺伝子の mRNA は，受精前には胚の前後軸に沿って均一に分布している。しかし，受精後にコーダル mRNA はビコイドタンパク質により，ハンチバック mRNA はナノスタンパク質により，それぞれ翻訳が抑制される。これらの各種タンパク質の濃度勾配が前後軸に沿って形成される③ことにより，各領域で特定の遺伝子がはたらき，どの部位に何が形成されるかが決まっていく④。

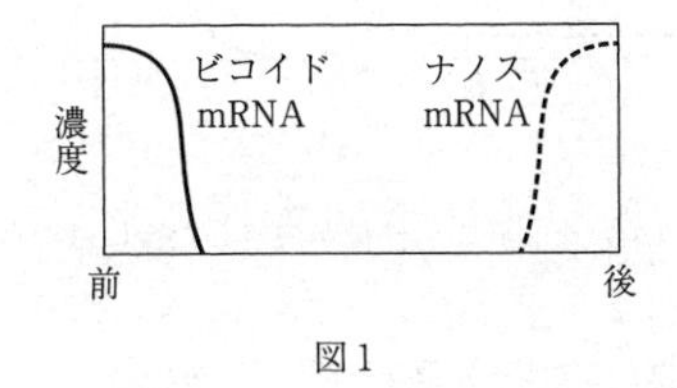

図1

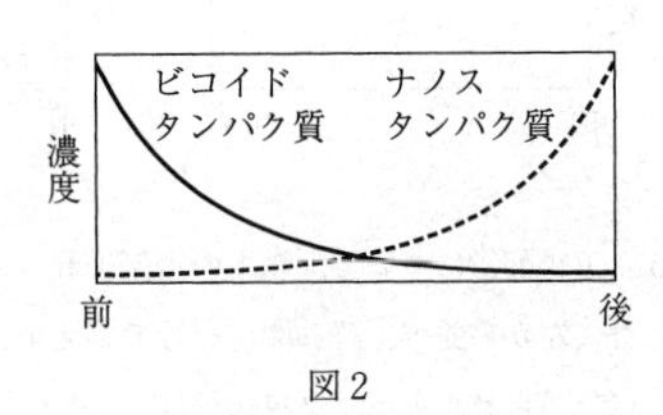

図2

問1　下線部①について，昆虫が含まれるグループを以下の選択肢の中からすべて選び，記号で答えよ。

(ア)　原核生物　　(イ)　真核生物　　(ウ)　原生生物　　(エ)　新口動物
(オ)　旧口動物　　(カ)　節足動物　　(キ)　線形動物　　(ク)　軟体動物

問2　下線部②について，ビコイドタンパク質やナノスタンパク質が胚の前後軸に沿った広い範囲で濃度勾配を形成できるのは，この時期のキイロショウジョウバエの胚がある特徴をもっているからである。その特徴を簡潔に説明せよ。

問3　正常なビコイドタンパクを作るビコイド遺伝子を A，このタンパク質が正常に機能しない劣性（潜性）の突然変異遺伝子を a とすると，Aa の雄と aa の雌を交配させて得られた胚のうち，前後軸が［正常な胚の数：異常な胚の数］の比率は以下のどれになるか，最も適当なものを，次の選択肢から一つ選び，記号で答えよ。

(ア)　1：0　　(イ)　0：1　　(ウ)　1：1　　(エ)　1：2
(オ)　2：1　　(カ)　1：3　　(キ)　3：1

問4　下線部③について，コーダルタンパク質とハンチバックタンパク質の受精卵中の分布を示したグラフとして，最も適当なものを次の選択肢からそれぞれ一つ選び，記号で答えよ。なお，コーダルタンパク質については解答欄（X）に，ハンチバックタンパク質については解答欄（Y）に記入せよ。

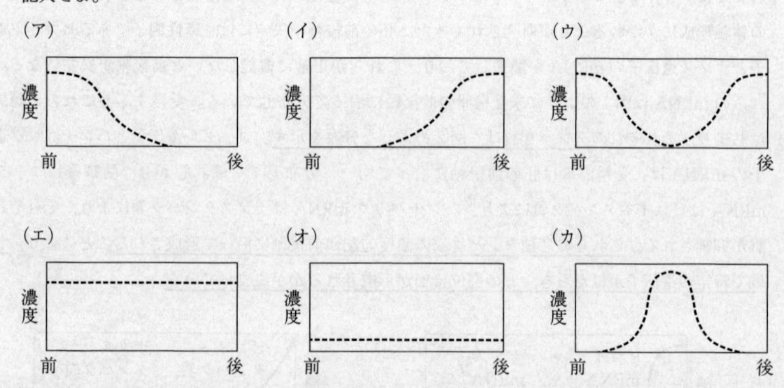

問5　下線部④について，以下の遺伝子群（ア）～（エ）を，胚の前後軸が決定した後にはたらく順番に左から並べ，解答欄に記号で答えよ。

（ア）　ホメオティック遺伝子群　　（イ）　ペアルール遺伝子群

（ウ）　ギャップ遺伝子群　　（エ）　セグメントポラリティー遺伝子群

問6　真核生物の翻訳についての説明として最も適当なものを，次の選択肢から二つ選び，記号で答えよ。

（ア）　翻訳は核小体の中でおこなわれる

（イ）　翻訳は，mRNA 上のプロモーター領域に調節タンパク質が結合することで始まる

（ウ）　アミノ酸が不連続に合成される mRNA 鎖をラギング鎖とよぶ

（エ）　mRNA には，翻訳されない部分が存在する

（オ）　RNA ポリメラーゼが，mRNA の配列にしたがって，リボソーム上でアミノ酸を重合する

（カ）　tRNA は，特定のアミノ酸を運搬する

（キ）　翻訳後にイントロンが取り除かれて，機能的にはたらくタンパク質が完成する

（ク）　完成したタンパク質はヒストンに巻き付いて折りたたまれ，クロマチンを形成する

4 次の文を読み，以下の問いに答えよ。

DNA や RNA の構成単位は，リン酸，糖，塩基からなるヌクレオチドである。DNA や RNA が細胞内で合成されるときには，DNA の場合には X（図1），RNA の場合には Y（図2）が，材料として用いられる。DNA 複製の場合，鋳型(いがた)鎖となる DNA の塩基に，相補的な塩基をもつ X が塩基の部分で結合し，伸長中の DNA 新生鎖の末端に結合する①。この反応は，DNA ポリメラーゼのはたらきによって起こる。

遺伝情報の本質である DNA の塩基配列②を決定するための方法は重要である。英国の化学者であるサンガーが 1970 年代に開発した DNA 塩基配列決定法（サンガー法）は改良を重ねられて，現在でも利用されている。

改良されたサンガー法では，塩基配列を決定したい DNA 鎖，プライマー，X，極めて少量の Z（図3），DNA ポリメラーゼ，その他の必要な試薬を加えて，試験管内で複製反応を行う（図4）。Z には，含まれる塩基の種類に応じて異なる色の蛍光を発する色素を結合させておく。このため，取り込まれた Z に含まれる塩基の種類は，その色によって区別できる。プライマーから伸長してきた新生鎖に，DNA ポリメラーゼのはたらきで Z が取り込まれると，そこで新生鎖の伸長は停止する③。その結果，この反応を行ったあとの反応液中には，Z の取り込みによって色々なところで反応を停止した，さまざまに異なる長さの DNA 鎖が含まれる。このようにして合成された DNA 鎖を処理して 1 本鎖にしたのち，適切なゲル中で電気泳動すると，1 ヌクレオチド分の違いも見分けられる精度で，長さによって DNA 鎖を分離することができる。ゲル中で分離した DNA 鎖がもつ蛍光の色を分析して，それぞれの DNA 鎖が最後にどの塩基をもった Z を取り込んで伸長を停止したか，を知ることができる。これらの蛍光の色のならぶ順番から鋳型鎖の塩基配列を決定することができる。

[実験] 図4で示すように，アデニン（A），グアニン（G），シトシン（C），チミン（T）をもつ Z に，それぞれ，緑，紫，青，赤の蛍光色素を結合させて，区別できるようにした。これらを用いて，DNA 鎖 Q の塩基配列を決定するため，改良されたサンガー法を行った。DNA ポリメラーゼを加えて複製反応を行ったのち，反応液を電気泳動して，合成された DNA 鎖（新生鎖）を長さによって分離した。それぞれの DNA 鎖がもつ蛍光を分析すると，図5のようになった。図5中の四角（点線）で囲まれた部分の結果から，図4の DNA 鎖 Q の四角で囲まれた部分の塩基配列を読み取ることができる。

問1 下線部①が起こるとき，X からリン酸がとれる。X からとれるリン酸の個数を答えよ。

問2 X と Y の物質に含まれる糖の名称を，それぞれ答えよ。

問3 DNA複製に使われるXに含まれる塩基は，アデニン（A），グアニン（G），シトシン（C），チミン（T）のいずれかである。一般的なDNAの二重鎖において，相補的に結合する塩基の組み合わせを2つ，答えよ（「DとE」のように，記号で答えてもよい）。

問4 DNAの複製に使われるXと，RNAの転写に使われるYとでは，含まれる塩基の種類に違いがある。その違いを簡潔に説明せよ。

問5 下線部②に関して，ある生物が生命活動を営むのに必要な一通りの遺伝情報の総体を何というか，答えよ。

問6 下線部③について，Zは新生鎖に取り込まれるにも関わらず，それ以降は新生鎖が伸長しないのはなぜか，説明せよ。

〔解答欄〕横17.4cm×縦4.2cm

問7 **［実験］**の説明，図4および図5をよく読んで解釈し，DNA鎖Qの四角で囲まれた部分の(a)〜(f)にあてはまる最も適当な塩基の種類をA，G，C，Tの記号で答えよ。

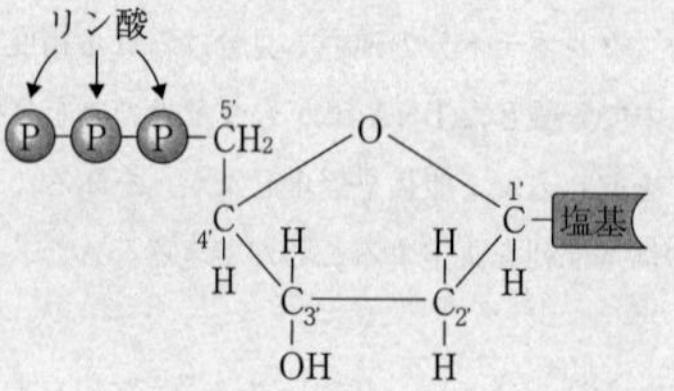

図1 Xの構造

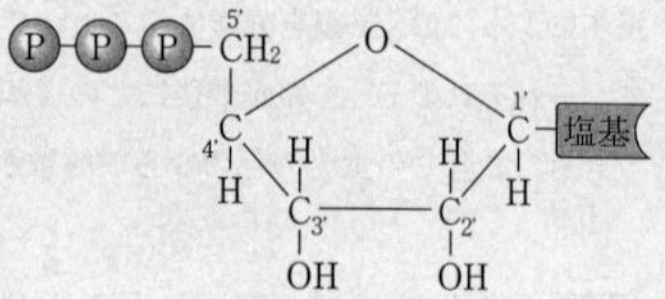

図2 Yの構造

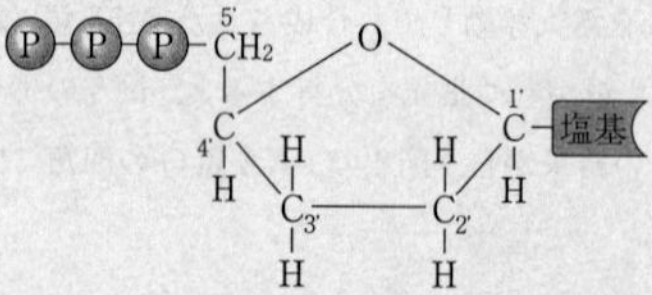

図3 Zの構造

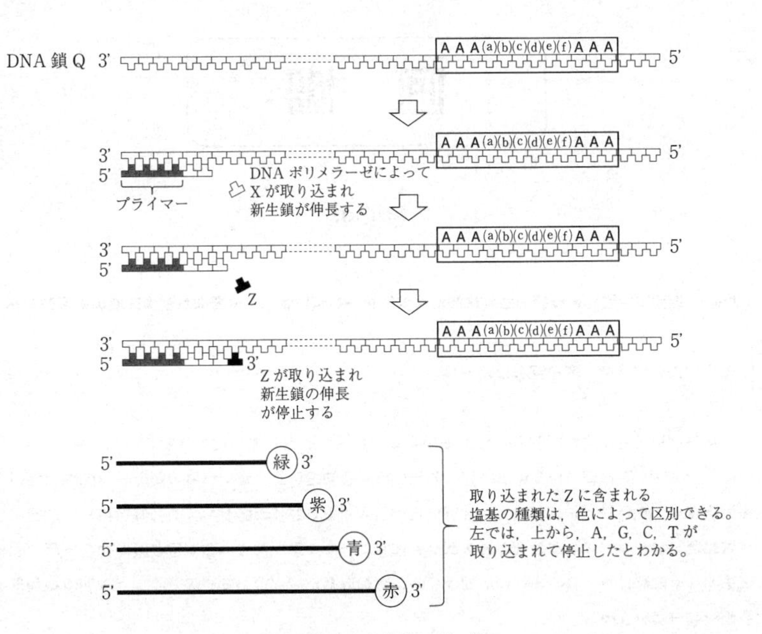

図4　改良されたサンガー法

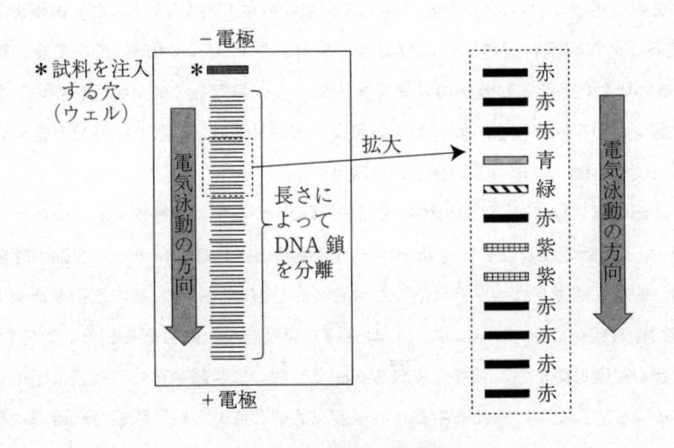

図5　電気泳動の結果

国語

（七〇分）

〔注意〕**記述式で解答する場合は解答用紙Aを、マーク式で解答する場合は解答用紙Bを使用せよ。**

1　次の文章を読んで、後の問いに答えよ。

ユダヤ人であるために祖国のドイツを追われてアメリカに亡命した哲学者ハンナ・アレント（一九〇六～一九七五）が指摘しているように、西洋の多くの言語では、働くことを意味する言葉には二つの系列がある。一つは「労働」という言葉であり、もう一つは「仕事」という言葉である。労働という言葉には、わたしたちが自分の身体を使って苦労しながら働くという否定的な意味合いが強く含まれ、仕事という言葉には、わたしたちが自分の手や頭を使って工夫しながら働くという肯定的な意味合いが強く含まれている。

［Ⅰ］これは古代のギリシアの伝統に由来するものであり、ギリシア語では労働はポノスという言葉で表現され、仕事はエルゴンという言葉で表現されていた。ポノスという言葉は、苦痛を意味するペニアという言葉から派生したものであり、「厳しい労働をする」とか、「苦しむ」を意味するポネオマイという動詞からきた名詞である。これにたいしてエルゴンという言葉は、「何かを遂行する」とか「作り上げる」という動作を意味するエルガゾマイという動詞からきた名詞である。労働ポノスという言葉には働くことの苦痛という意味合いが強く、仕事エルゴンという言葉には働くことによって生まれる成果に重点を置く意味合いが強いのである。

具体的な用法を調べてみよう。紀元前八世紀末頃のギリシアの叙事詩人ヘシオドスの主著の一つの『仕事と日』という作品において、ヘシオドスは労働（ポノス）と仕事（エルゴン）について多くの考察を展開している。それによると、半神の英雄プロメテウスがゼウスの命令に反して人間に火と技術を与えたことから、ゼウスは人間にその罰を与えようとした。これによって人間に労働と死が生まれたのである。「それまでは地上に住む人間の種族は、あらゆる煩（ア）いを免れ、苦しい労働（カレーポス・ポノス）もなく、人間に死をもたらす病気も知らずに暮らして」いた。ところがゼウスが人間に与えた罰として、労働は苦痛なものとして人間に課せられた。ヘシオドスは人間を苦しめるものとしてまず、「痛ましい労苦（ポノス）」を挙げているのである。

他方で神々は地上の人々に働かせるために、他人と競おうとする気持ちを起こさせようとし、復讐（ふくしゅう）と争いの女神エリスが、人間たちに働こうとする気持ちを植えつけた。「このエリスは根性なき男をも目覚めさせて仕事（エルゴン）に向かわせる」のである。「仕事を怠（イ）る怠け者も、他人が孜々（しし）（注1）として耕し、植え、見事に家をととのえるのを見れば、働く気を起こす」のであり、1争いの女神エリスは、人間にとって有益な女神なのである。人々は自分の手の仕事によって自分のタクエツ（a）さを他人に示そうとした。このエルゴンという言葉は、作り上げた作品という意味もそなえており、人々の仕事の成果そのものでもある。

古代ギリシアにおいてすでに、この辛い身体的な労働とやりがいのある仕事という二つの側面が明確に認識されていた。これを受け継いで、「労働を意味するすべてのヨーロッパ語、すなわちラテン語のラボールと英語のレーバー、フランス語のトラバイユ、ドイツ語のアルバイトは、苦痛と努力を意味しており、産みの苦しみを表すのにも用いられる」ようになったとアレントは説明している。これに対して仕事という言葉としてはその成果を意味するエルゴンの系統の言葉が使われ、主として名詞のかたちで、ラテン語のオプス、英語のワーク、フランス語のウーヴル、ドイツ語のヴェルケという言葉がこの系列を示している。

近代においてこの二つの概念の違いを直截(注2)に表現したのは、「身体の労働と手の仕事」というジョン・ロック（一六三二〜一七〇四）の言葉だろう。身体はすべての人に共通にそなわるもので、［ V ］するときにはわたしたちは自分の身体の全体を使わざるをえないことが多い。ところが何かを制作する場合には主として手を使うのであり、この手は自分の身体の外部に存在する［ W ］などを駆使して、自分の望む作品を作り上げる。［ X ］にも個人差はあるが、［ Y ］では何よりもそれぞれの人に固有の働きの違いが表現される。

わたしたちが「働く」という言葉で語ろうとするときには、この二つの概念が分かちがたく結びついている。働くというのは自分の身体を使う厳しい労働であることが多いが、わたしたちが自分の手や頭を働かせて実現する仕事、自分たちの才覚を発揮する仕事であることも多いのである。ゼウスの罰によって人間は労働しながら自分の糧を手に入れて生存しなければならなくなったのだが、自分の才能を発揮して、他人よりも優れた作品を作り上げる仕事に従事することもできる。この二つの側面はわたしたちの働くという営みにおいてときには結びつき、ときには切り離されながら密接な関連を持ちつづけている。仕事によって何かの作品を残すことができたときには大きな喜びを感じるが、それだけではなく辛い仕事である労働においても、わたしたちは生計の糧を得て、仲間たちと労働の成果を誇り合い、自分が何かを成し遂げることに喜びを感じることができるのである。

ところでアレントはこの労働と仕事のほかに、活動という概念を提起して、人間の行動の全体をこれらの三つの概念に分けて考察した。

アレントによると「労働」という営みは人間が自分の生命を維持するために必要な苦しい営みであり、これはきわめて個人的なものである。この労働は個人の生活を支えたあとには何も残さない。家庭において食事の用意をし、部屋を片づけ、掃除する営みなどは、日々の生活において重要なものであるが、食べてしまえばあとには何も残らず、部屋を片づけても、その成果はたんに暮らしやすくなるというだけのことである。この種の労働は、人々の生活を維持するためには不可欠であるが、あとには何も残さず、何も生産しないのであり、ときに空しく感じられるものである。

これにたいして「仕事」という営みは人々が自分の能力を発揮して社会のために何かを残そうとするものであり、創造的な性格をそなえている。この行動によって世界にさまざまな作品と道具が残される。この営みは個人的な才能を発揮するという意味では個人的なものであるが、世界に産物を残すという意味では半ば公的な性格を帯びている。

最後の「活動」という営みは人々が公的な場において自分の思想と行動の独自性を発揮しようとするものである。この営みは、個人の生活の維持ではなく、公的な場において共同体の活動に参画するものであり、公共的な性格を帯びるものである。この思想と行動という活動のあとには、目に見える「作品」のようなものは残らないことが多い。[2]アレントはこの活動という営みを、労働や仕事とは明確に異なる特別な次元の行為として捉えたのだった。

これは古代ギリシアのポリス(注3)のありかたを反映したものだった。ポリスにおいて個人は家庭において自分と家族の生活を維持するために「労働」する。この労働という営みは、家において行われるものであり、公的な世界からは[b]カクゼツされたものとされていた。この「自然の共同体」としての「家族の領域」は「個体の維持と種の生命の生存のため」に必要とされた領域であり、必要性と必然性に支配されていた。

次の「仕事」という営みは、共同体の人々のために行われるものであり、「公衆のために家の境界の外で行われるすべての行動を意味した」。これは主として職人による手仕事であり、公的な意味をそなえているものの、共同体での公的な活動とはまったく別の種類のものであった。こうした営みに従事している人々は、公共の場で共同体のための発言をすることが許されないことが多かった。

古代ギリシアでは身分的にも、仕事に従事する人々は公共の場から排除されることが多かった。この営みは家のなかでの労働のように Z の必然性に服従するものではないとしても、公的な場での自由な営みではなかった。それというのも、仕事に従事している人々は、公的な場で発言するために必要な自由をそなえていなかったからである。アテナイでは仕事に従事している人々は自由人としての権利を認められないことが多かったが、それは何かを制作するという営みに従事しているために、公的な活動をするのに必要な[エ]閑暇がもてなかったからである。

この仕事という営みがアテナイの自由人から[c]ケイベツされ、嫌われていたことは、『ソクラテスの思い出』においてソクラテス（前四七〇／四六九～前三九九）の友人のアリスタルコスが語った言葉からも明らかである。アリスタルコスはアテナイで起きた内乱のために親族の女性が彼の家に集まってきたので、家を維持するために経済的に苦しくなって困っていた。ソクラテスは、衣服を[d]ヌわせるとか、蕎麦を作らせるなどの方法で大きな富を得ている人々がいることを指摘して、それにならって彼女たちにも仕事をさせてはどうかと提案する。するとアリスタルコスはそのような方法で富を築いた人々は、「異国の人間を奴隷に買ってきて、なんなりと適当な仕事をむりやりやらせるからであって、私の家にいるのは自由の身分の、しかも身内の者たちだ」と反論する。こうした仕事は自由な身分の人間たちがやるべきことではないと信じ込んでいるのである。

アリストテレス（前三八四～前三二二）もまた、職人たちには自由人にふさわしい徳が欠如していて、奴隷と同じ程度の徳しかもっていないと考えていた。職人について「職人が奴隷状態に置かれる程度とまさに同一程度の徳がふさわしいことになる。というのも俗業的な職人の有するのは一種の奴隷状態だから」と語っていたのである。

最後に「活動」とはポリスの公的なことがらを担う営みであり、これは公的な自由の領域で行われるものであって、ポリスの自由民だけが自由を[3]享受しながら、こうした公的な活動に従事した。自由であるということは、支配されないということであるが、それはたんに生活と自然の必然性に支配されないだけでなく、他者を支配する必要性にも支配されないということだった。「それは支配もされなければ支配もしないということだった」のである。

だから活動は労働とも仕事とも異なる自由な活動であり、無償で行われるべきものだった。これは労働とはもっとも対照的な営みであり、生計の維持を目指したものでも、何かの作品を世界に残すことでもなかった。しかし現代においてはこの自由な公的な活動の営みもまた[4]重要な職業となっているのであり、生活の資を稼ぐ営みとなっている。そのことはマックス・ウェーバー（一八六四～一九二〇）が『職業としての政治』で強調したことでもある。現代の政治は「政治を職業とする真の人間たち」が担う活動なのである。

このように現代ではほんらいの意味では活動であるものが一つの職業となっているが、それはもはやわたしたちが古代ギリシアのポリスに生きていないという時代的な変動の結果ではあるが、アレントの分類ではうまく整理できない部分があるためでもあるのはたしかである。活動という公的な営みは、共同体のうちで自由な人間がその能力を発揮して人々が高い評価を獲得することを求めるものであるが、労働や仕事を含めて、人間のすべての営みにはこのような社会的な評価を得ようとする要求が含まれているものである。わたしたちは労働することによって生活の資を稼ぎながらも、会社や労働の現場において人々との絆を構築し、他者から評価を獲得することができる。[5]その意味では現代では労働はもはや閉ざされた家庭の内部での私的な活動ではなく、社会的で公的な重要な意味がそなわっているのである。

（中山元『労働の思想史』による。なお、設問の都合で表記を一部改めている）

〈注〉1　孜々——熱心にはげむさま。
2　直截——まわりくどくないこと。
3　ポリス——古代ギリシアの都市国家。

〔問1〕二重傍線部a～dの片仮名を漢字に改めよ。（**解答用紙A**）
a　タクエツ　b　カクゼツ　c　ケイベツ　d　ヌ（わせる）

〔問2〕二重傍線部ア～エの漢字の読みを平仮名で記せ。（**解答用紙A**）
ア　須（い）　イ　怠（る）　ウ　糧　エ　閑暇

〔問3〕Ⅰの段落の内容に合致するものを次の中から一つ選び、その番号をマークせよ。（**解答用紙B**）
1　ポノスという言葉はポネオマイという言葉から生まれたもので、「何かを遂行する」という動作を意味する言葉と同じ語源をもつ。
2　エルガゾマイの名詞形であるエルゴンという言葉は、働くことの苦痛という意味合いが強いポノスという言葉とは異なる系列に属する。
3　ペニアという言葉から分岐してできた言葉として、働くことによって生まれる成果に重点を置く意味合いが強いエルゴンという言葉がある。
4　ポネオマイと同じ品詞であるエルガゾマイという言葉は、ポノスとエルゴンという同義語が成立する過程で誕生したものである。
5　「厳しい労働をする」という意味合いが強いペニアという言葉は、働くことの苦痛に重点を置くポノスという言葉に起源をもつ動詞である。

〔問4〕 傍線部1「争いの女神エリスは、人間にとって有益な女神なのである」とあるが、その理由として最も適当なものを次の中から一つ選び、その番号をマークせよ。（**解答用紙B**）

1 争いの女神エリスのおかげで、技術を使う農林業に専念していた人々が、火を使う家事にも熱心に取り組むようになったから。

2 争いの女神エリスのおかげで、神々が見守る日中にのみ活動していた人々が、灯を使って夜も働くようになったから。

3 争いの女神エリスのおかげで、労働と死という罰を下された人々が、火と技術を用いてそれらを克服するようになったから。

4 争いの女神エリスのおかげで、精神力の弱かった人々も、他人より優れた作品を作ろうと励むようになったから。

5 争いの女神エリスのおかげで、人間同士の衝突を生んでいた競争心や復讐心が、人々に死や病気をもたらす神々へと向けられるようになったから。

6 争いの女神エリスのおかげで、都市国家での内乱に脅かされていた人々が亡命し、仕事を続けられるようになったから。

〔問5〕 空白部V〜Yを埋めるのに最も適当な組み合わせを次の中から一つ選び、その番号をマークせよ。（**解答用紙B**）

	V	W	X	Y
1	活動	道具や機械	手の仕事	労働
2	活動	頭脳や才能	身体の労働	活動
3	活動	火や技術	手の仕事	仕事
4	労働	道具や機械	身体の労働	仕事
5	労働	頭脳や才能	手の仕事	労働
6	労働	火や技術	身体の労働	活動
7	仕事	道具や機械	手の仕事	労働
8	仕事	頭脳や才能	身体の労働	仕事
9	仕事	火や技術	手の仕事	活動

〔問6〕 傍線部2「アレントはこの活動という営みを、労働や仕事とは明確に異なる特別な次元の行為として捉えたのだった」とあるが、どのような点が特別であると説明されているか。次の空白部Ⅱ・Ⅲを埋める形で、傍線部2より後の本文中からそれぞれ二字で抜き出して答えよ。ただし、句読点等も字数に含むものとする。（**解答用紙A**）

活動は、労働や仕事とは異なり、［Ⅱ］な営みとして、［Ⅲ］で行われるべきものであるという点。

〔問7〕　空白部Zに入る最も適当な語を次の中から一つ選び、その番号をマークせよ。（**解答用紙B**）

1　西洋と東洋
2　思想と行動
3　職人と奴隷
4　富と貧困
5　生活と自然
6　古代と現代

〔問8〕　傍線部3「享受」とあるが、この語の意味として最も適当なものを次の中から一つ選び、その番号をマークせよ。（**解答用紙B**）

1　研究すること。
2　保障すること。
3　拡張すること。
4　希求すること。
5　葛藤すること。
6　満喫すること。

〔問9〕　傍線部4「重要な職業」とは、現代では何と総称される職業のことか。次の空白部Ⅳを埋める形で、本文中から二字で抜き出して答えよ。ただし、句読点等も字数に含むものとする。（**解答用紙A**）

［Ⅳ］家

〔問10〕　傍線部5「その意味」が指す内容として最も適当なものを次の中から一つ選び、その番号をマークせよ。（**解答用紙B**）

1　人間によって行われるあらゆる営みは、他者からの評価を獲得しようとする欲求を含んでおり、共同体における社会的な意義を有しているという意味。
2　身体的な苦痛や困難を耐え抜く活路は、あらゆる労働者の営みが示すとおり、職場や工場で働く者同士による交流の中に見出されるという意味。
3　公的な営みである活動は、支配と被支配の必要性から解放された自由な人間が、個人の能力を発揮することを要求するものであるという意味。
4　ポリスに代表される古代ギリシアの共同体ですでに、公衆に認められた自由人だけが公的に活動し、社会的な評価を独占することができたという意味。
5　近代以前の社会では、労働も家庭内に限った私的な営みではなく、社会における公の重要性を担っていたという意味。

〔問11〕本文の内容に合致するものを次の中から一つ選び、その番号をマークせよ。（**解答用紙B**）

1　アレントによると、西洋の大部分の言語では、否定的な意味合いの強い「労働」と、肯定的な意味合いの強い「仕事」という二つの言葉の系列が存在し、東洋の言語における「活動」に相当する中立的な言葉は存在しない。

2　アレントによると、「労働」を意味するドイツ語は、苦痛と努力の末に産み出される成果を表す点において、フランス語のウーヴルに相当する言葉であり、古代ギリシアにさかのぼれば、作品や道具を意味するエルゴンの系統に属している。

3　アレントによると、「労働」と「仕事」という言葉は、家庭内で行われる営みか社会で行われる営みか、個人的な営みか公的な営みかという差異のほか、生産性の有無によって分類される対概念である。

4　アレントによると、近代社会における職人は、家事とは異なる公的な生産作業に従事してはいたが、身分的には自由人として認められず、衆人環視の中で共同体にとって有益な発言をすることすら許可されていなかった。

5　アレントは古代ギリシアにおけるポリスの様態に基づき、近代の労働を「仕事」「活動」「営み」という三つの概念に分類したが、すでにポリスが消滅した現代では、この分類方法は万全ではないと考えられている。

2　次の文章を読んで、後の問いに答えよ。

　近きころ、奥州にある山寺の別当(注1)なりける僧、本尊を造立せむと年ごろ思ひ企て、金五十両、守り袋に入れ、首に懸けて、上洛しけるほどに、駿河の国、原中の宿にて、昼、水浴みける所に、この袋を忘れて、次の日の夕方、思ひ出したりけり。口惜しく、あさましかりけれども力及ばず。「今は人の物にぞ成りぬらむ。帰りて尋ぬともあらじ」と思ひ、上洛して空しく下向せむも本意無く覚えて、形のごとく本尊を造り奉りて下りける。

　さて、原中の宿にて、下人に、「この家とこそ覚ゆれ」など言ひて、見入れて通りけるを、家の中より、若き女人ありて、「何事を仰せらるるぞ」と言ふ。「上りの時、物を忘れたりしが、この御宿と覚え候ふ事を申すなり」と言ふ。「何を御忘れ候ひけるぞ」と問ふ。その時、あやしくて、馬より下り、「しかじかの願を起こして、金五十両入れて候ふ守り袋を忘れたり」と、ありのまま詳しく語れば、この女人、「わらはこそ見付けて候へ」とて、認めしままで取り出で、aとらせければ、あまりの事にて1あさましくこそb覚えけれ。さて、「これは失せたる物にてこそ候へ。十両は女房にc参らせむ」と言へば、「欲しくは、五十両ながらこそ引き籠め候は［　X　］。仏の御物なり。いかが少しも給はるべきか」と言ひければ、なかなかとかくの子細に及ばず。

　「下りの時、よくよく申すべき旨あり」とて、やがて上洛して、本尊思ふごとく造立して、下りさまに、この女人を尋ねて、「そもそも、いかなる人にておはするぞ。いかやうなる事をして過ぎさせ給ふぞ」なんど、こまやかに語らひ聞きければ、「京の者にて侍るが、親しき者も皆失せて、縁につれて下りて侍るが、[2]あからさまに思ひしほどに、[d]この宿に一両年住み侍り」と言ふ。[3]「さては、いづくも同じ御旅にこそ。いざさせ給へ。小所領など知行(注2)する身なれば、[e]世間(注3)後見て給べ」と言へば、「承りぬ」とて、やがて具せられて下りて、[f]世間後見て、楽しく心安く、当時までありと聞こゆ。

上古(注4)には、かかるためしもあり。当世には、まめやかに有り難き、正直の賢人なり。文永(注5)年中の事なれば、無下に近き事なり。たしかに聞き伝へて、ある人語り侍りしが、随喜(注6)の心切にして、かかるためし、人にも普く聞かせ、世の末までも言ひ伝へて、人の心のまがれるを引きなほす道ともせむと思ひて、この物語に書き置き侍る志、ただこれによりてなん、思ひ始め侍るなり。

人は心[4]なほかるべきものなり。この女人も、金を引き隠したらむには、非分(注7)の事なれば、盗賊にも掠められ、よしなく失ふ事もあるべし。[5]たとひありとも、なにほどかあらむ。当時の後見して、貧しからずして心安く過ごさむ事、且つは今生も徳分なり。後生もまた、仏を造れる功徳を得べし。かたがた有り難くこそ。

もし引き籠めたらむには、今生もたもちがたく、仏物(注8)を犯せば、後生も苦しかるべし。正直の者をば天、これを助けて幸を得しめ、諂曲(注9)の者をば、冥(注10)、これを罰して禍を与ふ。生死の稠林(注11)を出づるには、心なほくして出でやすしと言へり。曲れる木は稠林を出でがたし。なほき木は出でやすきが如くなり。

正直なれば、神明(注12)も頭に宿り、貞廉(注13)なれば、仏陀も心を照らす。「柔和質直者、即皆見我身」と説きて、「心柔らかに直なる者、我が身を見るべし」と、釈尊も説き給へり。いかにも諂曲の心を捨て、正直の道に入るべきをや。

(『沙石集』による)

〈注〉
1　別当――僧職の一つ。寺の事務を総括する職。
2　知行す――領地や財産の管理を行う。
3　世間――財産。
4　上古――遠い昔。
5　文永――鎌倉時代の年号。
6　随喜――他人の善行を見聞きして喜ぶこと。
7　非分――道理に外れたこと。
8　仏物――仏に寄進したものは「仏物」とされ、他に流用してはならないとされていた。
9　諂曲――よこしまな心を持つこと。
10　冥――暗くて見えないこと。人知が及ばない霊威。
11　稠林――林に木が生い茂るように、煩悩がしきりに起こること。
12　神明――神。
13　貞廉――節操があって潔い様。

〔問1〕　二重傍線部a～fは動作の主体によって、二つのグループに分けることができる。その分け方として最も適切なものを次の中から一つ選び、その番号をマークせよ。（**解答用紙B**）

1 [a b d]・[c e f]

2 [a b e]・[c d f]

3 [a c d e]・[b f]

4 [a c e]・[b d f]

5 [a c e f]・[b d]

6 [a c f]・[b d e]

7 [a d]・[b c e f]

8 [a e f]・[b c d]

9 [a f]・[b c d e]

〔問2〕 傍線部1「あさましく」とあるが、その説明として最も適当なものを次の中から一つ選び、その番号をマークせよ。（**解答用紙B**）

1 眼前の状況に欲をかき立てられ、欲深い本性が現れている。

2 予想外の出来事に接して、ただ驚いてぼう然とする。

3 世間でいかにもありがちな出来事に接し、特段の思慮もなく冷静である。

4 自身の愚かさを、嘆かわしく情けなく思う。

5 思慮の浅さを嘆きつつ、強い怒りを感じている。

〔問3〕 空白部Xには助動詞「む」が入る。空白部を埋めるのに最も適当な形に活用させて記せ。（**解答用紙A**）

〔問4〕 傍線部2「あからさまに」を十字以内で現代語に改めよ。ただし、句読点等も字数に含むものとする。（**解答用紙A**）

〔問5〕 傍線部3「さては、いづくも同じ御旅にこそ。いざさせ給へ」とあるが、どのようなことを述べているか。その説明として最も適当なものを次の中から一つ選び、その番号をマークせよ。（**解答用紙B**）

1 それでは、今この宿にいても、この先別のどこかにいても、同じく旅の途中ということ。ならばさあ、一緒にいらっしゃい。

2 それでは、あなたはどこへ向かえど、私たちと同じく旅の途中だということ。ならばさあ、私たちの出発後、あなたも京に上る自分の旅を再開させなさい。

3 それでは、どこにいたとしても旅の身だという意味では同じ。ならばさあ、もう落ち着いた暮らしをすることにしましょう。

4 もしかしたら、あなたは私たちの行き先がどこであろうと、私たちと同行しようとしていませんか。ならばさあ、一緒にいらっしゃい。

5 もしかしたら、この宿にいても、別のどこかにいても、自分は旅の途中だとあなたは考えていませんか。ならばさあ、一緒にいらっしゃい。

6　もしかしたら、もう目的地などどこでもいいから、旅を再開させたいとあなたは考えていませんか。ならばさあ、私たちの出発後、あなたも京に上る自分の旅を再開させなさい。

〔問6〕　傍線部4「なほかるべき」とあるが、この部分の文法的説明として最も適当なものを次の中から一つ選び、その番号をマークせよ。（**解答用紙B**）

1　形容詞「なほし」の連用形　＋　助動詞「べし」の連用形

2　形容詞「なほし」の連用形　＋　助動詞「べし」の連体形

3　形容詞「なほし」の連体形　＋　助動詞「べし」の連体形

4　副詞「なほ」　＋　動詞「かる」の終止形　＋　助動詞「べし」の連体形

5　副詞「なほ」　＋　動詞「かる」の連体形　＋　助動詞「べし」の連用形

6　副詞「なほ」　＋　動詞「かる」の連体形　＋　助動詞「べし」の連体形

〔問7〕　傍線部5「たとひありとも、なにほどかあらむ」とあるが、どのようなことを述べているか。その説明として最も適当なものを次の中から一つ選び、その番号をマークせよ。（**解答用紙B**）

1　たとえ金を失うことがあっても、それはいくらぐらいになるだろうか。

2　たとえ金を失うことがあっても、それがいつかは分からないし、それがなんだというのか。

3　たとえ金を失うことがあっても、それは人の徳と関係があると言えるだろうか。

4　たとえ金が手元にあっても、それはいくらぐらいになるだろうか。

5　たとえ金が手元にあっても、それがいつまで持つかは分からないし、それがなんだというのか。

6　たとえ金が手元にあっても、その金で徳のある人物になれただろうか。

〔問8〕　本文中で述べられている内容と合致するものを次の中から二つ選び、解答欄の各段に一つずつ、その番号をマークせよ。なお、マークの順序は問わない。（**解答用紙B**）

1　女人を世間後見に引きたてた僧の行いは、本尊を造立した僧が、自らを仏の化身であると信じてのことである。

2　当世では聞かれなくなった、この原中にいた上古の女人の逸話は、他人の善行を見て喜ぶ心を人々に喚起させ、曲がった心をただすために語り継がれているのであろう。

3　人からの信頼を勝ち得て恵まれた境遇に身を置きたいなら、目の前の不正な利益にとらわれることなく正直にふるまうべきである。

4　正直な心を持ったこの女人は、金を僧に返したことによって安穏な暮らしを得、来世でも仏の加護が得られることであろう。

5　正直でいることによって、天はその人を助けて幸せにし、その人が煩悩にとらわれることから抜け出すことも容易になる。

解答編

英 語

1 解答 **1**－C **2**－B **3**－D **4**－B **5**－A **6**－D **7**－D **8**－B **9**－C **10**－A **11**－C **12**－C **13**－A **14**－B **15.** 全訳下線部(イ)・(ロ)参照。

全訳

《ライト兄弟による飛行機の発明》

1 ウィルバー＝ライトとオーヴィル＝ライトはあまり世間からの注目は気にしていなかった。しかし彼らの飛ぶ機械を公の場で実演してみせた後，その飛行機の発明家たちは一夜にして国際的なスーパースターとなった。彼らが飛ぶのを見ようと群衆が集まり，何千人もが彼らの業績の後を追った。そしてそれは何度もトップニュースとなった。世界の大衆は，その自力で成功した技術者たちについての情報を渇望していた。彼らはどのような人物だったのか？ 彼らは何をしていたのだろうか？ そして彼らは次にどこへ行くのだろうか？

2 ライト兄弟は生まれつきの発明家で，つねに航空学に惹きつけられていた天才であったというのは素敵に聞こえるかも知れないが，それはあまり正確とはいえない。若いときから彼らは数多くの試練に直面した。彼らの業績は彼ら自身の独創力と賢さからきたものであった。「この二人は主に自分たちだけで取り組んで，世界を一変させるものを作り上げたのです」と，スミソニアン航空宇宙博物館の歴史学者であるピーター＝ジャカブは言う。

3 彼らが歴史を作る前，ウィルバーとオーヴィルはかなり平凡な子どもたちだった。二人がオハイオ州デイトンで育ったとき，彼らはすぐに天才だったわけではない。「もしあなたが彼らが成長しているときにライト兄弟
(イ)

を知ったならば，あなたは彼らがあまり成功しそうにはないと思ったことでしょう」とジャカブは言う。彼らは賢かった――しかし，彼らは典型的な成功の基準を満たしていなかった。ウィルバーは博学でオーヴィルは上級クラスにいたが，二人とも高校を卒業していなかった。

4　成長して，ライト兄弟は道具を使って仕事をすることを覚えた。それは彼らの母親から受け継いだ技術であった。彼女は家じゅうのものを直し，当時の女性に対する固定観念を打ち破った人物であった。「父親は釘をまっすぐに打つことができなかったが，彼らの母親は若いときに道具を使うことを覚えていました」とジャカブは言う。1892 年，すなわち母親の死から約 3 年後に，ウィルバーとオーヴィルは自転車修理店を開き，国じゅうを席巻していた二輪車の大流行に彼らの技術を適用した。1895 年に兄弟は自分たち自身の生産ラインの自転車を製造することに決めた。彼らのものは大量生産された製品というより，むしろ手作業の製品であることを特長とする小規模な施設であった。

5　兄弟が陸上から空中の乗り物へ移行したのは，主にウィルバーが推し進めたものだった可能性が高い。彼らが自転車を作っていたときでさえ，ウィルバーは「自身の能力を試すために取り組める何かを探し求めていました」とジャカブは言う。「航空学は人々がそれで何らかの進歩を遂げ始めていた新しい技術でした。だから彼は飛ぶことに興味をもったのです」初め兄弟は飛行機を発明するつもりはなかった。彼らは何らかの貢献ができることを期待して，航空学に関して他の人が発表したものを再検討していた。そしてそのときが，彼らが驚いたことに，その分野ではほとんど進歩が遂げられていないと気づいたときなのであった。

6　彼らは初め，少しねじれた翼によって制御が以前のモデルより容易になるグライダーを設計した。ウィルバーとオーヴィルは荷物をまとめ，最初の飛行テストを行うために，風が強いことで知られる地であるノースカロライナ州キティホークへ行った。1902 年に，3 機種目のグライダーを製作している間に，兄弟はパイロットによって翼と同じ動きで操作できる可動式の方向舵を加えた。彼らのグライダーがうまく飛んだとき，それは「世界初の完全に制御可能な」飛ぶ機械の称号を得た。

7　その記録を手中に収めて，兄弟は新たな目標に狙いを定めた。すなわち，動力付きの飛行機を作ることである。しかし，問題は残っていた。一つには，ライト兄弟はまだエンジンを持っていなかったのである。そして，彼らは自分たちの飛行機のための推進力の方法を欠いていた。これら両方の問題を解決するため，ウィルバーとオーヴィルは自転車屋であった彼らのルーツに戻った。ライト兄弟は自分たち自身のエンジンを設計し，彼らの自転車店の修理工であったチャーリー＝テイラーにそれを作る手伝いをしてもらった。(ロ)その単純なガソリンエンジンは，当時の基準に照らしてもいくぶん粗末なものであった。「しかし，それはライト兄弟にとって大きな心配事ではありませんでした。彼らはただ，離陸するために必要な最小限の力を彼らに与えるであろう基本的なエンジンが欲しかっただけなのです」とジャカブは言う。「しかし，真の飛躍的進歩はプロペラでした」

8 もともとライト兄弟は，飛行機のために船のプロペラを使おうと考えていた。それが機能しないだろうと彼らが気づいたとき，彼らは飛行機の翼を側面で回転させ推進力を生むためにそれを回転させるという彼ら独自の考えを思いついた。これは翼が生むのと同じ浮揚力を，垂直にというよりむしろ水平に生み，飛行機を前へと動かすであろう。彼らは自転車のチェーンに似た仕組みでエンジンに一対のプロペラをつないだ。

9 1903年の終わりには，彼らの飛行機は試験を行う準備が整っていた。12月17日に，ライトフライヤー号は兄弟がパイロットとして交互に乗って4回飛行した。その日の最後の飛行のためにウィルバーは操縦装置に腹ばいになり，その飛行機のパイロットをした。これはこれらの試みの中で最も長く――そしてしたがって最も重要な――ものであった。それは59秒続き，852フィート（260メートル）を進み，フライヤー号が持続的な，制御された，動力付きの重航空機の飛行を行えることを証明した。写真家のジョン＝T.ダニエルズはその瞬間をずっと記録し，それをもって飛行機の時代が真に始まったのである。

解説

1． 下線部(1)を含む第1段では，第2文（But after publicly …）に「彼らの飛ぶ機械を公の場で実演してみせた後，その飛行機の発明家たちは一夜にして国際的なスーパースターとなった」とある。彼らとはライト兄弟のことであるので，C.「ライト兄弟の発明品は，たちまち彼らに世界的名声をもたらした」が正解。第1文（Wilbur and Orville …）には「ウィルバー＝ライトとオーヴィル＝ライトはあまり世間からの注目は気にしていなかった」とあるので，A.「ライト兄弟は歴史に名が残る発明家になろうと意図していた」は不適当。第 3 文（Crowds gathered to…）に「何度もトップニュースとなった」とあるので，D.「彼らの飛行への大衆の関心にもかかわらず，ライト兄弟はメディアから無視された」も不適当。Bは言及がない。

2. 下線部(2)は「情報を渇望していた」という意味なので，B.「多くのことを知りたがっていた」が正解。A.「あまり多くは知らなかった」 C.「見つけ出すことができた」 D.「見つけ出すのが難しいとわかった」

3. 空所には「ライト兄弟は生まれつきの発明家で，つねに航空学に惹きつけられていた天才であったというのは素敵に聞こえるかも知れない」という文と「それはあまり正確ではない」という文とを結ぶ接続詞が入る。両文は逆接の関係にあるので，D.「～だが，～の一方で」が正解。C.「したがって」は副詞なので，除外する。A.「～なので」 B.「～と仮定すると」

4. 下線部(4)の意味は「自分たちだけで」なので，B.「共同作業で」が正解。A.「自分たちだけで」 C.「独立して」 D.「支援を受けずに」

5. 下線部(5)の意味は「平凡な」という意味なので，A.「平均的な」が正解。B.「不可解な」 C.「成熟した」 D.「目立った」

6. 下線部(6)を含む第 4 段では，第 5 文（In 1895, …）に「1895 年に兄弟は自分たち自身の生産ラインの自転車を製造することに決めた」とあるので，D.「ライト兄弟はついに自転車の修理から自転車の製造へと移行した」が正解。A.「ライト兄弟の母親はしばしば家じゅうのものを壊した」は，第 2 文（She was the…）の「彼女は家じゅうのものを直し」に反するので，不適当。「当時の女性に対する固定観念を打ち破った」のbreakingを読み間違えると誤答する。B.「ライト兄弟は母親とともに自転車修理業を始めた」は，第 4 文（In 1892, …）にライト兄弟が自転車修理店を開いたのは「母親の死から約 3 年後」とあるので，不適当。C.「自転車の修理は汚い工程であったので，ライト兄弟は自分たちの店を定期的に掃除しなければならなかった」は，第 4 文の was sweeping「席巻していた」を読み間違えると誤答する。

7. Theirs was a small-scale facility「彼らのものは小規模な施設であった」と書かれているので，D.「仕事場」が正解。A.「自転車」 B.「職人」 C.「車輪」

8. 下線部(8)を含む第5段では，第2文（Even as they …）に「ウィルバーは『自身の能力を試すために取り組める何かを探し求めていました』」とあるので，B.「ウィルバーは自身の技術を試す新たな計画を探していた」が正解。A.「ウィルバーはライト兄弟をあちこちに車で連れて行く責任を負っていた」は言及がない。C.「ライト兄弟は飛ぶ機械を作るという自分たちの夢を実現するため航空学に関わった」は，第5文（At the start, …）に「初め兄弟は飛行機を発明するつもりはなかった」とあるので，不適当。D.「ライト兄弟は他の誰の研究も読むことなく，航空学に関する彼らの最初の研究を発表した」は，第6文（They simply reviewed …）に「航空学に関して他の人が発表したものを再検討していた」とあるので，不適当。

9. 下線部(9)は前文にある aeronautics「航空学」を指すので，C.「飛ぶ機械の研究」が正解。A.「最初の飛行機が飛んだ場所」 B.「自転車の修理」 D.「飛行機が作られた施設」

10. 下線部(10)を含む第6段では，第1文（They first designed …）に「彼らは初め，少しねじれた翼によって制御が以前のモデルより容易になるグライダーを設計した」とあるので，A.「ライト兄弟の最初のグライダーには，パイロットが動きを定めるのをより容易にする新しいタイプの翼が使われていた」が正解。B.「そのグライダーは以前のモデルより大きな収納スペースをもっており，大量の荷物を積むことができた」は，第2文（Wilbur and Orville …）の packed up「荷物をまとめた」を読み間違えると誤答する。C.「そのグライダーの胴体の形は，特に強風に対する抵抗力をつけた」は，第2文の「風が強いことで知られる地であるノースカロライナ州キティホーク」を読み間違えると誤答する。D.「彼らの以前の試みとは違い，ライト兄弟の3機種目のグライダーは制御をより容易にするためパイロットを加えた」は，第3文（In 1902, …）の「3機種目のグライダーを製作している間に，兄弟はパイロットによって翼と同じ動きで操作できる可動式の方向舵を加えた」を読み間違えると誤答する。

11. 下線部(11)には with ～ under *one's* belt「～を手中にして」という熟語が用いられている。that record「その記録」とは直前の第6段最終文（When their glider …）にある「『世界初の完全に制御可能な』飛ぶ機械の称号」のことであるので，C.「完全に制御可能な飛ぶ機械を作った最初であり」が正解。A.「伝統的なチェーンに代わる種類のベルトを開発して」 B.「彼らは自分たちの実験を注意深く記録していたので」 D.「いったん彼らが新しいタイプのパイロットスーツをデザインすると」

12. 下線部⑿の語は「ルーツ」という意味なので，C.「起源」が正解。A.「設計」 B.「場所」 D.「両親」

13. 下線部⒀の語は「飛躍的進歩」という意味なので，A.「進歩」が正解。B.「損害」 C.「間違い」 D.「余剰」

14. 下線部⒁を含む最終段では，第3文（For the final…）に「ウィルバーは操縦装置に腹ばいになり，その飛行機のパイロットをした」とあるので，B.「最終飛行のパイロットは，飛行機を操縦するときにうつ伏せになった」が正解。A.「1903年12月17日にウィルバーはライトフライヤー号を3回続けて操縦した」は，第2文（On December 17,…）に「ライトフライヤー号は兄弟がパイロットとして交互に乗って4回飛行した」とあるので，不適当。C.「人々が見るのを妨げるために，ライトフライヤー号は852フィートの布で覆われた」は，第5文（It lasted 59…）の「852フィート（260メートル）を進み」を読み間違えると誤答する。D.「写真家のジョン＝T.ダニエルズは，ライトフライヤー号の写真を撮ろうとしている間に警察に捕まえられた」は，最終文（Photographer John T.…）のcaptured「～を記録した」を読み間違えると誤答する。

15. (イ) If you knew … growing up が従属節で，you would … to succeed が主節の複文。If で始まる従属節の中には，さらに when で始まる従属節が含まれている。

(ロ) 文構造は，S(The simple gasoline engine)＋V(was)＋C(kind of crude)。kind of ～ は「いくぶん，言ってみれば，どちらかと言えば」を意味し，明確な物言いを避けるぼかし表現である。the day は「そのとき，当時」の意味。

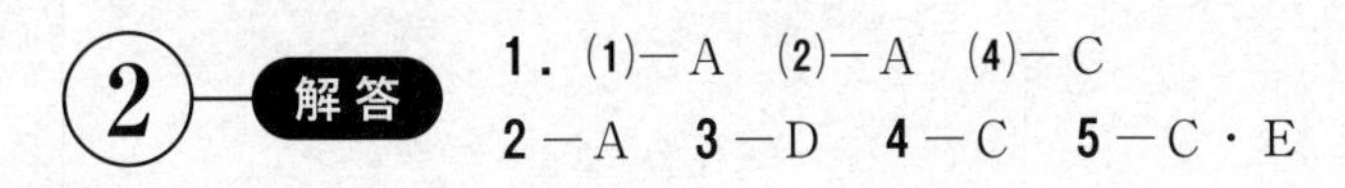

1. (1)－A　(2)－A　(4)－C

2－A　**3**－D　**4**－C　**5**－C・E

全訳

《動物における右利きの研究》

著作権の都合上，省略。

解説

1．(1)　下線部(1)の語の意味は「独特の，特有の」なので，A.「独特な」が正解。B.「おかしい」　C.「手当たり次第の」　D.「奇妙な」

(2)　下線部(2)の語の意味は「ほとんど」なので，A.「ほとんど」が正解。B.「突然」　C.「予想外に」　D.「非現実的に」

(4)　下線部(4)の意味は「いくつかの」なので，C.「いくつかの」が正解。a number of ～ には，「いくつかの～」と「たくさんの～」の２つの意味がある。本問ではC.「いくつかの」とD.「数え切れないほどの」とで迷うかもしれないが，研究段階の発見であると考えると，その理由が「数え切れないほど」多いのでは，意味が強すぎる。よって，Cが正解と考えられる。A.「ほとんどない」　B.「ほとんどない」

2．空所を含む第３段（Dolphins are …）では，イルカ以外にも右利きの兆候を示す動物たちがいくつも挙げられている。「イルカは決して右利きであることを示す最初のクジラ目ではない」という文になるように，A.「決して～ではない」を選ぶ。B.「いずれにしても」　C.「厳密に言えば」　D.「正直なところ」

3．第１段では，エサに向かって飛び込む寸前に左回転をすることからイルカが右利きであることがわかったと書かれているので，D.「エサを捕まえる際に左回転をするとき，イルカは右利きであると判断できる」が正解。A.「人々が右利きであるか左利きであるかは彼らが成長する間に決まる」は，第１文（More than 90% …）に「人類の90%以上が右利きで，それは我々が母親のお腹にいたときすでに存在した好みである」とあるので，不適当。B.「人間はイルカよりも右利きである可能性が高い」は，第１・２文（More than 90% … more than 99%.）に人間は90%以上が右利きであるのに対してバンドウイルカは99%以上だとあるので，不適当。C.「イルカはたいてい海面近くでエサを見つける」は，第３文

(Bottlenose dolphins in …) に「海底に沿ってゆっくりと泳ぎ，そののち獲物を捕まえるために砂の中へ鼻を埋める」とあるので，不適当。

4. 第2段では，第3文（Only four turns …）に「4回の回転だけが右向きであり，それらのすべては同じイルカによってなされたものだった」とあるので，C.「研究で記録された右回転は，つねにたった一頭のイルカによってなされた」が正解。A.「研究者たちが709回のイルカの回転を記録した研究では，27回が右方向へなされた」は，第2文（Out of a …）の「少なくとも27頭の異なるバンドウイルカから記録された709回の回転の研究から研究者たちは」を読み間違えると誤答する。B.「研究者たちがイルカの回転を数えたとき，彼らはある特定のイルカによってなされた回転しか記録しなかった」は言及がない。D.「研究者たちはひれの形がイルカの右回転を引き起こす重要な要因であると考えた」は，最終文（In the study, …）に「ひれはその左側への偏りの原因とはならなさそうだと述べた」とあるので，不適当。

5. 第4段第1文（According to the …）に「イルカは喉頭の周囲を通るように枝分かれしている食物の通り道が左側より右側のほうが広いため，それが獲物を飲み込むのをより容易にしている」とあるので，C.「イルカの右利きは，いかにうまく彼らがエサを飲み込めるかに寄与する一つの要因かも知れない」が正解。また，最終文（The team also …）に「そのチームはイルカが頭の右側で超音波の反射で物体の位置を知るための音を出すことも発見したが，それは，もし右側が海底により近く保たれているならば彼らにとって有益であろうことを意味する」とあるので，E.「彼らの頭の右側を海底近くに保つことは，超音波の反射で物体の位置を知る際にイルカにとって有利かも知れない」が正解。A.「イルカと違い，どんな種の鳥にも右側への好みは見つけられない」は，第3段第4文（Several species of …）に「いくつかの種の鳥たちも右側への好みを示す」とあるので，不適当。B.「チンパンジーとゴリラとオランウータンはすべて右側への偏りをもつ」は，第3段最終文（Chimpanzees and gorillas …）に「オランウータンは左のほうを好む」とあるので，不適当。D.「イルカの超音波の反射で物体の位置を知るための音は，左ひれによって出される」は，第4段最終文（The team also …）に「イルカは頭の右側で超音波の反射で物体の位置を知るための音を出し」とあるので，不適当。本問は「第3，4パラグラフの内容と一致するもの」を選べという問題だが，必ずしも各パラグラフから1つずつ正解が選べるわけではないので注意が必要である。

3 ―解答

(1)―A　(2)―B　(3)―C　(4)―C　(5)―B　(6)―B
(7)―C　(8)―C

全訳

《クリニックでの医師と患者との会話》

マーサ：入ってもいいでしょうか？
ウィリアムズ医師：どうぞ。
マーサ：こんにちは，先生。
ウィリアムズ医師：こんにちは。どうなさいましたか？
マーサ：今朝からひどくお腹が痛くて，本当に心配になってきてるんです。それはあの，お腹にしこりみたいなものがあって，夫はがんの症状かも知れないと言うんです。
ウィリアムズ医師：わかりました。何が起こっているのかわかるかどうか見てみましょう。お腹の痛みの特徴は言えますか？
マーサ：今朝起きたとき，お腹に変な痛みを感じたんです，右側に。それからずっと続いています。鈍いですが，ずっと続く痛みです。
ウィリアムズ医師：わかりました。あなたの腹痛のあり得る原因を理解するために，いくつか質問をしたいと思います。最近，何か変わったことに気づきましたか？
マーサ：いえ，大きな変化はありませんでした。
ウィリアムズ医師：ありがとう。それを知るのは役立ちます。他に何か症状は？　もどしたとか熱は？
マーサ：もどしてはいませんし，熱とか体温の大きな変化はありませんでした。
ウィリアムズ医師：教えてくれてありがとうございます。可能性が絞れます。お腹を触るので，激しい痛みを感じたら教えてください。
(ウィリアムズ医師はマーサの腹部のいくつかの箇所をトントンと叩き，何も悪くないことに気づく)
ウィリアムズ医師：昨日何か普段行っていることと異なることをしました

か？

マーサ：どうしてですか？　えーっと。はい，夕べは屈曲をしました。

ウィリアムズ医師：何をされたって？

マーサ：屈曲です。体操です。ベッドに横になって上体を動かさないようにしたまま，両脚の上げ下ろしをしました。20回です。

ウィリアムズ医師：それは以前にやったことがありましたか？

マーサ：夕べは，娘が生まれる前にしてから6年ぶりでした。

ウィリアムズ医師：（ため息をついて）あなたは大丈夫です，でも10ドルお支払いください。

マーサ：死なないということですか？

ウィリアムズ医師：はい。

マーサ：それであなたは治療も薬も必要のない健康な人に10ドル払って欲しいと言うんですね。

ウィリアムズ医師：ちょっと待ってくださいよ。もうあなたの心配はなくなりました。だからもうドアを開けてこのクリニックを出て，通りで出会う人たち皆に「生きてるわ！　生きてる！」と叫んでハイタッチしてください。この喜びの共有には10ドルの価値があるに違いないですよ。

マーサ：そんなことしませんが，これがあなたへの貴重な10ドル紙幣です。

解説

(1)　How can I help you? で「どうなさいましたか，どんな御用でしょうか」という意味の慣用句。

(2)　ウィリアムズ医師はこれから診察を始めるところなので，「何が起こっているのかわかるかどうか見てみましょう」という意味になるBが正解。figure out「～がわかる」　A.「～を突破する」　C.「～を通り抜ける」　D.「～を連れ出す」

(3)　文脈からCが正解。narrow down で「～を絞り込む」。他の選択肢に down をつけたときの意味は，A.「～を打倒する」　B.「～を閉鎖する」　D.「～を置く，下ろす」。

(4)　ウィリアムズ医師がマーサに普段と変わったことをしたかと尋ねる場面なので，C.「（～と）一致しないで，（～と）異なって」が正解。out of line with your regular routine で「普段行っていることと異なって」の意味。A.「(～と) 一列に並んで」 B.「(～と) 連絡を取り合って」 D.「(～と) 連絡が途絶えて，かけ離れて」

(5) 空所の後でマーサは「夕べは，娘が生まれる前にしてから6年ぶりでした」と答えているので，B.「それは以前にやったことがありましたか？」が正解。A.「あなたのご主人はあなたに体操するように助言したんですか？」 C.「だからあなたは筋骨たくましいんだ」 D.「20回は多すぎると思いませんか？」

(6) 日本語で「はい」と言うときでも，英語では，自分の返答が否定文になる場合には No と言う。ここでは「死なないということですか？」を受けて「はい (死にません)」という答えをするのでBが正解。

(7) 空所の後に「だからもうドアを開けてこのクリニックを出て，通りで出会う人たち皆に『生きてるわ！　生きてる！』と叫んでハイタッチしてください」とあるので，C.「もうあなたの心配はなくなりました」が正解。A.「あなたは裕福だと思います」 B.「あなたの状態が悪くなる場合にはシカゴ大学病院を紹介します」 D.「米国医師会が診察料金を決めています」

(8) worth は前置詞的に名詞の前に置いて「～の価値がある」の意味を表す。Cが正解。

These pictures tell us that an action that seems wrong at first might turn out to be right later. A mouse stole the bear's doughnut because it wanted to help its fellow-mouse from drowning by using the doughnut as a flotation ring. This means you should not judge any action hastily. (50語程度)

解説

問題は「下の絵が表していると思うことを」英語で書けというものなので，単に絵の説明をするだけではいけない。あくまでも絵を見て思うことを書こう。〔解答例〕では日本語に訳すと次のようなことを書いた。

「これらの絵は，初めは悪いように思われる行動が後になって正しいとわかるかも知れないということを伝えている。ネズミがクマのドーナッツを盗んだのは，そのドーナッツを浮き輪として使って仲間が溺れかかっているのを助けたかったからなのだ。どんな行動も軽率に判断すべきではない」

日本史

1　解答

①A．田堵　B．大唐米　C．朝鮮人参
D．徳川吉宗　E．水油

②1－き　2－お　3－た　4－そ　5－こ　6－さ　7－せ　8－ぬ
9－に

③－う

解説

《古代～近世の経済史》

①A．「11世紀」に「大名の」とあることから，「大名田堵」という言葉が連想できる。『新猿楽記』には三女の夫として出羽権介田中豊益という大名田堵が描かれ，数町の田畑を保有し農民を使役して農具の準備や土木工事，農作業の指揮をするなど，大名田堵の実態が描かれている。

B．大唐米は現在のヴェトナム南部にあった「占城（チャンパ）」が原産の早稲（わせ）の種類で，米粒が小さく細長で赤い色をしている。そのため赤米（あかごめ）とか唐法師（とうぼし）ともよばれた。

D．青木昆陽は甘藷を栽培して救荒食とすべきことを8代将軍徳川吉宗に進言し，これが認められ幕臣となって甘藷の普及に尽力した。

E．「五品江戸廻送令」の五品の中にある「水油」とは「液状の油の総称」だが，主に菜種油を指す。灯火用で，整髪用にも使用されていた。匂いが少ないので，他の鯨油などより珍重された。

②1．北上川が入る。教科書や資料集には必ず東北地方の城柵が地図で示されている。そこには川の名称も記載されている場合が多く，胆沢城や志波城が北上川流域であることが示されている。図版も注意深く見る習慣が大切である。

2．柵戸は城柵を維持するために置かれた農民のこと。関東地方，北陸地方や信濃国などから，移住させられた。

5．大山崎の油神人が扱う油は荏胡麻を原料とし，荏胡麻購入と油販売の独占権を認められていた。

6．田沼意次は年貢に頼らない収入の増加を目指し株仲間を公認し座を設けていったが，10代将軍徳川家治が亡くなると失脚した。

8． 砂糖の原料とあるので甘蔗が入る。甘蔗とはさとうきびのこと。

9． 幕末の貿易では輸出品・輸入品をグラフで示しているものを見ることが多いだろう。輸出品の上位には生糸，蚕卵紙，茶，海産物などがあった。

③うが正解。あは箕，いは千石簁，えは千歯扱である。

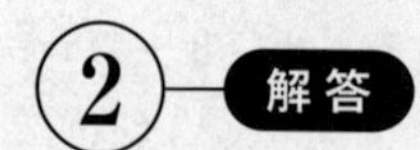

①A． 枢密院　**B．** 刑法　**C．** 幣原喜重郎
D． リットン　**E．** 松岡洋右

②1－か　**2**－と　**3**－た　**4**－ち　**5**－え　**6**－い　**7**－け

③1－い　**2**－い　**3**－あ

解説

《明治の法典整備，近代の国際協調主義》

①B． 諸法典の中では刑法の整備が早いことは明治政府の姿勢をあらわしている。1868年には早くも仮刑律が定められ，1870年には新律綱領，1873年6月には改定律例と，徐々に封建的要素は薄まり欧米の要素が取り入れられていく。そして1880年7月に治罪法（刑事訴訟法）とともに刑法が公布された。他の民法・商法などは大日本帝国憲法制定以後だが，この2法は制定以前である。

E． 松岡洋右は日本が国際連盟を脱退した際に日本全権を務めていたが，その後第2次近衛文麿内閣で外務大臣に就任し，日独伊三国同盟や日ソ中立条約締結を推進した。

②1・2・3． 明治時代に関する外国人には注意が必要である。ベルリン大学のグナイストやウィーン大学のシュタインらは，伊藤博文が赴いて教えを請うた人。ドイツ人のロエスレルやモッセ，フランス人のボアソナードは日本に来た御雇い外国人で，日本の法典整備に尽力した。

6． 国際連盟の常任理事国は，当初イギリス・フランス・日本・イタリアの4カ国で，のちにドイツ，ソ連も国際連盟加入と同時に常任理事国となっている。しかし1933年に日本とドイツが，1937年にはイタリアが脱退，1939年にはソ連が除名された。

③1． い．誤文。中江兆民がフランスに留学したことは正しいが，『万国公法』は西周の著作である。

2． いが正解。Ⅲのリード文中にある1940年に締結された条約とは日独伊三国同盟であり，この三締約国中の一国と日本とで結んだ条約といえば，日独防共協定が想起できる。防共とは共産主義の侵入拡大の防止という意味であるから，選択肢中でそれにふさわしいのは，条文中に「共産『インターナショナル』」という語がある「い」と判断できる。

3．日独伊三国同盟は，アメリカを仮想敵国とする軍事同盟であるから，想定されているのはアメリカである。

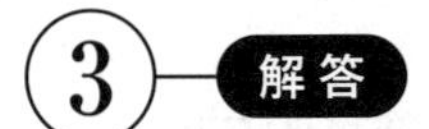

①**1**－の　**2**－こ　**3**－に　**4**－き　**5**－ち　**6**－ぬ　**7**－つ　**8**－す

②**1**－う　**2**－て

解説

《国宝の文化財》

①**1．**図1は渡辺崋山の「鷹見泉石像」。

2・3．空海が賜った東寺に伝わる東寺百合文書は，鹿子木荘関係文書など貴重な古文書が含まれるが，その名の由来は前田綱紀が書写の謝礼として桐箱100合に収納して返還したことによる。

5．慶長年間にヨーロッパに派遣されたのは慶長遣欧使節であり，使節は伊達政宗が派遣した。政宗の親書や，ローマ法王・支倉常長の肖像画などは「慶長遣欧使節関係資料」として，国宝に指定された。

6．東大寺大仏殿は２度焼失している。１度目は平重衡による南都焼打ち。２度目は永禄10（1567）年10月の松永久秀，三好義継と三好三人衆，筒井順慶らとの争いによるものであった。

7．現存する聖徳太子伝の最古本は知恩院所蔵の『上宮聖徳法王帝説』で，中宮寺に断片しか残らない天寿国繡帳の銘文や『日本書紀』と異なる記載もあることから，古代史の貴重な記録となっている。

8．妙心寺退蔵院に所蔵される「瓢鮎図」は，足利義持の命で如拙が描いた，禅の公案に関する水墨画である。

②**1．**「女人高野」は奈良県の室生寺の別名である。

2．三跡（三蹟）は，和様を大成した小野道風，藤原佐理，藤原行成の３名を指す。

世界史

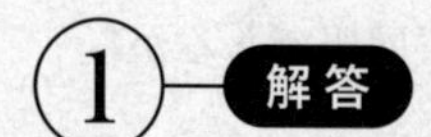

問1．A．カール5世　B．カトー＝カンブレジ
C．ポルトガル　D．ジェントリ〔郷紳〕
E．アンリ4世
問2．(ア)—①　(イ)—③　(ウ)—⑦
問3．(1)—a　(2)—c　(3)—a　(4)—a　(5)—a　(6)—c　(7)—d

解説

《近世のヨーロッパ》

問1．A．正解はカール5世。スペイン王としてはカルロス1世。

C．正解はポルトガル。レパントの海戦で勝利したスペイン王はフェリペ2世。彼はポルトガルを併合し，ポルトガル王位を兼ねた。

D．正解はジェントリ（郷紳）。ジェントリは貴族身分ではないが，平民身分の最上級の地主層。独立自営農民のヨーマンとの混同に注意。

問2．(イ)　レパントの位置は③が正解。④はオスマン帝国がスペイン，ヴェネツィア，ローマ教皇の連合軍を破ったプレヴェザの海戦が行われたところ。

問3．(1)　a．誤文。王権の正当化に用いられたのは，王権神授説。社会契約論は王権神授説を批判した。

(2)　三十年戦争の講和条約はウェストファリア条約である。c．誤文。西ポンメルンはバルト海の西南岸の地域で，スウェーデン領となった。

(3)　a．不適。ヴェネツィアは独立の共和国であり，フェリペ2世の支配領域ではない。b．サルデーニャ，c．シチリア，d．ナポリはスペイン王国の領土であり，フェリペ2世が継承した。なお，オーストリア領であったネーデルラントもフェリペ2世が継承した。

(4)　a．誤り。デンマーク・スウェーデン・ノルウェーの同君連合であるカルマル同盟の成立は，14世紀末。テューダー朝は15世紀から17世紀の王朝。

(6)　a．誤文。カルヴァン派が公認されたのは，ウェストファリア条約。アウクスブルクの和議で公認されたのは，ルター派である。

b．誤文。ザクセンはルター派。カルヴァン派はスイスからフランス，ネーデルラント，イギリスなどに広がった。

d．誤文。ネーデルラントではゴイセンと呼ばれた。プレスビテリアンはスコットランドでの呼称。

② 解答 **問1．A．**ハンニバル　**B．**シーア
C．イブン＝ハルドゥーン　**D．**フランス
E．アラブの春

問2．⑴－c　⑵－①

問3．ア－②　**イ**－⑭　**ウ**－⑨　**エ**－④

問4．⑴－c　⑵－a　⑶－a　⑷－c

解説

《北アフリカの歴史》

問1．D．正解はフランス。19世紀後半にチュニジアを占領，保護国としたのは，すでに西隣のアルジェリアに進出していたフランスである。

問2．⑴《　X　》は，チュニジアである。カルタゴは現在のチュニジアにあった。

⑵　①が正解。フスタートは，アラブ軍がエジプトに侵入したときに，現在のカイロの近郊に建設された軍営都市。

問3．エ．④の三国同盟が正解。フランスのチュニジアへの進出に反発して，イタリアはドイツ，オーストリアと三国同盟を結成した。③三国協商はイギリス・フランス・ロシアの軍事同盟，⑤三帝同盟はドイツ，オーストリア，ロシアの同盟，⑥神聖同盟はウィーン会議中に成立したヨーロッパ諸君主の同盟であり，いずれも誤り。

問4．⑴　a．誤文。オリエント世界の国際商業語は，アラム語。

b．誤文。楔形文字を発明したのは，シュメール人。

d．誤文。選民思想を形成し，唯一神信仰を深めたのは，ヘブライ人。

⑵　a．誤文。スペインのアルハンブラ宮殿を建造したのは，ナスル朝である。

⑶　a．誤り。イスラーム教の改革をめざしたワッハーブ派の運動が始まったのは，18世紀である。

⑷　c．正文。シリアの国内避難民と難民が人口の3分の1を超えている

か否かの判断は難しいが，他の選択肢が明らかな誤りであることから消去法で判断することが可能である。

a．誤文。アフガニスタンのイスラーム急進派はターリバーン。ハマースはパレスチナのガザ地区の政治勢力である。

b．誤文。パレスチナ暫定自治政府は，オスロ合意に基づきパレスチナ（ヨルダン川西岸とガザ地区）に成立したパレスチナ人の政府。

d．誤文。リビアでは，カダフィの独裁体制が崩れた。サダム＝フセインはイラクの独裁者であった。

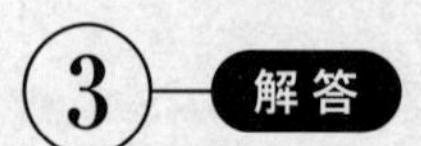

問1． ⑥　**問2．** c　**問3．** b　**問4．** d　**問5．** d
問6． b・g　**問7．** c　**問8．** d　**問9．** c

解説

《中世ヨーロッパ文化，奴隷貿易，現代中国史》

問1． a．民衆への布教活動を重視した托鉢修道会のフランチェスコ修道会は13世紀に結成された。

b．シトー修道会は11世紀末につくられた。労働と清貧を重んじ，12世紀以降大開墾運動の先頭に立った。

c．ベネディクトゥスは6世紀，イタリアのモンテ＝カッシーノに現存最古の修道会を創設した。したがって，⑥c→b→aが正解。

問2． c．誤文。ウィリアム＝オブ＝オッカムは，普遍が思考の中にのみ存在するとする唯名論をとなえ，近代合理思想への道を開いた。

問4． d．誤文。奴隷は，主に武器・弾薬・雑貨などと交換された。

問5． d．正解。1840～50年と1850～60年の黒人奴隷の増大数はともに75万人である。

a．誤り。1800年の総人口531万人に対し，黒人奴隷数は89万人で約17%である。

b．誤り。1820年は綿花生産高が138トンに対して輸出高が110トンなので国内消費は28トンとなり，割合は約20%である。

c．誤り。1800年から1830年の黒人奴隷数の増加の割合は，89万人から201万人への増加で2倍強となる。その間の綿花生産高の増加の割合は，35トンから222トンへの増加で6倍以上である。

問6． bが正解。「ラバを連れた」Billsが売られている。

gが正解。「家事，子育て支援」をするVioletは900ドル，「綿花プランテーション」で働くMowdenは700ドルとある。

a．誤り。1歳のInfantが400ドルとある。

c．誤り。女性のMindaは1,200ドル，青年のAdamは1,100ドルとある。

d．誤り。鍛冶屋のHappyは575ドル，大工のMaccabeyは980ドルとある。

e．誤り。16歳のAngelinaは1,000ドル，27歳のMindaは1,200ドルとある。

f．誤り。Lizzieは「不健康」とある。

h．誤り。Violetは「家事，子育て支援」とある。

Ⅲ．本問での国民党，共産党はそれぞれ中国国民党，中国共産党のことである。

問7． a．誤文。三民主義を掲げたのは中国国民党。

b．誤文。中国国民党を結成した人物は孫文。

d．誤文。第1次国共合作の目的は，軍閥の打倒と中国の統一。抗日を目的としたのは，第2次国共合作。

問8． dが正解。図1の中華人民共和国の建国を宣言した人物は，毛沢東である。

a．誤り。一帯一路は習近平の政策。

b．誤り。改革・開放政策は鄧小平の経済政策。

c．誤り。社会主義市場経済の導入は，鄧小平の政策を引き継いだものである。

数学

◀理系学部▶

■数　学　①■

1 解答　$2024=2^3\times 11\times 23$

実数 x に対し，x 以下の最大の整数を $[x]$ で表す。

$$\left[\frac{2024}{2}\right]+\left[\frac{2024}{2^2}\right]+\cdots+\left[\frac{2024}{2^{10}}\right]=2017$$

$$\left[\frac{2024}{11}\right]+\left[\frac{2024}{11^2}\right]+\left[\frac{2024}{11^3}\right]=201$$

$$\left[\frac{2024}{23}\right]+\left[\frac{2024}{23^2}\right]=91$$

よって　　$2024!=2^{2017}\cdot 11^{201}\cdot 23^{91}\cdot l$

（l は 2，11，23 を素因数に持たない整数）

と表せる。

したがって，$2024!=2024^{91}\cdot 2^{1744}\cdot 11^{110}\cdot l$ と表せるので，2024! は 2024 で 91 回割り切ることができる。……(答)

解説

《$n!$ に含まれる素因数 p の個数》

n を自然数，p を素数とする。

$n!$ を素因数分解したときの p の指数は

$$\left[\frac{n}{p}\right]+\left[\frac{n}{p^2}\right]+\left[\frac{n}{p^3}\right]+\cdots$$

で求められる（ただし，実数 x に対し，x 以下の最大の整数を $[x]$ で表す）。

このことから，$n!$ を p で何回割り切ることができるかが調べられる。

2 ― 解答　$f(x)=(4^x+4^{-x})-2a(2^x+2^{-x})+a^2+2a-1$

(1)　$2^x>0$，$2^{-x}>0$ なので，相加平均・相乗平均の関係より

$$2^x+2^{-x}\geqq 2\sqrt{2^x\cdot 2^{-x}}=2$$

が成り立つ。よって

$2^x+2^{-x}\geqq 2$　（ただし等号は，$2^x=2^{-x}$ すなわち $x=0$ のとき成立する）

……(答)

(2)　$2^x+2^{-x}=t$ とおくと，(1)より $t\geqq 2$ であり

$$\begin{aligned}f(x)&=\{(2^x+2^{-x})^2-2\cdot 2^x\cdot 2^{-x}\}-2a(2^x+2^{-x})+a^2+2a-1\\&=t^2-2at+a^2+2a-3\\&=(t-a)^2+2a-3\end{aligned}$$

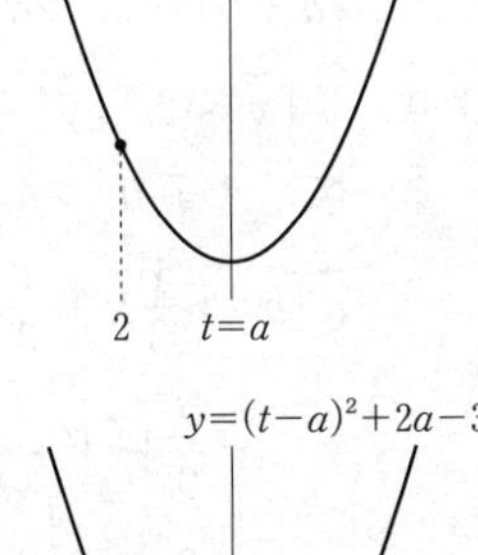

(i) $2\leqq a$ のとき

$f(x)$ は $t=a$ で最小値 $2a-3$ をとる。

よって，$f(x)$ の最小値が 9 のとき

$2a-3=9$ より　$a=6$　（$2\leqq a$ を満たす）

(ii) $a<2$ のとき

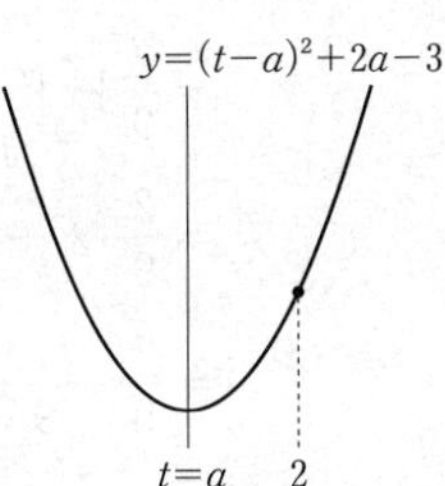

$f(x)$ は $t=2$ で最小値 a^2-2a+1 をとる。

よって，$f(x)$ の最小値が 9 のとき

$$a^2-2a+1=9 \iff (a+2)(a-4)=0$$

より　$a=-2$　（$\because$　$a<2$）

以上より，求める a の値は　6，-2　……(答)

解説

《相加平均・相乗平均の関係，指数関数，2次関数の最小値》

(1)　$a>0$，$b>0$ のとき

$$\frac{a+b}{2}\geqq\sqrt{ab} \iff a+b\geqq 2\sqrt{ab}$$

が成り立つ（等号は $a=b$ のとき成立する）。

(2)　〔解答〕のように $2^x+2^{-x}=t$ とおき，$f(x)$ を t の2次関数に直して考えればよい。その際に，a が2より大きい場合と a が2より小さい場合で最小値をとる位置が変わることに注意する。

3 解答 $|\vec{a}+\vec{b}|=2$, $|2\vec{a}-\vec{b}|=1$

(1) $\vec{x}=\vec{a}+\vec{b}$ ……①, $\vec{y}=2\vec{a}-\vec{b}$ ……② とおく。

①+② より　$\vec{x}+\vec{y}=3\vec{a}$

∴ $\vec{a}=\frac{1}{3}\vec{x}+\frac{1}{3}\vec{y}$ ……(答)

①×2−② より　$2\vec{x}-\vec{y}=3\vec{b}$

∴ $\vec{b}=\frac{2}{3}\vec{x}-\frac{1}{3}\vec{y}$ ……(答)

(2) $\vec{x}=\vec{a}+\vec{b}$, $\vec{y}=2\vec{a}-\vec{b}$ とおくと

$|\vec{a}+\vec{b}|=2$, $|2\vec{a}-\vec{b}|=1$

より　$|\vec{x}|=2$, $|\vec{y}|=1$

よって, (1)より

$$\vec{a}\cdot\vec{b}=\left(\frac{1}{3}\vec{x}+\frac{1}{3}\vec{y}\right)\cdot\left(\frac{2}{3}\vec{x}-\frac{1}{3}\vec{y}\right)$$

$$=\frac{2}{9}|\vec{x}|^2+\frac{1}{9}\vec{x}\cdot\vec{y}-\frac{1}{9}|\vec{y}|^2$$

$$=\frac{2}{9}\cdot2^2+\frac{1}{9}\vec{x}\cdot\vec{y}-\frac{1}{9}\cdot1^2$$

$$=\frac{7}{9}+\frac{1}{9}\vec{x}\cdot\vec{y}$$

ここで, $\vec{x}$ と $\vec{y}$ のなす角を θ $(0°\leqq\theta\leqq180°)$ とすると

$$\vec{x}\cdot\vec{y}=|\vec{x}||\vec{y}|\cos\theta=2\cdot1\cdot\cos\theta=2\cos\theta$$

$-1\leqq\cos\theta\leqq1$ より　$-2\leqq\vec{x}\cdot\vec{y}\leqq2$

よって, $\vec{a}\cdot\vec{b}$ は

$\vec{x}\cdot\vec{y}=2$ のとき　最大値 $\frac{7}{9}+\frac{1}{9}\cdot2=1$

$\vec{x}\cdot\vec{y}=-2$ のとき　最小値 $\frac{7}{9}+\frac{1}{9}\cdot(-2)=\frac{5}{9}$

……(答)

解説

《ベクトルの内積およびその最大値・最小値》

(1)　2式から，$\vec{b}$ を消去して $\vec{a}$ を $\vec{x}$，$\vec{y}$ を用いて表し，同様に $\vec{a}$ を消去して $\vec{b}$ を $\vec{x}$，$\vec{y}$ を用いて表せばよい。

(2)　$\vec{x}$ と $\vec{y}$ のなす角を θ $(0°\leqq\theta\leqq180°)$ とすると，$\vec{x}\cdot\vec{y}=|\vec{x}||\vec{y}|\cos\theta$ であり，$-1\leqq\cos\theta\leqq1$ より，$-|\vec{x}||\vec{y}|\leqq\vec{x}\cdot\vec{y}\leqq|\vec{x}||\vec{y}|$ が成り立つ。

4　解答

$$f(x)=\frac{2x-2}{2x+1}$$

(1)
$$f(x)=\frac{(2x+1)-3}{2x+1}$$
$$=-\frac{3}{2\left(x+\frac{1}{2}\right)}+1$$

よって，$y=f(x)$ のグラフは，$y=-\dfrac{3}{2x}$ のグラフを，x 軸方向に $-\dfrac{1}{2}$，y 軸方向に 1 平行移動させたものなので，グラフの概形は右のようになる。

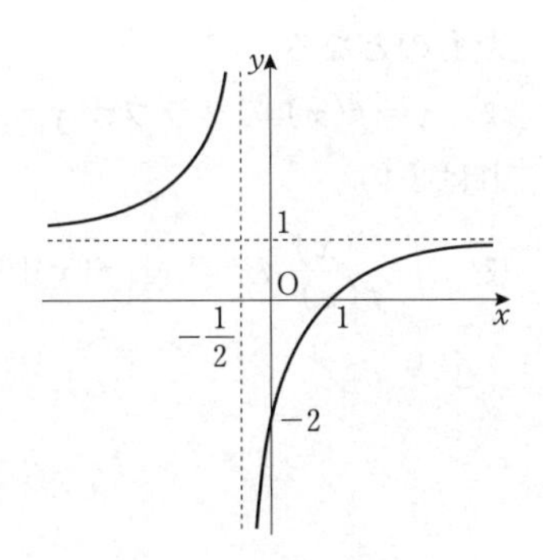

(2)　$f(x)>g(x)$ を満たす x の範囲は，右の図より

$$x<-\frac{1}{2},\ 0<x<1 \quad \cdots\cdots(答)$$

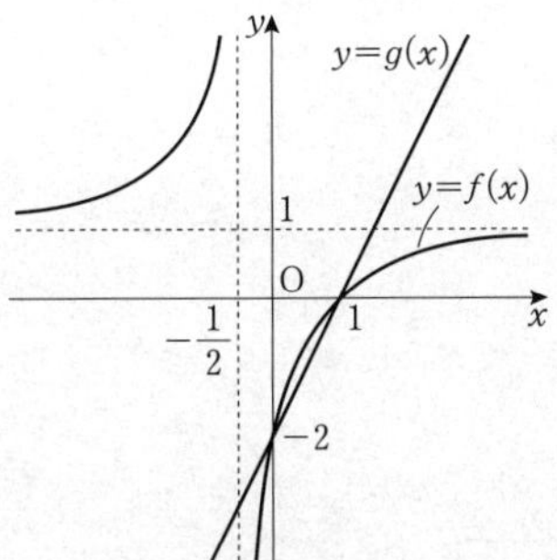

(3)　求める面積を S とすると，$g(x)=2x-2$ なので

$$S=\int_0^1\{f(x)-g(x)\}dx$$
$$=\int_0^1\left\{-\frac{3}{2x+1}+1-(2x-2)\right\}dx$$
$$=\int_0^1\left\{-\frac{3}{2}\cdot\frac{(2x+1)'}{2x+1}-2x+3\right\}dx$$
$$=\left[-\frac{3}{2}\log|2x+1|-x^2+3x\right]_0^1$$

$$=-\frac{3}{2}\log 3-1+3$$

$$=2-\frac{3}{2}\log 3 \quad \cdots\cdots(\text{答})$$

解説

《分数関数のグラフ，直線と曲線で囲まれた図形の面積》

(1)　$y=\dfrac{ax+b}{cx+d}$　$(c\neq 0)$　……①を１次分数関数という。

①は，$y=\dfrac{a}{c}+\dfrac{A}{x+\dfrac{d}{c}}$　（A は定数）の形に変形できるので，①のグラフは，$y=\dfrac{A}{x}$ のグラフを x 軸方向に $-\dfrac{d}{c}$，y 軸方向に $\dfrac{a}{c}$ 平行移動させたものとなる。

(2)　$y=f(x)$ のグラフが $y=g(x)$ のグラフより上になっている部分を見ればよい。

(3)　$\displaystyle\int\frac{f'(x)}{f(x)}dx=\log|f(x)|+C$　（C は積分定数）である。

■数　学　②■

1　〈数学①〉〔1〕に同じ。

2　〈数学①〉〔2〕に同じ。

3　〈数学①〉〔3〕に同じ。

4　**解答**　$r=3+2\sqrt{2}$ とし，$a_n=\dfrac{r^n+r^{-n}}{2}$，$b_n=\dfrac{r^n-r^{-n}}{2\sqrt{2}}$

$(n=1,\ 2,\ 3,\ \cdots)$ とする。

(1)　$c_n=a_n+\sqrt{2}\,b_n$ とおくと

$$c_n=\frac{r^n+r^{-n}}{2}+\sqrt{2}\cdot\frac{r^n-r^{-n}}{2\sqrt{2}}=r^n$$

$$\therefore\quad c_{n+1}=r^{n+1}=r\cdot r^n=(3+2\sqrt{2})c_n$$

よって，数列 $\{c_n\}$ は公比 $3+2\sqrt{2}$ の等比数列である。

また，$d_n=a_n-\sqrt{2}\,b_n$ とおくと

$$d_n=\frac{r^n+r^{-n}}{2}-\sqrt{2}\cdot\frac{r^n-r^{-n}}{2\sqrt{2}}=r^{-n}$$

$$\therefore\quad d_{n+1}=r^{-(n+1)}=r^{-1}\cdot r^{-n}=\frac{1}{3+2\sqrt{2}}d_n=(3-2\sqrt{2})d_n$$

よって，数列 $\{d_n\}$ は公比 $3-2\sqrt{2}$ の等比数列である。　（証明終）

(2)　$a_{n+1}=sa_n+tb_n$，$b_{n+1}=ua_n+vb_n$ とおく。

(1)より，$c_{n+1}=(3+2\sqrt{2})c_n$ が成り立つので

$$a_{n+1}+\sqrt{2}\,b_{n+1}=(3+2\sqrt{2})(a_n+\sqrt{2}\,b_n)$$

$$(sa_n+tb_n)+\sqrt{2}(ua_n+vb_n)=(3+2\sqrt{2})a_n+(4+3\sqrt{2})b_n$$

$$(s+\sqrt{2}\,u)a_n+(t+\sqrt{2}\,v)b_n=(3+2\sqrt{2})a_n+(4+3\sqrt{2})b_n\quad\cdots\cdots①$$

よって，①がすべての自然数 n について成り立つとき

$$s+\sqrt{2}u=3+2\sqrt{2} \quad かつ \quad t+\sqrt{2}v=4+3\sqrt{2}$$

よって，$a_{n+1}=sa_n+tb_n$，$b_{n+1}=ua_n+vb_n$ が常に成り立つ s，t，u，v の値は

$$s=3,\ t=4,\ u=2,\ v=3 \quad \cdots\cdots(答)$$

(3)　(2)より，$a_{n+1}=3a_n+4b_n$　……②，$b_{n+1}=2a_n+3b_n$　……③ が常に成り立つ。

このとき，a_n と b_n は常に正の整数であることを数学的帰納法を用いて示す。

(i) $n=1$ のとき

$$a_n=a_1=\frac{1}{2}\left\{(3+2\sqrt{2})+\frac{1}{3+2\sqrt{2}}\right\}$$
$$=\frac{1}{2}\{(3+2\sqrt{2})+(3-2\sqrt{2})\}=3>0$$

$$b_n=b_1=\frac{1}{2\sqrt{2}}\left\{(3+2\sqrt{2})-\frac{1}{3+2\sqrt{2}}\right\}$$
$$=\frac{1}{2\sqrt{2}}\{(3+2\sqrt{2})-(3-2\sqrt{2})\}=2>0$$

よって，$n=1$ のときは成り立つ。

(ii) $n=k$ のとき，成り立つと仮定すると

a_k，b_k はともに正の整数となり，②，③より，$a_{k+1}=3a_k+4b_k$，$b_{k+1}=2a_k+3b_k$ なので，a_{k+1}，b_{k+1} はともに正の整数となる。

よって，$n=k+1$ のときも成り立つ。

以上より，a_n と b_n は常に正の整数であることが示された。

(証明終)

解説

《等比数列であることの証明，漸化式，数学的帰納法》

(1)　$c_{n+1}=rc_n$，$d_{n+1}=r'd_n$　(r，r' は定数) の形で表されることを示せばよい。

(2)　(1)を利用して a_n，b_n について式を整理し，両辺の係数を比較すればよい。

(3)　自然数 n に関する命題が，すべての自然数 n に対して成り立つこと

を示すためには，次の(i)，(ii)を示せばよい。

(i) $n=1$ のとき，この命題が成り立つ。

(ii) $n=k$ のとき，この命題が成り立つと仮定すると，$n=k+1$ のときもこの命題が成り立つ。

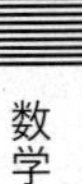

◀文系学部▶

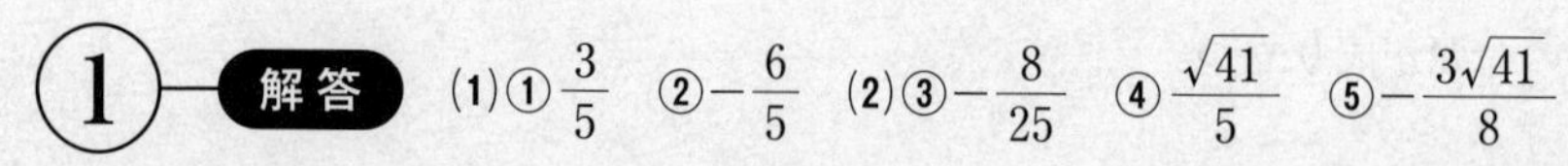

1　解答　(1)①$\frac{3}{5}$　②$-\frac{6}{5}$　(2)③$-\frac{8}{25}$　④$\frac{\sqrt{41}}{5}$　⑤$-\frac{3\sqrt{41}}{8}$

解説

《小問2問》

(1)　$x-2y=3$ のとき　　$x=3+2y$　……(＊)

$$\therefore\quad x^2+y^2=(3+2y)^2+y^2$$
$$=5y^2+12y+9$$
$$=5\left(y+\frac{6}{5}\right)^2+\frac{9}{5}$$

よって，x^2+y^2 は $y=-\frac{6}{5}$ のとき最小値をとり，このとき(＊)より

$$x=3+2\left(-\frac{6}{5}\right)=\frac{3}{5}$$

よって，$x-2y=3$ のとき，x^2+y^2 は $x=\frac{3}{5}$，$y=-\frac{6}{5}$　(→①，②）で最小値をとる。

(2)　　$0\leqq\theta\leqq\pi$，$\sin\theta+\cos\theta=\frac{3}{5}$　……(＊)

(＊)の両辺を2乗して

$$\sin^2\theta+2\sin\theta\cos\theta+\cos^2\theta=\frac{9}{25}$$

$$1+2\sin\theta\cos\theta=\frac{9}{25}$$

$$2\sin\theta\cos\theta=-\frac{16}{25}$$

$$\therefore\quad \sin\theta\cos\theta=-\frac{8}{25}\quad(\to③)$$

よって，$0\leqq\theta\leqq\pi$ より $\sin\theta\geqq0$ なので $\cos\theta<0$ であり，$\sin\theta-\cos\theta>0$ である。すると

$$(\sin\theta-\cos\theta)^2=\sin^2\theta-2\sin\theta\cos\theta+\cos^2\theta$$

$$=1-2\cdot\left(-\frac{8}{25}\right)$$

$$=\frac{41}{25}$$

$\therefore\quad \sin\theta-\cos\theta=\dfrac{\sqrt{41}}{5}$　(→④)

$$\tan\theta-\frac{1}{\tan\theta}=\frac{\sin\theta}{\cos\theta}-\frac{\cos\theta}{\sin\theta}$$

$$=\frac{\sin^2\theta-\cos^2\theta}{\sin\theta\cos\theta}$$

$$=\frac{(\sin\theta+\cos\theta)(\sin\theta-\cos\theta)}{\sin\theta\cos\theta}$$

$$=\frac{\dfrac{3}{5}\cdot\dfrac{\sqrt{41}}{5}}{-\dfrac{8}{25}}$$

$$=-\frac{3\sqrt{41}}{8}$$　(→⑤)

2　解答　(1)①，②4, 7　(2)③ $\frac{5}{2}$　④ $\frac{15}{2}$　⑤ $\frac{25}{3}$

解説

《小問2問》

(1)　$2\log_3(x-1)-\log_3(x-3)=2$　……(＊)

真数条件より　$x-1>0$　かつ　$x-3>0$　すなわち　$x>3$

このとき，(＊)を解くと

$$\log_3(x-1)^2=\log_3 9+\log_3(x-3)$$

$$=\log_3 9(x-3)$$

$\therefore\quad (x-1)^2=9(x-3)$

$x^2-11x+28=0$　　$(x-4)(x-7)=0$

$\therefore\quad x=4,\ 7$　(→①，②)　($x>3$ を満たす)

(2)　$C_1: x^2+y^2=25$，$C_2: (x+2)^2+\left(y+\dfrac{3}{2}\right)^2=r^2$　$(r>0)$

C_1 は中心 $(0,\ 0)$，半径 5 の円であり，C_2 は中心 $\left(-2,\ -\dfrac{3}{2}\right)$，半径 r の円である。2 点 $(0,\ 0)$，$\left(-2,\ -\dfrac{3}{2}\right)$ の距離を d とすると

$$d=\sqrt{2^2+\left(\frac{3}{2}\right)^2}=\frac{5}{2}$$

よって，円 C_2 が円 C_1 に内接するとき，(C_2 の半径)$+d=$(C_1 の半径) となればよいので

$$r+\frac{5}{2}=5$$

$$\therefore\quad r=\frac{5}{2}\quad (\to③)$$

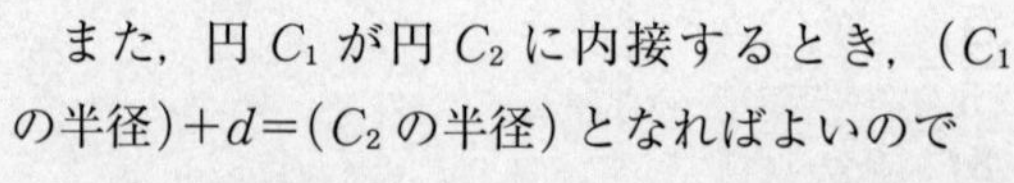

また，円 C_1 が円 C_2 に内接するとき，(C_1 の半径)$+d=$(C_2 の半径) となればよいので

$$5+\frac{5}{2}=r$$

$$\therefore\quad r=\frac{15}{2}\quad (\to④)$$

さらに，$y=-\dfrac{4}{3}x+k\ \ (k>0)$ すなわち $4x+3y-3k=0\ \ (k>0)$ と，点 $(0,\ 0)$ との距離を d' とすると

$$d'=\frac{|4\cdot 0+3\cdot 0-3k|}{\sqrt{4^2+3^2}}=\frac{3}{5}k$$

よって，直線 $y=-\dfrac{4}{3}x+k\ \ (k>0)$ が円 C_1 と接するとき，$d'=$(C_1 の半径) となればよいので

$$\frac{3}{5}k=5$$

$$\therefore\quad k=\frac{25}{3}\quad (\to⑤)$$

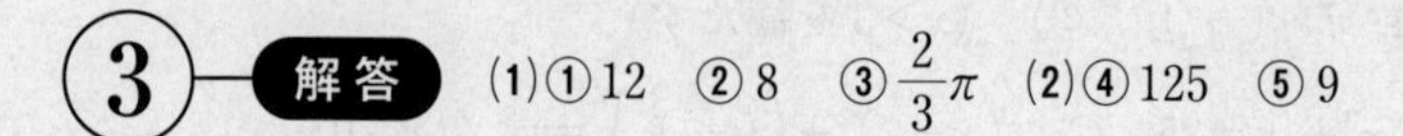

3 解答 (1)① 12 ② 8 ③ $\dfrac{2}{3}\pi$ (2)④ 125 ⑤ 9

解説

《小問2問》

(1)　$|\vec{x}|=2$，$|\vec{y}|=5$ のとき

$$|\vec{x}+2\vec{y}|^2=|\vec{x}|^2+4\vec{x}\cdot\vec{y}+4|\vec{y}|^2$$
$$=2^2+4\vec{x}\cdot\vec{y}+4\cdot5^2$$
$$=104+4\vec{x}\cdot\vec{y}$$

$\therefore\quad |\vec{x}+2\vec{y}|=2\sqrt{26+\vec{x}\cdot\vec{y}}$

ここで，$\vec{x}$ と $\vec{y}$ のなす角を θ　($0\leqq\theta\leqq\pi$) とすると

$$\vec{x}\cdot\vec{y}=|\vec{x}||\vec{y}|\cos\theta=2\cdot5\cdot\cos\theta=10\cos\theta$$

$-1\leqq\cos\theta\leqq1$ より　　$-10\leqq\vec{x}\cdot\vec{y}\leqq10$

よって，$|\vec{x}+2\vec{y}|$ は，$\vec{x}\cdot\vec{y}=10$ のとき最大値 12　(→①) をとり，$\vec{x}\cdot\vec{y}=-10$ のとき最小値 8　(→②) をとる。

また，$|\vec{x}+2\vec{y}|=2\sqrt{21}$ のとき

$$2\sqrt{26+\vec{x}\cdot\vec{y}}=2\sqrt{21}$$
$$\vec{x}\cdot\vec{y}=-5$$
$$10\cos\theta=-5$$
$$\cos\theta=-\frac{1}{2}$$

よって　　$\theta=\frac{2}{3}\pi$　(→③)

(2)　　$2+2^2+2^3+\cdots+2^n=\frac{2(2^n-1)}{2-1}=2(2^n-1)$

よって，第 n 群の最後の項はこの数列の $2(2^n-1)$ 番目の項であり，$a_n=2n+1$ より，その数は

$$2\cdot2(2^n-1)+1=2^{n+2}-3$$

$b_n=2^{n+2}-3$ とおくと，$b_5=2^7-3=125$ より，第5群の最後の数は

125　(→④)

また，$b_8=2^{10}-3=1021$，$b_9=2^{11}-3=2045$ より，2023 は第9群　(→⑤) に含まれる。

4　**解答**　(1)① 33　② 32　(2)③ 8　(3)④, ⑤ 2, $\frac{50}{27}$（順不同）

解説

《接線の方程式，共有点の x 座標，共有点の個数》

$C：f(x)=x^3-4x^2+5x$

$f'(x)=3x^2-8x+5$

(1)　l の方程式は　　$y-f(-2)=f'(-2)(x+2)$

$\therefore\ y=33(x+2)-34$

$=33x+32$

よって，l の方程式を $y=ax+b$ とすると　　$a=33$，$b=32$　（→①，②）

(2)　l の方程式と C の方程式から y を消去して

$33x+32=x^3-4x^2+5x$

$x^3-4x^2-28x-32=0$　　$(x+2)^2(x-8)=0$

$\therefore\ x=-2,\ 8$

よって，l と C の 2 個の共有点のうち，A と異なる点の x 座標は　　8

（→③）

(3)　$f'(x)=(3x-5)(x-1)$

x	$\cdots$	1	$\cdots$	$\frac{5}{3}$	$\cdots$
$f'(x)$	+	0	−	0	+
$f(x)$	↗	2	↘	$\frac{50}{27}$	↗

よって，下の図より，直線 $y=k$ は，$k=2$ または $k=\frac{50}{27}$　（→④，⑤）のとき，C とちょうど 2 個の共有点をもつ。

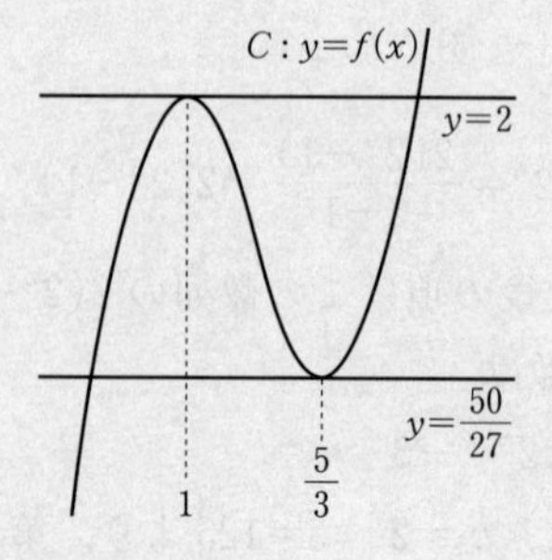

物　理

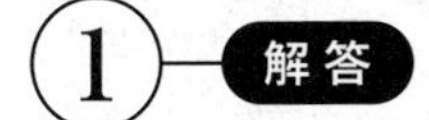

Ⅰ．(a) mg　(b) $\dfrac{F}{m}$

Ⅱ．(c) μmg　(d) $\dfrac{F}{m}-\mu g$　(e) $F>\mu mg$

Ⅲ．(f) $mg\sin\theta$　(g) $mg\cos\theta$　(h) $\mu mg\cos\theta$

(i) $\dfrac{F}{m}-\mu g\cos\theta-g\sin\theta$　(j) $F>\mu mg\cos\theta+mg\sin\theta$

(k) $W=F\cdot L$　(l) $U=mgL\sin\theta$　(m) $W_{\mu}=-\mu mgL\cos\theta$

(n) $K=FL-\mu mgL\cos\theta-mgL\sin\theta$　(o) $W+W_{\mu}=K+U$

Ⅳ．(p) $F>mg\sqrt{1+\mu^2}\sin(\theta+\delta)$　(q) $F>mg\sqrt{1+\mu^2}$

解説

《摩擦のある面上での運動方程式，仕事とエネルギー》

Ⅰ．物体にはたらく力は右図のようになる。

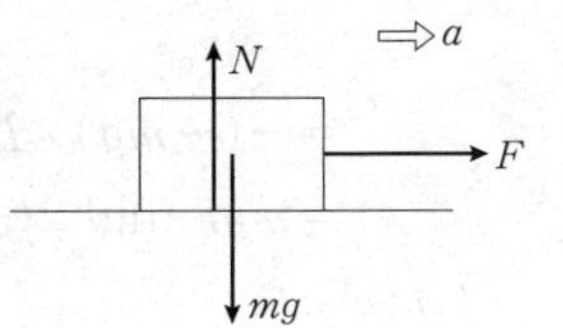

よって，垂直抗力の大きさを N，加速度の大きさを a とすると，鉛直方向の力のつりあい，水平方向の運動方程式より

$N=mg$　(→(a))

$ma=F$　　$a=\dfrac{F}{m}$　(→(b))

Ⅱ．摩擦力の大きさは

$\mu N=\mu mg$　(→(c))

物体にはたらく力は右図のようになる（f は動摩擦力）。水平方向の運動方程式より

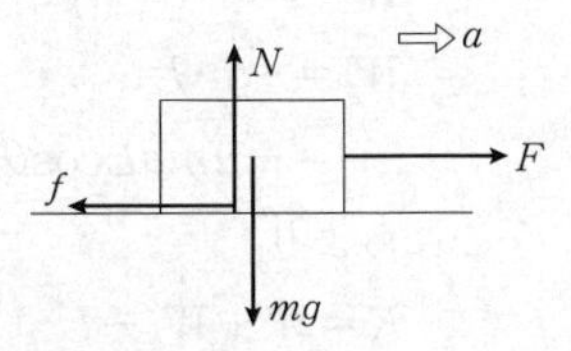

$ma=F-\mu mg$

$a=\dfrac{F}{m}-\mu g$　(→(d))

物体が運動するためには　$a>0$　　$F>\mu mg$　(→(e))

Ⅲ．物体にはたらく力は次図のようになるので，重力の斜面に平行な成分

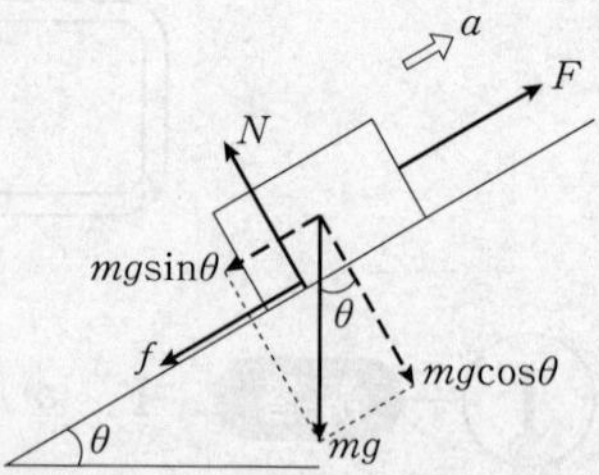

と垂直な成分はそれぞれ

$mg\sin\theta$, $mg\cos\theta$　(→(f), (g))

斜面に垂直な方向の力のつりあい，斜面に平行な方向の運動方程式より

$N = mg\cos\theta$　　$f = \mu N = \mu mg\cos\theta$　(→(h))

$ma = F - \mu mg\cos\theta - mg\sin\theta$

$a = \dfrac{F}{m} - \mu g\cos\theta - g\sin\theta$　(→(i))

題意より，$a>0$ のとき物体が運動をはじめるので

$F > \mu mg\cos\theta + mg\sin\theta$　(→(j))

また，物体にはたらくすべての力のする仕事 $W_{全}$ と運動エネルギーの変化量 $\varDelta K$ との関係 $W_{全} = \varDelta K$ を考える。ここで $W_{全}$ は，重力のする仕事 W_g を用いると $W_{全} = W + W_g + W_\mu$ となる。よって

$W + W_g + W_\mu = K$

一方，重力による位置エネルギー U は

$U = -W_g$

$= -(-mg)\times L\sin\theta$

$= mgL\sin\theta$　(→(l))

したがって

$W + W_\mu = K + U$　(→(o))

また

$W = F\cdot L$　(→(k))

$W_\mu = -f\cdot L$

$= -\mu mgL\cos\theta$　(→(m))

これらより

$K = W + W_\mu - U$

$= FL - \mu mgL\cos\theta - mgL\sin\theta$　(→(n))

Ⅳ. (j)と与式より

$\mu mg\cos\theta + mg\sin\theta = mg\sqrt{1+\mu^2}\sin(\theta+\delta)$

よって

$$F>mg\sqrt{1+\mu^2}\sin(\theta+\delta) \quad (\to(p))$$

θ が任意の角度であっても $\sin(\theta+\delta)\leqq 1$ であるので

$$F>mg\sqrt{1+\mu^2} \quad (\to(q))$$

であれば，題意を満たす。

2 **解答** Ⅰ．(あ) $k\dfrac{q}{4a^2}$　(い) $k\dfrac{q}{2a}$　(う) $k\dfrac{q^2}{2a}$

(え) $k\dfrac{q}{4a^2}$　(お) $k\dfrac{q}{4a^2}$　(か) 0　(き) $k\dfrac{q^2}{4a^2}$　(く) 0　(け) 0

①―カ　②―シ　③―ケ

Ⅱ．(こ) 0.040　(さ) 1.3×10^2　(し) 0.020　(す) 2.0×10^2　(せ) 0.030　(そ) 2.0

④ $5-V-100I=0$

Ⅲ．クリップ間の距離 x〔cm〕を定規で測り，可変抵抗器の抵抗値 R_x を

$$R_x=\frac{x}{100}\cdot 5$$

$$=\frac{x}{20}〔\Omega〕$$

で見積る。

解説

《電場と電位，非直線抵抗を含む回路》

Ⅰ．電気量 q の点電荷が距離 r の地点に及ぼす電場の強さ E および電位 V は

$$E=k\frac{q}{r^2}$$

$$V=k\frac{q}{r}$$

よって，点Bにおける電場の強さ E_{AB} は

$$E_{AB}=k\frac{q}{(2a)^2}=k\frac{q}{4a^2} \quad (\to(あ))$$

電場の向きは $\overrightarrow{AB}$ の向きであるからカとなる。(→①)

電位 V_{AB} は

$$V_{AB}=k\frac{q}{2a}\quad (\rightarrow(い))$$

電気量 q を点Bから点Oまで，ゆっくりと移動させるのに必要な仕事量 W は，点Oでの電位を V_{AO} とすると

$$W=qV_{AO}-qV_{AB}$$
$$=q\left(k\frac{q}{a}-k\frac{q}{2a}\right)$$
$$=k\frac{q^2}{2a}\quad (\rightarrow(う))$$

点A，点Cの点電荷による電場の様子は右図のようになる。$-q$ の点電荷による電場は，シ　(→②) の向きに強さ E_{CB} が

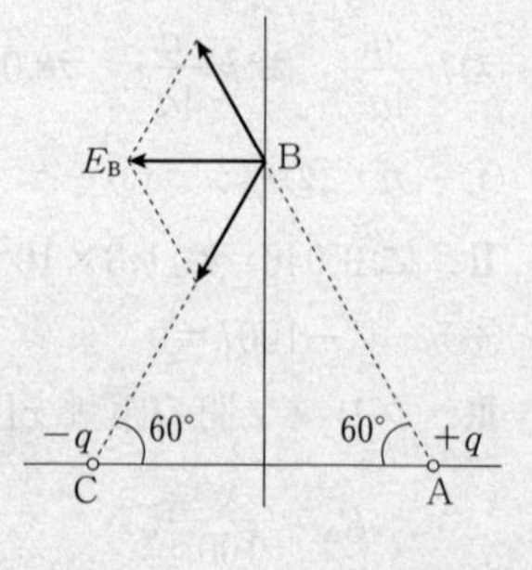

$$E_{CB}=k\frac{q}{(2a)^2}=k\frac{q}{4a^2}\quad (\rightarrow(え))$$

電場は力と同様にベクトルであることに注意すると，点Bでの電場は，ケ　(→③) の向きに強さ E_B が

$$E_B=\frac{1}{2}k\frac{q}{(2a)^2}\times 2$$
$$=k\frac{q}{4a^2}\quad (\rightarrow(お))$$

一方，点Bの電位 V_B は，エネルギーと同様にスカラーであることに注意すると

$$V_B=k\frac{q}{2a}+k\frac{-q}{2a}$$
$$=0\quad (\rightarrow(か))$$

これらより，電気量 q の点電荷が点Bで受ける力 F_B は

$$F_B=qE_B$$
$$=k\frac{q^2}{4a^2}\quad (\rightarrow(き))$$

また，点Oの電位 V_O は，V_B と同様に0　(→(く)) となるので，求める仕事量 W は

$$W=q(V_O-V_B)$$
$$=0 \quad (\to(け))$$

Ⅱ． 豆電球にかかる電圧は 5.0 V なので，右図より，流れる電流は 0.040 A　(→(こ)) とわかる。抵抗値 R は

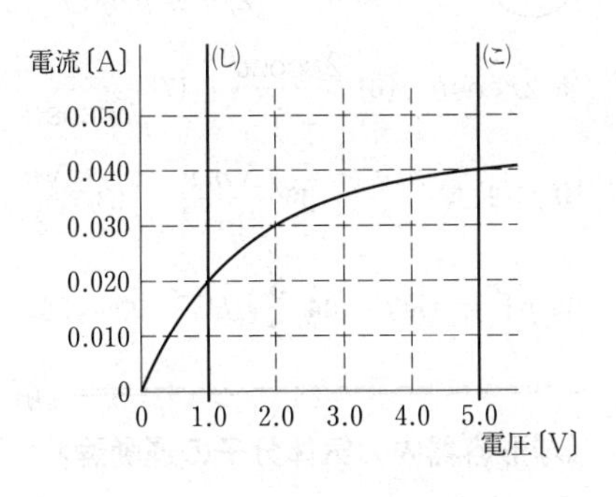

$$R=\frac{5.0}{0.040}$$
$$=125$$
$$\fallingdotseq 1.3\times10^2〔\Omega〕 \quad (\to(さ))$$

次に，豆電球にかかる電圧は 1.0 V なので，上図より流れる電流は 0.020 A　(→(し)) とわかる。よって，抵抗値 R は

$$R=\frac{5.0-1.0}{0.020}$$
$$=200$$
$$=2.0\times10^2〔\Omega〕 \quad (\to(す))$$

最後に $R=100\,\Omega$ にしたときを考える。キルヒホッフの第二法則より

$$5-V-100I=0 \quad (\to④)$$
$$I=\frac{5-V}{100}$$

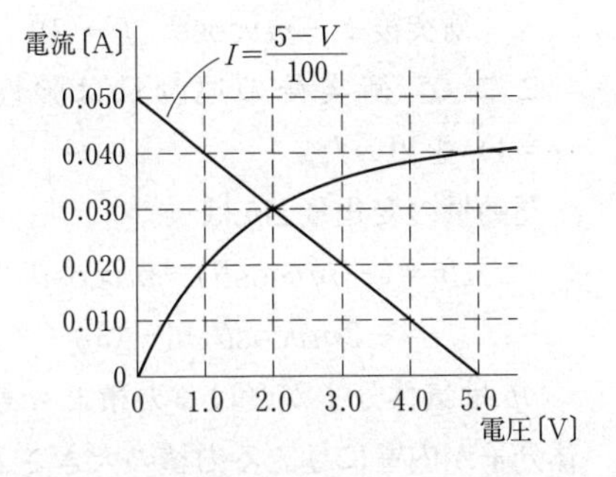

この式が表すグラフと電流電圧特性曲線との交点は，右図より

$$I=0.030\text{ A} \quad (\to(せ))$$
$$V=2.0\text{ V} \quad (\to(そ))$$

Ⅲ． ニクロム線の抵抗は，長さに比例すると考えられる。

3 解答　**I．**(ア) 0となる　(イ)変わらない　(1) $mv\cos\theta$

(2) $-mv\cos\theta$　(3) $-2mv\cos\theta$　(4) $2mv\cos\theta$

(5) $2r\cos\theta$　(6) $\dfrac{2r\cos\theta}{v}$　(7) $\dfrac{vt}{2r\cos\theta}$　(8) $\dfrac{mv^2t}{r}$

II． (9) $N\dfrac{mv^2}{r}$　(10) $\dfrac{Nmv^2}{4\pi r^3}$　(11) $\dfrac{Nmv^2}{3V}$　(12) $\dfrac{3}{2}pV$

(13) $pV=nRT$　(14) $\dfrac{3}{2}nRT$　(ウ)内部エネルギー

解説

《球形容器内の気体分子の運動論》

I． 内壁がなめらかであるので，直線 OP に垂直な力の成分は 0 となる。（→(ア)）

よって，その方向では運動量は変わらない。（→(イ)）

直線 OP に平行な運動量の成分は，右図より

衝突前：$mv\cos\theta$　（→(1)）

衝突後：$-mv\cos\theta$　（→(2)）

ここで，衝突後の運動量は弾性衝突（$e=1$）を用いた。

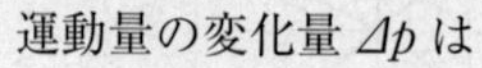

運動量の変化量 Δp は

$$\Delta p=(-mv\cos\theta)-mv\cos\theta$$
$$=-2mv\cos\theta \quad (\to(3))$$

Δp は気体分子が受ける力積でもある。作用反作用の法則より，この気体分子が内壁に与える力積の大きさ I は

$$I=|-\Delta p|$$
$$=2mv\cos\theta \quad (\to(4))$$

直線 PQ の距離 l は $l=2r\cos\theta$（→(5)）なので，移動に要する時間 T は

$$T=\frac{l}{v}$$
$$=\frac{2r\cos\theta}{v} \quad (\to(6))$$

したがって，t 秒間に気体分子が衝突する回数 N は

$$N=\frac{t}{T}$$

$$=\frac{vt}{2r\cos\theta}\quad(\to(7))$$

1回の衝突で I の力積を与えることから求める力積の大きさの和 I_N は

$$I_N=I\times N$$

$$=2mv\cos\theta\times\frac{vt}{2r\cos\theta}$$

$$=\frac{mv^2t}{r}\quad(\to(8))$$

Ⅱ. 1個の気体分子が及ぼす力が F なので，求める力の大きさの和 F_N は

$$F_N=N\frac{mv^2}{r}\quad(\to(9))$$

よって圧力 p は，表面積 $4\pi r^2$ を用いると

$$p=\frac{F_N}{4\pi r^2}$$

$$=\frac{Nmv^2}{4\pi r^3}\quad(\to(10))$$

ここで，球形容器の体積 V は $V=\frac{4}{3}\pi r^3$ なので

$$p=\frac{\frac{1}{3}Nmv^2}{\frac{4}{3}\pi r^3}$$

$$=\frac{Nmv^2}{3V}\quad(\to(11))$$

この式より

$$\frac{1}{2}Nmv^2=\frac{3}{2}pV\quad(\to(12))$$

理想気体の状態方程式 $pV=nRT$ (→(13)) と比較して

$$\frac{1}{2}Nmv^2=\frac{3}{2}nRT\quad(\to(14))$$

これが，内部エネルギー (→(ウ)) となる。

化 学

1 解答

問1． 質量数12の炭素原子1個の質量を12とする基準。(20字程度)

問2． 中性子数が異なることにより質量数が異なるから。(20字程度)

問3． ①69.0%　②31.0%

問4． **1)** $\frac{m}{V}$　**2)** $\frac{a^3m}{V}$　**3)** $\frac{a^3m}{Vn}$　**4)** $\frac{MnV}{a^3m}$　**5)** 1.0×10^{-3} mol/L

6) 5.0×10^{-8} mol　**7)** 3.1×10^{16}　**8)** 6.2×10^{23} /mol

解説

《原子の構造，アボガドロ定数》

問3． ^{63}Cu の存在比を x〔%〕とすると，銅の原子量について次の等式を得る。

$$63.55=62.93\times\frac{x}{100}+64.93\times\frac{100-x}{100}$$

$$x=69.0〔\%〕$$

問4． **1)**　m〔g〕の金属の体積が V〔mL〕であることがわかる。

2)　質量は，質量を求めたい物体の体積とその密度の積により得られる。単位格子の体積は a^3〔cm^3〕である。

3)　単位格子中には n 個の原子が含まれている。

4)　モル質量は物質1molあたりの質量を表す。

5)　ステアリン酸の分子量は284より，求める濃度は

$$\frac{\frac{0.071}{284}}{\frac{250}{1000}}=1.0\times10^{-3}〔\text{mol/L}〕$$

6)　5)で求めた値より，水面に滴下したステアリン酸の物質量は

$$1.0\times10^{-3}\times\frac{0.050}{1000}=5.0\times10^{-8}〔\text{mol}〕$$

7)　求める分子数は　$\frac{62}{2.0\times10^{-15}}=3.1\times10^{16}$

8） 次の計算式より求められる。

$$\frac{3.1\times10^{16}}{5.0\times10^{-8}}=6.2\times10^{23}〔/mol〕$$

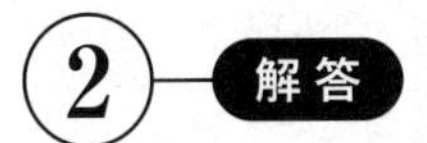

問1． (イ)

問2． ①塩化物イオン　②6個

問3． $NaCl \longrightarrow Na^{+}+Cl^{-}$

問4． ①酸素　②水素

問5． **1)**吸熱反応　**2)**$-3.9\,kJ/mol$

問6． **1)**ヘスの法則　**2)**(II)―(イ)　(IV)―(エ)　(V)―(キ)

3)$-3.8\,kJ/mol$　**4)**―(エ)

解説

《溶解熱，ボルン・ハーバーサイクル》

問1． 塩化ナトリウムは塩化物イオンとナトリウムイオンがイオン結合によって構成されているイオン結晶である。

問4． 水分子は結合の極性が大きいため，酸素原子は負電荷を帯びており，水素原子は正電荷を帯びている。ナトリウムイオンは陽イオンであるから酸素原子と結びつきやすく，塩化物イオンは水素原子と結びつきやすい。

問5．2) 溶液の質量は，90.0＋10.0＝100.0〔g〕より，10.0gのNaClが溶解したことにより吸収した熱量は

$$4.2\times100\times1.6〔J〕$$

であり，塩化ナトリウム10.0gの物質量は

$$\frac{10.0}{58.5}〔mol〕$$

したがって，塩化ナトリウムの溶解熱は

$$\frac{4.2\times100\times1.6}{\frac{10.0}{58.5}}=3.9〔kJ/mol〕$$

吸熱反応であるので，負の値をとることに注意する。

問6．2) (II) ナトリウムの状態が固体から気体に昇華しているので，昇華熱とわかる。

(IV) 気体状態の原子が気体状態の陽イオンと電子に変化するときに必要な

エネルギーであるので，イオン化エネルギーとわかる。

(V) 気体状態の原子が電子を受け取って気体状態の陰イオンに変化するときに放出するエネルギーであるので，電子親和力とわかる。

3) 塩化ナトリウムの溶解熱を Q〔kJ/mol〕とすると

$$NaCl(固)+aq=Na^{+}aq+Cl^{-}aq+Q〔kJ〕$$

であるので，問題中の図2より

$$Q=(V)+(VI)+(VII)-((I)+(II)+(III)+(IV))=-3.8〔kJ/mol〕$$

4) 氷に塩を混ぜると氷が水に変化する。これが本問における氷の状態変化である。したがって，融解熱とわかる。

3 解答

問1． (a)多価アルコール　(b)酸化

問2． ①―(エ)　②―(イ)

問3． 疎水性の部分が少なく，親水性をもつヒドロキシ基が水分子と水素結合を生じ，水和しやすいため。(40字程度)

問4． 分子量が大きくなるにつれてファンデルワールス力が大きくなるから。(30字程度)

問5． **A．** $CH_3-C(=O)-OH$　**B．** CH_3-CH_2-OH

C． $CH_3-C(=O)-O-CH_2-CH_3$

問6． $\left[-C(=O)-C_6H_4-C(=O)-O-CH_2-CH_2-O-\right]_n$

問7． **1)** ① 2.0 mol　② 2.0 mol　**2)** ① 4.0×10^{2} g　② 54 g

3) 繰り返しエステル結合の形成が妨げられるから。(20字程度)

解説

《アルコールとエステル》

問7．1) テレフタル酸とエチレングリコールは物質量比1：1で反応する。

テレフタル酸は　$\dfrac{332}{166}=2.00$〔mol〕

エチレングリコールは　$\frac{155}{62}=2.50$〔mol〕

存在するため，それぞれ2.0 molずつ反応する。

2）

$$n\mathrm{HO-\overset{O}{\overset{\|}{C}}-C_6H_4-\overset{O}{\overset{\|}{C}}-OH} + n\mathrm{HO-CH_2-CH_2-OH}$$

$$\longrightarrow \mathrm{HO}\left[\mathrm{\overset{O}{\overset{\|}{C}}-C_6H_4-\overset{O}{\overset{\|}{C}}-O-CH_2-CH_2-O}\right]_n\mathrm{H} + (2n-1)\mathrm{H_2O}$$

本問では反応物はそれぞれ2.0 molずつ反応するので，$n=2$である。

①ポリエチレンテレフタラートの分子量は$192n+18$であるから

$192\times2+18=402\fallingdotseq4.0\times10^2$〔g〕

②水は3.0 mol生じるので

$3.0\times18=54$〔g〕

生 物

① 解答

問1．a．受容 b．水晶体 c．大
d．桿体 e．盲斑
問2．A－(ア) B－(ウ) C－(イ)
問3．(オ)
問4．0.7

解説

《ヒトの眼の構造，視細胞》

問3． 桿体細胞は弱光下ではたらく視細胞である。桿体細胞は視物質としてロドプシンをもち，ロドプシンは光照射によって分解し，その際に桿体細胞を興奮させる。よって，(オ)を選ぶ。

問4． 比の関係に注目して計算するとよい。

$20:7=2:x \qquad x=0.7$〔cm〕

② 解答

問1．a．炭酸同化 b．窒素同化 c．チラコイド
d．グラナ e．ストロマ
f．カルビン回路（カルビン・ベンソン回路） g．解糖系
問2．$NH_4{}^+$
問3．核，ミトコンドリア
問4．(エ)
問5．クロロフィル a，クロロフィル b，カロテン，キサントフィルから2つ。
問6．Ⅰ．5 Ⅱ．3
問7．w－(カ) x－(エ) y－(イ) z－(ア)
問8．孔辺細胞

解説

《光合成と窒素同化，葉の構造》

問3． 二重膜構造をもつ細胞小器官は，核，葉緑体，ミトコンドリアの3つである。

問5． 陸上植物の光合成色素はクロロフィルa，クロロフィルb，カロテン，キサントフィルの4つである。これらのうちから2つを答える。なお，クロロフィルa，bなどをまとめてクロロフィル，カロテンとキサントフィルをまとめてカロテノイドと答えることも可。

3　解答

問1． (イ)・(オ)・(カ)

問2． 細胞質どうしがつながった多核の胚である。

問3． (イ)

問4． (X)―(イ)　(Y)―(ア)

問5． (ウ)，(イ)，(エ)，(ア)

問6． (エ)・(カ)

解説

《ショウジョウバエの発生に関わる遺伝子，ショウジョウバエの分類》

問1． 昆虫は(イ)真核生物である。原口が将来の口になる(オ)旧口動物に属し，(カ)節足動物に分類される。

問2． ショウジョウバエの発生のごく初期には核だけが分裂し，胚の表層に位置するようになる。核の周囲には細胞膜の仕切りが部分的にできるが，細胞質どうしはつながっている。そのため，ビコイドタンパク質やナノスタンパク質が胚全体で濃度勾配を形成することができる。

問3． ビコイド遺伝子は母性効果遺伝子である。卵が形成される過程でメスの体細胞で合成されたビコイドmRNAが未授精卵の中に移送される。メス親から移送されたビコイドmRNAは卵の前端に局在し，胚の頭側を決定する。正常なビコイド遺伝子をもたないaaのメスは卵内に正常なビコイドmRNAを移送できないので，受精卵はビコイドmRNAを含まず正常に発生できない。このとき，オスの遺伝子型がAaの場合，受精卵の半数はAaの遺伝子型となるが，正常発生に必要となるメス親由来のビコイドmRNAが卵内に存在しないので，正常発生できない。よって，(イ)を選ぶ。

問4． (X)　リード文にコーダルmRNAはビコイドタンパク質により，翻訳が抑制されるとあるので，ビコイドタンパク質が多い前方ではコーダルタンパク質が分布しないはずである。よって，(イ)を選ぶ。

(Y)　リード文にハンチバックmRNAはナノスタンパク質により，翻訳が抑制されるとあるので，ナノスタンパク質が多い後方ではハンチバックタンパク質が分布しないはずである。よって，(ア)を選ぶ。

問5． ビコイドタンパク質とナノスタンパク質の濃度勾配により胚の前後軸が決定され，その後3種類の分節遺伝子が順番に発現する。まず，(ウ)ギャップ遺伝子群，次に(イ)ペアルール遺伝子群，その後(エ)セグメントポラリティー遺伝子群が発現する。これらの遺伝子により体節の前後の位置関係が決定されると，各体節を特徴づける遺伝子である(ア)ホメオティック遺伝子群が発現し，それぞれの体節に翅や脚などの特定の構造物が形成されるようになる。

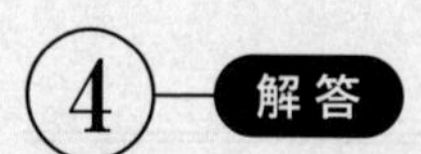

問1． 2個

問2． X．デオキシリボース　Y．リボース

問3．「AとT」「GとC」

問4． Xでは塩基にチミンが含まれているものがあるが，Yではチミンのかわりにウラシルが含まれている。

問5． ゲノム

問6． 合成中のDNAの新生鎖の糖の3′炭素に存在するカルボキシ基とXのリン酸が結合することで新生鎖は伸長するが，Zが取り込まれた新生鎖では3′炭素にカルボキシ基が存在せず，次のXのリン酸と結合することができないため。

問7． (a)A　(b)C　(c)C　(d)A　(e)T　(f)G

解説

《DNA・RNAの構造，サンガー法》

問1． すでに合成されたDNA鎖中のヌクレオチドには，リン酸―デオキシリボース―塩基が繰り返し単位として含まれる。DNAの材料となるヌクレオチド（問題中の図1のX）にはリン酸が3個あるので，DNA合成の過程でリン酸が2個取り除かれるのがわかる。

問5．「ある生物が生命活動を営むのに必要な一通りの遺伝情報の総体」とはゲノムのことである。ゲノム1つ分は，生殖細胞（卵や精子）に含まれるDNAと同じであり，核相はnと対応している。

問7． DNA鎖は5′→3′方向に合成される。Zが取り込まれて新生鎖の合成が初期の段階で停止すると，短い新生鎖が生じる。このことから，短い DNA 断片側がより 5' 末端側の配列を含み，長い DNA 断片になるほど 3' 末端側の配列を含むことになる。また，電気泳動では短い鎖ほど遠くまで移動する。これらのことから，実験結果を見ていくと以下のようになる。

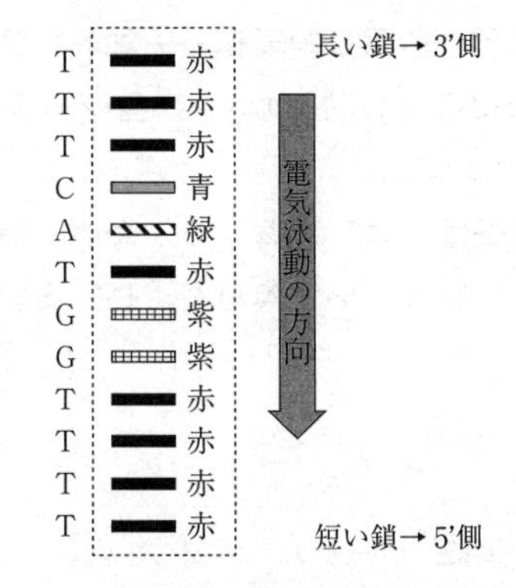

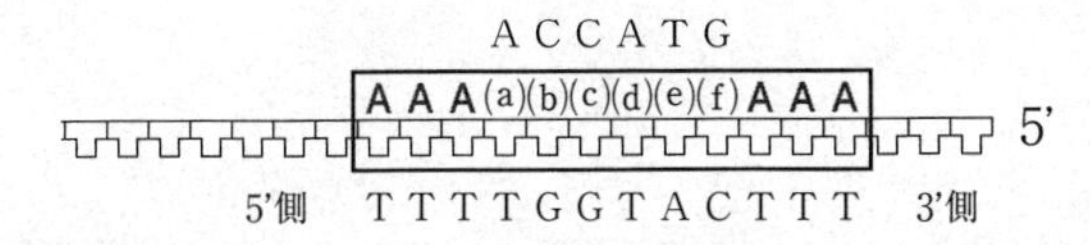

合成されるのは，問題中の図 4 の下側の鎖なので，5' → 3' の向きに注意して塩基を並べ，上側の鎖の(a)〜(f)の塩基を決定していく。

国語

1

出典　中山元『労働の思想史――哲学者は働くことをどう考えてきたのか』〈序として　働くという営みの分類について〉（平凡社）

解答

問1　**a**、卓越　**b**、隔絶　**c**、軽蔑　**d**、縫

問2　**ア**、わずら　**イ**、おこた　**ウ**、かて　**エ**、かんか

問3　2

問4　4

問5　4

問6　**Ⅱ**、自由　**Ⅲ**、無償

問7　5

問8　6

問9　政治

問10　1

問11　3

解説

問3　Ⅰの段落内で、労働を意味する「ポノス」と仕事を意味する「エルゴン」の二つの語源が異なる説明がある。ペニア・ポネオマイ→ポノス、エルガゾマイ→エルゴンという言葉の受け継がれ方を押さえ、それぞれ異なる印などをつけて場合分けしながら読んでみよう。1と3は、語の意味の説明がちぐはぐで不適。4は最後の「…誕生したもの」が不適。受け継がれ方の説明がⅠの段落内と異なる。5の前半はペニアの説明ではなく、ポネオマイの説明なので不適。

問4　傍線部の理由と合致するのは、4である。女神エリスは人々に競争心を植えつけ、人々は「仕事」をするようになったと傍線部の前に書かれている。怠けがちな人も含め、人々が「仕事」をするようになったきっかけを作ったので、女神エリスは人間にとって有益なのである。

問5　第六段落を「身体の労働」部分の説明と、「手の仕事」部分の説明とに分けて読み進めてみよう。空白部Ⅴの後には、「労働」についての説

明がある。Wの前には手を使う説明がある。XからYにかけては、反論を容認するような表現で「仕事」の固有性が説明されている。正解は、4。

問6　傍線部4のある第十八段落冒頭の一文に着目しよう。第十七段落を読んでみると空白部Ⅱに「公的」が入りそうな感じもあるが、第十三段落にもあるように「仕事」も公的な意味をそなえていると書かれている。傍線部2を改めてよく読んでみよう。「活動という営みを、労働や仕事とは明確に異なる特別な次元の行為として捉え」とある。「労働」や「仕事」と明確に異なる「活動」の特徴は「公的」ではなく「自由」のほうである。「活動」は、さらに「無償」で行われるものである。

問7　第十二段落の後半部と第十七段落第二文に着目しよう。古代ギリシアのポリスにおいて「労働」の位置づけは「生活」を維持するためであり、「必要性と必然性に支配されていた」（第十二段落最終文）。第十七段落にずばり解答の根拠となる「生活と自然の必然性」という表現はあるが、この部分を待たずとも、第十二段落の「労働」の説明から選択肢を絞ることができる。

問8　「享受」は〝受け入れて、生活や心を豊かにすること〟という意である。正解は、6。

問9　古代において公的なことがらを担う活動は「自由」で「無償」で行われるものだったが、現代では「職業」となっている。傍線部の後のマックス・ウェーバーからの引用にもあるように「政治を職業とする真の人間たち」が担う活動となっている。現代の「政治」家のことである。

問10　「その意味」の「その」が指すのは、同じ段落のそこまでの内容すべてである。その中でも特に第二文に着目しよう。現代では、「労働」や「仕事」や「活動」といった枠にとらわれずにすべての営みが、社会的評価を得るための行為であると書かれていることを読み取ろう。正解は、1。「意義」とは〝意味〟や〝価値〟の意である。

問11　3は、第九・十段落の説明に合致しており、正解となる。1は「東洋の言語における」が不適。このような限定的な説明は本文中にない。2は「ウーヴル」の部分が第五段落の内容と合わない。4の大部分は古代の説明なのにもかかわらず、前半部分に「近代社会における」とあるので、つじつまが合わない。5の説明は本文中にはないので、不適。

② 出典 無住『沙石集』〈巻第七ノ一〉

解答

問1 8
問2 2
問3 め
問4 ほんのわずかの間と（十字以内）
問5 1
問6 3
問7 5
問8 2・4

解説

問1 「女人」なのか「僧」なのか、動作の主体を問うものである。動作の主体は傍線で示すようになる。二重傍線部aは、本尊を造立するために準備したときのままの状態で金を取り出してきて、女人が僧にわたした。bは、あまりの意外さに僧が驚いた。cは、十両は私（＝僧）があなたに差し上げよう。dは、私（＝僧）はちょっとした領地などを治めている身であるので。eは、あなた（＝女人）が財産の管理をしてください。fは、そのまま僧に連れられて奥州に下り、女人は生計を預かりながら、…。よって、8が正解。

問2 「あさまし」は〝驚きあきれる〟の意。一行前の「認めし」は（僧がもともと）〝準備した〟の意。僧としては、自分がなくしたと思っていた金がそっくりそのまま戻ってきたので、意外であり、驚いたのである。2が正解。

問3 すぐ上にある係助詞「こそ」の結びとして、已然形「め」が正解である。ここでは推量もしくは意志の訳が当てはまる。

問4 形容動詞「あからさまなり」は、主に①〝急だ〟と、②〝ほんのちょっとだ〟の意がある。傍線部2の後に「この宿に一両年住み侍り」（＝この宿に一、二年住んでおります）とあることから、②の意が当てはまる。かりそめの住まいだと思っていたら、長く住むこととなったのです、と僧に話をしている場面である。

問5 副詞「さては」は〝その状態のままでは、それでは〟の意。「に」は断定の助動詞「なり」の連用形、「こそ」は係助詞で、体言＋に＋こそ

＋あら＋めの形で〝…であるだろう〟などと訳す。ここでは〝どこに行くのも同じ旅であろう〟の意。「こそ」の後の結びの「あれ」や「あらめ」は省略されることも多い。「いざ」は感動詞〝さあ〟の意。「いざ給へ」や「いざさせ給へ」は〝さあ一緒にいらしてください〟のような訳し方をすることが多い。人を誘うときに使われる古文の慣用表現である。

問6　形容詞「なはし」の補助（カリ）活用は、原則として助動詞に接続するときに用いられる。助動詞は一部の例外を除き、文字通り動詞を助けやすい品詞であり、形容詞の本活用には接続しにくい。「べき」は助動詞「べし」の連体形。「べし」は、活用語の終止形かラ変型活用のときは連体形に接続する。補助（カリ）活用はラ変型活用なので、「べき」の上は連体形の「なはかる」が接続する。

問7　第五段落では、正直に心を保つことの大切さが書かれている。女人が拾った金を、たとえ盗賊に奪われなかったとしても、どれほど維持できるだろうか、いやできないだろう、という正直な心を保つことを勧める内容が、ここでは反語文によって強く述べられている。5が正解。

問8　2は、第四段落の内容と合致する。4は第五段落の内容と合致する。
1の後半「自らを…である」は本文に書かれていないので、不適。3は、前半部と後半部で原因と結果が本文内容と異なる。本文では、不正な利益にとらわれない正直なふるまいを要因とし、人からの信頼を勝ち得る恵まれた境遇となることがその結果として書かれている。5は第六段落第二文の内容と異なる。正直の者を天は助けて幸せを得させ、よこしまな心を持つ者を霊威（神仏）は罰して不幸を与える、と書かれている。煩悩にとらわれているとそもそも天は助けてはくれないので、5は合致しないと判断できる。

//////////////////// · memo · ////////////////////

//////////////////// · memo · ////////////////////

////////////////////// ・memo・ //////////////////////

//////////////////// · memo · ////////////////////

////////////////////// · memo · //////////////////////

//////////////////// · memo · ////////////////////

/////////////////// · **memo** · ///////////////////

2023年度

問題と解答

■総合型選抜公募制推薦入試

問題編

▶試験科目・配点

学部・学科等		教　科	科　　目	配　点
文		外国語	コミュニケーション英語Ⅰ・Ⅱ・Ⅲ，英語表現Ⅰ・Ⅱ	100点※
		小論文〈省略〉	国語総合問題（読解力，論理的な思考力，表現力を問う）	100点
経済・経営		外国語	コミュニケーション英語Ⅰ・Ⅱ・Ⅲ，英語表現Ⅰ・Ⅱ	100点
法		外国語	コミュニケーション英語Ⅰ・Ⅱ・Ⅲ，英語表現Ⅰ・Ⅱ	200点
マネジメント創造	英語評価型	外国語〈省略〉	コミュニケーション英語Ⅰ・Ⅱ・Ⅲ，英語表現Ⅰ・Ⅱ	100点
	数学評価型	数　学	数学Ⅰ・Ⅱ・A	100点
理工	物理	外国語	コミュニケーション英語Ⅰ・Ⅱ・Ⅲ，英語表現Ⅰ・Ⅱ	100点
		数　学	数学Ⅰ・Ⅱ・Ⅲ・A・B	200点
	生物	外国語	コミュニケーション英語Ⅰ・Ⅱ・Ⅲ，英語表現Ⅰ・Ⅱ	100点
		数　学	数学Ⅰ・Ⅱ・A・B	100点
	機能分子化	外国語	コミュニケーション英語Ⅰ・Ⅱ・Ⅲ，英語表現Ⅰ・Ⅱ	100点
		数　学	数学Ⅰ・Ⅱ・A・B	100点
知能情報		外国語	コミュニケーション英語Ⅰ・Ⅱ・Ⅲ，英語表現Ⅰ・Ⅱ	100点
		数　学	数学Ⅰ・Ⅱ・Ⅲ・A・B	200点

フロンティアサイエンス	知識活用力評価型	理 科〈省略〉	「化学基礎」,「生物基礎」のうち1科目選択	100点
	課題探究力評価型			

[教科科目型・外部英語試験活用型] 第1次選考を掲載。

▶備 考

※人間科学科は150点。

- 「数学Ⅲ」は「平面上の曲線と複素数平面」,「極限」および「微分法」,「数学B」は「数列」および「ベクトル」を出題範囲とする。
- 外部英語試験活用型では外部英語試験の得点などを外国語(英語)の得点にみなし換算する(フロンティアサイエンス学部を除く)。
- 第2次選考では面接が課される(配点:100点)。

  文(英語英米文学科を除く)・法・知能情報学部:個人面接

  文学部(英語英米文学科):個人面接(英語に関する質問,英語での質疑応答を含むことがある)

  経済・経営学部:個人面接(集団面接となることがある)

  マネジメント創造学部

  (英語評価型):個人面接(英語での応答を求めることがある)

  (数学評価型):個人面接

  理工学部(物理学科):個人面接(物理に関する基礎的な内容を問う)

  理工学部(生物学科):個人面接(生物に関する基礎知識などを問う)

  理工学部(機能分子化学科):個人面接(化学に関する基礎知識などを問う)

  フロンティアサイエンス学部

  (知識活用力評価型):個人面接(「化学基礎」または「生物基礎」に関する基礎知識などを問う)

  (課題探究力評価型):個人面接(探究活動に関して問う)

英語

◀文・経済・法・経営・理工・知能情報学部▶

(60 分)

1 次の英文を読んで，それぞれの問いの答えとして最も適切なものを (A)～(D) より一つ選び，その記号をマークせよ。

Educator Noriko Hazeki says the challenges that non-Japanese children face in the Japanese school system begin even before they walk into a classroom. She says some parents have been told that "it will be hard for your children because their Japanese isn't good," and that "they don't have to go to school, so why push them?" "Compulsory education in Japan is really only required if your citizenship is Japanese," she explains. "Otherwise, it's up to(1) the parents whether they want to put their children in school or not, and some schools even discourage them from doing so."

The picture that often comes to mind when imagining non-Japanese children going to school in Japan is of a multicultural group of students attending an elite, expensive international school in the center of Tokyo. As the number of non-Japanese people in this country has increased, however, more and more of them are placing their children into the much more affordable public education system.

Unfortunately, Japanese public schools are generally not equipped(2) to meet the needs of those students who don't speak Japanese well, nor is the system user-friendly for parents who are unfamiliar with how it works. That's where Hazeki and her organization come in(3). Since 2015, she has served as the director of Multicultural Center Tokyo, which provides counseling and classes for non-Japanese children whose needs are not being met by Japan's education system.

Ideally, non-Japanese children up through the final year of junior high school attend Japanese public schools and get extra help in Japanese-language education. However, the reality is that not all public schools have the resources to provide such additional support. Therefore, some schools (A). Neither able to understand what the teacher is saying nor read their Japanese textbooks, those non-Japanese students who are eventually accepted at a local public school have difficulties without the extra help. So, in the end some students give up and drop out, while others do their best but end up learning little in a system that treats them as a problem for society.

The challenges are particularly big for those students who have already completed nine years of education in their home country, as there is no place in the Japanese public school system that is legally required to accept them. In order to attend high school in Japan, it is necessary to take and pass an entrance exam. Those tests are stressful even for native speakers, but they are almost impossible for those who are not fluent in Japanese. In addition, there are the difficulties non-Japanese parents face in navigating the high school application process, registering for the entrance exams, learning the testing process, and completing all the paperwork in each step.

It is (4) this age group that Multicultural Center Tokyo focuses its efforts on, running two full-time free schools in Tokyo, one in Suginami Ward and the other in Arakawa Ward. They are aimed at older students who are not registered in a Japanese school because they came to Japan after graduating from junior high school in their home countries, because they were attending a Japanese junior high school and dropped out, or because they graduated from junior high school but want to (5) shore up their fundamental knowledge of academic subjects before going to high school.

The curriculum focuses first on helping students expand their Japanese and academic skills in small group classes and then on supporting them in the high school application process. Since 2005, the center has graduated over 700 students who have gone on to attend Japanese high schools. They are originally from countries that include China, Congo, Ethiopia, Mongolia, Myanmar, Nepal, Pakistan, Peru, the Philippines, Russia, Saudi Arabia, Thailand, the United States, and Vietnam.

The center also runs free Japanese-language study groups on Saturdays for students and their parents, serving around 1,000 participants a year. Twice a year it holds informational programs on how to apply to Japanese high schools and assists around 280 families with educational counseling sessions each year.

Parents and students find out about the center primarily by word of mouth, although some learn about it from their local government or (6) come across it on the Internet. Hazeki would like to get the word out, as she says that there are many students whose families are isolated and do not know where to turn. “With no source of advice, students may end up spending months or even a year without going to school at all, or just going to cram school for a few hours a week,” she says. “This, of course, sets them back not only academically, but also in their social development.”

1. What is the author’s main concern regarding the Japanese public school system?

出典追記：The Japan Times, March 28, 2022

(A) It is providing poor citizenship advice to students.

(B) It is refusing to teach non-Japanese students to write Japanese.

(C) It is struggling with a rise in the number of non-Japanese students.

(D) It is trying to attract more elite multicultural students.

2．Complete the sentence in the passage by choosing the best words for (　A　).

(A) allow non-Japanese students to study in classrooms without any materials

(B) distribute more Japanese textbooks to non-Japanese students

(C) have trouble dealing with non-Japanese students and their special needs

(D) hire additional teachers to teach English

3．What does this age group (4) refer to?

(A) between elementary school and junior high school

(B) between junior high school and high school

(C) final year of high school

(D) first year of junior high school

4．According to the passage, the parents of non-Japanese children tend to

(A) discourage their children from going to public schools in Japan

(B) encourage their children to go to elite Japanese schools in Tokyo

(C) have trouble understanding Japanese high school entrance exam procedures

(D) learn about Multicultural Center Tokyo from their local government

5．The main purpose of Multicultural Center Tokyo is to

(A) advise non-Japanese students enrolled in Japanese elementary schools

(B) help non-Japanese students to enter Japanese high schools

(C) improve non-Japanese students' Internet skills

(D) promote cram schools to non-Japanese students

6．Noriko Hazeki mentions that

(A) international schools need to provide more counseling to non-Japanese children

(B) Japanese public schools should encourage non-Japanese students to enroll in their schools

(C) many non-Japanese families do not know where to get help for educational issues

(D) non-Japanese parents should improve their social skills through counseling

7．For each of the following words or phrases, select the answer which is closest in meaning within the context of the passage.

(1) <u>up to</u>

(A) decided by (B) delivered by (C) increased by (D) respected by

(2) <u>equipped</u>

(A) advised (B) included (C) prepared (D) processed

(3) <u>come in</u>

(A) be paid (B) get involved (C) look over (D) welcome to

(5) <u>shore up</u>

(A) appeal (B) make (C) spread (D) strengthen

(6) <u>come across</u>

(A) discover (B) publish (C) transfer (D) upload

2 次のそれぞれの英文の下線部に当てはまる最も適切なものを (A)～(D) より一つ選び，その記号をマークせよ。

1. Our weekly meeting usually lasts ________.

(A) an half hour
(B) hour and half
(C) one and a half hours
(D) one hour's half

2. When she went to the shop, she spent very ________ money.

(A) few
(B) little
(C) low
(D) small

3. Can you stand ________? I am trying to take a photo of you.

(A) pause
(B) rest
(C) still
(D) stop

4. The concert I went to last night was ________ like a dream.

(A) almost
(B) near

(C) same

(D) similar

5. She lived about 50 kilometers ________ but drove to her parents' home every day.

(A) along

(B) around

(C) aside

(D) away

6. He ________ very pleased that his plan was going well.

(A) felt

(B) look

(C) said

(D) sound

7. When he went into the room, his parents ________.

(A) are sitting and talking

(B) have sat and talked

(C) sit and talk

(D) were sitting and talking

8. She wondered who ________ be knocking at her door so late at night.

(A) could

(B) did

(C) had

(D) must

9. ________ I believed his story, but gradually I realized it wasn't true.

(A) At first

(B) Even though

(C) Last

(D) Until

10. Please make sure ________ a chance to speak.

(A) for everyone to has

(B) of everyone to have

(C) that everyone has

(D) to everyone have

11. His most famous book, ________ in 1944, is about the crash of a British plane.

(A) it published

(B) published

(C) was published

(D) which published

3 次の会話文を読み，それぞれの空所に入る最も自然で適切な表現を (A)～(D) より一つ選び，その記号をマークせよ。

John meets Ellen, his neighbor, in front of their apartment.

John: Good morning, Ellen!

Ellen: Hi, John! What do you have there in the cage?

John: This is Charlie, my cat. We are on our way to the cat clinic.

Ellen: ___1___! I hope he isn't too sick.

John: No, ___2___. He just needs to have his nails cut. They are getting long.

Ellen: When I was young, my family kept a cat, and we just cut her nails on our ___3___.

John: Unfortunately, Charlie really does not like it and puts up a fight when we try to cut them. So, we have professionals ___4___ it for us.

Ellen: Ah, yes. I understand. I had a friend whose cat did not like to be touched at all. You had to really give it some ___5___ or you might get scratched or even bit.

John: Actually, Charlie is usually very peaceful and gentle, but it can be dangerous to touch or grab his feet. It is ___6___ and easier to do this every couple of months or so even though it costs money.

Ellen: Cats are such interesting animals. I really miss having one around the house.

John: Well, ___7___ get one? We can't have big dogs in our apartment, but smaller, quieter pets like cats and rabbits are allowed.

Ellen: I really hadn't considered it before now. With our kids all grown up and moved out, it might be nice for Bill and I to welcome a furry friend into our home.

John: Frank and I really enjoy having Charlie around the house. He loves to sleep on Frank's lap and comes to us many times a day for attention.

Ellen: That does ＿8＿ nice. Cats are so soft and nice to pet.

John: There is a bit of work involved in taking care of them, of course, and their hair gets everywhere. It is usually best to vacuum every day.

Ellen: That part I remember from childhood. My mother complained a lot about cat hair getting on her clothes whenever she sat on the sofa. ＿9＿ Bill and I are both retired now, we usually just wear casual clothes around the house. I don't think the rest of it is too bad. They are pretty clean animals and don't have much of a smell either.

John: We found Charlie on a website for cats looking for a new home. Charlie was just a few weeks old, but if you want to take in an older cat, they are usually available, too.

Ellen: Oh, kittens are so cute, but I love the idea of bringing in an older cat that needs a new home. I think I will go and bring this up with Bill right now. I feel so lucky that I ＿10＿ you today. Please send me the link for that cat website.

John: Okay, I ＿11＿ still have your email address on my phone. Have a great day!

Ellen: You, too! Bye, John.

	(A)	(B)	(C)	(D)
1.	All right	For sure	Not really	Oh no
2.	he's fine	it won't	that's okay	we aren't
3.	clinic	mind	own	selves
4.	do	have	keep	make
5.	attention	contact	space	time
6.	cheaper	harder	longer	safer
7.	how did you	should we	why don't you	wouldn't you
8.	act	look	smell	sound
9.	Although	Since	Therefore	When
10.	introduced	paid	planned for	ran into
11.	can	don't	should	wouldn't

4 次のそれぞれの問いに答えよ。

I 次の英文を完成させるために，空所に入る最も適切な文を (A)～(D) より選び，その記号をマークせよ。

It's time for lunch in the southern Indian city of Hyderabad and locals are crowding at Prahalad Diner, a popular roadside restaurant serving local favorites like *dosa* and *idli*. Customers eat standing up at tall counters lined along the front of the restaurant. (①) This special tableware is produced by Bollant Industries, a local company that makes eco-friendly products and packaging from the fallen leaves of palm trees mixed with recycled paper. "I call myself a waste person, because I really love waste," says company president Srikanth Bolla. (②) Now aged 30, Bolla started the company in 2012 to pioneer sustainability in his region. Additionally, he has been blind since birth and aims to provide jobs for people with disabilities. His company currently has around 400 people working for it, a quarter of whom have disabilities. (③) This hiring policy and his ambitious efforts have attracted attention: In 2021, the World Economic Forum named Bolla one of its Young Global Leaders and a Bollywood movie about him starring actor Rajkummar Rao is in the works. Valued at $65 million, Bollant Industries operates seven manufacturing factories. (④) This is all part of a wider shift in India, as the country transitions away from single-use plastic to more sustainable alternatives.

(A) His dream is to make use of as much of the recyclable material in the world as he can.

(B) Hundreds of tons of products, ranging from tableware to packaging, are produced at these sites each month.

(C) "Our main goal is to employ as many people as possible whose special needs lead to challenges when seeking employment," says Bolla.

(D) They're perhaps unaware that the paper plates they're using are made mostly of leaves.

II 次のそれぞれの英文を完成させるために，空所に入る最も適切なものを (A)～(D) より選び，その記号をマークせよ。

出典追記：How an Indian company is transforming palm leaves into tableware, CNN on February 27, 2022 by Dan Tham

1．Bolla thinks that making a law against single-use plastic products (　①　) not the best solution and (　②　) that government leaders should financially (　③　) manufacturers so that they can (　④　) sustainable products.

(A)　assist

(B)　develop

(C)　is

(D)　says

2．Bollant Industries sells its products to (　①　) 200 small and medium businesses, (　②　) Prahalad Diner, across India (　③　) the goal of exporting them to the US and Europe (　④　) the near future.

(A)　around

(B)　in

(C)　like

(D)　with

■数学■

（60分）

学部・学科	解答する試験問題
理系学部（物理学科，知能情報学部）	数学①
理系学部（生物学科，機能分子化学科）	数学②
文系学部	数学③

（注） 解答は，結果だけでなく結果に至るまでの過程も記述せよ。

■数　学　①■

1 J，A，P，A，N，E，S，Eの8個の文字を横一列に並べる。このとき，以下の問いに答えよ。

(1) J，P，N，Sのうち2個の文字が両端に位置する並び方は何通りあるか。

(2) A，A，E，Eのうちどの2個の文字も隣り合わない並び方は何通りあるか。

2 △ABCは，AC＝3AB を満たし，$\cos A = -\frac{1}{3}$ である。また，△ABCの外接円の半径は3である。このとき，以下の問いに答えよ。

(1) BC及びABを求めよ。

(2) 辺BCの中点をMとしてAMを求めよ。

3 座標平面上に，原点O(0，0)，点A(3，0)，点B(0，4) を頂点とする直角三角形OABを考える。また，実数t($0 \leqq t \leqq 1$) に対して，辺OA上に点P，辺AB上に点Q，辺BO上に点Rを，OP＝$3t$，AQ＝$5t$，BR＝$4t$ を満たすようにとる。このとき，以下の問いに答えよ。

(1) Pを始点とする2つのベクトル$\overrightarrow{PQ}$と$\overrightarrow{PR}$を，それぞれtを用いて表せ。

(2) $\overrightarrow{PT} = \overrightarrow{PQ} + \overrightarrow{PR}$ とし，$\overrightarrow{PT}$をtを用いて表せ。また，$\overrightarrow{PT}$の大きさが最大になるときと最小になるときのtの値を，それぞれ求めよ。

4　数列 $\{a_n\}$ の初項から第 n 項までの和 S_n が，定数 p を用いて $S_n=pn^2+3n$ と表されている。また，次の等式が成り立っている。

$$\lim_{n\to\infty}\frac{S_n}{(2n-1)(2n+1)}=1$$

このとき，以下の問いに答えよ。

(1)　p の値を求めよ。

(2)　$\{a_n\}$ の一般項を求めよ。

■数　学　②■

1　〈数学①〉1に同じ。

2　〈数学①〉2に同じ。

3　〈数学①〉3に同じ。

4　座標平面上に，放物線 $P: y=2x^2$ と，$a>0$ に対して，P 上の点 $\mathrm{A}(a,\ 2a^2)$ を考える。また，A を通り，A における P の接線と直交する直線を ℓ とする。さらに，A から x 軸に下ろした垂線と x 軸との交点を B，ℓ と x 軸との交点を C とする。このとき，以下の問いに答えよ。

(1)　直線 ℓ の方程式を求めよ。

(2)　P と x 軸および線分 AB で囲まれる部分の面積と △ABC の面積が等しいとき，a の値を求めよ。

■数　学　③■

1 〈数学①〉 1 に同じ。

2 〈数学①〉 2 に同じ。

3 $f(x)$が次の式で与えられているとき，以下の問いに答えよ。

$$f(x)=\begin{cases} x^2-2x+3 & (x<0) \\ |x^2-2x-3| & (x \geqq 0) \end{cases}$$

(1)　関数 $y=f(x)$ のグラフの概形を描け。

(2)　k を定数とする。方程式 $f(x)=\dfrac{x}{2}+k$ が，ちょうど3個の異なる実数解をもつための，k の値を求めよ。

4 〈数学②〉 4 に同じ。

解答編

英語

◀文・経済・法・経営・理工・知能情報学部▶

1 **解答**　1－(C)　2－(C)　3－(B)　4－(C)　5－(B)　6－(C)
7．(1)－(A)　(2)－(C)　(3)－(B)　(5)－(D)　(6)－(A)

◆全　訳◆

≪日本での外国人教育の現状≫

教育者の枦木典子氏は，日本人以外の子どもたちが日本の学校制度で直面する問題は，教室に入る前から始まっていると言う。「日本語がうまくないから，きっと大変になるでしょうね」とか「学校に行く必要はないのに，どうして無理をさせるの？」と言われた親もいると言う。「日本の義務教育は，国籍が日本である場合のみ本当に義務なのです」と彼女は説明する。「そうでない場合は，子どもを学校に入れるかどうかは親次第であり，学校によってはそれを推奨しないところさえあるんです」

外国人の子どもたちが日本の学校へ行くというと，東京の中心部にあるレベルの高い高額なインターナショナルスクールに通う多文化の子どもたちのイメージが思い浮かぶ。しかし，在日外国人の数の上昇に伴ってずっと安い公立学校制度に子どもを通わせる外国人の親が増え続けている。

しかし残念なことに，日本の公立学校は日本語をうまく話せない生徒の要求に対応するシステムが整っておらず，また，公立学校教育の仕組みに慣れていない親にとっては使い勝手が悪いものだ。そこで，枦木氏と彼女の団体の出番となる。彼女は2015年から多文化共生センター東京の代表理事を務め，日本の教育制度で要求を満たせていない外国人の子どもたちにカウンセリングや授業を提供している。

外国人の子どもは，中学3年生までは日本の公立学校に通い，追加で日本語教育のサポートを受けるのが理想的だ。しかし，現実には，すべての公立学校に，そのような追加的な支援を行う資源があるわけではない。それゆえ，外国人生徒と彼らの特別な要求への対応に苦慮している学校もある。先生の言っていることが理解できず，教科書も読めない，公立校に入学したそのような外国人生徒は，追加のサポートがなければうまくいかない。だから結局，あきらめて退学する生徒もいれば，彼らを社会的な問題として扱うようなシステムの中では，がんばってもほとんど学べないまま終わってしまう生徒もいる。

母国ですでに9年間の教育を終えた生徒にとっては，日本の公立学校には法的に彼らを受け入れることが義務づけられている場所がないため，課題は特に大きい。日本の高校に入学するためには，入学試験を受けて合格する必要がある。その試験は，日本語を母国語とする人にとってもストレスのかかるもので，日本語が堪能でない人にとっては，ほとんど不可能なことだ。さらに，外国人の保護者には，高校受験の手続き，入試の申し込み，試験方法の学習，各段階での書類作成において，直面するさまざまな困難がある。

多文化共生センター東京が力を入れているのはこの年齢層の集団であり，全日制のフリースクールを2校運営している。一つは東京都杉並区にあり，もう一つは荒川区にある。それらのスクールは，母国で中学を卒業したのちに日本に来た，日本の中学に通っていて中退した，中学を卒業したが高校に進学する前に学科の基礎知識を身につけたいなどの理由で日本の学校に在籍していない年齢層の高い生徒を対象にしている。

カリキュラムは，まず少人数制のクラスで日本語と学力の向上を図り，次に高校の出願方法をサポートすることに重点を置いている。2005年以来，センターでは700人以上の生徒が卒業し日本の高校に進学してきた。彼らの出身国は，中国，コンゴ，エチオピア，モンゴル，ミャンマー，ネパール，パキスタン，ペルー，フィリピン，ロシア，サウジアラビア，タイ，アメリカ，ベトナムだ。

センターは，土曜日に生徒とその保護者を対象とした無料の日本語学習会も開いており，1年で約1000人が参加している。年に2回，日本の高校受験に関する説明会を開催し，年間約280世帯の教育相談に対応している。

保護者や生徒は，主に口コミでこのセンターを知る。中には，自治体から教えてもらったり，インターネットでたまたま見つけたりする人もいるが。枦木氏は情報を公開したいと考えている。家族が孤立しており，どこに相談したらいいかわからない生徒がたくさんいるのだ。「アドバイスを求める先がないと，数カ月から１年間，まったく学校に行かずに過ごしたり，週に数時間塾に通ったりするだけになるかもしれません」と彼女は言う。「これではもちろん，学業だけでなく，社会的な成長も後退させることになります」

◀解　説▶

１．「日本の公立学校制度について，著者が主に懸念していることは何か」
第２段第２文（As the number …）で，日本の公立学校に子どもを通わせる外国人の親が増えていると述べられた後，第３段第１文（Unfortunately, Japanese public …）「しかし残念なことに，日本の公立学校は日本語をうまく話せない生徒の要求を満たすシステムが整っておらず，また，慣れていない親にとっては，使い勝手が悪いものだ」とある。よって，(C)「外国人生徒の増加に苦慮している」が正解。

２．「（　Ａ　）に入る最も適切な言葉を選び，文を完成させなさい」
空所直後には「先生の言っていることが理解できず，教科書も読めない，…追加のサポートがなければうまくいかない。だから結局，あきらめて退学する生徒…もいる」とあり，日本の公立学校が外国人の子どもへの十分なサポートができていないことがわかる。よって，空所には(C)「外国人生徒やその特別な要求への対応に苦慮している」を入れるのが適当。

３．「下線部(4)のこの年齢層とは何を指しているか」
直前の第５段（The challenges are …）には「母国ですでに９年間の教育を終えた生徒にとっては，…課題は特に大きい」「保護者には，高校受験の手続き，入試の申し込み…さまざまな困難がある」とあることから，ここで述べられているのは，母国で中学校を卒業し，日本で高校に入ろうとする年齢層の生徒のことであると考えられる。よって，(B)が正解。

４．「この文章によると，外国人の子どもの親は…の傾向にある」
第５段第４文（In addition, there …）「さらに，外国人の保護者には，高校受験の手続き，入試の申し込み…困難がある」より，(C)「日本の高校受験の手続きを理解するのに苦労している」を入れるのが正解。

5．「多文化共生センター東京の主な目的は…」
このセンターの活動の中身については，第7段第1文（The curriculum focuses …）に「カリキュラムは，まず少人数制のクラスで日本語と学力の向上を図り，次に高校の出願方法をサポートすることに重点を置いている」とあることから，(B)「外国人生徒の日本の高校への入学を支援する」が正解。
6．「枦木典子氏は…と言っている」
最終段第2文（Hazeki would like …）に「家族が孤立しており，どこに相談したらいいかわからない生徒がたくさんいる」とあることから，(C)「外国人家庭の多くは，教育に関する問題をどこに相談したらいいかわからない」が正解。
7．(1)up to ～ は「～次第」という意味で，文中の意味としては it's up to the parents で whether 以下のこと（子どもを学校に行かせるかどうか）を両親が決定する，と解釈できるため，(A)decided by が正解。
(2)equipped は「備わっている」という意味であるが，文中では equipped to meet the needs … と表現されており，「ニーズにこたえるための準備ができていない」と言い換え可能。よって，(C)prepared が正解。
(3)come in は「入場する，入荷する」という意味だが，下線部を含む文（That's where Hazeki …）を読むと，下線部は「出番である」という解釈ができる。(B)get involved は「関与する，参加する」という意味なので最も合致する表現となる。
(5)shore up ～ は「～を補強する，強化する」という意味である。下線部を含む文では「高校入学までに基礎的な学力を強化させたい」という意味になるので，(D)strengthen が正解。
(6)come across ～ は「～に遭遇する，～を横切る」という意味であるが，文中では「インターネット上で遭遇する」という解釈ができ，(A)discover「～を発見する」が最も近い意味となり正解。

2 **解答**　1―(C)　2―(B)　3―(C)　4―(A)　5―(D)　6―(A)
7―(D)　8―(A)　9―(A)　10―(C)　11―(B)

◀解　説▶

1．「私たちの毎週の会議は，通常1時間半だ」

「30分」は half an hour,「1時間半」は an（one）hour and a half もしくは one and a half hours と表す。よって，(C)が正解。

2.「彼女は店に行った際，ほとんどお金を使わなかった」
金額が少なかったことを表し，不可算名詞 money を修飾できるのは(B) little のみである。few は可算名詞を修飾する。

3.「じっと立っていてくれますか。あなたの写真を撮ろうとしているんです」
空所を含む文の動詞は stand である。よって，空所には動詞を入れることはできない。(C) still には副詞「じっとして」の意がある。これを入れることで，2文目とも矛盾なくつながる。

4.「昨夜行ったコンサートは，ほとんど夢のようだった」
空所直後の like a dream を修飾できるのは，副詞であり「(程度が）ほぼ〜である」の意をもつ(A) almost のみである。

5.「50キロほど離れた場所に住んでいたが，彼女は毎日車で実家へ通っていた」
空所直前に具体的距離を伴い，文全体の動詞である lived を修飾できる副詞は(D) away のみである。

6.「自分の企画がうまくいっていることに，彼はとても喜びを感じていたようだ」
空所のあとには pleased という過去分詞があることから，空所には第2文型（SVC）を形成する動詞が入ることがわかる。(A) felt，(B) look，(D) sound いずれもがそれに相当するが，his plan <u>was</u> going well より，時制が過去となっている(A)が正解とわかる。

7.「彼が部屋に入ったとき，彼の両親は座って話していた」
When 節の中の動詞 went が過去形であることから，主節もそれと同じく過去の出来事であるとわかる。よって，過去進行形の(D)が正解。(B)の現在進行形は，現在時制に属し，明らかに過去を表す表現 When he went … とともに使うことはできない。

8.「彼女は，こんな夜更けに誰がドアをノックするのだろうかと思った」
空所直後には be 動詞があり，空所には動詞ではなく，助動詞が入ると考えられる。主節の動詞が wondered と過去形であることから，空所の助動詞も時制の一致を受けて，過去形にする必要がある。助動詞 must には過去形はなく，過去のことを表すことはできないので，(A)could を入れて，「誰がドアをノックすることがあろうか」とするのが最も自然。

9.「最初私は彼の話を信じていたが，次第にそれが真実でないことに気づいた」

カンマの直後に等位接続詞 but があり，これが前後の 2 つの SV をつないでいるので，空所に従属接続詞である(B)や(D)は入らない。(A) At first は「最初は〜であった（が，のちには別の結果となる）」の意であり，内容的にも but 以下と自然につながる。

10.「全員に発言の機会があるようにしてください」

空所直前の make sure という表現は後ろに不定詞をとって make sure to *do*「必ず〜するようにする」とすることも，that 節をとって make sure that SV「必ず S が V するようにする」とすることもできる。ここでは(C)のみが，正しい用法となっている。everyone は単数扱いなので動詞は三単現の形にするのが正しい。

11.「1944 年に出版された彼の最も有名な著書は，イギリスの航空機の墜落事故についてのものだ」

空所を含むカンマで囲まれた箇所は，直前の book の内容の補足説明となっている。関係代名詞を用いて，which was published in 1944 とすることもできるが，さらに which was を省略して，過去分詞 published の形でも用いることができる。よって，(B)が正解。

1 —(D)　2 —(A)　3 —(C)　4 —(A)　5 —(C)　6 —(D)
7 —(C)　8 —(D)　9 —(B)　10—(D)　11—(C)

◆全　訳◆

≪ネコの相談≫

ジョンはアパートの前で，隣人のエレンと出会う。

ジョン：おはよう，エレン！

エレン：こんにちは，ジョン。そのケージの中には何が入っているの？

ジョン：これはチャーリー，僕のネコだよ。ネコのクリニックに行く途中なんだ。

エレン：まあ！　病気じゃなきゃいいけど。

ジョン：いや，大丈夫。ただ，爪を切ってあげないといけないんだ。爪が伸びているんだ。

エレン：私が小さいころ，家族がネコを飼っていて，自分たちでネコの爪を切っていたわ。

ジョン：残念ながら，チャーリーは本当に嫌がっていて，僕たちが爪を切ろうとすると大暴れするんだ。だから，プロに爪切りを頼んでいるんだ。

エレン：なるほど。わかるわ。私の友人のネコは，触られるのがほんとに好きじゃなかったの。少し距離を置かないと，引っかかれたり，かまれたりすることさえあったわ。

ジョン：実は，チャーリーは普段はとても穏やかで優しいんだけど，足を触ったりつかんだりするのは危険なこともあるんだ。お金がかかっても，2，3カ月に1度はこうしたほうが安全だし楽なんだ。

エレン：ネコはとてもおもしろい動物ね。近くにいてくれたころが懐かしいわ。

ジョン：じゃあ，飼えばいいじゃない。うちのアパートでは大型犬は飼えないけど，ネコやウサギのような小さくて静かなペットは飼ってもいいんだよ。

エレン：今まで本当に考えてもみなかったわ。子どもたちは大きくなって家を出たし，ビルと私で毛のふさふさしたお友達を家に迎え入れるのもいいかもしれないわね。

ジョン：フランクと僕は，チャーリーが家の中にいることをとても楽しんでいるよ。フランクの膝の上で寝るのが大好きで，1日に何度もかまってもらおうと僕たちのところに来るんだ。

エレン：それってほんとにステキね。ネコって柔らかくて，なでてあげると気持ちいいし。

ジョン：もちろん，世話には少し手間がかかるし，毛があちこちにつくけど。毎日掃除機をかけるのがベストだね。

エレン：それは子どものころからの思い出だわ。母は，ソファに座るとネコの毛が服につくって，よく文句を言ってたわ。今はビルも私も引退しているから，家の中ではカジュアルな服装でいることが多いし。それ以外のことはそれほど悪くないと思うわ。けっこうきれいな動物で，においもあまりしないしね。

ジョン：チャーリーは，新しい家を探しているネコのサイトで見つけたんだ。チャーリーは生後数週間だったけど，大人のネコを引き取りたいなら，そういうネコもたいていはいるよ。

エレン：へえ，子ネコはとてもかわいいけど，新しい家が必要な大人のネコを引き取るというアイデアは気に入ったわ。今すぐビルにこの話を提案してみるわ。今日，あなたに会えて，とてもラッキーだったわ。そのネコのサイトのリンクを送ってちょうだい。

ジョン：オーケー，まだ携帯にきみのメールアドレスが残っているはず。じゃあ，よい一日を。

エレン：あなたもね。じゃあね，ジョン。

◀解　説▶

1．ネコを病院に連れていくと言ったジョンに対して，エレンは空所直後で「病気じゃなきゃいいけど」と言っている。これはエレンがそのネコが病気になったのではと心配しているということなので，空所には驚きを表す(D)を入れるのが最も適切。

2．直前でジョンのネコを病気かと心配したエレンに対して，ジョンは No と否定的に答え，空所直後では，ネコの爪を切りに行くだけだと言っている。よって，空所には(A)を入れて，ネコは病気ではないという返答とするのが正解。

3．空所を含む発言の中で，エレンは自分が若いころ飼っていたネコの爪の切り方に言及している。次の発言でジョンは「残念ながら，チャーリーは本当に嫌がっていて，僕たちが爪を切ろうとすると大暴れするんだ」と発言している。よって，空所に(C)を入れ，on our own「私たち自身で」として，エレンの家庭ではクリニックに連れていくことなく自分たちで切っていたとするのが自然。

4．直前の文で，ジョンはチャーリーが爪を切ってもらうことが好きではなく，大暴れすると述べている。よって，空所には(A)を入れて「プロにやってもらう」とするのが最も適切。have *A do* は使役動詞 have を使った表現で「*A* に～してもらう」の意である。

5．エレンは空所を含む発言の中で，人に触れられるのが好きではないネコについて話している。空所直後で「引っかかれたり，かまれたりすることさえあったわ」と言っていることから，そうならないためには，そのネコから離れている必要があったと考えられる。よって，(C)が正解。

6．直前の「チャーリーは…足を触ったりつかんだりするのは危険なこともあるんだ」より，無理に爪を切らずに，クリニックの専門家に頼むことで暴れることがなくなるため，(D)「より安全」とするのが適切。

7．直前でエレンが「近くにいてくれたころが懐かしいわ」とネコを飼うことに前向きな発言をしたのに対して，空所直後でジョンは「うちのアパートでは…小さくて静かなペットは飼ってもいいんだよ」と発言しており，空所には(C)を入れて，ジョンがエレンにまたネコを飼うことを勧めている流れとするのが最も自然。Why don't you *do*?「～するのはどうですか」

8．直前でジョンは飼いネコの家での様子を話しており，それに対してエレンは空所の次の文で「ネコって柔らかくて，なでてあげると気持ちいいし」とおおむね同意している。よって，(D)sound を入れて「それってほんとにステキね」とするのが正解。空所の前の does は動詞の強調で「本当に，まさに」の意である。look も文法的には入るが，チャーリーの家での様子を実際に見たわけではないので文脈的に不適当。

9．空所を含む文ではカンマの前後にそれぞれ SV があることから，空所には従属接続詞が入ると考えられる。(C) Therefore は副詞であり，文をつなぐことはできない。カンマの前後「今はビルも私も引退している」と「家の中ではカジュアルな服装でいることが多い」は因果関係があるので，(B) Since「～ので」を入れるのが最も自然。

10．エレンがネコを飼ってみようという考えに至ったのは，今日ジョンとばったり会って話をしたからである。よって，空所に(D) ran into ～「～にばったりと出会った」を入れて，「今日，あなたに会えて，とてもラッキーだったわ」とするのが正解。

11．エレンから「そのネコのサイトのリンクを送ってちょうだい」と頼まれたジョンは「オーケー」と返答しているので，リンクを送ることができる，すなわち「携帯にきみのメールアドレスが残っているはず」となる(C)が正解。should は「～のはずだ」と推量を表す。

解答　Ⅰ．①―(D)　②―(A)　③―(C)　④―(B)

Ⅱ．1．①―(C)　②―(D)　③―(A)　④―(B)

2．①―(A)　②―(C)　③―(D)　④―(B)

◆全　訳◆

≪インドの持続可能性への取り組み≫

Ⅰ．インド南部の都市ハイデラバードの昼食の時間だ。ドーサやイドリなど，地元で人気のメニューを提供する道路沿いのレストラン「プラハラード・ダイナー」には，地元の人たちが集まっている。店の前に並ぶ背の高いカウンターで，客は立ったまま食べる。使っている紙皿がほぼ葉っぱでできていることに，彼らはおそらく気づいていない。この特別な食器は，ヤシの木の落ち葉と再生紙を混ぜて環境に優しい製品やパッケージを作る地元の企業，ボラン・インダストリーズが製造している。「私はゴミが大好きなので，自分のことをゴミ人間と呼んでいます」と，社長のスリカンス＝ボラは言う。彼の夢は，世の中にあるリサイクル可能なものをできるだけ多く利用することだ。現在30歳のボラは，2012年にこの会社を設立し，地域の持続可能性を開拓している。また，彼は生まれつき目が不自由なため，障害をもつ人たちに仕事を提供することも目指している。現在，彼の会社では約400人が働いているが，その4分の1が障害をもつ人たちだ。「私たちの主な目標は，特別な必要性が原因で就職活動に困難を伴う人々をできるだけ多く雇用することです」とボラは言う。この採用方針と彼の精力的な取り組みが注目されるようになった。2021年，世界経済フォーラムはボラを「ヤング・グローバル・リーダー」の一人に選び，俳優ラージクマール＝ラオ主演のボリウッド映画も制作中だ。6500万ドルの時価評価額をもつボラン・インダストリーズは，7つの製造工場を運営している。食器から包装まで，毎月何百トンもの製品がこれらの拠点で生産されている。インドでは，使い捨てプラスチックから，より持続可能な代替品への移行が進んでおり，これはすべて，この国におけるより大きな変化の一部だ。

Ⅱ．1．ボラは，使い捨てプラスチック製品を禁止する法律を作ることは最善の解決策ではないと考えており，政府のリーダーは，製造業者が持続可能な製品を開発できるよう財政的に支援するべきだと述べている。

2．ボラン・インダストリーズ社は，プラハラード・ダイナーのようなインド国内の約200の中小企業に製品を販売しており，近い将来，アメリカやヨーロッパへの輸出を目標としている。

◀解 説▶

Ⅰ. ①空所直後には，This special tableware とあるが，空所以前にはその指示内容となりそうな食器については記述がないので，その指示内容となるものを含む選択肢を探す。(D)の the paper plates がそれに相当する。同じく(D)の主語の「使っている紙皿がほぼ葉っぱでできていることに」気づいていない「彼ら」は，皿を使っていることから，空所直前文の Customers (in the restaurant) と考えるのが自然。よって，(D)が正解。

②空所直前も直後も Bolla という人物についての記述が続いており，空所にもこの人物についての内容が入ると推測される。空所直後の文には「地域の持続可能性を開拓している」と書かれており，これは(A)の「リサイクル可能なものをできるだけ多く利用」と一致する。また(A)の最初の His も Bolla を指すと考えると論理的にも矛盾なくつながる。

③空所直後には This hiring policy とあることから，空所にはその内容が書かれたものがふさわしい。(C)「『私たちの主な目標は，特別な必要性が原因で就職活動に困難を伴う人々をできるだけ多く雇用することです』とボラは言う」の内容はまさに，彼が自分の会社で人を雇う際の採用方針といえる。よって，(C)が正解。

④ (B)「食器から包装まで，毎月何百トンもの製品がこれらの拠点で生産されている」のこれらの拠点が指す複数名詞は，本文中では空所直前の seven manufacturing factories である。よって，(B)を入れるのが最も適切。

Ⅱ. 1. (A)「～を支援する」(B)「～を開発する」(C)「～である」(D)「～と言う」

2. (A)「およそ～」(B)「～の中に」(C)「～のような」(D)「～を持って」
with the goal of ～「～という目標をもって」 in the near future「近い将来」

■数　学　①■

1 解答

(1)　両端の並べ方は $_4P_2$ 通りで，残り6個の並べ方は，6個のうち，AとEがそれぞれ2個ずつあるので

$\dfrac{6!}{2!2!}$ 通り

よって　　$_4P_2\times\dfrac{6!}{2!2!}=12\times180=2160$ 通り　……(答)

(2)　右図の4つの□の位置にJ，P，N，Sを並べ，5つの▽の位置にA，A，E，Eを1個ずつ置くと考えると

▽□▽□▽□▽□▽

$4!\times{}_5C_2\times{}_3C_2=24\times10\times3=720$ 通り　……(答)

◀解　説▶

≪同じものを含む順列≫

a が p 個，b が q 個，c が r 個の $(p+q+r)$ 個の並べ方の総数は

$$\frac{(p+q+r)!}{p!q!r!}$$

(2)　A，A，E，Eの置き方を，置く場所を決めてから並べると考えると

$4!\times{}_5C_4\times\dfrac{4!}{2!2!}=720$ 通り

2 解答

(1)　AB$=l$ とおくと　　AC$=3l$

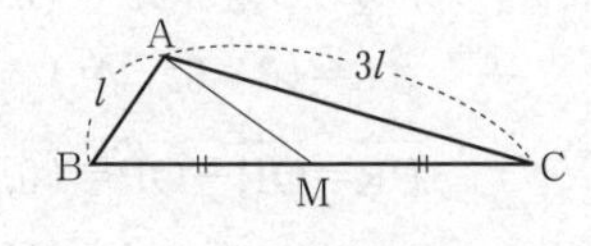

$\cos A=-\dfrac{1}{3}$ より

$$\sin A=\sqrt{1-\left(-\frac{1}{3}\right)^2}=\frac{2\sqrt{2}}{3}$$

正弦定理より

$\dfrac{BC}{\sin A}=2\cdot 3$　　∴　$BC=6\sin A=4\sqrt{2}$　……(答)

余弦定理より

$$l^2+(3l)^2-2\cdot l\cdot 3l\cdot\cos A=BC^2\qquad 12l^2=32$$

よって　　$AB=l=\dfrac{2\sqrt{6}}{3}$　……(答)

(2)　中線定理より

$$AB^2+AC^2=2(BM^2+AM^2)$$

$$l^2+9l^2=2(8+AM^2)$$

∴　$AM=\sqrt{5l^2-8}=\sqrt{5\times\dfrac{8}{3}-8}=\dfrac{4\sqrt{3}}{3}$　……(答)

◀解　説▶

≪正弦定理，余弦定理，中線定理≫

(2)　△ABM と △AMC で余弦定理を利用して考えてもよい。

$\angle AMB=\theta$，$AM=x$ とおくと　　$\angle AMC=\pi-\theta$

$BM=CM=2\sqrt{2}$ だから

$$\cos\theta=\frac{x^2+8-l^2}{2\cdot 2\sqrt{2}\,x},\ \cos(\pi-\theta)=\frac{x^2+8-9l^2}{2\cdot 2\sqrt{2}\,x}$$

$\cos(\pi-\theta)=-\cos\theta$ であるから

$$x^2+8-9l^2=-(x^2+8-l^2)$$

∴　$x=\sqrt{5l^2-8}=\dfrac{4\sqrt{3}}{3}$

3　解答

(1)　　$\overrightarrow{OP}=(3t,\ 0)$，$\overrightarrow{OR}=(0,\ 4-4t)$

$AQ:QB=5t:5-5t=t:1-t$ だから

$$\overrightarrow{OQ}=(1-t)\overrightarrow{OA}+t\overrightarrow{OB}=(3-3t,\ 4t)$$

したがって

$$\overrightarrow{PQ}=\overrightarrow{OQ}-\overrightarrow{OP}=(3-3t,\ 4t)-(3t,\ 0)$$

$=(3-6t,\ 4t)$　……(答)

$$\overrightarrow{PR}=\overrightarrow{OR}-\overrightarrow{OP}=(0,\ 4-4t)-(3t,\ 0)$$

$=(-3t,\ 4-4t)$　……(答)

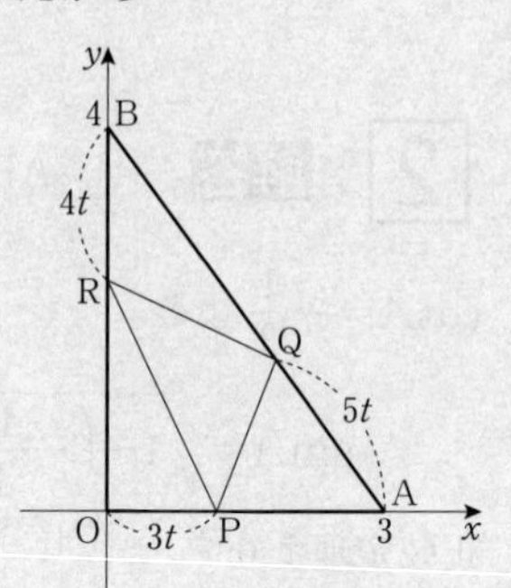

(2)　　$\overrightarrow{PT}=\overrightarrow{PQ}+\overrightarrow{PR}=(3-9t,\ 4)$　……(答)

$$|\overrightarrow{PT}|=\sqrt{(3-9t)^2+16}$$

$f(t)=(3-9t)^2+16$ $(0\leqq t\leqq 1)$ とおくと

$$f(t)=81\left(t-\frac{1}{3}\right)^2+16$$

軸は $t=\dfrac{1}{3}$ で，$0<\dfrac{1}{3}<\dfrac{1}{2}<1$ であるから

$|\overrightarrow{PT}|$ が最小になるときの t の値は　　$t=\dfrac{1}{3}$　……(答)

$|\overrightarrow{PT}|$ が最大になるときの t の値は　　$t=1$　……(答)

◀解　説▶

≪ベクトルの大きさ，２次関数≫

$\overrightarrow{OQ}$ は次のように求めることもできる。

$AQ:AB=5t:5=t:1$ より

$$\overrightarrow{AQ}=t\overrightarrow{AB}$$

$$\begin{aligned}\overrightarrow{OQ}&=\overrightarrow{OA}+\overrightarrow{AQ}=\overrightarrow{OA}+t\overrightarrow{AB}\\&=(3,\ 0)+t(-3,\ 4)\\&=(3-3t,\ 4t)\end{aligned}$$

4 解答

(1)

$$\begin{aligned}\lim_{n\to\infty}\frac{S_n}{(2n-1)(2n+1)}&=\lim_{n\to\infty}\frac{pn^2+3n}{(2n-1)(2n+1)}\\&=\lim_{n\to\infty}\frac{p+\frac{3}{n}}{\left(2-\frac{1}{n}\right)\left(2+\frac{1}{n}\right)}\\&=\frac{p}{4}\end{aligned}$$

したがって，$\dfrac{p}{4}=1$ より　　$p=4$　……(答)

(2)　$S_n=4n^2+3n$ $(n\geqq 1)$ より

$$a_1=S_1=7\quad\cdots\cdots①$$

$n\geqq 2$ のとき

$$\begin{aligned}a_n=S_n-S_{n-1}&=4n^2+3n-\{4(n-1)^2+3(n-1)\}\\&=4\{n^2-(n-1)^2\}+3\end{aligned}$$

$=4(2n-1)+3$

$=8n-1$　……②

②で $n=1$ とすると $a_1=7$ となり，①に一致する。

したがって　$a_n=8n-1$　$(n \geqq 1)$　……(答)

◀解　説▶

≪数列の極限，初項から第 n 項までの和が与えられた数列の一般項≫

$S_n=\sum_{k=1}^{n} a_k$ のとき

$$S_n=a_1+a_2+\cdots+a_{n-1}+a_n$$
$$=S_{n-1}+a_n \quad (n \geqq 2)$$

が成り立つから

$$a_n=\begin{cases} a_1=S_1 & (n=1) \\ a_n=S_n-S_{n-1} & (n \geqq 2) \end{cases}$$

■数　学　②■

1　<数学①>1に同じ。

2　<数学①>2に同じ。

3　<数学①>3に同じ。

4　**解答**　(1)　$(2x^2)'=4x$ より，放物線 P の点 $\mathrm{A}(a,\ 2a^2)$ における接線の傾きは　　$4a$

よって，直線 l の方程式は

$$y-2a^2=-\frac{1}{4a}(x-a)$$

$$\therefore\quad y=-\frac{1}{4a}x+2a^2+\frac{1}{4}\quad\cdots\cdots(答)$$

(2)　P と x 軸および線分 AB で囲まれた部分の面積を S_1，△ABC の面積を S_2 とおくと

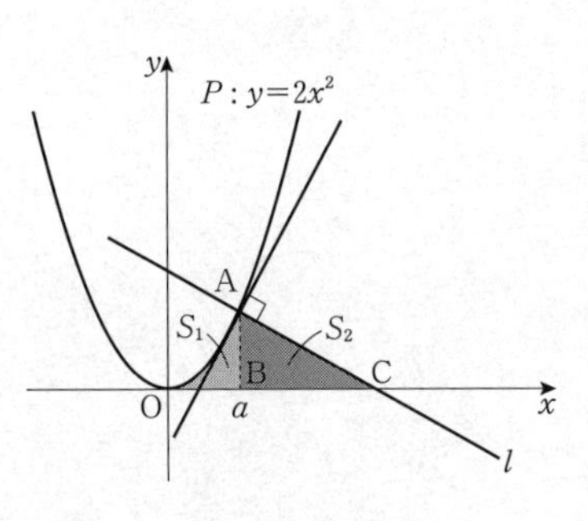

$$S_1=\int_0^a 2x^2dx=\left[\frac{2}{3}x^3\right]_0^a=\frac{2}{3}a^3$$

$-\dfrac{1}{4a}x+2a^2+\dfrac{1}{4}=0$ より　　$x=8a^3+a$

点 $\mathrm{C}(8a^3+a,\ 0)$ より　　$\mathrm{BC}=8a^3$

$$S_2=\frac{1}{2}\mathrm{AB}\cdot\mathrm{BC}$$

$$=\frac{1}{2}\cdot 2a^2\cdot 8a^3=8a^5$$

よって，$a>0$ であるから

$$S_1=S_2\Longleftrightarrow 8a^5=\frac{2}{3}a^3\Longleftrightarrow a^2=\frac{1}{12}$$

$\therefore \quad a=\dfrac{\sqrt{3}}{6}$ ……(答)

◀解 説▶

≪接線に垂直な直線，面積≫

点 $\mathrm{A}(a,\ f(a))$ における接線の傾きは $f'(a)$ であるから，$f'(a)\neq 0$ のとき，A を通り，A における $y=f(x)$ の接線と直交する直線の傾きは $-\dfrac{1}{f'(a)}$ であり，直線の方程式は

$$y-f(a)=-\frac{1}{f'(a)}(x-a)$$

である。

■数　学　③■

1

<数学①> 1 に同じ。

2

<数学①> 2 に同じ。

3

解答 (1)　$f(x)=\begin{cases} x^2-2x+3 & (x<0) \\ |x^2-2x-3| & (x\geqq 0) \end{cases}$

$x\geqq 0$ のとき

$$f(x)=|x^2-2x-3|=|(x+1)(x-3)|$$

よって

$x\geqq 3$ のとき　$f(x)=x^2-2x-3$

$0\leqq x\leqq 3$ のとき

$$\begin{aligned} f(x)&=-(x^2-2x-3) \\ &=-x^2+2x+3 \\ &=-(x-1)^2+4 \end{aligned}$$

したがって，$y=f(x)$ のグラフは右図のようになる。

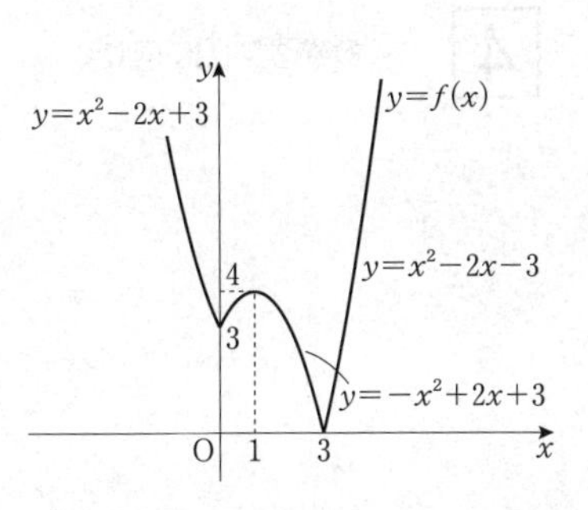

(2)　方程式 $f(x)=\dfrac{1}{2}x+k$ が 3 個の異なる実数解をもつ条件は，$y=f(x)$ のグラフと，直線 $y=\dfrac{1}{2}x+k$ ……① が異なる 3 個の共有点をもつことであり

(i)直線①が点 $(0,\ 3)$ を通る

(ii)放物線 $y=-x^2+2x+3$ と直線①が接する

ときである。

(i)のとき　$k=3$

(ii)のとき，$-x^2+2x+3=\dfrac{x}{2}+k \iff x^2-\dfrac{3}{2}x+k-3=0$ が重解をもつ。

よって，判別式を D とおくと

$D=\dfrac{9}{4}-4(k-3)=0$ より　　$k=\dfrac{57}{16}$

したがって　　$k=3,\ \dfrac{57}{16}$　……(答)

◀解　説▶

≪絶対値記号を含んだ曲線のグラフ，実数解の個数≫

(1)　$g(x)=x^2-2x-3$ とおくと

$$|g(x)|=\begin{cases} g(x) & (g(x)\geqq 0) \\ -g(x) & (g(x)<0) \end{cases}$$

である。

(2)　方程式 $f(x)=g(x)$ の実数解は，2 曲線 $y=f(x)$，$y=g(x)$ の共有点の x 座標である。

4　<数学②> 4 に同じ。

■一般選抜前期日程

問題編

▶試験科目・配点

学部・学科	教　科	科　　目	配　点
文・経営	外国語	コミュニケーション英語Ⅰ・Ⅱ・Ⅲ，英語表現Ⅰ・Ⅱ	200点
	地歴・数　学	日本史B，世界史B，「数学Ⅰ・Ⅱ・A・B（数列，ベクトル）」のうちから１科目選択	100点※
	国　語	国語総合・現代文B・古典B（「国語総合」および「古典B」は漢文を除く）	200点
経　済	外国語	コミュニケーション英語Ⅰ・Ⅱ・Ⅲ，英語表現Ⅰ・Ⅱ	100点
	地歴・数　学	日本史B，世界史B，「数学Ⅰ・Ⅱ・A・B（数列，ベクトル）」のうちから１科目選択	100点
	国　語	国語総合・現代文B・古典B（「国語総合」および「古典B」は漢文を除く）	100点
法	外国語	コミュニケーション英語Ⅰ・Ⅱ・Ⅲ，英語表現Ⅰ・Ⅱ	150点
	地歴・数　学	日本史B，世界史B，「数学Ⅰ・Ⅱ・A・B（数列，ベクトル）」のうちから１科目選択	100点
	国　語	国語総合・現代文B・古典B（「国語総合」および「古典B」は漢文を除く）	150点
マネジメント創造	外国語	コミュニケーション英語Ⅰ・Ⅱ・Ⅲ，英語表現Ⅰ・Ⅱ	200点
	地歴・数　学	日本史B，世界史B，「数学Ⅰ・Ⅱ・A・B（数列，ベクトル）」のうちから１科目選択	100点
	国　語	国語総合・現代文B・古典B（「国語総合」および「古典B」は漢文を除く）	100点
理工　物理	外国語	コミュニケーション英語Ⅰ・Ⅱ・Ⅲ，英語表現Ⅰ・Ⅱ	100点
	数　学	数学Ⅰ・Ⅱ・Ⅲ・A・B（数列，ベクトル）	100点
	理　科	「物理基礎・物理」，「化学基礎・化学」，「生物基礎・生物」のうち１科目選択	100点

<table>
<tr><td rowspan="6">理工</td><td rowspan="3">生物</td><td>外国語</td><td>コミュニケーション英語Ⅰ・Ⅱ・Ⅲ，英語表現Ⅰ・Ⅱ</td><td>100点</td></tr>
<tr><td>数　学</td><td>数学Ⅰ・Ⅱ・A・B（数列，ベクトル）</td><td>100点</td></tr>
<tr><td>理　科</td><td>「物理基礎・物理」，「化学基礎・化学」，「生物基礎・生物」のうち1科目選択</td><td>100点</td></tr>
<tr><td rowspan="3">機能分子化</td><td>外国語</td><td>コミュニケーション英語Ⅰ・Ⅱ・Ⅲ，英語表現Ⅰ・Ⅱ</td><td>100点</td></tr>
<tr><td>数　学</td><td>「数学Ⅰ・Ⅱ・Ⅲ・A・B（数列，ベクトル）」，「数学Ⅰ・Ⅱ・A・B（数列，ベクトル）」のいずれかを選択</td><td>100点</td></tr>
<tr><td>理　科</td><td>「物理基礎・物理」，「化学基礎・化学」，「生物基礎・生物」のうち1科目選択</td><td>100点</td></tr>
<tr><td colspan="2" rowspan="3">知能情報</td><td>外国語</td><td>コミュニケーション英語Ⅰ・Ⅱ・Ⅲ，英語表現Ⅰ・Ⅱ</td><td>100点</td></tr>
<tr><td>数　学</td><td>「数学Ⅰ・Ⅱ・Ⅲ・A・B（数列，ベクトル）」，「数学Ⅰ・Ⅱ・A・B（数列，ベクトル）」のいずれかを選択</td><td>100点</td></tr>
<tr><td>理　科</td><td>「物理基礎・物理」，「化学基礎・化学」，「生物基礎・生物」のうち1科目選択</td><td>100点</td></tr>
<tr><td colspan="2" rowspan="3">フロンティアサイエンス</td><td>外国語</td><td>コミュニケーション英語Ⅰ・Ⅱ・Ⅲ，英語表現Ⅰ・Ⅱ</td><td>100点</td></tr>
<tr><td>数　学</td><td>「数学Ⅰ・Ⅱ・Ⅲ・A・B（数列，ベクトル）」，「数学Ⅰ・Ⅱ・A・B（数列，ベクトル）」のいずれかを選択</td><td>100点</td></tr>
<tr><td>理　科</td><td>「物理基礎・物理」，「化学基礎・化学」，「生物基礎・生物」のうち1科目選択</td><td>200点</td></tr>
</table>

3教科型（2月1日実施分）を掲載。

▶備　考

※文学部歴史文化学科は200点。

【外部英語試験活用型】

試験教科のうち「外国語」について，外部英語試験の得点などをみなし得点に換算して合否を判定する。

【共通テスト併用型（前期）】

1．共通テスト併用型（前期）は，各学部・学科が指定する《一般選抜（前期日程）の教科の得点》と《大学入学共通テストの教科の得点》を合計して合否を判定するオプション型の入学試験。

2．共通テスト併用型（前期）に出願できるのは，一般選抜（前期日程）で出願した学部・学科に限る（共通テスト併用型（前期）のみに出願することはできない）。

3．共通テスト併用型（前期）の合否判定の対象となるには，一般選抜（前期日程）の当該試験日の，すべての教科を受験する必要がある。

【一般選抜（前期日程）理工学部２教科判定方式】

1．理工学部２教科判定方式は，一般選抜（前期日程）で，物理学科・機能分子化学科は「数学」と「理科」，生物学科は「外国語」と「理科」の２教科を用いて合否を判定するオプション型の入学試験。

2．理工学部２教科判定方式に出願できるのは，２月１日，４日の一般選抜（前期日程）で理工学部に出願した者のみで，出願した学科に限る（理工学部２教科判定方式のみに出願することはできない）。

3．理工学部２教科判定方式の合否判定の対象となるには，一般選抜（前期日程）で理工学部に出願し，すべての教科を受験する必要がある。

英語

（文系学部：80分
理系学部：70分）

〔注意〕 記述式で解答する場合は解答用紙Aを，マーク式で解答する場合は解答用紙Bを使用せよ。

1 次の英文を読んで，後の問いに答えよ。

Every year, more than one million tourists visit Stonehenge, a unique prehistoric monument. Stonehenge does not stand (1), but is part of a remarkable ancient landscape that was formed roughly 5,000 years ago. As an extraordinary source for the study of prehistory, it holds a key place in the development of archaeology. In 1986, together with the nearby area of Avebury, it was one of the very first sites in the UK to be added to the UNESCO World Heritage List. But now, Stonehenge could be in danger of losing its world heritage status over controversial construction plans.

Stonehenge is located at the center of a peculiarly modern, (2)less interesting environment: a noisy two-lane highway, often filled with heavy traffic, that cuts straight through the grassy slopes surrounding the ancient monument. After decades of debate and planning, the British government has finally approved (3)a proposal to build a tunnel for a part of the A303, a major road running past Stonehenge that serves as a primary route to London. In November 2021, Transport Minister Grant Shapps approved the proposal to construct a 3 km tunnel near Stonehenge which would run underneath the site with the intent of reducing traffic along the A303. The proposed tunnel will cost nearly $2.3 billion.

Supporters of the plan argue that the tunnel will reduce the noise and smells of a busy road while offering Stonehenge visitors a relatively clear view of their surroundings. "(イ)Visitors will be able to experience Stonehenge as it ought to be experienced, without seeing an ugly line of truck traffic running right next to it. It will help future generations to better understand and appreciate this wonder of the world."

Archaeologists, however, argue that the tunnel's construction could destroy valuable archaeological evidence yet to be discovered that is buried just below the site's surface. Mike Parker Pearson, a scholar of British prehistory at University College London, estimates that the project's contractors will only be expected to be able to preserve (4)four percent of artifacts uncovered during the construction process. Pearson is a part of a team that has been digging at a site near the proposed western tunnel entrance since 2004.

(5) Experts also assert that the region could hold many new surprises: in June 2020, archaeologists discovered a circle of enormous ancient pits around Stonehenge. According to Vincent Gaffney of the University of Bradford, this finding has completely transformed how we understand the landscape. "Remote sensing has revolutionized archaeology and is transforming our understanding of ancient landscapes — even Stonehenge, a place we thought we knew well", says Gaffney and warns that future finds of (6) this scale could be lost due to construction work.

(7) Gaffney's view was also shared by UNESCO's World Heritage Committee. This committee, formed in 1972, seeks to encourage the identification and protection of cultural and natural heritage around the world that is considered to be "of outstanding value to humanity." The committee advised that plans for the tunnel should be changed. It has condemned the plan since 2019, saying it would have a negative impact on the value of the site. However, this does not mean cancelling the proposal. Rather, the committee recommended the creation of longer and deeper tunnel sections that would further reduce the impact on the cultural landscape. As UNESCO argued: "The proposed tunnel length remains insufficient to protect the outstanding universal value of the property."

Activists and archaeologists who agreed with UNESCO brought their complaints to the high court. As reported in July 2021, the high court ruled (8) in favor of the activists, calling the government's decision to approve the plan (9). (ロ) The Transport Minister, however, announced that it would move forward with its plans, despite the court's ruling.

(10) If the proposed construction goes ahead, UNESCO could vote to move Stonehenge to its World Heritage in Danger List. Eventually, many believe that it could lose its status (11) altogether, which could have disastrous long-term effects on the site. UNESCO provides financial assistance to those countries with world heritage sites. If Stonehenge eventually loses its status, the area will no longer receive world heritage funding, which could be harmful to the preservation of the site.

注. archaeology 考古学 > archaeologist
artifacts（自然の遺物に対して）人工遺物・文化遺物
remote sensing 人工衛星を使うなどして物に直接触れずに調査する技術

1．空所（ 1 ）に入る最も適切なものを選択肢から選び，その記号をマークせよ（**解答用紙B**）。

A．aside　　B．by itself　　C．on it　　D．still

出典追記1：Why a Newly Approved Plan to Build a Tunnel Beneath Stonehenge Is So Controversial, Smithsonian Magazine on November 17, 2020 by Nora McGreevy
出典追記2：Stonehenge in Danger of Losing World Heritage Status Over 'Unlawful' Construction Plans, Newsweek on August 5, 2021 by Sara Santora

2．下線部 (2) less interesting environment の要因として最も適切なものを選択肢から選び，その記号をマークせよ（**解答用紙B**）。

A．the presence of a major road

B．the absence of modern culture

C．the number of people who visit the monument

D．the age of the monument

3．下線部 (3) a proposal について正しくないものを選択肢から一つ選び，その記号をマークせよ（**解答用紙B**）。

A．The proposal was approved by the UK government towards the end of 2021.

B．The proposal will create a new road to London.

C．The proposal is intended to decrease the amount of traffic on the A303.

D．The project is estimated to cost in excess of two billion dollars.

4．下線部 (4) four percent が指すものとして最も適切なものを選択肢から選び，その記号をマークせよ（**解答用紙B**）。

A．the amount of artifacts that have been already found

B．the amount of land that contains significant artifacts

C．the amount of artifacts that might be preserved

D．the amount of artifacts that remain to be discovered

5．下線部 (5) Experts also assert で始まるパラグラフの内容と一致するものを選択肢から一つ選び，その記号をマークせよ（**解答用紙B**）。

A．Stonehenge remains one of the most surprising discoveries of the 21st century.

B．The discovery of some giant pits on the site has dramatically changed our understanding of Stonehenge.

C．Remote sensing had, and is still having, a marvelous impact on the landscape around Stonehenge.

D．Gaffney claims to have a full understanding of Stonehenge, unlike other ancient monuments.

6．下線部 (6) this scale が示す内容として最も適切なものを選択肢から選び，その記号をマークせよ（**解答用紙B**）。

A．the size of the circle of pits

B．the height of the standing stones

C．the weight of artifacts

D．the number of archaeologists

7．下線部(7) Gaffney's view was で始まるパラグラフの内容と一致するものを選択肢から二つ選び，その記号をマークせよ（**解答用紙B**）

A．UNESCO's World Heritage Committee was also opposed to Gaffney's proposal for the tunnel.

B．UNESCO's World Heritage Committee is solely responsible for identifying cultural heritage sites throughout the world.

C．UNESCO's World Heritage Committee has been worrying about the potential impact of the tunnel for some time.

D．UNESCO's World Heritage Committee proposed that a longer tunnel would have less impact on the area surrounding Stonehenge.

E．UNESCO's World Heritage Committee refused to approve plans for tunnels of any length.

8．下線部(8) in favor of に代わる語句として最も適切なものを選択肢から選び，その記号をマークせよ（**解答用紙B**）。

A．for　　B．instead of　　C．like　　D．to please

9．空所（ 9 ）に入る最も適切なものを選択肢から選び，その記号をマークせよ（**解答用紙B**）。

A．appropriate　　B．inefficient　　C．legal　　D．unlawful

10．下線部(10) If the proposed construction で始まるパラグラフの内容と一致するものを選択肢から二つ選び，その記号をマークせよ（**解答用紙B**）。

A．Stonehenge is ready to join and put the World Heritage in Danger List into effect.

B．It is believed that Stonehenge will survive unchanged even if it loses its world heritage status.

C．UNESCO will remove world heritage status from Stonehenge in the short term.

D．The financial support from UNESCO is not given directly to the heritage site itself, but to the country in which the site is located.

E．The loss of world heritage status might have damaging consequences for maintaining Stonehenge as it is.

11．下線部(11) altogether の意味として最も適切なものを選択肢から選び，その記号をマークせよ（**解答用紙B**）。

A．at any time　　B．by all means　　C．entirely　　D．forever

12．UNESCO World Heritage について正しくないものを選択肢から一つ選び，その記号をマークせよ（**解答用紙B**）。

A. The UNESCO World Heritage Committee was established in 1972.

B. Stonehenge was one of the earliest sites in the UK to enjoy UNESCO World Heritage status.

C. UNESCO not only identifies world heritage sites but also supports the maintenance of the sites financially.

D. UNESCO does not discuss the status of a site once it has been admitted to the World Heritage List.

13. **この問題は文系学部に出願した者のみ解答すること。**

下線部 (イ), (ロ) を和訳せよ（**解答用紙A**）。

2 次の英文を読んで，後の問いに答えよ。

Do your responses to situations as a child predict how you will turn out as an adult? Is it possible to determine who will turn out to be "healthy, wealthy and wise" from a simple test? Some psychologists believe that it is — at least, the "healthy" and "wealthy" parts — while others are more doubtful. Let us consider the evidence.

In the 1960s, the American psychologist Walter Mischel began a series of classic experiments that involved challenging several dozen young children to sit alone with a marshmallow for around 15 minutes and resist eating it. Mischel and his colleagues were interested in strategies that preschool children used to resist temptation. They presented four-year-olds with a marshmallow and told the children that they had two options: (a) ring a bell at any point to call the experimenter and eat the marshmallow, or (b) wait until the experimenter returned (about 15 minutes later), in which case they would earn two marshmallows. The message was: "small reward now, bigger reward later." Some children (1)broke down and ate the marshmallow, whereas others were able to delay gratification and earn the two marshmallows.

The high delayers, that is, the children who had waited longer, when re-examined as teenagers and adults, demonstrated an impressive range of advantages over the other children in the group. As teenagers, they had higher academic scores, more developed social skills, self-confidence and self-worth, and were rated by their parents as more mature, better able to (2)cope with stress, and more likely to plan ahead. They were less likely to have conduct disorders or high levels of impatience and aggressiveness. As adults, they were less likely to have drug problems or alcohol dependency, to get divorced, or to be overweight.

But not all psychologists were (3)persuaded by Mischel's results. In 2018 researchers at New York University conducted the first attempt to replicate the marshmallow study, this time using data from hundreds of children. Unlike in the original research, the researchers also controlled for a large number of social and situational factors, such as parental educational background and how responsive parents were to their kids. The team found that the correlation between delay of gratification and later success was far weaker than in the original research, especially when the researchers took into account the social and family factors.

The interpretation given by the New York University researchers was that a child's ability to resist the marshmallow has less to do with their natural willpower, and more to do with their domestic(4) circumstances — (5), whether the child had learned to trust being promised greater rewards in the future or not. This is consistent with other research that has found that adults succeed at their goals through forward planning and avoiding temptation, rather than through willpower alone.

注　gratification 喜び　aggressiveness 攻撃性　replicate 再検証する
responsive < respond　willpower 意志力

1．下線部 (1), (2), (3), (4) に代わる語句として最も適切なものを選択肢から選び，その記号をマークせよ（**解答用紙B**）。

(1) broke down

A．cried　B．gave in　C．resigned　D．split up

(2) cope with

A．accept　B．deny　C．manage　D．suffer

(3) persuaded

A．believed　B．convinced　C．impressed　D．interested

(4) domestic

A．familiar　B．home　C．national　D．personal

2．空所（ 5 ）に入る最も適切なものを選択肢から選び，その記号をマークせよ（**解答用紙B**）。

A．by contrast　B．consequently　C．for instance　D．therefore

3．第2パラグラフの内容と一致するものを選択肢から一つ選び，その記号をマークせよ（**解答用紙B**）。

A．Around twenty children took part in Walter Mischel's original experiment.

B．Mischel and his colleagues were mainly concerned with why children found the marshmallows so hard to resist.

C．Children were given an option of ringing a bell to have the experimenter bring

出典追記：Pop psychology: Eight myths that are probably wrong, or at least wildly overly simplistic, BBC Science Focus on August 21, 2020 by Christian Jarrett them another marshmallow straightaway.

D. Children that managed to resist temptation until the time was up were rewarded with double the number of marshmallows.

4. 第3パラグラフの内容と一致するものを選択肢から一つ選び，その記号をマークせよ（**解答用紙B**）。

A. The children from Mischel's experiment were asked to take the same test, at later stages in their lives.

B. The children that had waited longer in the original experiment typically displayed superior social skills, when compared to the 'non-delayers'.

C. The high delayers also considered their parents to be more mature and respected their planning abilities more than the other children did.

D. Being a high delayer was also shown to correlate with higher levels of drug dependency and unhealthy eating, as adults.

5. 第4，5パラグラフの内容と一致するものを選択肢から二つ選び，その記号をマークせよ（**解答用紙B**）。

A. A new experiment investigating the same question was carried out in 2018, this time involving a considerably larger number of children.

B. Unlike the 1960s experiment, the 2018 researchers took care to exclude unrelated factors, such as the educational level of the children's parents.

C. The 2018 study failed to yield any strong relationship between delayed gratification and future success in life.

D. The New York University researchers concluded that children are more influenced by whether or not their parents can trust their promises than by willpower.

E. Other research has also found that limited forward planning is the most important result of success.

3 次の会話文を読み，空所に入る最も適切なものを選択肢から選び，その記号をマークせよ（**解答用紙B**）。

[Paddington Bear meets Queen Elizabeth at Buckingham Palace]

Paddington: Hello. My name is Paddington. Thank you for having me today. I do hope you are having a lovely celebration.

Queen: Would you care (1) tea?

Paddington: Yes, please. Perhaps you would like a marmalade sandwich. I always keep (2) for emergencies.

Queen: (3). I keep mine in here in case of emergencies.

Paddington: Happy Anniversary, Ma'am. And thank you for everything.

Queen: That's very kind of you.

Paddington: Perhaps you would kindly invite me again next year.

Queen: I'm (4) we won't have this kind of celebration next year.

Paddington: Really? I thought you (5). How sad. Is it because you are busy every day?

Queen: Actually, it's not that I dislike such busy days. It is because . . . .

Paddington: If you are not giving a party next year, and if you are (6), why don't you come to my birthday party?

Queen: Sounds nice. When will it be?

Paddington: They are on 25th of June and 25th of December.

Queen: Do you have two birthdays? Why?

Paddington: Because when I came to live with the Brown family in London, I couldn't remember my birthday. That's (7) they decided to celebrate twice.

Queen: That is nice. Actually, I have two birthdays, too.

Paddington: Really? I've never heard of anyone having two birthdays except myself. You are the second person. You must (8) your own birthday like me, I guess.

Queen: Maybe, maybe not. . . . By the way, where did you grow up?

Paddington: I was born and (9) in Peru.

Queen: What brought you to the UK?

Paddington: Well, I lived with my aunt in Peru. But she no longer lives in our old house. She was very old and decided to move to a home for the retired. So she sent me to the UK. I eventually got to Paddington Station in London and was named (10) the place where I was found.

Queen: Paddington is my favourite place. I'm beginning to like you even more!

(1) A. about B. for C. of D. to

(2) A. myself B. one C. up D. us

(3) A. Me either B. Me neither C. So am I D. So do I

(4) A. afraid B. regret C. unfortunate D. unsure

(5) A. did B. didn't C. would D. wouldn't

(6) A. agree B. available C. interesting D. likely

(7) A. because B. to say C. what D. why

(8) A. forget B. have forgotten C. have remembered D. remember

(9) A. grew B. grown C. raised D. rose

(10) A. about B. after C. by D. from

4 **この問題は文系学部に出願した者のみ解答すること。**

下の絵が表していると思うことを，50語程度の英語で書け（**解答用紙A**）。

電ファミニコゲーマー（https://news.denfaminicogamer.jp/）

■日本史■

(60分)

〔注意〕記述式で解答する場合は解答用紙Aを，マーク式で解答する場合は解答用紙Bを使用せよ。

1 次の文章を読み，①文中の空欄 [A] ～ [E] に当てはまる語句を記入せよ（**解答用紙A**）。②文中の空欄（ 1 ）～（ 7 ）に当てはまる語句を下記の**【語群】**から選び，その記号をマークせよ（**解答用紙B**）。③下記の**【設問】**に答えよ（**解答用紙B**）。なお史料は分かりやすくするために改めたところがある。

関東地方は「あずま」と呼ばれていた。『（ 1 ）国風土記』は現存する5つの風土記のうち唯一関東地方のものであり，そこには「古は，相模国の足柄の岳坂（やまさか）より東の諸の県（あがた）は，すべて我姫（あずま）の国と称（い）う」と記されている。『万葉集』巻14には東歌（あずまうた）が収められており，東海道・東山道の農民が兵士として徴発されて九州北部を守った [A] の歌が含まれている。

関東は都から離れているため，奈良・平安時代には<u>左遷や流刑の地</u>(1)とされることもあった。その一方，9世紀末期から10世紀には国司の子孫が土着して地方豪族と結びつき，都との交流を持ちながら<u>大小の武士団として成長していった</u>(2)。

そのような歴史を背景に関東の武士を糾合して鎌倉幕府が誕生した。鎌倉幕府の草創期を支えた三浦義澄は相模国に根拠地を持ち，その甥の [B] が最初の侍所別当を務めた。しかし鎌倉幕府を倒したのも関東の武士であった。

鎌倉幕府の滅亡後，後醍醐天皇は，成良親王を奉じた（ 2 ）を鎌倉へ下向させ，関東8か国と伊豆・甲斐を支配させた。これが鎌倉将軍府と呼ばれるものであるが，実際には足利氏が主導する武家勢力の拠点となった。1335年に信濃で挙兵した [C] によって成良親王らは鎌倉を追われた。これが中先代の乱であるが，足利尊氏は鎌倉を奪還すると，後醍醐天皇に反旗を翻した。

足利尊氏は1349年に息子を鎌倉公方として関東の支配を委ねた。<u>鎌倉公方とそれを補佐する関東管領を中心に鎌倉府が整備された</u>(3)。鎌倉公方は京都の将軍と衝突したり，関東管領と対立することもあった。1438年には鎌倉公方（ 3 ）と関東管領の対立から永享の乱が起こっている。

その後，1454年，鎌倉公方（ 4 ）が関東管領を謀殺したが，幕府から追討され，鎌倉を出て下総国に拠点を置いた。一方，足利義政が定めた新しい鎌倉公方は，伊豆国を拠点として（ 5 ）と呼ばれた。鎌倉公方が下総・伊豆に分裂し，関東は戦国時代を迎えた。

戦国時代の関東では大小様々な勢力が割拠した。京都から下ってきた [D] が伊豆国で勢力を伸ばし，1493年に（ 5 ）を滅ぼし，さらに相模国を支配下に収めた。これが後北条氏である。

後北条氏が滅び，徳川家康が関東に入った。徳川氏が居城を置いた江戸を中心として，関東は発展していった。関東に入る街道の要衝には関所が設けられたが，東海道に置かれた（　6　）の関から東が関八州と認識されていた。関東には幕領が散在しており，それを統括する役職として関東郡代が置かれ，長く伊奈氏が世襲した。

関東の各地域は江戸と結びつき，巨大な経済圏を作っていった。九十九里浜の地引き網漁で大量に獲れた（　7　）が金肥に加工された。犯罪も増えたが，領主の支配が入り組んでいるため治安対策が課題となった。そこで幕府は1805年に［　E　］を設け，役人を巡回させて犯罪者の摘発を強めた。また1827年には幕領・藩領の区別なく近隣の村々を取りまとめて治安維持や産業発達を目的に寄場組合が作られるようになった。

【語群】

あ．足利氏満	い．足利直冬	う．足利直義	え．足利成氏	お．堀越公方
か．足利政氏	き．足利政知	く．足利満兼	け．足利持氏	こ．古河公方
さ．鰯	し．鮭	す．鰊	せ．碓氷	そ．箱根
た．白河	ち．常陸	つ．武蔵	て．相模	と．小仏

【設問】

1．文中の下線部(1)について，奈良時代の末期に道鏡が薬師寺の別当として追放されたが，その薬師寺が所在する国を**【地図】**から一つ選び，その記号をマークせよ。

2．文中の下線部(2)について，10世紀に国司と対立した平将門の本拠地がある国を**【地図】**から一つ選び，その記号をマークせよ。

3．文中の下線部(3)について，鎌倉公方や鎌倉府について説明した文章として誤っているものを次の選択肢から一つ選び，その記号をマークせよ。

あ．鎌倉公方は足利義詮の子孫が世襲した。

い．関東管領は上杉氏が世襲するようになった。

う．鎌倉府には京都の幕府と同じく政所・侍所等が置かれた。

え．鎌倉府が管轄する国々の守護は，鎌倉に宿所を構えて鎌倉府に出仕した。

【地図】

2 次の文章を読み，①文中の空欄 A ～ E に当てはまる語句を記入せよ（**解答用紙A**）。②文中の空欄（ 1 ）～（ 8 ）に当てはまる語句を下記の【**語群**】から選び，その記号をマークせよ（**解答用紙B**）。③下記の【**設問**】に答えよ（**解答用紙B**）。なお史料は分かりやすくするために改めたところがある。

日本では，時々の権力者によって，出版・言論の自由が厳しく統制されてきた。近世では，第11代将軍徳川家斉の時代に老中の A が，民間に対する出版統制令を出し，政治への風刺や批判を抑えつけた。例えば，（ 1 ）による「当時長崎に厳重に石火矢の備え有りて，却て安房，相模の海港にその備えなし。（中略）江戸の日本橋より唐，阿蘭陀まで境なしの水路也。然るをここに備えずして長崎にのみ備うるは何ぞや」という主張は，幕政への批判とみなされ弾圧された。また黄表紙や洒落本は風俗を乱すとして出版が禁じられ，『仕懸文庫』を著した人気作家の（ 2 ）が処罰された。さらに1837年のモリソン号事件をめぐっては，幕府の対外政策を批判した蘭学者の渡辺崋山らが厳しく処罰される B が起こった。第12代将軍徳川家慶のもとでは，老中の C が，綱紀粛正を目的として風俗取締の法令を制定した。江戸の芝居小屋や寄席などの娯楽が規制の対象となったほか，『（ 3 ）』を著した柳亭種彦が処罰された。

明治維新後，明六社(1)が結成され，西洋の啓蒙思想の普及がはかられた。また自由民権運動が活発化し，国会の開設を求める民権運動家らが新聞や雑誌で活発に政府を攻撃すると，政府は，これを厳しく取り締まった。さらに1880年に結成された国会期成同盟が太政官や元老院に天皇宛の国会開設請願書の提出を試みた。こうした動きに対して，政府は（ 4 ）を定めて，政社の活動を制限した。

他方，1880年代後半に産業革命が始まって工場労働者が増加すると，劣悪な労働環境に対する関心が高まっていった。高野房太郎や片山潜らによって組織された D は，機関紙『労働世界』を発行した。また軍工廠や財閥系大企業でストライキが続発した。鉱毒事件を起こした，古河財閥経営の E では，1907年に労働条件に対する労働者の不満が爆発し，鎮圧に軍隊が出動した。

やがて社会主義運動へと発展するこうした労働運動に対して，政府は厳しく対応した。1900年に第２次山県有朋内閣は（ 5 ）を制定し，労働者の団結権・ストライキ権の制限，女性・未成年者の政談集会参加の禁止など，規制の強化を図った。第２次桂太郎内閣は，さらに徹底した弾圧方針をとった。1910年には社会主義者を大量検挙して，翌年，幸徳秋水らを死刑とし，社会主義運動を取り締まる（ 6 ）を置いた。1925年に日ソ基本条約が締結され，普通選挙法が成立すると，政府は，共産主義思想の波及や労働者階級の政治的影響力の増大に対する取り締まりを強化した。この間，『日本改造法案大綱』を著した（ 7 ）をはじめ，社会主義運動のめざましい発展に危惧を抱く人々の動きも活発化し，これらは後の右翼運動に継承されることとなる。

日中戦争が勃発し，戦時体制の強化が進むと，国体論にもとづく思想統制や，社会主義・自由主義の思想に対する弾圧が一段と厳しくなった。1937年には『帝国主義下の台湾』などで知られる東京帝国大学教授の（ 8 ）が，日中戦争を批判して大学を追われた。同年10月から国民の戦争協力を促すための国民精神総動員運動が始まった。1940年には内閣情報局が設置され，マス・メディアの総合的な統制と戦争遂行への利用が図られた。こうした出版・言論統制は，戦後のGHQによる改革(2)の中で撤廃された。

【語群】

あ．大内兵衛	い．大川周明	う．大槻玄沢	え．河合栄治郎	お．北一輝
か．工藤平助	き．憲兵	く．恋川春町	け．山東京伝	こ．讒謗律
さ．集会及政社法	し．集会条例	す．出版条例	せ．春色梅児誉美	そ．新聞紙条例
た．治安警察法	ち．蔦屋重三郎	つ．特別高等警察	て．西田税	と．偐紫田舎源氏
な．林子平	に．矢内原忠雄	ぬ．義経千本桜	ね．宇田川玄随	の．治安維持法

【設問】

1．文中の下線部(1)について，明六社の設立に関わった人物に関する記述として誤っているものを次の選択肢から一つ選び，その記号をマークせよ。

あ．中村正直はミルの原著を翻訳し，『自由之理』を出版した。

い．森有礼は『西洋事情』を著した。

う．西周は『万国公法』を刊行した。

え．加藤弘之は『真政大意』を著した。

2．文中の下線部(2)について，GHQに関する記述として誤っているものを次の選択肢から一つ選び，その記号をマークせよ。

あ．1945年，GHQは軍国主義的な教員の追放を命じた。

い．1945年，GHQはプレス=コードにより，占領軍に対する批判の禁止を命じた。

う．1945年，GHQはレッド=パージにより，官公庁や報道機関などの共産党員とその支持者の追放を命じた。

え．1946年，GHQは戦争遂行にあたって各界で指導的地位にあった者を公職から追放するよう命じた。

3 次のⅠ～Ⅹの文章を読み，それぞれの下線部(a)(b)について正誤を判断し，(a)(b)ともに正しければ**あ**を，(a)が正しく(b)が誤りであれば**い**を，(a)が誤りで(b)が正しければ**う**を，(a)(b)ともに誤りであれば**え**をマークせよ（**解答用紙B**）。

Ⅰ．奈良時代には，国家の保護を受けて仏教が発展し，様々な仏像が造られた。

(a) **【写真1】**の仏像は，東大寺法華堂にある不空羂索観音像である。

(b) **【写真2】**の仏像は，興福寺西金堂の釈迦如来像の周囲に安置されていた。

Ⅱ．平安時代初期には，唐から新たな仏教が伝えられるなど，仏教の新しい動きが見られた。

(a) 最澄は，『三教指帰』を著して独自の大乗戒壇の創設を目指した。

(b) 空海は，『顕戒論』を著して仏教に身を投じた。

Ⅲ．平安時代には，神仏習合が進むとともに，疫病の流行を防ぐ祭礼が盛んになった。

(a) 本地垂迹説は，日本の神々は仏が形を変えて現れたとする考え方である。

(b) 御霊会は，早良親王ら政治的敗者を慰める行事として始まったものである。

Ⅳ．10世紀には，阿弥陀仏を信仰することにより極楽浄土に往生しようとする浄土教が流行した。

(a) 空也は，京中を遊行して念仏の教えを説き，市聖とよばれた。

(b) 源信は，『日本往生極楽記』を著して，浄土信仰の根拠を示した。

Ⅴ．平安時代には，仏教の教義にもとづいた様々な美術が生まれた。

(a) **【写真3】**の絵画は，高野山聖衆来迎図である。

(b) **【写真4】**の絵画は，青蓮院不動明王二童子像である。

Ⅵ．院政期には，浄土教が広がり，各地に寺院や仏堂が建立された。

(a) **【写真5】**は，藤原基衡が造った毛越寺の庭園を発掘調査により復元したものである。

(b) **【写真6】**は白水阿弥陀堂であり，投入堂ともよばれる国宝の建物である。

Ⅶ．鎌倉時代に，仏教は，広い階層を対象とするものへと多様化した。

(a) 親鸞は，比叡山で天台を学び，専修念仏の教えを説き，浄土宗の開祖と仰がれた。

(b) 栄西は，南宋で禅を学び，只管打坐の教えを説いた。

Ⅷ．鎌倉時代の寺院建築には，新旧の様式がみられる。

(a) 観心寺の金堂は，折衷様の建物で，如意輪観音像が安置されている。

(b) 蓮華王院の三十三間堂は，和様の建物であり，千一体の千手観音像を安置している。

Ⅸ．室町時代を通じて，旧仏教は次第に勢力を弱め，鎌倉新仏教の各宗派が勢力を強めた。

(a)　相国寺の一休宗純は，林下の禅を布教した。

(b)　本願寺の蓮如は，講を組織して惣村に布教を進めた。

Ⅹ．元禄文化の頃には，日本独自の思想や学問が発展した。

(a)　山崎闇斎は，神道を儒教流に解釈して唯一神道を説いた。

(b)　中江藤樹らは，陽明学の立場から知行合一という実践的道徳を説いた。

【写真１】

【写真２】

【写真３】

【写真４】

【写真５】

【写真６】

世界史

(60分)

〔注意〕記述式で解答する場合は解答用紙Aを，マーク式で解答する場合は解答用紙Bを使用せよ。

1 次の文章を読んで，問いに答えよ。

SPQR，これは古代ローマの「ローマ元老院および市民」をあらわす頭文字の標語である。現代のローマ市でも，公共施設やマンホールの蓋などあちこちで目にすることができる。古代ローマでは，この語が共和政時代から帝政時代にも引き続き使われ，あたかも権力が変わらずに元老院と市民に由来しているかのような外見を装っていた。

一般に帝政時代の始まりとされるのは，内乱を平定し権力の頂点に立ったオクタウィアヌス(1)が，元老院から［ A ］を意味するアウグストゥスの称号を与えられた紀元前27年である。彼は軍隊の最高の命令権や半数の属州の総督命令権を手にしても，カエサル(2)のようなあからさまな独裁権力の行使はせず，表面的には共和政時代を受け継いで元老院や民会を尊重しているかのような態度をとって，自らを「第一人者」という意味を表す［ B ］と呼んだ。しかし，その裏で着実に高位の役職を手中に収めて独裁体制を築いていった。彼から始まる体制を「元首政」と呼ぶ。

アウグストゥスの治世は40年以上も続き，統治体制の定着に役立った。彼の後は養子関係や血統をもとに後継者が選ばれて元首政が続き，共和政は復活しなかった。なかには暴君もいたが，ローマは200年にわたって「ローマの平和」と呼ばれる安定した繁栄の時代を享受した。とりわけローマの最盛期とされるのが，五賢帝の時代(3)である。ローマは絶え間ない征服活動によって領土を拡大し，最初の属州出身の皇帝であるトラヤヌスの時代にその領土が最大となった。征服地には軍隊が駐屯したが，ローマ人たちはどこに住んでも彼らの元々の生活様式を持ち込んだ。ヨーロッパやアフリカやアジアの属州でもルテティア(a)などローマ風の都市が建設され，円形闘技場や水道橋や公衆大浴場が次々と造られたが，そのいくつかは今も遺跡として残っている。現代のローマ市中心部にそびえる壮大な遺跡群もほとんどが皇帝たちによって建設されたものであり，共和政期のものは多くがその際に壊されてしまった。

繁栄を謳歌していたローマであるが，足下でさまざまな矛盾が増大していた。貧富の格差が止めどなく拡大し，貧民への食料配給が大きな課題となった。奴隷制に基づく農場経営は次第に非効率的と見なされ，それに代わって貧農を［ C ］として働かせる生産体制が広がった。彼らはやがて土地に緊縛されて移動を禁じられ，中世の農奴の先駆となった。拡大しすぎた帝国は全体の維持が困難になり，3世紀には属州の軍団が勝手に皇帝を擁立して争う軍人皇帝の時代(4)が到来した。このような混乱状態を収めたのがディオクレティアヌス(5)である。皇帝の神的権威を強めた彼から始まる政治体制を

［　D　］と呼ぶ。彼のさまざまな政策をコンスタンティヌスが引き継いで多方面からの改革を進めたが，ビザンティウム(b)への遷都によって帝国の中心が領土の東方へと移動してしまい，西方の衰退を招いた。これは後に［　E　］帝による西ローマ帝国と東ローマ帝国への完全な分離をもたらし，まもなく西ローマ帝国は滅亡する(6)ことになる。

ローマの歴史については政治・軍事・法(7)・建築に注目が集まるが，文化・芸術面でも優れた遺産が残されており(8)，今なお参照される作品も少なくない。

問1　空欄［　A　］～［　E　］に該当する語句を記せ（**解答用紙A**）。

問2　下線部(1)～(8)について，以下の問いに答えよ（**解答用紙B**）。

(1)　下線部(1)の説明として正しいものを，次の選択肢から一つ選べ。

a．アクティウムの海戦においてアントニウスとクレオパトラを破った。

b．独裁者カエサルをブルートゥスに暗殺させた。

c．プトレマイオス朝シリアを滅ぼした。

d．ポンペイウス，レピドゥスと共に第2回三頭政治を行って反対派を弾圧した。

(2)　下線部(2)の人物に関する説明として誤っているものを，次の選択肢から一つ選べ。

a．現在のフランスに遠征して平定し，その概要を『ガリア戦記』にまとめた。

b．政敵を倒した後に終身独裁官に任命された。

c．太陰暦に代わって太陽暦を採用した。

d．ハンニバルを打ち破ってカルタゴを征服した。

(3)　下線部(3)の説明として正しいものを，次の選択肢から一つ選べ。

a．後漢の時代の中国にローマ皇帝とされる大秦国王の使者が訪問した。

b．ザマの戦いでローマ軍がカルタゴを破った。

c．ブリテン島全土がローマの領土となった。

d．ローマ市民権が帝国内の全自由人に付与された。

(4)　下線部(4)の時代におきた出来事として正しいものを，次の選択肢から一つ選べ。

a．ササン朝ペルシアが国境を越えて侵入してきた。

b．スパルタクス率いる剣奴の反乱がおきた。

c．閥族派と平民派の闘争が激化した。

d．ローマ市と同格の権利を求めた同盟市戦争が勃発した。

(5)　下線部(5)の人物に関する説明として誤っているものを，次の選択肢から一つ選べ。

a．キリスト教の大迫害を行った。

b．皇帝の宗教的な権威を高めるためにペルシア風の謁見儀礼を導入した。

c．ソリドゥス金貨を造らせ，国際交易の安定を図った。

d．帝国を2名の正帝と2名の副帝からなる四分割統治の下に置いた。

(6)　下線部(6)の説明として正しいものを，次の選択肢から一つ選べ。

a．北イタリアに建国されたランゴバルド王国が西ローマ帝国を滅ぼした。

b．最後の西ローマ皇帝がゲルマン人傭兵隊長によって退位させられた。

c．東ゴート王国のテオドリック大王が西ローマ皇帝を臣下とした。

d．フン族のイタリア半島侵入によって，ローマ帝国は分裂して消滅した。

(7)　下線部(7)の説明として誤っているものを，次の選択肢から一つ選べ。

a．中世のイタリアに誕生したボローニャ大学は法学研究で名を知られた。

b．西ローマ皇帝ユスティニアヌスは『ローマ法大全』をまとめさせた。

c．万民法はヘレニズム思想の影響を受けている。

d．ローマ最古の成文法である十二表法は慣習法を成文化したものである。

(8)　下線部(8)の説明として誤っているものを，次の選択肢から一つ選べ。

a．ウェルギリウスはローマ建国の伝説を叙事詩『アエネイス』でうたった。

b．「哲人皇帝」と呼ばれたハドリアヌスは『自省録』においてストア派哲学を論じた。

c．プルタルコスは『対比列伝』でギリシアとローマの有名人物の伝記を書いた。

d．リウィウスはアウグストゥスに厚遇されてローマの歴史を称える『ローマ建国史』を著した。

問3　波線部(a)と(b)に関して，以下の問いに答えよ（**解答用紙B**）。

(a)　ルテティアの位置を地図中の数字から選べ。

(b)　当時ビザンティウムと呼ばれていた都市の位置を地図中の数字から選べ。

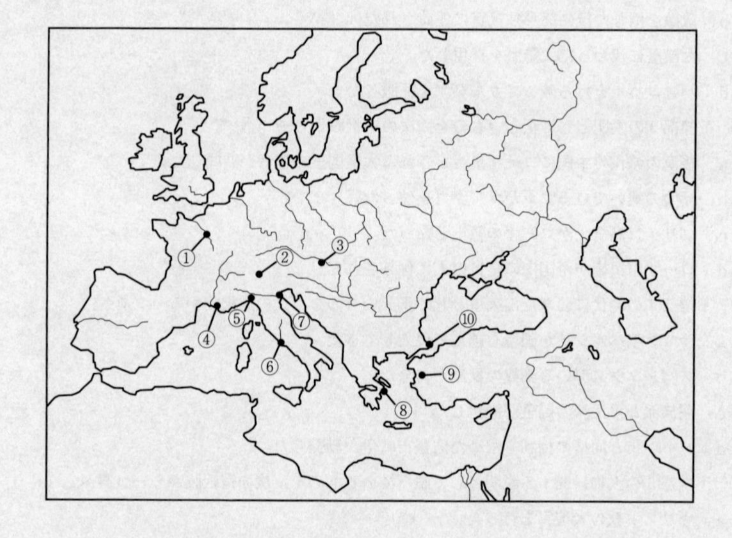

2　南アジアの歴史上活躍した女性に関する次の文章を読んで，問いに答えよ。

Ⅰ　ラズィヤ（1205～1240年）

アイバクが築いた［　A　］朝は，第3代スルタンのイレトゥトゥミシュが首都デリー(ア)を基盤にその権力を固めたが，彼の死後，後継者争いが生じた。イレトゥトゥミシュの生前よりしばしば統治の代行を任されて優れた能力を発揮していた娘のラズィヤは，第4代スルタンとなった兄のフィールーズに対して反旗を翻し，ついにはこれを倒して自らスルタンとなった。自ら統治を行うばかりか，男の装束をまとって軍を率い，その有能さを示したラズィヤであったが，(1)トルコ人奴隷軍団の反感を買い，即位からわずか4年の1240年に退位させられた。

Ⅱ　ヌール=ジャハーン（1577～1645年）

(2)ムガル帝国の第4代皇帝ジャハーンギールには数百人の妃妾がいたというが，その中で彼がもっとも愛したのはヌール=ジャハーンであった。彼女は皇帝に献身的に尽くし，1622年に皇帝が病床に臥すと，彼女が代わって国事を執り行い，ついには実質的な支配者となった。しかし夫の死後，後を継いで皇帝となった義理の息子によって彼女は宮廷を追われ，ラホール(イ)に引退させられた。この新皇帝こそシャー=ジャハーンであり，彼がアグラに築いた［　B　］は，ヌール=ジャハーンの姪にあたる妃のために建てられた墓廟である。

Ⅲ　ラクシュミー=バーイー（1835頃～1858年）

イギリス東インド会社(3)による過酷な統治に，インド人たちの不満が高まり，1857年には傭兵の反乱をきっかけにインド大反乱が起こった。反乱にはムスリムであるとヒンドゥー教徒(4)であるとを問わず，さまざまな集団が参加したが，中でもジャーンシー王家の王妃ラクシュミー=バーイーの活躍が名高い。ジャーンシーは元来［　C　］同盟の一員で，イギリス統治下には藩王国となっていたが，嫡子のない王家は取り潰すというイギリスの併合政策により，存続の危機を迎えた。彼女はこれに抗議して反乱に加わり，男装して戦場を駆け回ったため，その姿が反乱・革命のシンボルとして後代にまで大きな影響を及ぼした。

Ⅳ　インディラ=ガンディー（1917～1984年）

インド初代首相［　D　］の娘で，自らも1966年より首相を務めた。干ばつによる食糧危機・経済危機の最中に就任した彼女は，貧困の追放を目指す政策を打ち出して民衆の支持を得，「緑の革命」と呼ばれる経済政策を推進した。外交ではソ連と平和友好条約を結び，バングラデシュ(ウ)の独立を支援する一方，1974年には核実験(5)を行って国際的批判を浴びた。晩年はヒンドゥー教徒を優遇する政策をとったため，過激シク教徒により暗殺された。彼女の暗殺後には息子のラジブが首相となった。

Ⅴ　マララ=ユースフザーイ（1997年～）

パキスタンでは少数民族にあたるパシュトゥン人の出身。「マララ」という名前は，アフガン王国とイギリスとの戦いの際に活躍したマラライという英雄的女性にちなんでいる。またマララ自身は尊敬する人物として，パキスタン初の女性首相ベナズィール=ブットの名を挙げている。生まれ故郷である山間部の学校に通っていたが，隣国アフガニスタン(エ)から勢力を伸ばしてきた［　E　］勢力の強硬派による銃撃に遭う。九死に一生を得た彼女はその後，女子教育を訴える社会運動にたずさわって国際社会の注目を集め，2014年には史上最年少でのノーベル平和賞受賞者(6)となった。

Ⅳ・Ⅴの写真は，著作権の都合により，類似の写真と差し替えています。
ユニフォトプレス提供

問1　波線部(ア)〜(エ)の位置を，地図中の数字から選べ（**解答用紙B**）。

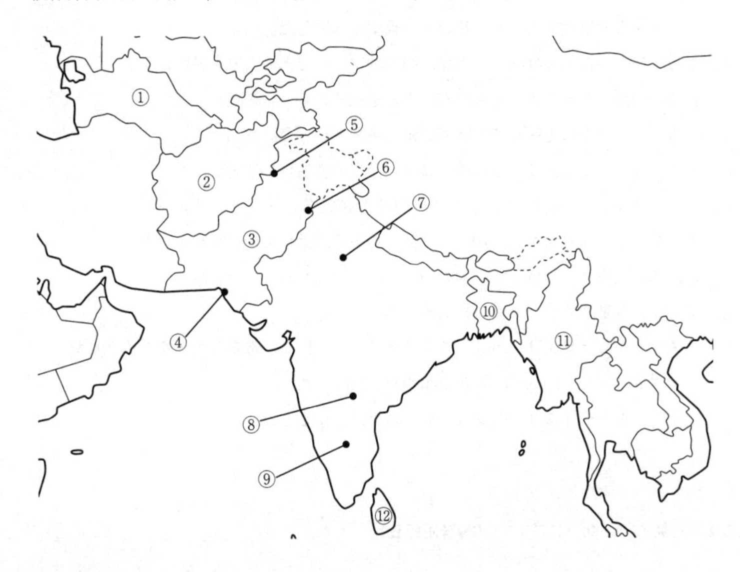

問2　空欄 [A] 〜 [E] に該当する語句を記せ（**解答用紙A**）。

問3　下線部(1)〜(6)について，以下の問いに答えよ（**解答用紙B**）。

(1)　下線部(1)の説明として正しいものを，次の選択肢から一つ選べ。

a．ウマイヤ朝のカリフは，マムルークと呼ばれるトルコ人奴隷を親衛隊として用いた。

b．中央アジアから西方へ進出したセルジューク朝は，トルコ人奴隷を多く採用した。

c．トルコ人奴隷の軍事政権ブワイフ朝は，カリフから大アミール位を授かった。

d．トルコ人奴隷のマムルーク軍団がファーティマ朝を倒し，マムルーク朝を樹立した。

(2)　下線部(2)の説明として誤っているものを，次の選択肢から一つ選べ。

a．アウラングゼーブの頃，帝国の領土は最大となった。

b．アクバルは，非イスラーム教徒に人頭税を課した。

c．バーブルは，パーニーパットの戦いでロディー朝を破った。

d．ムガル宮廷では，インド各地やイランから画家が招かれ，細密画が栄えた。

(3)　下線部(3)の説明として誤っているものを，次の選択肢から一つ選べ。

a．イギリス東インド会社は，エリザベス1世の特許状により設立された。

b．イギリス東インド会社は，解散されるまでインド貿易を独占し続けた。

c．オランダ東インド会社は，ナポレオン軍によるオランダ占領などによって解散させられた。

d．フランス東インド会社は，コルベールの下で再建された。

(4)　下線部(4)の説明として正しいものを，次の選択肢から一つ選べ。

a．愛と献身に生きることで，カーストの区別なく解脱できると信じられた。

b．シヴァ神やヴィシュヌ神など，多くの神々を信仰する多神教である。

c．バラモン教の祭式を否定し，苦行と不殺生を強調した。

d．不可触民への差別を批判し，人類が根本的に一つであることを説いた。

(5)　下線部(5)の説明として正しいものを，次の選択肢から一つ選べ。

a．ソ連はアメリカに先駆けて，水素爆弾の実験を行った。

b．ビキニ環礁での中国による水爆実験で，日本の漁船員に被害が出た。

c．フランスはド=ゴールの頃に，サハラ砂漠で核実験を行った。

d．米ソ英仏中の5カ国間で，1963年，部分的核実験禁止条約が調印された。

(6)　下線部(6)の説明として誤っているものを，次の選択肢から一つ選べ。

a．アメリカ合衆国のオバマは，核廃絶を訴えた。

b．イスラエルのラビンは，パレスチナのアラファトによる暫定自治政府を承認した。

c．エジプトのサダトは，イランと平和条約を締結した。

d．ソ連のゴルバチョフは，ペレストロイカで民主化を進めた。

3　次の文章を読んで，問いに答えよ（**解答用紙B**）。

Ⅰ　世界最大の砂漠であるサハラ砂漠は，人々の往来を妨げる大きな障害となることが多かったが，時にその障害を越えて，南北の交流が見られることもあった。7世紀頃にニジェール川流域に成立した［　A　］は，国内で採れた《　X　》とサハラの岩塩を扱う遠距離貿易を行って繁栄した。11世紀になると，サハラ西部に住むベルベル人の王朝であるムラービト朝が［　A　］を征服し，さらに〔　C　〕を建設して地中海沿岸にまで版図を広げた。これによりサハラの南北の交流が促され，ニジェール川流域にイスラームが定着することとなった。13世紀にこの地におこった［　B　］は，豊富な《　X　》の産出を背景に繁栄したイスラーム政権であり，最盛期の王マンサ=ムーサがエジプトにまで赴いたことが知られている。この国の中心都市〔　D　〕は，学問・文化が栄え，イスラーム諸学にかんする書物が大量に集められた。

問1　空欄［　A　］，［　B　］に当てはまる語句の組み合わせとして正しいものを，次の選択肢から一つ選べ。

a．A－ガーナ王国　B－ソンガイ王国　b．A－ガーナ王国　B－マリ王国

c．A－ソンガイ王国　B－ガーナ王国　d．A－ソンガイ王国　B－マリ王国

e．A－マリ王国　B－ガーナ王国　f．A－マリ王国　B－ソンガイ王国

問2　空欄〔　C　〕，〔　D　〕に当てはまる語句の組み合わせとして正しいものを，次の選択肢から一つ選べ。

a．C－ザンジバル　D－トンブクトゥ　b．C－ザンジバル　D－マラケシュ

c．C－トンブクトゥ　D－ザンジバル　d．C－トンブクトゥ　D－マラケシュ

e．C－マラケシュ　D－ザンジバル　f．C－マラケシュ　D－トンブクトゥ

問3　空欄《　X　》の語句の説明として正しいものを，次の選択肢の中から一つ選べ。

a．12世紀頃，宋は，日本が産出するこれを輸入し，火薬の原料として用いた。

b．16世紀半ば，スペインはボリビアの鉱山を開発し，これを大量に持ち帰った。

c．19世紀半ば，カリフォルニアでこれが発見され，アメリカ西海岸に多くの移民が流入した。

d．20世紀後半，第4次中東戦争に際して，アラブ諸国がこれの輸出制限を行った。

Ⅱ　貧農出身の朱元璋（洪武帝）が建国した明は，漢民族の統一国家として華夷の区分を明確化した。その没後に帝位についた建文帝に叛旗を翻して挙兵し，勝利を収めたのは永楽帝(1)となる燕王である。これらの皇帝によって君主独裁体制が盤石となった。さらに明は対外的に鎖国政策をとって出入りを禁止したが，君臣関係をもとにした朝貢という形でのみ周辺国との関係継続を認めた。明への重要な朝貢国の一つが琉球であった。はじめは分裂国家状態だった琉球は，15世紀初めに［　E　］が他の国を併合して統一国となり，明への朝貢を続け，他国との仲介貿易で栄えた。永楽帝が鄭和に命じて行わせた南海遠征(2)によって，朝貢貿易の範囲がさらに広がった。

問4　下線部(1)が帝位につくためにおこした挙兵の呼称として正しいものを，次の選択肢から一つ選べ。

a．永嘉の乱　b．靖康の変　c．靖難の役　d．土木の変

問5　下線部(2)の説明として正しいものを，次の選択肢から一つ選べ。

a．永楽帝は南海遠征の際に足利義政を日本国王に封じて，勘合貿易を開始した。

b．鄭和の艦隊は，インド洋を横断して東アフリカまで遠征した。

c．南海遠征によってベトナムにあった大越国が滅ぼされた。

d．南海遠征の虚を突いて，タタールが明に侵入してきた。

問6　空欄［　E　］に該当する語句として正しいものを，次の選択肢から一つ選べ。

a．西山王　b．中山王　c．南山王　d．北山王

Ⅲ　19世紀後半は自由主義とナショナリズムの時代であり，ヨーロッパ諸国は自由主義の流れ(3)に沿った国家統合を進めた。ドイツでは，1862年首相に任じられたビスマルクが，近隣国家との戦争を進めた(4)。その後，［　F　］が皇帝の位につき，ドイツ帝国が成立した。ビスマルクはその体制下で独裁的な権力をふるい(5)，ドイツの統一を推し進めた。

問7　空欄［　F　］に該当する人名を，次の選択肢から一つ選べ。

a．ヴィルヘルム1世　b．ヴィルヘルム2世

c．フリードリヒ＝ヴィルヘルム1世　d．フリードリヒ3世

問8　下線部(3)の説明として誤っているものを，次の選択肢から一つ選べ。

a．イタリアでは自由主義者のカヴールが首相となって，近代化政策を進めた。

b．自由主義は，ウィーン体制を起点にしてヨーロッパに広がった。

c．「世界の工場」となったイギリスは，自由貿易政策を進めた。

d．ヨーロッパ規模で1848年革命がおこり，「諸国民の春」と呼ばれる状況が生まれた。

問9　下線部(4)の説明として誤っているものを，次の選択肢から一つ選べ。

a．オーストリアとの戦いに勝利したプロイセンは，戦争後，東ドイツ連邦を結成した。

b．ビスマルクは「現下の大問題は……鉄と血によって決定される」と言って戦争を進めた。

c．プロイセンの軍事力を支えたのは，軍需企業クルップなどの重化学工業であった。

d．プロイセンは，フランスとの戦争に勝利し，アルザス・ロレーヌを獲得した。

問10　下線部(5)の説明として正しいものを，次の選択肢から一つ選べ。

a．社会主義者鎮圧法を制定して，共産党を弾圧した。

b．社会保険制度を整備して，労働者の支持を得ようとした。

c．プロテスタントを近代化政策に反対するものとして，「文化闘争」により抑圧した。

d．ロシアの孤立化をめざして「ビスマルク体制」という同盟網を築いた。

■数学■

◀理系学部▶

(80分)

(注)　理工学部物理学科を受験する者は数学①を，理工学部生物学科を受験する者は数学②を，その他の学部・学科を受験する者は数学①と数学②のいずれかを選択し解答すること。

解答は，結果だけでなく結果に至るまでの過程も記述せよ。

■数　学　①■

1　$\triangle$ABCにおいて，AB=4，AC=5とし，$\angle$Aの大きさをAで表すとき，$\cos A=\frac{1}{2}$とする。このとき，以下の問いに答えよ。

(1)　$\triangle$ABCの面積を求めよ。

(2)　$\angle$Aの二等分線と辺BCの交点をDとするとき，ADの長さを求めよ。

2　直角三角形でない$\triangle$OABの頂点O，A，Bを考える。このとき，以下の問いに答えよ。

(1)　点Aから直線OBにおろした垂線と点Bから直線OAにおろした垂線との交点をPとする。このとき，$\overrightarrow{\mathrm{OP}}$と$\overrightarrow{\mathrm{AB}}$は直交することを示せ。

(2)　s，tを実数とし，点Qを$\overrightarrow{\mathrm{OQ}}=s\overrightarrow{\mathrm{OA}}+t\overrightarrow{\mathrm{OB}}$，$s\geqq 0$，$t\geqq 0$，$1\leqq s+t\leqq 2$によって定める。このとき，点Qの存在する範囲を図示せよ。

(3)　$\triangle$OABの面積が3のとき，(2)で図示した部分の面積を求めよ。

3　0，1，2，2，3 の5個の数字を並べてできる5桁の自然数について，以下の問いに答えよ。

(1) 偶数である数の個数を求めよ。

(2) すべての数の和を求めよ。

4　実数 x に対して，以下の問いに答えよ。ただし，e は自然対数の底である。

(1) 定積分 $\int_0^1 \frac{1}{1+x}dx$ を求めよ。

(2) $x \geqq 0$ のとき，$1-x \leqq e^{-x} \leqq \frac{1}{1+x}$ が成り立つことを示せ。

(3) $\frac{1}{2} < \int_0^1 e^{-x}dx < \log_e 2$ が成り立つことを示せ。

■数　学　②■

1　〈数学①〉 1 に同じ。

2　〈数学①〉 2 に同じ。

3　〈数学①〉 3 に同じ。

4　数列 $\{a_n\}$ は，$a_{n+2}-a_{n+1}=a_{n+1}-a_n$（$n=1, 2, 3, \cdots\cdots$），$a_1=1$，$a_2=3$ を満たすとする。このとき，以下の問いに答えよ。

(1)　数列 $\{a_n\}$ の一般項を求めよ。

(2)　$\displaystyle\sum_{k=1}^{2n} a_k$ を求めよ。

(3)　$\displaystyle\left(\sum_{k=1}^{2n} a_{2k}-4\sum_{k=1}^{n} a_{2k-1}\right)^2=9\sum_{k=1}^{2n} a_k$ が成り立つことを示せ。

◀文系学部▶

(60分)

1　以下の空欄 ① ～ ⑩ にあてはまる数を所定の欄に記入せよ。

(1)　2つの放物線　$y=x^2-4x$，$y=-x^2+2x+8$ の2つの交点をA，Bとするとき，線分ABの長さは ① である。また，2つの放物線で囲まれた部分の面積は ② である。

(2)　3点A(0, 0, 0)，B(1, −3, 2)，C(−2, 1, 3)を頂点とする△ABCにおいて，$\cos A=$ ③ であり，△ABCの面積は ④ である。

(3)　初項から第3項までの和が4，第4項から第6項までの和が32である実数の等比数列の初項は ⑤ であり，公比は ⑥ である。また，第6項から第11項までの和は ⑦ である。

(4)　AさんとBさんは，それぞれ1個のさいころを投げ，出た目の大きい方が，相手の出た目の数を点数として獲得し，出た目が同じ場合はどちらも点数を獲得しないという試行を行う。1回の試行でAさんが4点を獲得している確率は ⑧ であり，2回の試行でAさんが8点を獲得している確率は ⑨ である。また，2回の試行でAさんが4点を獲得し，Bさんが5点を獲得している確率は ⑩ である。

2　a を定数とし，関数 $f(x)=x^3-3(a-1)x^2+3(a^2-2a-3)x$ を考える。このとき，以下の問いに答えよ。ただし，解答は結果だけでなく，結果に至るまでの過程も記述すること。

(1)　$a=2$ のとき，$f(x)$の極値を求めよ。

(2)　$f(x)$が極値をとるときの x を a を用いて表せ。

(3)　$f(x)$の極値を a を用いて表せ。

(4)　方程式 $f(x)=0$ がちょうど2個の異なる実数解をもつための a の値を求めよ。

物理

(80 分)

1　2物体の衝突について，以下の問いに答えよ。

質量がそれぞれ m_A と m_B の2つの小球AとBの衝突を考える。図1のように滑らかな床の上の一直線上の運動を考え，右向きを正として速度 v_0 $(v_0>0)$ を与えた小球Aが，静止した小球Bに衝突したとする。衝突後に小球Aは速度 v_A，小球Bは速度 v_B で運動したとする。

Ⅰ．衝突が弾性衝突であるとする。

問1　衝突前に小球Aがもっている運動量を書け。

問2　衝突前に小球Aがもっている運動エネルギーを書け。

問3　衝突前後での小球A，Bからなる物体系の運動量の間に成り立つ関係式を書け。

問4　弾性衝突の場合，運動エネルギーは保存する。このとき衝突前後での小球A，Bからなる物体系の運動エネルギーの間に成り立つ関係式を書け。

問5　$m_B=m_A$ のとき，v_B は v_0 の何倍であるか答えよ。

問6　m_B が m_A の x 倍 $(x>0)$ のとき，v_A と v_B を x と v_0 を用いて書け。

問7　問6において $v_A=-\frac{v_0}{2}$ になったとする。このとき m_B は m_A の何倍であるか答えよ。

Ⅱ．衝突が反発係数 e $(0\leqq e<1)$ の非弾性衝突であり，かつ $m_B=m_A$ であるとする。

問8　v_0 と v_A，v_B の間に成り立つ関係式を e を用いて書け。

問9　v_A と v_B を e と v_0 を用いて書け。

問10　衝突によって小球A，Bからなる物体系が失った運動エネルギーは衝突前の運動エネルギーの

何倍であるかを e を用いて答えよ。

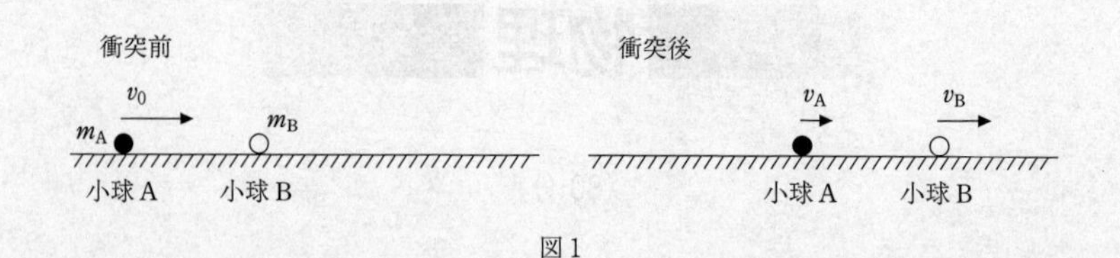

図1

2 次の文中の [1] から [13] にあてはまる適切な式を，[ア] および [イ] に最も適切な語句を語群から選び，解答用紙の所定欄に記入せよ。また，問いに答えよ。

図1のように，断面積 S，長さ L の円柱の導体に電位差 V を加えたとき，じゅうぶん時間が経過すると，導体中に定常電流が流れる。簡単のため，自由電子はすべて一定の速度で移動するものとしよう。また，電気素量を e として，自由電子の電気量を $-e$，単位体積あたりの自由電子の数を n，自由電子の速さを v とする。

時間 t の間に自由電子は導体中を距離 [1] だけ進む。このとき図1の断面Aを通過する自由電子は，断面Aの左側の [1] の長さの導体中に含まれる自由電子である。その部分の体積は，断面積が S であるので [2] であり，その中に含まれる電子の個数は [3]，その電気量の合計の大きさは [4] となる。したがって，導体中を流れる電流の大きさ I は，単位時間あたり断面Aを通過する電気量の大きさに等しいので $I=envS$ と表される。これを v について解くと，次式が得られる。

$$v=\frac{I}{enS} \qquad (1)$$

次に，導体中に定常電流が流れる理由について考えよう。図2のように，自由電子は電場から力を受けて移動する。電場の強さを E とすると，1個の自由電子が電場から受ける力の大きさは，e，E を用いて [5] と表される。自由電子は，電場による力とは別に，熱運動している陽イオンなどから抵抗力を受ける。簡単のため，抵抗力の大きさが自由電子の速さに比例するとして kv（k は正の比例定数）で表されるとしよう。導体に電場を加えてじゅうぶん時間が経過すると，電場から受ける力と抵抗力がつりあい，自由電子は電場の向きと [ア] 向きに [イ] 移動するようになる。このとき，電場の強さ E は次式で与えられる。

$$E=\frac{k}{e}v \qquad (2)$$

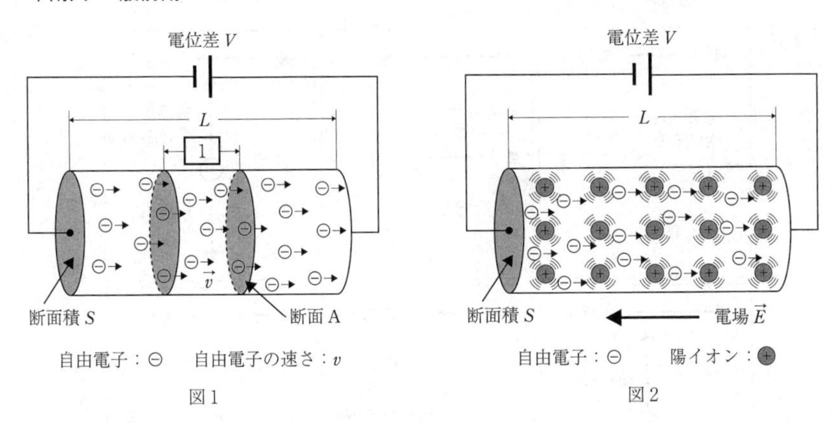

図 1　　　　図 2

問　導体に電場を加えてじゅうぶん時間が経過したとき，自由電子が電場から受ける力と抵抗力について，最も適切な関係を表す図を図群の中から選び，その記号を解答用紙の所定欄に記入せよ。

導体に加えられている電位差 V は，E，L を用いて，$V=$ [6] と表され，さらに，(1)式，(2)式より，e，n，S，k，L，I を用いて，$V=$ [7] と表される。一方，導体の抵抗値を R とおくと，オームの法則から，電位差 V は，R，I を用いて $V=$ [8] と表される。[7] と [8] を比較すると，抵抗値 R は，e，n，S，k，L を用いて [9] と表される。

1 個の自由電子が電場から受ける力の大きさは [5] で表されるので，時間 t の間に電気力が 1 個の自由電子にする仕事は，e，E，v，t を用いて [10] と表される。断面積 S，長さ L の導体中に含まれる自由電子の総数は [11] 個なので，電場がすべての自由電子に対してする仕事は，e，n，S，L，v，t，E を用いて [12] となる。しかし，導体中には定常電流が流れており，電荷を運ぶ自由電子の運動エネルギーは，電場から仕事をされたにもかかわらず変化していない。電場が自由電子にする仕事は，導体中の陽イオンなどに与えられ熱として失われる。これをジュール熱という。したがって，仕事 [12] はジュール熱と等しい。V の表式 [6] と $I=envS$ を用いると，このジュール熱は，V，I，t を用いて [13] と表される。

【語群】　同じ　45° 傾いた　90° 傾いた　135° 傾いた　逆
加速して　一定の速さで　減速して

【図群】

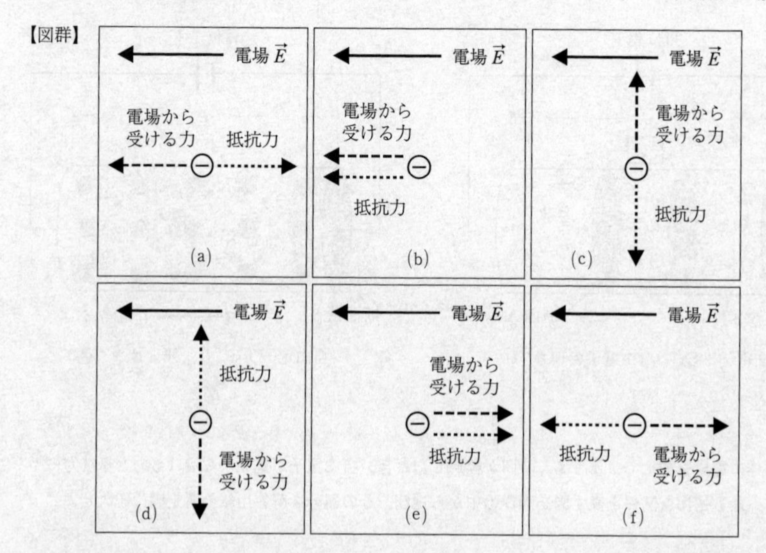

3 次の文中の ア から ケ にあてはまる適切な式または数値を, A から D に最も適切な語句を語群から記号で選び，解答用紙の所定欄に記入せよ。同じ語句を複数回選んでも良い。また，問いに答えよ。

Ⅰ. クラリネットやフルートなどの管楽器のような細長い管の中の空気のことを気柱と呼んでいる。気柱の開口端（管口）付近の空気を振動させると音波が気柱を伝わり，ある条件を満たすと気柱内に定常波が生じて共鳴を起こす。これを気柱共鳴という。このとき管楽器では大きな音が鳴る。図1は長さLの閉管の中に基本振動の定常波がある様子を示している。開口端の補正を無視すると，この音波の波長は ア である。音波の波長を基本振動から短くしていくとき，次に共鳴が起こるのは，音波の波長が イ のときである。このとき，音の高さは基本振動の場合と比べて， A なっている。また，管の長さが B なると，共鳴する音が高くなっていく。

振動数fの音波の波長がλのとき，音速は ウ である。したがって，音波の振動数と波長を測定すれば，音速が分かる。図2は管の中の水位を変えることによって，閉管の長さを変えることが出来る気柱共鳴の実験装置である。おんさをハンマーでたたき，それを管口に近付け，はじめ管口近くにあった水位をゆっくり下げていくと，管口から水面までの距離がx_1のときに，はじめて共鳴して大きな音が鳴った。さらにゆっくり水面を下げていくと，次に距離x_2で共鳴が起こった。このおんさによる音波の波長は，開口端補正を考慮する必要があるので，x_1とx_2を用いて表すと エ である。また，おんさの振動数がfのとき，音速はf，x_1，x_2を用いると オ となる。ただし，実験中に室温は変化しないものとする。

問　図2の管の気柱に，ある気体を満たして室温で実験を行った。表1は振動数が512 Hzのおんさを用いて実験を行った結果である。この実験結果からこの気体の室温における音速を単位を含めて有効数値3桁で求めよ。また，この気体としてもっとも確からしいものを表2から選んで答えよ。

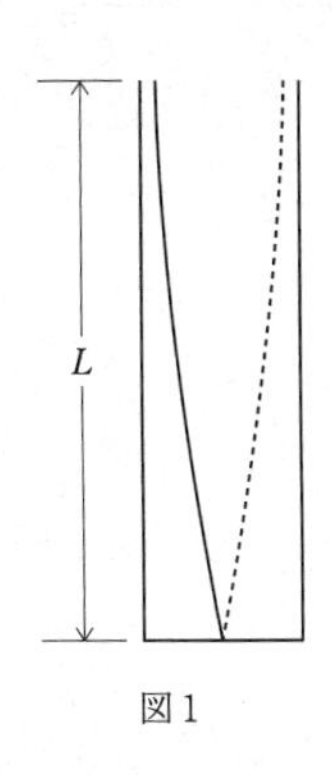

図1

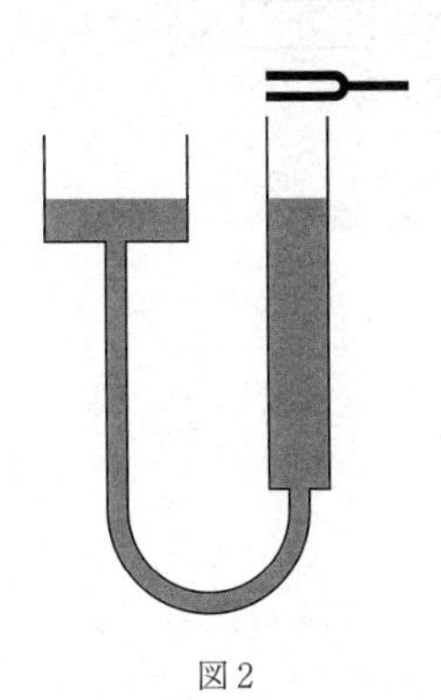

図2

表1：未知ガスの共鳴距離

x_1	125 mm
x_2	390 mm

表2：室温における色々な気体中での音速

塩素	約 210 m/s
二酸化炭素	約 270 m/s
アルゴン	約 320 m/s
空気	約 340 m/s
ネオン	約 440 m/s
ヘリウム	約 970 m/s

Ⅱ．気体中の音速v〔m/s〕は，気体の密度をρ〔kg/m^3〕，圧力をp〔Pa〕，比熱比をγとすると，

$$v=\sqrt{\frac{\gamma p}{\rho}} \qquad (1)$$

と表されることが知られている。空気を理想気体として，式(1)と理想気体の状態方程式を用いて，セ氏温度t〔℃〕の時の空気の音速を求めてみよう。圧力pは空気のモル数n，体積V〔m^3〕，絶対温度T〔K〕，気体定数R〔J/(mol·K)〕を用いて，$p=$ [カ] と表される。これを式(1)に代入して，$\frac{V\rho}{n}$が1モル当たりの空気の質量M〔kg/mol〕であることに注意すると，音速vは，R，T，M，γを用いて [キ] と表される。絶対温度Tとセ氏温度tには，$T=t+273$の関係があるので，これを用いると，[キ] は，

$$v=v_0\sqrt{1+\frac{t}{273}} \qquad (2)$$

となる。v_0はセ氏温度0℃のときの音速であり，R，M，γを用いると$v_0=$ [ク] と表される。$\frac{t}{273}$が十分小さいとして，xが微小な時の近似式$\sqrt{1+x}\fallingdotseq 1+\frac{1}{2}x$を使うと，

$$v=v_0\times(\boxed{\text{ケ}}) \qquad (3)$$

となる。ここで，標準状態での空気の値，$M=2.89\times10^{-2}$ kg/mol，$\gamma=1.40$と$R=8.31$ J/(mol·K)

を代入すると，セ氏温度 t〔℃〕の時の空気の音速の近似式，

$$v = 331.5 + 0.6t \text{〔m/s〕} \qquad (4)$$

が導出される。したがって，温度が上昇すると音速は［　C　］なり，一定の長さの気柱に共鳴する音の高さは［　D　］なる。これが，室温が変わった時に管楽器に調律（チューニング）が必要な主な理由である。

【語群】 (あ) 低く　(い) 高く　(う) 短く　(え) 長く　(お) 小さく　(か) 大きく

■化学■

(80 分)

1 次の文を読み，問 1 〜問 5 に答えよ。解答の数値は有効数字 3 桁で求めよ。必要があれば次の数値を用いること。原子量 H＝1.00，O＝16.0，Cl＝35.5，Fe＝55.8

酸と塩基が反応する中和では，酸の陰イオンと塩基の陽イオンからなる塩が生じる。塩はイオン結合からなる物質であり，その多くは水によく溶ける。

塩化カリウムは強酸と強塩基の組み合わせからできる塩である①。塩化カリウムの結晶を水に入れると塩化カリウムが電離し，カリウムイオンと塩化物イオンに分かれる。水分子は極性をもつため，水分子とイオンのあいだに静電気的な引力が働く。これにより，生じたイオンは水分子に囲まれて水和イオンとなり，水和イオンが拡散していくことで，塩化カリウムが水中に均一に溶け込む。塩化カリウムの水への溶解度〔g/水 100 g〕は，20 ℃で 34.2，80 ℃で 51.3 である②。

塩化鉄(Ⅲ)は強酸と弱塩基の組み合わせからできる塩である③。塩化鉄(Ⅲ)の水和物である塩化鉄(Ⅲ)六水和物の結晶を水に溶かすと，塩化鉄(Ⅲ)水溶液が得られる④。逆に，塩化鉄(Ⅲ)の飽和水溶液を冷却すると，塩化鉄(Ⅲ)六水和物の結晶が得られる。また，塩化鉄(Ⅲ)水溶液を沸騰水に加えると，赤褐色の水溶液が得られる。この水溶液に横から強い光線を当てると，光の進路が明るく輝いて見える⑤。

問 1　下線部①に関連して，次の【解答群】から，強酸と強塩基の組み合わせからできる塩をすべて選び，記号を記せ。

【解答群】

(a) NH_4Cl　(b) Na_3PO_4　(c) Na_2SO_4　(d) KNO_3　(e) CH_3COOK

問 2　下線部②に関して，以下の問いに答えよ。

(1) 図 1 は，水 200 g に塩化カリウムを加えて得られる 20 ℃の水溶液について，加えた塩化カリウムの質量〔g〕と水溶液の質量パーセント濃度〔%〕の関係を表している。図中のⅠとⅡに当てはまる数値をそれぞれ記せ。

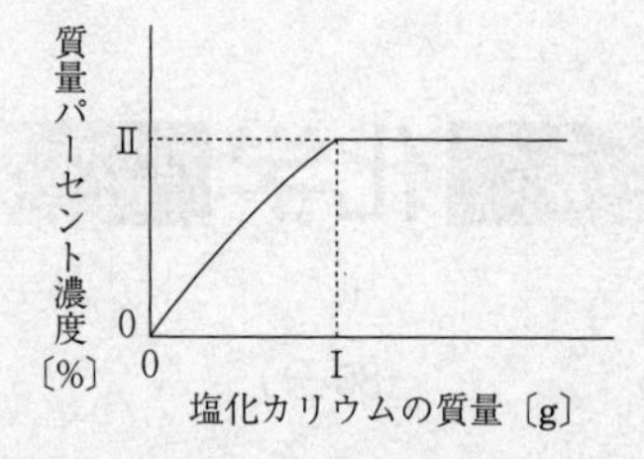

図1　塩化カリウムの質量と水溶液の質量パーセント濃度の関係

（2）図2の(A)～(F)から，同じ質量の水に塩化カリウムを加えて得られる20 ℃と80 ℃の水溶液について，加えた塩化カリウムの質量〔g〕と水溶液の質量パーセント濃度〔%〕の関係を適切に表しているものを選び，記号を記せ。ただし，図中の細い線と太い線はそれぞれ20 ℃と80 ℃の関係を表しているものとする。

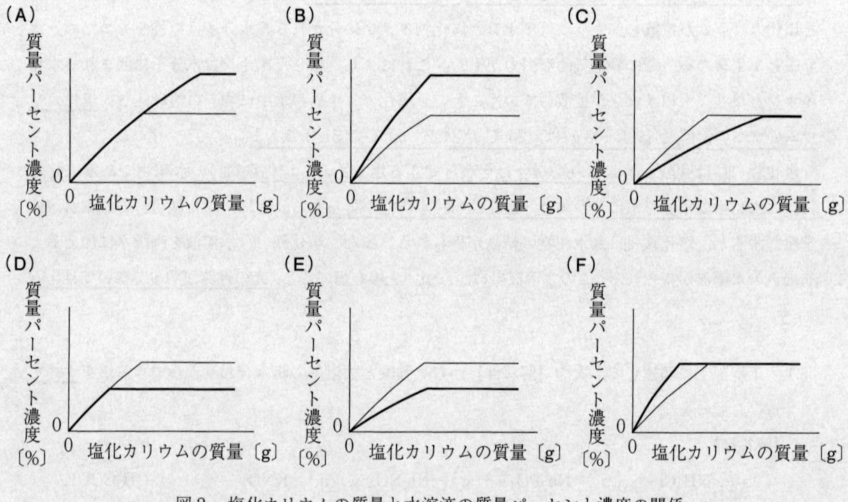

図2　塩化カリウムの質量と水溶液の質量パーセント濃度の関係

問3　下線部③に関して，塩化鉄(Ⅲ)水溶液は酸性を示す。この理由を解答欄の枠内で説明せよ。

〔解答欄：16.4cm × 2行〕

問4　下線部④について，次の実験方法を読み，以下の問いに答えよ。

【実験方法】 0.100 mol/L 塩化鉄(Ⅲ)水溶液を200 mL調製するために，まず，塩化鉄(Ⅲ)六水和物の結晶を正確にはかりとり，ビーカー内で少量の水に完全に溶かした。そして，ビーカー内の水溶液をすべて実験器具 **X** に移し，200 mLの標線まで水を加えた。その後，**X** をよく振って水溶液を均一にした。

（1）塩化鉄(Ⅲ)六水和物の化学式を記せ。

（2）実験器具**X**の名称を記せ。

（3）0.100 mol/L 塩化鉄(Ⅲ)水溶液を200 mL 調製するには，塩化鉄(Ⅲ)六水和物の結晶を何gはかりとる必要があるか，数値を記せ。

問5　下線部⑤について，光の進路が見える理由を解答欄の枠内で説明せよ。

〔解答欄：16.4cm × 1行〕

2　次の文を読み，問1～問4に答えよ。ただし，気体はすべて理想気体とする。解答の数値は有効数字3桁で求めよ。必要があれば次の数値を用いること。気体定数 $R = 8.31 \times 10^3$ Pa·L/(mol·K)

ある固体の物質**A**の分子量を測定するために，以下の実験を行った。

【実験】丸底フラスコに温度計とコックを，ゴム栓を使ってとりつけた。この装置の容積は360 mLであった。その後，フラスコに**A**の粉末をX〔g〕入れ，スタンドを使って，装置のフラスコ部分を，水を入れたビーカーに完全に沈めた。次に，水に沸騰石を入れて，ガスバーナーを用いてビーカーを加熱し，水を緩やかに沸騰させた。この間，コックの栓は開けたままにしておいた。しばらくすると**A**はすべて気体となり，フラスコ内の温度は87.0 ℃で一定となった。その後，スタンドからフラスコを取り外し，十分に冷やしてフラスコ内に残っていた**A**の気体をすべて固体にした。生じた固体をすべて取り出して天秤で質量をはかったところ，Y〔g〕であった。実験を行った際の大気圧は 1.00×10^5 Paであった。Xの値を変化させてこの実験を行ったところ，Yの値は表1の通りとなった。

表1　フラスコに加えた**A**の質量(X〔g〕)と，放冷後に取り出した**A**の質量(Y〔g〕)

X〔g〕	0.200	0.400	0.800	1.50
Y〔g〕	0.200	0.400	0.600	0.600

問1　下線部について，この実験装置を図示せよ。

問2　表1において，Xの値が0.800以上のとき，Yの値は変化していない。これはなぜか，理由を解答欄の枠内で説明せよ。

〔解答欄：16.4cm × 1行〕

問3　**A**の分子量はいくらか，数値を記せ。

問4　Xの値が0.400のとき，87.0 ℃でAがフラスコ内ですべて気体となっているときの，フラスコ内のAの分圧は何Paか，数値を記せ。

3　次の文を読み，問1～問5に答えよ。

鉄は，金属元素のなかでは原子番号13の（　ア　）の次に地殻中に多く存在している。鉄は，赤鉄鉱(主成分 Fe_2O_3)や磁鉄鉱(主成分 Fe_3O_4)を，溶鉱炉中でコークスから発生する一酸化炭素により（　イ　）することで製造される。溶鉱炉で得られる鉄は銑鉄といい，質量比約4％の（　ウ　）のほか，ケイ素，硫黄，リンなどを含む。銑鉄は転炉に移して，酸素を吹き込むと酸化により（　ウ　）の含有量が減少し，鋼になる。鋼は硬くて強いが，湿った空気中では酸化されてさびるため，クロムを添加したステンレス鋼などの合金も用いられている。また，屋根などには，鉄がさびるのを防ぐために鉄に亜鉛をめっきしたトタン①も使われている。

鉄はイオン化傾向が大きいため，希硫酸に加えると（　エ　）を発生しながら溶解し②，淡緑色の水溶液が生じる。この淡緑色の水溶液に水酸化ナトリウム水溶液を加えると緑白色の沈殿が生じ③，この水溶液を放置しておくと，緑白色の沈殿が空気中の酸素により酸化されて，沈殿の色が赤褐色に変化する。さらに，この酸化された沈殿に酸を加えると沈殿が溶解し，水溶液が得られる。この水溶液に，ヘキサシアニド鉄(Ⅱ)酸カリウム④水溶液を加えると濃青色沈殿が生じ，一方，チオシアン酸カリウム⑤水溶液を加えると水溶液の色が（　オ　）に変化する。

問1　文中の（　ア　）～（　オ　）に当てはまる最も適切な語句を記せ。

問2　下線部①について，ここでの亜鉛の働きは二つあると考えられる。一つは，鉄の表面を覆っている亜鉛が酸化され，この酸化亜鉛の層が酸素の透過を防ぐという働きである。もう一つは，鉄の表面を覆っている亜鉛が傷ついて鉄が露出した場合であっても，化学反応により鉄がさびるのを防ぐという働きである。この二つ目の働きについて，どのような化学反応が起こり，鉄がさびるのを防ぐと考えられるのか，解答欄の枠内で説明せよ。　〔解答欄：16.4cm × 2行〕

問3　下線部②に関連して，鉄は濃硝酸に加えても溶解しない。これは，金属表面に酸化被膜が生じ，内部が保護されるためである。このように酸化被膜を形成し，金属が濃硝酸に溶けなくなる状態を何というか，名称を記せ。

問4　下線部③について，この反応の化学反応式を記せ。

問5　下線部④および⑤の化合物について，化学式を記せ。ただし，下線部④の化合物については解答欄(ｉ)に，下線部⑤の化合物については解答欄(ⅱ)に記せ。

4　次の文を読み，問１～問４に答えよ。

アンモニア①分子の水素原子が炭化水素基で置換された構造をもつ化合物を（　ア　）と呼び，特に芳香族炭化水素基で置換されたものを芳香族（　ア　）という。芳香族（　ア　）の一つである，ベンゼン②の１個の水素原子が（　イ　）基に置き換わった化合物**A**は（　ウ　）と呼ばれる。（　ア　）は，塩基として働く代表的な有機化合物である。

Aはさまざまな反応性を示す。**A**を無水酢酸と混合すると，**A**の（　イ　）基と無水酢酸の（　エ　）基（$>$C=O）の間の反応により（　オ　）結合が形成されるなどの化学変化が起こり，その結果，アセトアニリドと酢酸が生じる③。また，０～５℃に保ちながら**A**に亜硝酸ナトリウムと塩酸を作用させると，塩化ベンゼンジアゾニウム④が得られる。これをナトリウムフェノキシドと反応させることで赤橙色の（　カ　）を得ることができる。

問１　（　ア　）～（　カ　）に当てはまる最も適切な語句を記せ。ただし，（　ウ　）と（　カ　）には化合物の名称を記せ。

問２　下線部①，②，④の化合物の構造式を，例にならって記せ。

例：

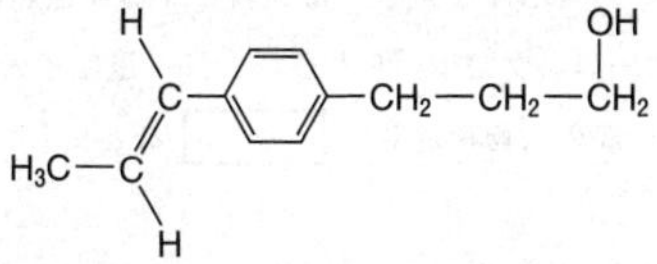

H　　　　　　　　　　　　OH
C－(benzene ring)－CH_2－CH_2－CH_2
H_3C－C
H

問３　下線部③の反応について，次の問いに答えよ。

（１）　化学反応式を記せ。ただし，すべての物質は構造式を用いて表すものとし，構造式は問２の例にならって記すこと。

（２）　**A**と無水酢酸を１：１の物質量比で混合してから所定の時間が経過したのちに，この混合液中の成分を確認したところ，**A**の一部のみが生成物へと変化した状態であった。この混合液から未反応の**A**を回収する方法について，解答欄の枠内で説明せよ。

〔解答欄：15.6cm × 3行〕

問４　ベンゼンを原料として**A**を合成する方法について，反応に必要な物質を示しながら解答欄の枠内で説明せよ。

〔解答欄：縦 3.6cm ×横 16.4cm〕

生物

(80分)

1 次の文章を読み，以下の問いに答えよ。

バイオテクノロジーとは，バイオロジー（生物学）とテクノロジー（技術）を合わせた言葉で，生物特有の機能を人為的に操作・改良して人々の生活に役立てる技術のことである。現在におけるバイオテクノロジーの代表例を以下にいくつか挙げる。

ある生物から特定の遺伝子をとり出し，他の生物のDNAに組み込むことを遺伝子組換えという。組換えDNAは，DNAの特定の塩基配列を認識して切断する（ ア ），切断したDNAの部位を別の切断部位につなぐ「のり」の役割を果たす（ イ ）などを利用して作られる。この組換えDNAは，大腸菌などの他の生物に導入して利用することができる。この場合，自己増殖する小型のDNAが目的とするDNAの運び手として用いられ，これによってDNAは増幅される。この運び手を（ ウ ）といい，（ エ ）などが用いられる。

遺伝子組換えには同じ塩基配列をもったDNAが多量に必要である。最近では，ごく少量のDNA断片を試験管内で短時間のうちに何十万倍にも増幅する技術である<u>ポリメラーゼ連鎖反応法（PCR法）</u>①が用いられている。PCR法では，増やしたいDNA，複製する領域の端に結合する（ オ ），<u>DNAを複製する機能をもつ酵素である（ カ ）</u>②，DNAを複製する原料となる4種類の（ キ ）などを加えた溶液を用意する。PCR法は，クローニングで用いられるほかに，遺伝子の変異の有無を調べることにも用いられる。また，犯罪捜査の際の人物特定や， [A] などにも利用されている。

DNA断片の長さの確認や，長さが異なるDNA断片の分離を行う方法に（ ク ）がある。DNAは，(1) [a）正，b）負] の電荷を帯びているため，アガロース（寒天）ゲルの中にサンプルのDNAを入れて通電すると，DNAは (2) [a）陰極側から陽極側，b）陽極側から陰極側] へと移動する。このとき，(3) [a）短い，b）長い] DNA断片ほど同じ時間で遠くまで移動する。

DNA（ ケ ）解析では，細胞や組織で発現している遺伝子を網羅的に調べることが可能である。DNA（ ケ ）とは，あらかじめ塩基配列のわかっている多数の (4) [a）1本鎖，b）2本鎖] DNAを1枚のプラスチックなどの基板上に貼り付けたものである。

バイオテクノロジーは様々な分野への応用が期待されている。なかでも医療への応用では，遺伝子治療や（ コ ）医療などが特に期待されている。（ コ ）医療とは，ゲノムの個人差を調べて個人の体質にあった病気の治療や予防をすることである。

問1　文中の空欄（　ア　）～（　コ　）に当てはまる，最も適当な語句を【語群】より選び，記せ。

【語群】

トランスジェニック	電気泳動法	TLC	マイクロアレイ
マイクロプラスチック	ノックアウト	スプライシング	アミノ酸
レディーメイド	プロトタイプ	先進	DNAポリメラーゼ
RNAポリメラーゼ	DNAヘリカーゼ	DNAリガーゼ	制限酵素
プロテアーゼ	リプレッサー	リパーゼ	プロモーター
プラスミド	ベクター	ホルモン	プライマー
ラギング鎖	ヌクレオチド	ヌクレオシド	ウラシル
オーダー（テーラー）メイド			

問2　下線部①に関して，はじめa本の2本鎖DNA断片があったとして，この両末端に相補的なプライマーを用いて，理想的な条件でPCR法の操作をx回繰り返したとき，y本の2本鎖に増幅された。yをxの関数で記せ。

問3　下線部②に関して，PCR法で用いる（　カ　）は，ヒトがもつ（　カ　）には見られない，ある特殊な性質を有している。それはどのような性質か，PCR法の反応条件などから判断して10字程度で記せ。

問4　一般的な酵素反応と無機触媒の反応における速度と温度との関係から考えられる，酵素と無機触媒の特性の違いを解答欄の枠内で説明せよ。　〔解答欄：縦2.2cm×横17.4cm〕

問5　［　A　］に入る適当な事例を一つ挙げ，解答欄の枠内に記せ。　〔解答欄：17.4cm×1行〕

問6　文中の(1)［　　］～(4)［　　］に入る適当な語句を［　　］内のa)，b)から選び，記号で記せ。

2　次の文章を読み，以下の問いに答えよ。

生物の遺伝情報を担っているのは遺伝子であり，遺伝子の本体はDNAである。真核生物のDNAは（　ア　）と呼ばれるタンパク質と結合して折りたたまれ，クロマチンを形成し，それがさらに折りたたまれると，凝縮して顕微鏡で観察できるような染色体となる。ヒトの2倍体細胞は，1番～22番の22本の（　イ　）が2セットと（　ウ　）が2本からなる合計（　エ　）本の染色体を持つ。（　ウ　）は，雄ではX染色体とY染色体が1本ずつ，雌ではX染色体が2本である。遺伝子は染色体の中でそれぞれ決まった位置を占めており，その位置を（　オ　）と呼ぶ。真核生物の個体において，ある（　オ　）の遺伝子の塩基配列が①2本ある同じ染色体の間で同じであれば，その個体は（　カ　）と呼ばれ，異なっていれば（　キ　）と呼ばれる。

一方，ある（　オ　）を占める遺伝子は個体間でも異なる場合があり，それらは対立遺伝子と呼ばれ，通常多数ある。②一塩基多型（SNP）も遺伝子内にみつかれば対立遺伝子を生じさせる原因となる。

ヒトの病気に関係するSNPの1つに，かま状赤血球症の原因となる11番染色体上にあるヘモグロビンβ鎖遺伝子のDNA上でA（アデニン）塩基がT（チミン）塩基に（　ク　）した変異が知られている。この変異により6番目のアミノ酸がグルタミン酸からバリンに（　ク　）される。③この変異の（　カ　）は重篤な貧血等の症状を示すが，（　キ　）は症状を示さない。

また，ショウジョウバエやユスリカなどの幼虫では，だ腺の細胞中に巨大な染色体が見られる。このだ腺染色体には，④ところどころにパフと呼ばれる膨らみが見られる。

問1　文章中の空欄（　ア　）～（　ク　）に当てはまる最も適当な語句を記せ。

問2　下線部①に関して，このような1対の染色体を何と呼ぶか，名称を記せ。

問3　下線部②に関して，SNPの説明を解答欄の枠内で簡潔に記せ。　〔解答欄：17.4cm × 1行〕

問4　下線部③について，この変異は，顕性（優性）か，潜性（劣性）か，どちらとも判断付かないかを記せ。

問5　文章中に示したSNPを持つある家族において，かま状赤血球症患者の出現の様子を家系図として示したのが図1である。以下の設問に答えよ。

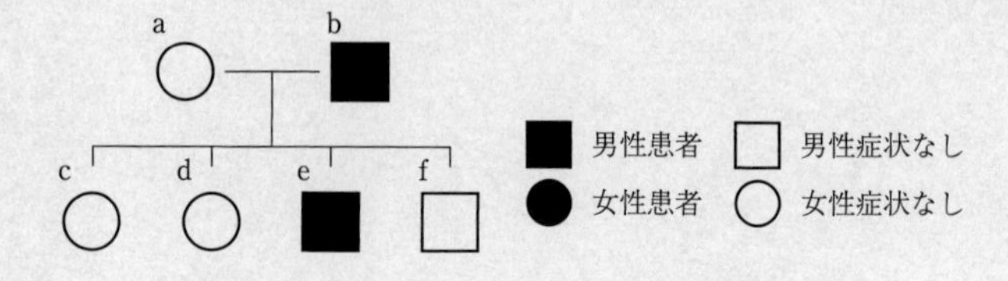

図1　かま状赤血球症の患者を持つ家族の家系

(1) このSNPに関して，a～fのうち（　カ　）である個人をすべてアルファベットで記せ。

(2) cと患者の男性が結婚して子供をもうける場合，子供に症状が出て患者となる確率は何%か，数値を記せ。

問6　伴性潜性（劣性）遺伝を示す病気の患者を持つある家族において，患者の出現の様子を家系図として示したのが図2である。以下の設問に答えよ。

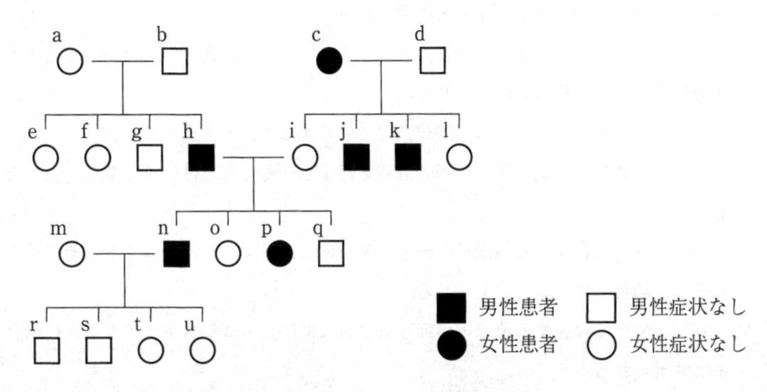

図2　伴性潜性（劣性）遺伝病の患者を持つ家族の家系

(1) この病気の原因は，1つの遺伝子でその一部が変異したことによる。その原因遺伝子は，どの染色体上にあるか。上の文章中の語句を用いて記せ。

(2) a～dおよびr～uのうち，原因遺伝子の一部が変異した染色体を少なくとも1本持つ個人をすべてアルファベットで記せ。

(3) mが原因遺伝子の変異に関して（　キ　）であった場合，r～uの全員が症状なしとなる確率はいくらか。数値を分数で記せ。

問7　下線部④に関して，ショウジョウバエの幼虫が蛹（さなぎ）になる発生過程（蛹化（ようか））において，だ腺染色体のパフの位置と大きさを調べたところ，図3のようになった。以下の設問に答えよ。

(1) 以下のパフに関する記述で，間違っているものをすべて選び，記号を記せ。

(あ)　パフではクロマチンが脱凝縮し，DNAの二重らせんも部分的にほどけている。

(い)　パフでは盛んにRNAが合成されている。

(う)　パフでは盛んにタンパク質が合成されている。

(え)　パフは，酢酸オルセインや酢酸カーミンで他の部分よりも濃く染色される。

(お)　パフは，ピロニンで他の部分よりも濃く染色される。

(か)　パフの位置から活性化している遺伝子がわかる。

(き)　パフの大きさは，転写の活性を反映していると考えられている。

(2) 以下の図3に関する記述で，間違っているものをすべて選び，記号を記せ。ただし，この蛹化にはエグジステロイドと呼ばれる脂溶性ホルモンの働きが重要であることが知られている。

(あ)　時間によってパフの位置と大きさが変化することから，発生が進むにつれて働く遺伝子の種類やその発現量は変化することが分かる。

(い)　時間によってパフの位置と大きさが変化することから，発生が進むにつれて働くタンパク質の種類やその量は変化すると考えられる。

(う)　だ腺染色体は一様な構造なので，時間によってパフの位置と大きさが変化しているのは実験操作による影響だと考えられる。

(え)　パフ3に存在する遺伝子は，蛹化過程で働く遺伝子だと考えられる。

(お)　パフ4に存在する遺伝子は，蛹化過程を終了させることだけに働く遺伝子だと考えられる。

(か)　パフ1や3に存在する遺伝子の転写調節領域には，エグジステロイドとその受容体との複合体が結合していると考えられる。

(き)　パフ1や3に存在する遺伝子の転写調節領域には，エグジステロイドが直接結合していると考えられる。

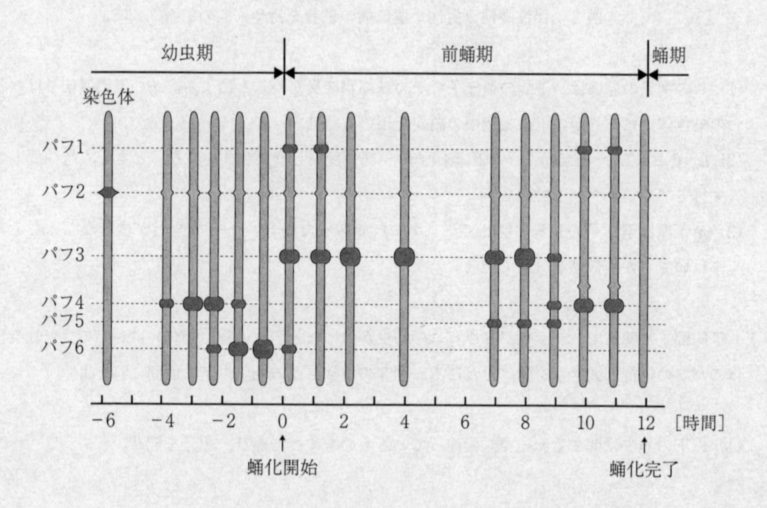

図3　ショウジョウバエの蛹化過程におけるパフの位置と大きさ

3 次の文章を読み，以下の問いに答えよ。

植物は，種子が発芽した場所から大きく動くことはできないため，発芽の環境はとても重要である。種子には，発芽条件として，水分，温度，酸素以外に光を必要とするものがある。このような種子は光発芽種子と呼ばれる。光発芽種子の発芽には，光受容体の一種である（　ア　）が関わっている。（　ア　）には P_R 型と P_{FR} 型という2つの型があり，P_R 型が（　イ　）光を吸収すると P_{FR} 型に変化し，P_{FR} 型が（　ウ　）光を吸収すると P_R 型に戻る。（　イ　）光と（　ウ　）光による P_R 型と P_{FR} 型の間の相互変換は可逆的に何回でも起こる。（　ア　）は通常，細胞内の（　エ　）に存在しているが，（　イ　）光を吸収して P_{FR} 型になると，（　エ　）から（　オ　）に移動して遺伝子の（　カ　）に関わる他のタンパク質と結合し，発芽に関係する一群の遺伝子の発現を調節することで発芽が促進される。一方，P_{FR} 型が（　ウ　）光を吸収すると P_R 型へ変化するので，発芽は抑制される。自然光には（　イ　）光と（　ウ　）光が含まれるため，P_{FR} 型と P_R 型の両方が存在するが，P_{FR} 型と P_R 型の存在比は（　イ　）光と（　ウ　）光の強さの比によって決まる。他の樹木が生い茂った緑葉群の下では，［　X　］の強さの割合が高くなるため，光発芽種子の（　ア　）の存在比は［　Y　］が高くなり，結果的に発芽は［　Z　］される。

受容体によって環境要因の変化を感知する細胞と，その変化に対して応答する細胞が必ずしも同じであるとは限らない。そのような場合，環境要因が変化したという情報を，感知した細胞から応答する細胞へ伝える仕組みが必要である。①植物において，このような情報の伝達に働く物質を総称して植物ホルモンという。②種子が発芽するためには，光受容体の働きに加えて，植物ホルモンの働きも重要である。

問1　文中の空欄（　ア　）～（　カ　）に当てはまる最も適当な語句を【語群】より選び，記せ。

【語群】

液胞	細胞質	フォトトロピン	転写	クリプトクロム
青色	フィトクロム	翻訳	赤色	原形質連絡
緑色	複製	紫色	遠赤色	核
細胞壁	リボソーム			

問2　文中の［　X　］，［　Y　］，［　Z　］に入る組み合わせとして最も適当なものを【選択肢】から一つ選び，記号で記せ。

【選択肢】

(a)　X：（　イ　）光よりも（　ウ　）光　　Y：P_R 型よりも P_{FR} 型　　Z：促進
(b)　X：（　イ　）光よりも（　ウ　）光　　Y：P_R 型よりも P_{FR} 型　　Z：抑制
(c)　X：（　イ　）光よりも（　ウ　）光　　Y：P_{FR} 型よりも P_R 型　　Z：促進
(d)　X：（　イ　）光よりも（　ウ　）光　　Y：P_{FR} 型よりも P_R 型　　Z：抑制

（e） X：（ ウ ）光よりも（ イ ）光 Y：P_R 型よりも P_{FR} 型 Z：促進
（f） X：（ ウ ）光よりも（ イ ）光 Y：P_R 型よりも P_{FR} 型 Z：抑制
（g） X：（ ウ ）光よりも（ イ ）光 Y：P_{FR} 型よりも P_R 型 Z：促進
（h） X：（ ウ ）光よりも（ イ ）光 Y：P_{FR} 型よりも P_R 型 Z：抑制

問３ 下線部①に関して，表１は植物の応答とそれに関係する植物ホルモンについてまとめたものである。＋は表中の現象を促進することを示し，－は抑制することを示す。表中の（ あ ）～（ え ）に当てはまる最も適当な植物ホルモンの名称を記せ。

表１ 主な植物ホルモンとその働き

	発芽	茎の成長		果実の成長	老化	落葉・落果	ストレス応答	その他
		伸長	肥大					
オーキシン		＋		＋		－		分化，頂芽優勢
（ あ ）	＋	＋	－	＋				
（ い ）			＋		－			分化，側芽成長
ブラシノステロイド		＋				－		
アブシシン酸	－	－	－		＋	＋	＋	気孔閉鎖
（ う ）		－	＋		＋	＋	＋	果実成熟
（ え ）					＋		＋	食害防御
システミン							＋	（ え ）の合成を誘導

問４ 下線部②に関して，種子の発芽時における表１の植物ホルモン（ あ ）の作用と，胚，糊粉層の関係を理解するため，以下の実験１および２を行い，表２のような結果を得た。ヨウ素デンプン反応では，ヨウ素とデンプンが反応して青色を示す（呈色する）。表中，呈色反応で青色を示した場合を○，青色を示さなかった場合を×と表わした。以下の設問に答えよ。

＜実験１＞

外皮を取り除いたマカラスムギの種子（種子Ａ）から，さらに糊粉層を取り除いた種子（種子Ｂ），胚を取り除いた種子（種子Ｃ）を作製した後，それぞれを等しく半分に切断した。デンプンを含む寒天培地の上に，切断面を下にしてそれぞれの種子を置き，ふたをして室温で３日間培養した。種子を除去した後，ヨウ素液を霧吹きで寒天培地に吹きかけ，ヨウ素デンプン反応による呈色反応で青色を示すかどうかを観察した。

＜実験２＞

外皮を取り除いたマカラスムギの種子から，さらに糊粉層を取り除いた種子（種子Ｄ），胚を取り除いた種子（種子Ｅ），を作製した後，それぞれを等しく半分に切断した。デンプンおよび植物ホルモン（　あ　）を含む寒天培地の上に，切断面を下にしてそれぞれの種子を置き，ふたをして室温で3日間培養した。種子を除去した後，ヨウ素液を霧吹きで寒天培地に吹きかけ，ヨウ素デンプン反応による呈色反応で青色を示すかどうかを観察した。

表2　実験1と実験2の結果

	取り除いた部位	寒天培地に含まれるもの	呈色反応の結果
種子A	外皮	デンプン	×
種子B	外皮，糊粉層	デンプン	○
種子C	外皮，胚	デンプン	○
種子D	外皮，糊粉層	デンプン，植物ホルモン（　あ　）	○
種子E	外皮，胚	デンプン，植物ホルモン（　あ　）	×

(1) ヨウ素デンプン反応の結果は，ある酵素 i が種子で合成されるかどうかによって決まる。酵素 i の働きを記せ。

(2) 酵素 i の名称を記せ。

(3) 実験結果から，植物ホルモン（　あ　）の作用により酵素 i が合成される部位は種子のどこだと考えられるか，解答欄Ⅰに名称を記せ。さらに，そのように考えた理由を解答欄Ⅱの枠内で簡潔に記せ。
〔解答欄Ⅱ：縦 2.2cm ×横 16.2cm〕

4 図1を参考にしながら次の文章を読み，以下の問いに答えよ。

多細胞生物が出現した時期は約［　ア　］億年前だと考えられている。最古の多細胞生物とされる化石は，先カンブリア時代末にあたる約6億年前の地層から見つかったものである。世界各地の同時期の地層から［　イ　］生物群と呼ばれる多様な多細胞生物の化石が見つかっている。カンブリア紀に生息した動物を含む多様な生態系は，約［　ウ　］億年前のチェンジャン（澄江）動物群や［　エ　］動物群の化石からうかがい知ることができる。初期の［　オ　］動物であるピカイアは，現代の［　カ　］に似た生物であったと考えられている。［　カ　］は終生［　オ　］をもつが，ホヤは成体になると［　オ　］が退化する。我々ヒトも発生の一時期に［　オ　］をもつ。現代のヤツメウナギの祖先にあたる［　キ　］類はカンブリア紀に出現し，［　キ　］類から進化した魚類はシルル紀に出現し，［　ク　］紀に繁栄したため，シルル紀から［　ク　］紀は魚類時代とも呼ばれる。シルル紀には植物が陸上に進出し，その後

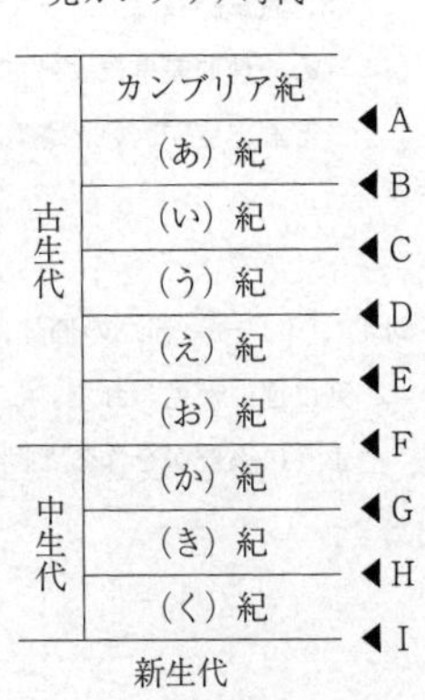

図1　地質時代区分

魚類から進化した両生類が陸上に進出した。石炭紀には，現在の石炭のもとになった巨大な［ ケ ］の森林が形成され，昆虫類やは虫類が出現した。両生類は水辺で繁殖する必要があるのに対し，は虫類の胚は［ コ ］に包まれて乾燥しにくくなっているため，完全な陸上生活が可能になった。中生代に入ると哺乳類も出現し，［ サ ］紀には恐竜が繁栄し，鳥類も出現した。

【語群】

白亜	RNA ワールド	シーラカンス	カブトガニ	ナメクジウオ
シダ植物	ジュラ	核膜	脊椎	ストロマトライト
ペルム（二畳）	旧口	被子植物	デボン	シアノバクテリア
オルドビス	バージェス	古第三	羊膜	クックソニア
エラ	脊索	細胞壁	シルル	エディアカラ
無顎	カンブリア	石炭	硬い殻	三畳（トリアス）
46	10	6.5	5	2

問1　文中の空欄［ ア ］～［ サ ］に当てはまる最も適当な語句または数字を【語群】から選び，記せ。

問2　図1の（お）および（く）に当てはまる最も適当な語句を【語群】から選び，記せ。

問3　図1に示す時代の中で，何度も大量絶滅が起こったと考えられている。

(1) 規模の大きな大量絶滅が起こったとされる時期を図中A～Iの中から5つ選び，そのうちの2つを記号で答えよ。

(2) 古生代および中生代の代表的な示準化石となる生物の名称を，解答欄の①および②にそれぞれ記せ。

(3) 大量絶滅はそれまでの被食者－捕食者相互関係を変化させ，また新たなニッチを獲得するための種間競争によって生物の進化を加速したと考えられる。新たな環境に適応している個体ほど適応度が高いとされるが，適応度とは何か。解答欄の枠内で簡潔に記せ。

〔解答欄：16.8cm × 1行〕

問4　（ i ）～（vii）の個体についてある遺伝子を解析した結果，図2に示すように6か所で塩基配列に違いが見られた。この遺伝子変異のパターンをもとに，変異の生じた回数が最も少なくなるように系統樹を作ると図3のようになった。

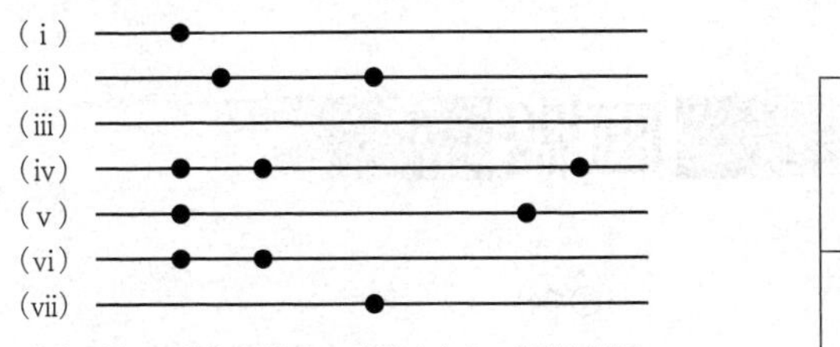

図2　遺伝子解析の結果

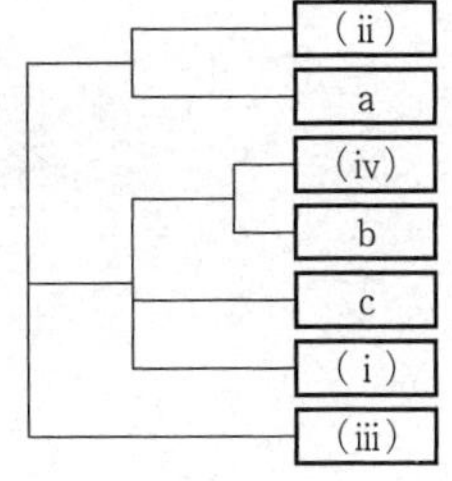

図3　系統樹

(1) 図3のように遺伝子解析の結果をもとに作成した系統樹を何と呼ぶか。名称を記せ。

(2) それぞれの個体は，図3に示す系統樹でどこに位置するか。 a ～ c に当てはまる最も適当な個体を選び，（v）～（vii）の記号で答えよ。

（七〇分）

〔注意〕　記述式で解答する場合は解答用紙Aを、マーク式で解答する場合は解答用紙Bを使用せよ。

1　次の文章は中井淳史著『中世かわらけ物語』の一節である。これを読んで、後の問に答えよ。

かわらけにかぎらず、広く中世の土器・陶磁器生産をみてみれば、模倣という営みは決してめずらしいものではない。かなり大雑把な整理が許されるとするならば、[1]その傾向は大きくふたつにわけられるように思われる。

ひとつは、いわゆる「唐物」中国製品の模倣が最たるように、上位の製品を写すというものである。これは窯業[ア]生産の歴史を振り返ってみても、古代までさかのぼれば奈良三彩から、越州窯青磁を模倣した緑釉陶器、金属器や白磁類を写した灰釉陶器からその[a]ケイフをひく山茶碗、さらには四耳壺のような嗜好品から碗皿類の日常製品までを模倣した瀬戸・美濃焼など枚挙にいとまがない。中世の日本では唐物は非常に希少かつ高価であり、入手するには相応の経済力を要した。その代替品としてかたちを写した国産陶器がつくられ、それはオリジナルよりも安価に流通していたのである。鉄鍋のかたちを模倣した土鍋なども中世の遺跡ではよく出土するが、これもこのような事例に含めることができるかもしれない。ここでいうところの上位とは、希少性を前提とした経済的な価値の高低を意味し、それは価格によって可視化されて製品が相互に補完しながら流通していたのである。

もうひとつは他産地の製品の模倣である。考古学では窯業産地間の影響関係として論じられる現象も、広くとればその一種と考える余地もあるだろう。たとえば、中世の丹波焼や信楽焼の初期の製品に常滑焼の影響がみられることはよく指摘されているし、瀬戸・美濃焼をみれば室町時代以降、志戸呂焼や初山焼、越中瀬戸焼など、瀬戸・美濃製品のコピーともいうべき製品をつくる窯が各地にあらわれた。これらは瀬戸・美濃焼の工人が流入してはじまったという。これらは窯の形式や製品の特徴など、さまざまな属性においてオリジナルとの共通性が顕著にみられ、技術の移植によって生産がはじまったと考えられている。

かわらけはこれらのあり方とも一線を画[イ]している。近年、かわらけの器形のいくつかを白磁皿の模倣とみる見解もあるが、少なくとも京風かわらけの現象は、上位の製品を写したものとはいいがたい。京都でも地方でも、十把［　A　］で売られる安価な製品であったことには変わりはなかったからだ。そして同時に、明確な技術移植ともいいがたい。

ではどうして、京風かわらけのような[2]あいまいな模倣が成り立ち得たのであろうか。窯業生産のひとつとしてのかわらけという観点から、技術的な背景を整理してまとめとしたい。

総じて土器・陶磁器生産の技術を図式的に整理するならば、いくつかの工程から構成されるひとつの連鎖であり、それぞれにおいて複数の技術的要素が関係しているととらえることができる。ここでは大雑把に、①製土、②成整形、③加飾・施釉（種類によっては素焼き工程をはさむものもある）、④焼成と整理しておこう。

①は目的とする焼き物に適した粘土を選択して採掘し、水簸（すいひ）や練りなどによって調製するうえで必要な諸々（もろもろ）の技術からなる工程である。常滑焼などのように高温で焼き締めるものであれば、いわゆる炻器（せっき）粘土という可塑性が高い一方で高温に耐える粘土であることが必要であり、そのような粘土を見極めることもひとつの技術となる。さらに、陶石を[b]クダいて練る技術や、異物の混入した粘土を精製する技術ももちろんこれに含まれよう。②の工程は、さまざまな器種のデザインや、粘土塊から必要なかたちをつくりあげ、表面を整えて原型をつくる諸々の技術の集積である。ロクロや手づくね、型づくりといった成形技術から、高台や口をつくる技術、ナデ調整のような表面を整える技術も含まれる。③は釉薬（ゆうやく）の調製技術や施釉の仕方、下絵付けの技術から貼花や線刻のような、ひろく装飾にかかわる技術から成り立ち、④は製品の完成へといたる焼成にかかわる技術で、高温を出すために必要不可欠な窯を構築する技術や、焼成の温度管理、釉薬の溶化や製品の保護のために窯道具を用いるノウハウなどが含まれる。

このような諸々の技術的要素がうまく連鎖した結果、ひとつの土器・陶磁器としての［　X　］な生産技術が完成する。かりにこのように整理してみると、陶磁器の場合は個々の技術要素の多さはもちろんのこと、それらが［　Y　］に結びついてはじめて製品として成立することが理解できよう。

たとえば備前焼であれば、焼き締め陶として成立させるために耐火性の高い粘土をみつけて調製する必要があるし、焼き締めるに適切な温度を実現できる構造の窯がなければならない。施釉陶器であれば、欲する色を発色する釉薬の調製が必要であると同時に、適切な発色のために焼成温度や時間を管理するノウハウも必要となる。さらに釉薬と胎土の色合いを見栄えよくするために、相応の粘土の選択も重要だろう。磁器であれば、絵付けの技術もさることながら、それを温度を変えて二度にわたり焼成して仕上げるノウハウも必要だ。それには窯の構造も含め、温度調節が自在にできなければならない。個々の技術的要素は一見すれば単体としてありながら、①〜④を構成する技術要素が［　Z　］に結びついて、まさに鎖のようにかたく連なってはじめて製品が産み出されるのである。これらのひとつでも欠けてしまうとめざす製品はつくれない。

したがって、このような陶磁器の場合、他地域へ技術を移植するには①〜④のおのおのをかたちづくる技術的要素の連鎖が保たれていなければならない。技術要素のひとつだけを切り取っても、欲する製品にはならないのだ。そして、相互の連鎖が強いものであればあるほど、技術要素単体を切り取ることは困難になる。一六世紀に志戸呂窯や越中瀬戸窯は、そのすべての工程を連鎖として熟知した瀬戸・美濃焼工人の移動があったからこそ成り立つものなのである。

これに対して、かわらけはどうであろうか。釉薬を使用せず、低温で酸化焔（えん）焼成のかわらけは、田畑の土を採取してつくれるような、素材としてはきわめてヴァナキュラーなものであった。高温を出せる大規模な窯の構築もいらなければ、施釉もないし加飾もない。ほかの陶磁器に比べれば、技術要素間の連鎖ははるかに弱いのである。

かわらけ生産の技術をこのようにとらえてみれば、なぜ京風かわらけのような製品が全国の幅広い地域で、しかも振幅のある模倣品としてあらわれたのか、別の言い方をすれば「みようみまね」の技術伝播(ぱ)が成立し得たのかについて、技術論的な観点から説明を与えることができそうだ。中世のかわらけ工人は半農半工というべきあり方で散在的に分布し、狭い範囲に製品を供給するという非常に慎(つつ)ましやかな生産を続けていた。〇〇焼というように地名を冠して呼ばれる焼き物とはちがい、生産地はいわば随所にあったのである。千差万別とはいえ、かわらけの技術的基盤とは全国各地にそれなりに存在していたのであり、またかわらけ工人は土地に[c]シバられた存在でもあったため、陶磁器のように技術体系をそのまま移植するという伝播はなし得なかった。逆にかわらけの生産技術は、技術要素相互の連鎖が弱いゆえに、個々の技術要素を断片化してとりだすことがはるかに容易であった。

かわらけにかぎったことではないが、土器・陶磁器生産に関する技術知とは、少なくとも中世においては言語化・概念化されるものではなかった。かわらけの場合、成形や焼成など製作技術のノウハウが文字にのこされるようになるのは近代以降である(もっとも、これも技術書というような整然とした体系であったとはいいがたい)。この点はほかの陶器も似たような状況ではあるが、少なくとも中世のかわらけに関していえば、製品がよりシンプルであっただけに、その技術知は抽象化・概念化させて伝えられるものではなく、身体性に深く根ざしたプリミティヴなあり方をとっていたのである。

言語というメディウムを介することもなく、また技術要素間の連鎖の弱さゆえに断片化されやすかったかわらけの技術知とは、したがって回りくどくもみえる方法で他地域へと移植され、京風かわらけとなった。それは主に器形や形状に関する技術である。対して、地方の側からみれば、かれらは京都のそれとは異なるとはいえ、もともとそれなりの技術基盤を有していたから、技術の結晶たる製品(京都のかわらけ)を前にして、[3]自らの身体性に根ざした固有の技術知を手がかりに解釈して復元し、その土地の京風かわらけとして完成させた。技術要素の連鎖が弱いからこそ、他方から切り出された一部を自らの技術のなかに埋め込むこともまた容易であったのである。各地の工人たちが自らの技術のコンテクストにおいて自分たちなりに製品を解釈し、再現を図った創意工夫の結果が京風かわらけの「変奏」なのである。模倣の度合いや着目点がバラバラであるのはこのためなのだ。しかし、この特質ゆえに、京風かわらけというほかの土器・陶磁器には類をみない風変わりな焼き物として出現し、それがかくもさまざまな地域へ、そしてかくもさまざまなかたちをとってあらわれた。京風かわらけの魅力とは、ある時期に地方の消費者が京都へ目を向けた事実や背景よりもむしろ、その解答として消費者や生産者が織りなした[4]変奏の妙にあると思われるのである。

唐突かもしれないが、京風かわらけをみて私は近代に流行した擬洋風建築を連想せずにはいられない。西洋建築のモチーフを取り入れながら随所に日本の木造建築の要素もみえる、和洋[ウ]折衷というべき建築群だ。

建築史学の研究者、中谷礼仁によれば、この建築の主たる[エ]担い手は規矩術(きくじゅつ)など近世日本の建築技術の基盤を持った日本人大工たちであった。かれらのほとんどは西洋の建築技術を体系的に学んだ者ではなかった。居留地で外国人の指揮のもとにはじまった西洋建築に従事したかれらの経験とかれら自身がもともと有した伝統的技術を活(い)かして和洋折衷的な様式の建築をつくりだし、やがてそれをまた伝統的技術に[d]リッキャクする日本人大工が間接的に摂取し、再生産するなかで擬洋風建築が洗練化されたのだという。擬洋風とは西洋の建築様式の精密で完全な再現ではなかったが、だからといって偽物と切って捨てられるようなものではなく、受け入れる側からすれば、総体として西洋を十分想起させられるだけの建築物であった。様式とはその断片からも想起可能な模倣概念であり、その意味で自由さを内在する。擬洋風建築とはまさに、様式が持つ一種の本質を体現した存在であったというのである。

技術のありようから受け渡し、そして模倣の問題へいたる中谷の議論は、京風かわらけを考えるうえで非常に大きな[5]示唆を与える。京風かわらけが成立し得たのは、ほかの陶磁器とは異なりヴァナキュラーな手工業として全国各地にかわらけ生産があったからであり、生産者も消費者も京都のかわらけの正確な再現を必ずしも求めておらず、いわば地元のかわらけとは異なるものとして、京都を想い起こさせる程度であれば事足りた。人びとがかわらけにみた京都とは、いわば憧憬のなかにあらわれるイメージであって、現実の生活文化を更新させるだけの力は持ち得なかった。しかしながら、その現象の前提となった技術の受け渡しとは、たとえば擬洋風建築とも[6]通底するような、ものづくりにおける技術伝播の一種の普遍的なあり方をあらわしているのである。

〈注〉
- かわらけ　素焼きの陶器。
- 奈良三彩　奈良時代、唐三彩（中国、唐代に作られた陶器）にならって日本でつくられた陶器。
- 越州窯　中国古窯の一つ。
- 白磁　白色の素地に透明な釉薬を施した磁器。中国六朝時代に起こり、日本では江戸初期に始まる。
- 四耳壺　肩部に四つの耳（突起）がついている壺。
- 京風かわらけの現象　京都周辺で生産・消費されていたかわらけの形状が、約一二世紀後半から一三世紀と、一五世紀末から一六世紀の二回にわたって全国各地で模倣される現象。このようにして作られたかわらけを、この文章では「京風かわらけ」と呼ぶ。
- 水簸　固体粒子によって水中での沈降速度に差があることを利用した、粒子を大きさ別に分ける方法。
- 手づくね　ロクロや型を用いないで指先でこねて陶器などを作ること。
- 高台　茶碗・皿などの底につけられた部分。
- 口　陶器などの上部または側部にある開口部の周縁部分。
- 酸化焔焼成　酸素を充分に供給した状態で焼成すること。
- ヴァナキュラー　その土地の固有のもの。
- プリミティヴ　原始的。
- メディウム　仲介・媒介するもの。
- コンテクスト　文脈。前後のつながり。筋道。背景。
- 規矩術　物差しを用いて、建物の構造部分の形を立体幾何学的に求め、直接木材に作図する方法。

〔問1〕　二重傍線部a～dの片仮名を漢字に改めよ。（**解答用紙A**）

a　ケイフ　　b　クダ（いて）　　c　シバ（られた）　　d　リッキャク

〔問2〕 二重傍線部ア〜エの漢字の読みを平仮名で記せ。（解答用紙A）

ア 窯業　　イ 画（して）　　ウ 折衷　　エ 担（い）

〔問3〕 傍線部1「その傾向は大きくふたつにわけられる」とあるが、その説明として最も適当なものを次の中から選び、その番号をマークせよ。（解答用紙B）

1 ひとつ目は、貼花や線刻といった装飾が施された中国製品の代替として、表面を整えた瀬戸・美濃焼の製品が生産された例に見られる、嗜好品を模倣する傾向である。ふたつ目は、他産地の窯の構造を模倣する傾向である。

2 ひとつ目は、上位の製品を模倣する傾向である。ふたつ目は、瀬戸・美濃焼の工人が移動し主に成形技術のノウハウが伝達され、瀬戸・美濃焼と全く同じデザインで志戸呂焼の製品が生産される例に見られる、他産地の技術を模倣する傾向である。

3 ひとつ目は、希少で高価な製品を模倣する傾向である。ふたつ目は、瀬戸・美濃焼の工人が流入することで技術が移植され、結果的に瀬戸・美濃焼に類似した製品が越中瀬戸焼の製品として生産される例に見られる、他産地の製品を模倣する傾向である。

4 ひとつ目は、経済力に応じて高価な製品と安価な製品のいずれかが入手できるように、唐物の価格に幅を持たせて売られた例に見られる、流通方法を模倣する傾向である。ふたつ目は、他産地の器形を模倣する傾向である。

5 ひとつ目は、入手困難な唐三彩に替わって奈良三彩の製品が生産される例に見られる、中国製品を模倣する傾向である。ふたつ目は、信楽焼の影響を受けた常滑焼の例に見られる、他産地の窯の形式や製品、技術を模倣する傾向である。

〔問4〕 空白部Aには、平仮名五字の語が入る。「いろいろな種類のものを区別なしにまとめて扱うこと」という意味となるように空白部Aを埋めよ。（解答用紙A）

〔問5〕 傍線部2「あいまいな模倣」とあるが、その説明として最も適当なものを次の中から選び、その番号をマークせよ。（解答用紙B）

1 かわらけは、生産工程を構成する技術的要素の連鎖が弱かった。したがって、京風かわらけは、全国各地の生産地に根付いていた技術のなかに京都のかわらけの技術の一部を取り入れて生産することが可能であったが、どの技術的要素が模倣なのか明確に判断できなかった。

2 かわらけは、田畑の土を素材とし、施釉も加飾もないシンプルなデザインで、低温で焼いて仕上げるという工程であったため、技術要素を移植する必要がなかった。したがって、京風かわらけが京都のかわらけを模倣し、京都のかわらけを補完していたかどうかは疑わしい。

3 京風かわらけは、複数の技術要素の連鎖が保たれたまま技術が移植されることで生産された。しかし、全国各地の生産地には適さない技術要素もあったため、京都のかわらけの完全なコピーにはならなかった。したがって、京風かわらけは、上位である京都のかわらけの模倣とはいいがたい。

4 かわらけは技術要素単体を切り取って他地域へ移植することが可能であったが、京風かわらけは京都のかわらけの全工程を熟知した工人の移動により技術が移植されて生産された。ただし、工人によって技術伝播のあり方が千差万別だったため、模倣のあり方もさまざまであった。

5　京風かわらけは、廉価な製品として流通しており、京都のかわらけの代替品として模倣されたのではない。また、京風かわらけは、京都のかわらけの全工程技術を移植することで模倣されたのでもない。京風かわらけは、京都のかわらけの主に器形や形状の技術のみが全国各地で模倣された。

〔問6〕　空白部X～Zを埋めるのに最も適当な組み合わせを次の中から選び、その番号をマークせよ。（**解答用紙B**）

1　X　体系的　Y　技術的　Z　普遍的
2　X　体系的　Y　有機的　Z　有機的
3　X　伝統的　Y　普遍的　Z　普遍的
4　X　伝統的　Y　技術的　Z　原始的
5　X　経済的　Y　有機的　Z　有機的
6　X　経済的　Y　間接的　Z　間接的

〔問7〕　傍線部3「自らの身体性に根ざした固有の技術知を手がかりに解釈して復元し、その土地の京風かわらけとして完成させた」とあるが、同じ内容を別の表現で述べている箇所を、傍線部3より前の本文中から十五字以上二〇字以内で抜き出し、そのままの形で記せ。ただし、句読点等も字数に含むものとする。（**解答用紙A**）

〔問8〕　傍線部4「変奏の妙」とあるが、その説明として最も適当なものを次の中から選び、その番号をマークせよ。（**解答用紙B**）

1　地方の生産者は、自らが確立させていた技術的基盤に基づき、オリジナルの京都のかわらけを洗練させて消費者に供給した結果、不思議なことに消費者の生活文化が少しずつ変わっていった。

2　消費者も生産者も京都のかわらけの器形や形状を正確に再現しようと思案し新しい方法を試みた結果、完成度はバラバラであったが、どこの生産地のかわらけも甲乙をつけがたいほどすぐれていた。

3　京都のかわらけ技術を伝えられた全国各地の生産者は、京都をイメージできるかわらけをつくるために工夫を凝らしたにもかかわらず、残念ながらその創造性は消費者に受け入れられなかった。

4　消費者も生産者も京都のかわらけの完全なコピーを求めたわけではなく、京都を想起できる程度のかわらけを求めた結果、全国各地で京都のかわらけがさまざまな器形に巧みに姿を変えた。

5　京都のかわらけに憧れの気持ちを抱いていた各地の生産者は、あらゆる属性において京都のかわらけとの共通性が顕著に見られるかわらけを製作し、そのかわらけを手にした消費者は驚くほど京都に思いを巡らせた。

〔問9〕 傍線部5「示唆を与える」とあるが、その本文中の意味として最も適当なものを次の中から選び、その番号をマークせよ。（**解答用紙B**）

1 中谷の議論は、京風かわらけに関する筆者のこれまでの考察に疑問を投げかけるものであり、京風かわらけを再考するきっかけになる。

2 近世を対象とした擬洋風建築に関する中谷の議論と、京風かわらけの考察は、生活文化の歴史的変遷を考えるのに役に立つ。

3 建築史学の研究者である中谷の擬洋風建築についての議論は、京風かわらけについて考察する手がかりとなり、非常に有益である。

4 擬洋風建築を通して様式や模倣に言及した中谷の議論は、京風かわらけについての近年の見解が誤りであることに気づかせてくれる。

5 西洋建築と擬洋風建築の関係を検証した中谷の議論は、中国製品が京風かわらけに与えた影響についての考察に援用できる。

〔問10〕 傍線部6「通底」とあるが、その本文中の意味として最も適当なものを次の中から選び、その番号をマークせよ。（**解答用紙B**）

1 京風かわらけと擬洋風建築は、陶器と建築という異なる分野に属するが、ものづくりの技術の伝わり方という根底では互いに通じ合っている。

2 京風かわらけと擬洋風建築は、技術や技術書の受け渡しというものづくりの基盤となる根本的な部分では共通性を有している。

3 京風かわらけと擬洋風建築は、規矩術などの技術的要素にも共通性が見られるし、技術伝播のあり方という奥深いところでもつながっている。

4 京風かわらけと擬洋風建築は、異なる技術知を必要とする領域であるが、工人や大工が半農半工でありながらその領域について精通している点で関連性がある。

5 京風かわらけと擬洋風建築は、理想の生活文化を手に入れることに成功した創意工夫の形跡が見られるという部分で関わり合っている。

〔問11〕 本文の内容に合致するものを次の中から一つ選び、その番号をマークせよ。（**解答用紙B**）

1 中世の日本において、唐物は希少で高価だったため、その代替品として国産の京風かわらけが大量生産された。

2 志戸呂焼や初山焼といった陶磁器は、技術要素の一部分のみを切り取った伝播によってつくられた製品ではない。

3 地名を冠して呼ばれる焼き物とは異なり、かわらけはヴァナキュラーな素材や適切な温度を実現できる窯が必要ない。

4 土器・陶磁器生産に関する技術書は中世には存在しなかったが、かわらけに関する技術書は近世には存在した。

5　研究者の中谷は、擬洋風建築の一部分が西洋を想起させるのであって、西洋建築を写したものとは言いがたいとする見解を示した。

2　次の文章は、ある姫君が夢のなかで若君と逢瀬(おうせ)を持つが現実には出逢(あ)うことができないのを悲しみ、相手のてがかりを求めて石山寺へ参籠(さんろう)したとき、隣の局(つぼね)の話し声を聞く場面である。これを読んで、後の問に答えよ。

そこらさまざまの身のうれへを、嘆き申すにやと、念誦(ねんず)し、ぬかづきなどするにも、「弘誓深如海(ぐぜいじんにょかい)」とうち述べたるほどぞ、まことに身にしみて尊き。やうやう1つとめども果てて、夜うちふくるほどに、隣なる局は、かの紫式部が、源氏の物語つくりしその所とかや。まづめづらしく2見まほしくおぼすに、いとよしある声けはひして、「宰相中将」と呼ぶは、殿の左大将なるべし。

その中将ときこゆる人の声にて、「さてもなにごとの御祈りにか、司召(つかさめし)もほど近くて、朝廷(おほやけ)、私(わたくし)の御いとまもありがたきころしも、かく参り籠もり給(たま)ふは、いといぶかしく思ひ給へらるるにつけて、3御袖のうへも、大かたの露の秋には、ことわり過ぎぬるさまになむ、見なし奉るに、ほのかにもその故(ゆゑ)とかたりきこゆる事のおはせぬこそ、御心のへだても深く、4うらめしく侍れ。罪障懺悔(ざいしやうさんげ)とかやにもなずらへて、わざとこの御参りのついでに、かつ語りきこえ給へ」と、せちに恨み給へば、「いさとよ、夜語らずといふは、夢の事なるものを。とてもかくてもかつa恨み給ふうへに、今日まで参り籠もるも、すこしも思ひの行方や、晴るるすべもあらんと、念じたてまつれば、仏にまかせきこゆる身なれば、思ひつつみても詮なし」など、うちとけ給ふさまの、夢にかよひつる人に、すこしもたがはずおぼゆるにも、まづ胸騒ぎて、せちに見まほしきに、御ともの人々は、5今日の道にいたくくづほれぬるにや、いといぎたなくて、大殿油も消えぬるに、隣なる火は、いとあかくみゆるほど、物の隙(ひま)よりやをらbのぞき給へば、なよびかなる狩衣姿にやつれなし給へる。

6ただありし夢に、つゆもたがふ所なければ、これもまた例の思ひ寝にやと、かきくらさるる御心を、いたく念じて、聞き見給ふに、「大和、唐土(もろこし)は、夢をしるべにて、あるは傅巌(ふがん)の野にかたちを求め、あるは明石の浦に、舟をまうけ侍るためしは、みなたしかに、思ひあはするうつつもある事なるに、これは去年(こぞ)のやよひの末つ方、女のもとよりとおぼしくて、しなやかなる藤にむすびて、

　たのめただ思ひあはする思ひ寝のうつつにかへる夢もこそあれ

とありしを見しより、宵々ごとの夢には、かなたに訪(と)ひ、こなたに迎へて、つらなる枝のかれぬ色をちかひ、ならぶつばさの、わかれぬ仲を思ひて、この二歳(ふたとせ)ばかりをcすぐし侍るに、朝廷に仕ふるも、私にかへりみるも、折りにふれたる月雪のなさけにも、ただこの夢の行方の、かた時のうつつにも、おもひ合はするよすが［　A　］と、ひとへに心にかかるままに、なにごとも身に添はず。うつし心もなく、身もむげに弱くなりぬるを、とかく念じて、出で仕うまつるになむ」と、うちくどき給ふより、ただ我が身の悲し悲しと思ふはかなき夢の契りをのみ、泣きみ笑ひみ、語り給ふを聞く心地、ただならむやは。これぞ見し夢、ありしやうつつ、せんかたなき心まよひには、声もたてつべく、やがてこの障子をもひきあけて、夜な夜なの契(ちぎ)りの行方をも、語り合はせまほしけれど、さすがに女のさる

べき事にしもあらねば、心つよく忍びすぐす。我御心もいとつれなし。

（『転寝草子』による）

〈注〉弘誓深如海　観音の誓願は海のように深い、という意味。石山寺の本尊は観音菩薩。

司召　大臣を除く官吏を任命するための儀式。

罪障懺悔　悟りを妨げる悪い行為をさらけ出し、仏に告げわびること。

いさとよ　「さあねえ」というほどの意味。

夜語らずといふは、夢の事なるものを

夜には夢の話をしないという俗説があったともいわれる。

あるは傅巌の野にかたちを求め

殷の皇帝が夢に家臣を得て、その当人を実際に探し出したという故事。

あるは明石の浦に、舟をまうけ侍るためし

『源氏物語』「明石」の巻で、夢のお告げにより明石入道が光源氏を迎えにきたこと。

つらなる枝のかれぬ色をちかひ、ならぶつばさの、わかれぬ仲を思ひて

白居易の「長恨歌」に記された「連理の枝」と「比翼の鳥」の意味で、ともに夫婦の契りが深いことを表す。

〔問1〕傍線部1「つとめ」の意味として最も適当なものを次の中から選び、その番号をマークせよ。（**解答用紙B**）

1　仕事　　2　努力　　3　家事

4　勤行　　5　用事

〔問2〕傍線部2「見まほしくおぼす」を十字以内で現代語に改めよ。（**解答用紙A**）

〔問3〕傍線部3「御袖のうへも、大かたの露の秋には、ことわり過ぎぬるさま」の説明として最も適当なものを次の中から選び、その番号をマークせよ。（**解答用紙B**）

1　衣の袖が秋の露で濡れているように涙で湿ってばかりで、いかにもしょんぼりした姿が、左大将の普段と極端に違っている様子。

2　せっかく石山寺に持ってきた衣の袖が、秋でもないのに露でびっしょりと濡れてしまったのに、左大将がまったく気にしていない様子。

3　着ている衣の袖のうえに大きな露が落ちてきたので、ようやく秋が来たのだという感動に左大将がむせび泣いている様子。

4　石山寺にやってきたのは春のことだったが、もうすでに衣替えをする露の多い秋になったのに、なかなか帰ってこない左大将の不誠実な様子。

5　着ている衣の袖が秋の露に濡れてしまうようにさめざめと泣くばかりで、何もいわず石山寺で出家してしまおうとしている左大将の様子。

〔問4〕　傍線部4「うらめしく侍れ」とあるが、宰相中将はなぜそう思ったのか。その理由として最も適当なものを次の中から選び、その番号をマークせよ。（**解答用紙B**）

1　紫式部が『源氏物語』を書いた場所が近くにあるのに、自分は見ることができないから。

2　大切な司召が近づいているにもかかわらず、左大将は何もせずぶらぶらしているから。

3　もうすでに露が降りるくらいの秋深いころになったのに、左大将となかなか会えないから。

4　せっかく二人で石山寺へ参っているのに、忙しくて語り合う時間が持てないから。

5　左大将が何か思い悩んでいるようだが、自分にはその子細を打ち明けてくれないから。

〔問5〕　二重傍線部a〜dの動作の主体はそれぞれ誰か。その組み合わせとして最も適当なものを次の中から選び、その番号をマークせよ。（**解答用紙B**）

	a	b	c	d
1	宰相中将	姫君	左大将	姫君
2	宰相中将	左大将	姫君	御ともの人々
3	姫君	姫君	宰相中将	左大将
4	姫君	宰相中将	姫君	宰相中将
5	左大将	姫君	左大将	姫君
6	左大将	宰相中将	姫君	御ともの人々

〔問6〕　傍線部5「今日の道にいたくくづほれぬるにや、いといぎたなくて」の意味として最も適当なものを次の中から選び、その番号をマークせよ。（**解答用紙B**）

1　今日通ってきた道路がひどく崩れかけていたのか、とても危険に思えて

2　今日の道中でたいそう疲れ切ったのか、ぐっすり眠りこけていて

3　今日一日の修行が倒れるほどつらく、ひどく体がだるくなって

4　今日の石山寺での体験があまりに衝撃的で、すっかり気落ちしてしまって

5　今日道すがら食事をたっぷりとったことを忘れ、大変食い意地がはってしまって

〔問7〕　傍線部6「ただありし夢に、つゆもたがふ所なければ、これもまた例の思ひ寝にやと、かきくらさるる御心を、いたく念じて、聞き見給ふ」とあるが、その説明として最も適当なものを次の中から選び、その番号をマークせよ。（**解答用紙B**）

1　隣から聞こえてくる声がいつか見た夢で出あった人と少しも似ておらず、自分はまた違う夢を見ているのかと思いつつ眠気をがまんして見聞きしていたら、あたりはすっかり暗くなっていた。

2　隣の局をのぞいてみると、以前夢で出あった若君とまったく異なることがない人だったので、またいつものように夢を見ているのかと心が落ち込んだが、それでもがまんして見聞きしていた。

3　隣の局からの灯火がまぶしかったので何をしているのだろうかとのぞいてみると、前に見た夢の通りの光景がひろがっていたので、石山寺の観音を念じながら目をこらして見聞きしていた。

4　隣から聞こえてくる声が気になってのぞいてみると、かつて夢で出あった人とはまったくの別人だったので、また別の夢を見ているのかといぶかしく思いながら身じろぎもせずに見聞きしていた。

5　隣の局をのぞいてみると、覚えている夢とは少し食い違うことがあったので、これは石山寺まで来て聞いた夢のお告げ通りではないと観音に対して憤慨しながらさらによく見聞きしていた。

〔問8〕　空白部Aには願望を表す終助詞が入る。これを埋めるのに最も適当な二字の語を平仮名で記せ。（**解答用紙A**）

解答編

英語

1 **解答**　1－B　2－A　3－B　4－C　5－B　6－A
7－C・D　8－A　9－D　10－D・E　11－C
12－D　13. 全訳下線部(イ)・(ロ)参照。

◆全　訳◆

≪ストーンヘンジ地下のトンネル掘削工事≫

毎年，100万人以上の観光客が，特徴的な先史時代の遺跡であるストーンヘンジを訪れる。ストーンヘンジは単独で成り立っているのではなく，およそ5000年前に形成された驚くべき古代の景観の一部なのだ。先史時代を研究するための特別な資料として，考古学の発展において重要な位置を占めている。1986年には，近郊のエーヴベリーとともに，イギリスで最初にユネスコ世界遺産に登録された場所のひとつである。しかし今，ストーンヘンジは，物議をかもす建設計画のために世界遺産の地位を失う危機に瀕している。

ストーンヘンジは，極めて現代的で面白味に欠ける環境の中心に位置している。つまり，しばしば渋滞を起こす騒々しい2車線の高速道路が，その古代遺跡を囲む草地の斜面を，まっすぐに切り裂いているのだ。数十年にわたる議論と計画の末，イギリス政府は，ストーンヘンジのそばを通る幹線道路で，ロンドンへの主要ルートとして機能しているA303の一部にトンネルを建設する案をついに承認した。2021年11月，グラント＝シャップス運輸相は，A303の交通量を減らす目的で，ストーンヘンジの地下を通る3キロメートルのトンネル案を承認した。そのトンネル建設には約23億ドルの費用がかかるという。

この計画の支持者は，トンネルは交通量の多い道路の騒音や悪臭を軽減し，ストーンヘンジへの観光客に周囲の景色を比較的邪魔なく見せることができると主張している。(イ)「観光客は，ストーンヘンジのすぐそばを走る醜いトラックの列を目にすることなく，本来体験されるべきストーンヘンジを体験できるようになるだろう。これは，将来の世代が，この世界の不思議についてよりよく理解し，鑑賞するのに役立つだろう」

しかし，考古学者たちは，このトンネル建設によって，遺跡の地表のすぐ下に埋まっていて，まだ発見されていない貴重な考古学的証拠が破壊される可能性があると主張している。ロンドン大学のイギリス先史学研究者，マイク＝パーカー＝ピアソンは，このプロジェクトの建築請負業者は，建設過程で発見される遺物の4％しか保存することはできないだろうと見積もっている。ピアソンは，2004年から西側トンネル入り口予定地付近の遺跡を発掘しているチームの一員である。

専門家らはその地域が多くの新しい驚きを秘めている可能性もあると断言する。2020年6月，考古学者らはストーンヘンジの周辺に円形になっている巨大な古代の穴があるのを発見した。ブラッドフォード大学のヴィンセント＝ガフニーによると，この発見により，景観に対する理解が一変したという。「リモートセンシング（人工衛星を使うなどして物に直接触れずに調査する技術）は考古学に革命をもたらし，古代の景観に対する我々の理解を一変させた。私たちがよく知っていると思っているストーンヘンジでさえ」とガフニーは言っており，将来のこのような規模の発見が，工事のために失われる可能性があると警告している。

ガフニーの考えは，ユネスコの世界遺産委員会にも共有されていた。この委員会は1972年に設立され，「人類にとって顕著な価値をもつ」とされる世界各地の文化遺産や自然遺産の特定と保護を奨励することを目的としている。委員会は，トンネルの計画を変更すべきと勧告した。委員会は2019年から，この計画は遺跡の価値に悪影響を及ぼすと非難している。しかし，これは案の取り消しを意味するものではない。むしろ委員会は，文化的景観への影響をさらに軽減するために，より長く深いトンネル部分を作るよう勧めた。ユネスコは以下のように主張した。「提案されたトンネルの長さは，この場所の顕著な世界的価値を保護するには依然として不十分である」

ユネスコに賛同した活動家と考古学者は，高等裁判所に彼らの訴えを持ち込んだ。2021年7月に報じられたように，高等裁判所は活動家に勝訴の判決を下し，計画を承認した政府の決定を違法とした。(ロ)しかし，運輸大臣は，裁判所の判決にもかかわらず，計画を進めると発表した。

もし，この建設計画が進めば，ユネスコはストーンヘンジを「危機にさらされている世界遺産」のリストに加える投票を行う可能性がある。最終的には，ストーンヘンジは世界遺産としての地位を完全に失い，それにより長期的に破壊的な影響を及ぼす可能性があると多くの人が考えている。ユネスコは，世界遺産を保有する国に対して財政的な支援を行っている。もし，ストーンヘンジがその地位を失うことになれば，その地域は世界遺産の資金援助を受けられなくなり，遺跡の保存に悪影響が出る可能性もある。

◀解　説▶

1．空所直後に「古代の景観の一部なのだ」とあり，これより，ストーンヘンジはより大きな全体の一部であることがわかる。よって，B．by itself「それ自身だけで，単独で」を入れることで，矛盾なく文意が通じる。

2．下線部直後には，コロン記号（：）があり，これは言い換えや具体的説明を追加する際によく用いられる。ここでは下線部「面白味に欠ける環境」の具体的な内容として「しばしば渋滞を起こす騒々しい2車線の高速道路が，その古代遺跡を囲む草地の斜面を，まっすぐに切り裂いている」と説明を追加している。よって，A．「大きな（幹線）道路の存在」が正解。

3．第2段第2文（After decades of…）に「ストーンヘンジのそばを通る幹線道路で，ロンドンへの主要ルートとして機能しているA303の一部にトンネルを建設する案をついに承認した」とある。よって，政府が承認したのは「トンネル」を作る案なので，B．「その案は，ロンドンに通じる新しい道路をつくるものだ」は不適切。「ロンドンに通じる」のは，今回作るトンネルではなく，A303という既にある幹線道路である。

5．ストーンヘンジの周辺の巨大な古代の穴について取り上げた第5段第2文（According to Vincent…）に「この発見により，景観に対する理解が一変した」とある。これは，B．「敷地内に巨大な穴がいくつか発見されたことで，ストーンヘンジの理解は大きく変わった」と一致する。

7．第6段第4文（It has condemned…）「委員会は2019年から，この計画は遺跡の価値に悪影響を及ぼすと非難している」は，C．「ユネスコの世界遺産委員会は，以前からトンネルの潜在的な影響について懸念していた」の内容と一致する。また，第6段第6文（Rather, the committee …）「委員会は，文化的景観への影響をさらに軽減するために，より長く深いトンネル部分を作るよう勧めた」の部分は，D.「ユネスコの世界遺産委員会は，より長いトンネルのほうがストーンヘンジ周辺への影響が少ないと提案した」に相当する。

10. 最終段第3文（UNESCO provides financial …）「ユネスコは，世界遺産を保有する国に対して財政的な支援を行っている」が，D.「ユネスコからの資金援助は，遺産そのものに直接与えられるのではなく，その遺産がある国に与えられる」の内容に一致。また，同段第4文（If Stonehenge eventually …）「もし，ストーンヘンジがその地位を失うことになれば，その地域は世界遺産の資金援助を受けられなくなり，遺跡の保存に悪影響が出る可能性もある」の内容は，E.「世界遺産としての地位を失うことは，ストーンヘンジを現状のまま維持する上で，有害な結果をもたらすかもしれない」と一致する。

12. 第6段（Gaffney's view was …）では，ユネスコの世界遺産委員会がストーンヘンジ地下のトンネル掘削工事に関して，「計画を変更すべきと勧告」したり，「遺跡の価値に悪影響を及ぼすと非難」したりしている。よって，D.「ユネスコは，世界遺産に登録された後のその状態について議論することはない」は本文の内容と一致しない。

13. (イ)まず，全体の構造は大きく，カンマまでのSV構造とwithout以下の副詞節に分けられる。主文のas it ought to be experiencedのasは様態を表す接続詞「～ように」であり，ここではitがストーンヘンジ遺跡を指すので，「ストーンヘンジ遺跡が（本来）体験されるべきように」の意となる。without以降は「～せずに」の意味の副詞句で，seeingの主語は文全体の主語Visitorsである。よって，「観光客がトラックの醜い列を見ずに」の意。right next to itのrightは副詞「まさに，ちょうど」の意である。

(ロ)大きな文構造はThe Transport Ministerで始まるSVと，despite以下の副詞節に分けられる。howeverは文中に挿入されているが文全体を修飾する副詞「しかしながら」で，日本語では文頭に訳すのが自然。announced that以降の部分は，運輸大臣が発表した内容で，時制の一致を受けてwillの代わりにwouldが使われている。move forward with～「～を進める」 despiteは後ろに名詞をとり「～にもかかわらず」の意。ruling「判決，裁定」

2 **解答** 1．(1)－B　(2)－C　(3)－B　(4)－B
2－C　3－D　4－B　5－A・C

◆全　訳◆

≪マシュマロ実験≫

子どものころの状況への反応で，大人になってからどうなるかがわかるのだろうか？　誰が「健康で，裕福で，賢い」人間になるかを，簡単なテストから判断することは可能なのか。心理学者の中には，少なくとも「健康」と「富」の部分についてはそうだと考える人もいれば，どちらかというと疑わしいと考える人もいる。その証拠を考えてみよう。

1960年代，アメリカの心理学者ウォルター＝ミッシェルは，数十人の幼児に対して，マシュマロを前に1人で約15分間座らせ，食べるのを我慢させるという古典的な実験を始めた。ミッシェルたちは，就学前の子どもたちが誘惑に抵抗するための方法に関心をもっていた。4歳児にマシュマロを渡し，2つの選択肢を伝えた。(a)いつでもベルを鳴らして実験者を呼び，マシュマロを食べる，もしくは(b)実験者が戻るまで（約15分後）待って，その場合はマシュマロを2個もらうことができる。メッセージは「今なら小さなご褒美，後なら大きなご褒美」だ。心折れてマシュマロを食べてしまう子もいれば，喜びを遅らせることができ，マシュマロを2個手に入れる子もいた。

長く遅らせた子どもたち，つまり，より長く待った子どもたちは，10代や大人になってから再度調べた際，その他の子どもたちよりもさまざまな面で優れていることが示された。10代では，学業成績が高く，社会性，自信，自尊心が発達しており，親からは，より成熟してストレスに対処する能力が高く，先の見通しを立てやすいと評価された。また，行動障害や，短気さや攻撃性が高いという傾向も見られなかった。大人になると，薬物問題やアルコール依存症，離婚，太り過ぎの傾向も少なかった。

しかし，すべての心理学者がミッシェルの結果に納得したわけではなかった。2018年，ニューヨーク大学の研究者たちは，今度は数百人の子どもたちのデータを使って，マシュマロ実験を再検証する初の試みを行った。先の研究とは異なり，研究者たちは，親の学歴や子どもに対する反応のよさなど，多数の社会的・状況的要因も制御した上で研究を行った。その研究チームは，喜びの遅延とその後の成功との相関は，特に社会的・家庭的要因を考慮に入れた場合，先の研究よりもはるかに弱くなることに気づいた。

ニューヨーク大学の研究者たちの解釈は，子どもがマシュマロに抵抗できるかどうかは，子ども本来の意志力よりも，家庭環境，たとえば，子どもが将来，より大きな報酬を約束されることを信じるようになっているかに関係しているというものだった。このことは，大人が意志力だけでなく，将来の計画や誘惑の回避によって目標を達成するという他の研究結果とも一致している。

◀解　説▶

3．第2段第3文（They presented four-year-olds …）の中に書かれている実験の選択肢の2つ目「実験者が戻るまで待って，その場合はマシュマロを2個もらうことができる」は，D.「時間まで誘惑に負けなかった子どもたちには，2倍の数のマシュマロをご褒美としてあげた」と一致する。

4．第3段第2文（As teenagers, they …）に，より長く待った子どもたちは「10代では，学業成績が高く，社会性，自信，自尊心が発達し，親からは，より成熟してストレスに対処する能力が高く…」とあり，これはB.「最初の実験では，長く待った子どもたちは，『待てない子どもたち』と比べて，社会的スキルが優れていることがわかった」と一致する。

5．第2段（In the 1960s, …）にある1960年代での実験では対象者は数十人であったのに対し，第4段（But not all …）の2018年の実験には数百人が参加している。よって，A.「同じ疑問を調査する新たな実験が2018年に行われ，今度はかなり多くの子どもたちが参加した」が適切。また，第4段第4文（The team found …）「そのチームは，喜びの遅延とその後の成功との相関は…もとの研究よりもはるかに弱くなることに気づいた」はC.「2018年の研究では，喜びを遅らせることと将来の人生における成功との間に強い関係を得ることはできなかった」に一致する。

(1)—B　(2)—B　(3)—D　(4)—A　(5)—C　(6)—B
(7)—D　(8)—B　(9)—C　(10)—B

◆全　訳◆

≪パディントンとエリザベス女王の面会≫

パディントンはバッキンガム宮殿でエリザベス女王に面会する。

パディントン：こんにちは。僕の名前はパディントンです。今日はお招きいただきありがとうございます。すてきなお祝いとなることを心から願っています。

女王　　　　：お茶はいかが？

パディントン：はい，ありがとうございます。もしかしたらママレードサンドがいいかもしれませんね。いつも非常用に1つ持っているんです。

女王　　　　：私もよ。緊急の場合に備えて，私のはここに入っていますよ。

パディントン：記念日おめでとうございます。そしていつもありがとうございます。

女王　　　　：ご親切にありがとう。

パディントン：来年もご招待くださいね。

女王　　　　：申し訳ないですが，来年はこのようなお祝いはしないことになっています。

パディントン：本当に？　来年もあると思っていました。なんて残念なことでしょう。毎日忙しいからですか？

女王　　　　：実は，そんな忙しい毎日が嫌いなわけじゃないんです。理由は…。

パディントン：もし来年パーティーがなくて，そしてもしご都合がよろしければ，僕の誕生日パーティーにいらっしゃいませんか？

女王　　　　：いいですね。いつですか？

パディントン：6月25日と12月25日です。

女王　　　　：誕生日が2回あるのですか？　どうして？

パディントン：ロンドンでブラウン一家と暮らすようになったとき，誕生日を思い出せなかったんです。だから2回お祝いすることにしたんです。

女王　　　　：それはすてきね。実は私も誕生日が2回あるのですよ。

パディントン：そうなんですか？　自分以外で誕生日が2回あるなんて聞いたことがなかったです。あなたが2人目。僕と同じように自分の誕生日を忘れてしまったんでしょう。

女王　　　　：そうかもしれないし，そうでないかもしれない…。ところで，あなたはどこで育ったの？

パディントン：ペルーで生まれ育ちました。

女王　　　　：どうしてイギリスに来たんですか？

パディントン：ええと，ペルーではおばさんと暮らしていました。でも彼女はもう昔の家には住んでいないんです。彼女はとても高齢で，退職者のための施設に移ることにしたんです。それで彼女は僕をイギリスに送ってくれたんです。最終的に僕はロンドンのパディントン駅にたどり着いて，僕には発見された場所の名前がつけられたんです。

女王　　　　：パディントンは私のお気に入りの場所ですよ。あなたのことがもっと好きになってきたわ！

◀解　説▶

(1)直後のパディントンの返答より，女王はお茶を勧めたと考えられる。care for ～「～が欲しい」より，Bが正解。

(2)文脈より，パディントンが何かをいざというときのために持っていることがわかる。直後の女王の発言で，女王も mine（自分のもの）を持っていると繰り返されており，直前に出てきた a marmalade sandwich のことであると考えるのが自然。よって，一度出てきた名詞と同種のものを指すBが正解。

(3)直前でのパディントンの発言「いざというときのために（　2　）を持っている」に対して，女王も同じく「緊急の場合に備えて，私のはここに入っているわ」と自分も同じく（　2　）を持っているという発言をしている。よって，D.「私もそうしている」が正解。

(4)直前で「来年も招待してくださいね」と言ったパディントンに対し，女王は空所の後で「来年はこのようなお祝いはしないことになっています」と言っている。よって，Aを入れることで I'm afraid (that) ～「残念ですが，申し訳ないですが」という，相手にとっては不都合なことを丁寧に伝えるときに使われる表現とするのが正解。

⑸パディントンの1つ前の発言「来年も招待してくださいね」より，パディントンは来年も誕生日パーティーが開かれると思っていたことがわかる。よって，Cを入れて，I thought you would.「来年もパーティーをされるものと思っていました」とするのが正解。

⑹空所直後でパディントンは女王を自分の誕生日パーティーに誘っている。よって，「もし都合がよければ」という意味になるBが正解。available「手が空いている」

⑺この文の直前でパディントンは「ロンドンでブラウン一家と暮らすようになったとき，誕生日を思い出せなかったんです」として，誕生日を2回祝うことになった理由を述べている。よって，D．why を入れて That's why「そういうわけで」とするのが正解。

⑻空所のあとに like me とあるので，パディントンは女王にも誕生日が年2回ある原因を，自分と同じだと推測したとわかる。パディントンの誕生日が2回あるのは，彼が「誕生日を思い出せなかった」からである。よって，Bが正解。

⑼直前で女王は「あなたはどこで育ったの？」と尋ねているので，空所には自分の育った場所を答えるように語を補う必要がある。自動詞 grow は grow up で「育つ」の意。同じく自動詞の rise に「育つ」の意味はない。他動詞 raise には「～を育てる」の意味があるので，ここでは受動態としてCのように使うことで，「ペルーで生まれ育ちました」の意となる。

⑽ここではパディントンが自分の名前の由来について話している。name *A* after *B*「*B* にちなんで *A* と名づける」の熟語より，Bが正解。

4 **解答例**

〈その1〉Two men play a video game against each other. One of them starts playing with his feet. Then he begins chatting with a girl beside him while playing with his feet. Finally, he has a wedding ceremony and gets married to the girl right there, and he even manages to win the game.（50語程度）

〈その2〉This series of cartoons shows that, ironically, concentration does not always pay off. Both players start the game seriously.

However, one of them loses interest in the middle of the game and meets his future partner, while the other remains focused on the game but eventually loses it. (50語程度)

◀解 説▶

本問のような4コマ漫画を順に描写する場合，通常は一貫して現在形を用いる。このような一連の漫画は series of cartoons と英訳することができる。

まず，4コマ漫画から，主要な情報をピックアップすることから始める。1コマ目では「2人の男がゲームで対戦 play against each other している」こと。2コマ目では「1人の男が足を使ってゲームを始めた」こと。3コマ目では「(足でゲームを続けながら) 女の子に話しかけ始めた」こと。そして4コマ目では「(やはり足でゲームを続けながら) その女の子と結婚式をしている」こと，また「その状態でゲームに勝利していること」である。

各コマの必要な情報を簡潔に盛り込み，finally や eventually といった副詞を使いながら時系列でつないでいく。また，「ゲームをしながら」という同時性を表す表現としては，while *doing* や分詞構文などが適している。

表現面では，「足を使って」*with one's* feet や，「～と結婚する」get married to ～ などが正しく使えるかどうかがポイントとなりそうである。

〔解答例〕〈その2〉では，上記のような情報を統合して，より「この一連の漫画が示唆するもの」という方向性で解答した。ひとつのことに全集中して取り組むことが必ずしも報われるわけではない，というやや皮肉な解釈をしてみた。読み取れることの説明だけでなく，自分なりに解釈できることを述べるのも解答例として参考にしてほしい。

日本史

1 解答

①A．防人　B．和田義盛　C．北条時行
D．北条早雲〔伊勢宗瑞〕　E．関東取締出役

②1－ち　2－う　3－け　4－え　5－お　6－そ　7－さ

③1－い　2－え　3－あ

◀解　説▶

≪古代～近世の関東≫

①A．「東海道・東山道の農民が兵士として徴発されて九州北部を守った」とあることから，防人と判断できる。

C．中先代の乱において，「信濃で挙兵した」のは北条時行である。

D．「京都から下って」「伊豆国で勢力を伸ばし」「相模国を支配下に収めた」「後北条氏」の人物は，北条早雲（伊勢宗瑞）である。

E．幕府が「役人を巡回させて犯罪者の摘発」の強化をねらって，「1805年」に設置したのは，関東取締出役である。

②1．現存する5つの風土記は，常陸・播磨・出雲・肥前・豊後で，このうち関東地方の国は，常陸（現茨城県）である。

3．鎌倉公方の足利持氏は，6代将軍足利義教や関東管領上杉憲実と対立し，永享の乱で自刃した。

4・5．鎌倉公方の足利成氏は，関東管領上杉憲忠を謀殺して享徳の乱を招き，下総古河に移って反抗を続けたことから古河公方と呼ばれた。一方，8代将軍足利義政が新しい鎌倉公方として派遣した足利政知は，伊豆堀越を拠点としたことから堀越公方と呼ばれた。

7．地引き網漁が盛んな房総半島の九十九里浜は，干鰯の産地として知られていた。

③1．道鏡が左遷された薬師寺は下野（現栃木県）にあった。

2．平将門が本拠を置いたのは下総猿島（現茨城県）である。

3．あ．誤文。鎌倉公方は足利義詮の弟基氏の子孫が世襲した。

2　**解答**　①A．松平定信　B．蛮社の獄　C．水野忠邦
D．労働組合期成会　E．足尾銅山
②1－な　2－け　3－と　4－し　5－た　6－つ　7－お　8－に
③1－い　2－う

◀解　説▶

≪近世～近現代の思想・学問弾圧≫

①A．第11代将軍徳川家斉の時代に老中をつとめ，出版統制令によって政治への風刺や批判を抑えつけたのは，寛政の改革をおこなった松平定信である。

C．第12代将軍徳川家慶の時代に老中をつとめ，風俗取締令を出したのは，天保の改革をおこなった水野忠邦である。

D．高野房太郎や片山潜らによって組織され，機関紙『労働世界』を発行したのは，労働組合期成会である。

E．古河財閥の経営で，鉱毒事件を起こしたのは足尾銅山である。1907年の足尾銅山争議で，待遇改善を求める坑夫らが暴動を起こした。

②1．リード文に引用されているのは，寛政の改革の時期に出版された林子平の著書『海国兵談』の一節である。林子平は著書で国防を論じたことが幕政批判とみなされ弾圧された。

2．寛政の改革では，『仕懸文庫』（洒落本）の著者である山東京伝や，黄表紙作者の恋川春町，出版業者の蔦屋重三郎が処罰された。

3．天保の改革では，『修紫田舎源氏』を著した柳亭種彦や，人情本作者の為永春水が処罰された。

4．政府は自由民権派の攻撃に対し，1875年に讒謗律・新聞紙条例などを制定して取り締まり，1880年に国会期成同盟が国会開設請願書の提出を試みると，集会条例を定めて政社の活動を制限した。国会開設の時期が近づき大同団結の動きが活発になると，政府は1887年に保安条例を公布して自由民権派を取り締まった。

5．1900年に第2次山県有朋内閣が制定したのは治安警察法である。治安維持法は1925年，第1次加藤高明内閣が制定した。

8．選択肢のうち，東大教授で日中戦争期に弾圧された人物は，大内兵衛・河合栄治郎・矢内原忠雄の3人である。このうち，日中戦争を批判して1937年に大学を追われたのは矢内原忠雄である。大内兵衛は人民戦線

事件で1938年に検挙されて休職処分となり，河合栄治郎は軍国主義批判により1939年に休職処分となった。

③1．い．誤文。『西洋事情』は福沢諭吉の著作である。

2．う．誤文。レッド＝パージはGHQによる日本共産党員とその支持者への弾圧事件であるが，1949年の中華人民共和国の成立や1950年の朝鮮戦争勃発などによるGHQの占領政策の転換（いわゆる「逆コース」）を受けてのものである。

3 解答

Ⅰ－あ　Ⅱ－え　Ⅲ－あ　Ⅳ－い　Ⅴ－え　Ⅵ－い
Ⅶ－え　Ⅷ－あ　Ⅸ－う　Ⅹ－う

◀解　説▶

≪古代～近世の文化≫

Ⅰ．(a)・(b)ともに正しい。【写真２】の興福寺阿修羅像は，光明皇后建立の興福寺西金堂にある，本尊釈迦如来像の周囲に安置された八部衆像の一つである。

Ⅱ．(a)・(b)ともに誤り。『三教指帰』は空海の，『顕戒論』は最澄の著作である。

Ⅳ．(a)は正しい。(b)は誤り。『日本往生極楽記』は慶滋保胤の著作で，源信の著作は『往生要集』である。

Ⅴ．(a)・(b)ともに誤り。【写真３】が「青蓮院不動明王二童子像」であり，【写真４】が「高野山聖衆来迎図」である。

Ⅵ．(a)は正しい。(b)は誤り。【写真６】の投入堂は，白水阿弥陀堂（福島県）ではなく，三仏寺（鳥取県）にある。

Ⅶ．(a)・(b)ともに誤り。(a)は親鸞ではなく，法然の説明である。(b)は栄西ではなく，道元の説明である。

Ⅸ．(a)は誤り。一休宗純は，相国寺ではなく，林下大徳寺の僧侶である。また，相国寺は林下ではない。(b)は正しい。

Ⅹ．(a)は誤り。山崎闇斎が提唱したのは垂加神道である。唯一神道は室町時代の吉田兼倶が大成した神道教説である。(b)は正しい。

世界史

1 解答

問1．A．尊厳者　B．プリンケプス　C．コロヌス
D．専制君主政〔ドミナトゥス〕　E．テオドシウス

問2．(1)―a　(2)―d　(3)―a　(4)―a　(5)―c　(6)―b　(7)―b
(8)―b

問3．(a)―①　(b)―⑩

◀解　説▶

≪ローマ帝国≫

問1．C．奴隷に代えて貧農や解放奴隷出身者を小作人として農場で働かせた。この古代ローマの小作人をコロヌスという。

問2．(3)aが正しい。五賢帝の時代はほぼ紀元後2世紀。

b．誤文。時代が違う。ザマの戦いは共和政ローマ時代の前3世紀の出来事。

c．誤文。ローマ帝国の領土はブリテン島全土ではなく中部と南部。

d．誤文。時代が違う。ローマ市民権の全自由人への付与は3世紀のカラカラ帝のとき。

(4)aが正しい。軍人皇帝の時代は3世紀の中頃から後半。

b～d．誤文。時代が違う。剣奴の反乱，閥族派と平民派の闘争，同盟市戦争は，いずれも前1世紀の出来事。

(5)c．誤文。ソリドゥス金貨を造らせたのはコンスタンティヌス帝。

(6)b．正文。ゲルマン人傭兵隊長のオドアケルが西ローマ皇帝を退位させたことによって，西ローマ帝国は滅亡した。

a．誤文。西ローマ帝国の滅亡（476年）は，ランゴバルド王国成立（6世紀中頃）以前。

c．誤文。テオドリック大王がイタリアに移動して東ゴート王国を建てた（5世紀末）のは西ローマ帝国の滅亡後である。

d．誤文。フン族のイタリア半島侵入はローマ帝国の分裂（395年）より後。

(7)b．誤文。ユスティニアヌス帝は東ローマ帝国の皇帝。

(8) b．誤文。『自省録』の著者はマルクス＝アウレリウス＝アントニヌス帝。

問3．(a)①ルテティアは現在のパリのもとになった都市。

(b)⑩ビザンティウムは現在のイスタンブル。

2 解答

問1．(ア)―⑦ (イ)―⑥ (ウ)―⑩ (エ)―②

問2．A．奴隷王 B．タージ＝マハル

C．マラーター D．ネルー E．ターリバーン

問3．(1)―b (2)―b (3)―b・c※ (4)―b (5)―c (6)―c

※問3(3)については，正答としていた選択肢（b）に加え，"誤っているもの"と判断できる選択肢（c）が存在していたため，いずれも正答として加点する措置が取られたことが大学から公表されている。

◀解 説▶

≪南アジア史の中の女性≫

問1．(イ)のラホールの位置は⑥であり，パンジャーブ地方の中心都市。

問2．A．奴隷王朝。創始者のアイバク自身が奴隷兵士（マムルーク）出身であった。

C．マラーター同盟は19世紀にイギリスとのマラーター戦争に敗れ，それに属していた諸侯はイギリス支配下の藩王国の領主となった。

E．21世紀初頭のアフガニスタンにおける女子教育などに反対する政治勢力はターリバーンの勢力である。

問3．(1) b．正文。トルコ人奴隷出身の軍人をマムルークと呼ぶ。

a．誤文。マムルークを親衛隊として用いたのはアッバース朝からである。

c．誤文。ブワイフ朝はイラン系の王朝。

d．誤文。マムルーク朝はアイユーブ朝から実権を奪って樹立された。

(3) b．誤文。イギリス東インド会社のインド貿易独占は，1858年のイギリス東インド会社の解散より前の1813年に廃止された。

c．誤文。1799年のオランダ東インド会社の解散に影響したのは，ナポレオン軍ではなくフランス革命軍のオランダ占領。

(4) a・d．誤文。ヒンドゥー教では身分制度であるカーストや不可触民への差別を否定していない。

c．誤文。ヒンドゥー教はバラモン教を継承している。

⑸ a．誤文。水素爆弾の実験はアメリカが最初。

b．誤文。日本の漁船員が被爆したビキニ環礁での水爆実験を行ったのはアメリカ。

d．誤文。部分的核実験禁止条約は米ソ英の3カ国で調印された。

⑹ c．誤文。サダトの受賞理由はイスラエルとの平和条約締結。

3 解答

問1．b　問2．f　問3．c　問4．c　問5．b
問6．b　問7．a　問8．b　問9．a　問10．b

◀解　説▶

≪サハラ交易，永楽帝，ビスマルク≫

問1．bのA－ガーナ王国とB－マリ王国の組み合わせが正しい。

A．ニジェール川流域のガーナ王国は，11世紀にモロッコのムラービト朝に征服された。

B．マンサ＝ムーサ王で知られたイスラーム政権はマリ王国。ソンガイ王国は15世紀に成立した。

問2．fのC－マラケシュとD－トンブクトゥの組み合わせが正しい。

C．マラケシュはモロッコ中南部にムラービト朝が築いた都市。

D．トンブクトゥはニジェール川流域の都市。ザンジバルは東アフリカのインド洋沿岸の都市。

問3．《　X　》は金。

a．誤文。日本の輸出品で火薬の原料となったのは硫黄。

b．誤文。スペインが開発したボリビアの鉱山はポトシ銀山。

d．誤文。第4次中東戦争で輸出制限されたのは石油。

問5．a．誤文。日本国王に封じられたのは足利義満。

c．誤文。大越国を滅ぼしたのは永楽帝の別の遠征軍。

d．誤文。タタールが明に侵入してきたのは，南海遠征の後の時代。

問6．琉球の分裂時代を三山時代ともいい，中山王の一族が北山王国，南山王国を征服して琉球を統一した。

問9．a．誤文。プロイセン＝オーストリア戦争後，結成されたのは北ドイツ連邦。

問10．a．誤文。社会主義者鎮圧法で弾圧されたのはドイツ社会主義労働者党（後にドイツ社会民主党と改称)。ドイツ共産党は1918年の創立。

c．誤文。文化闘争で抑圧されたのはカトリック。

d．誤文。ビスマルクはフランスの孤立化をめざし，ロシアと再保障条約を結んだ。

■数学■

◀理系学部▶

■数　学　①■

1 **解答** (1)　$\cos A=\frac{1}{2}$ より，$A=\frac{\pi}{3}$ であるから，△ABC の面積は

$$\frac{1}{2}\mathrm{AB}\cdot\mathrm{AC}\cdot\sin A=\frac{1}{2}\cdot4\cdot5\cdot\sin\frac{\pi}{3}=5\sqrt{3}\quad\cdots\cdots(\text{答})$$

(2)　AD$=x$ とおくと，△ABD と △ADC の面積の和を考えて

$$\frac{1}{2}\cdot4\cdot x\cdot\sin\frac{\pi}{6}+\frac{1}{2}\cdot5\cdot x\cdot\sin\frac{\pi}{6}=5\sqrt{3}$$

$$x+\frac{5}{4}x=5\sqrt{3}$$

よって　　$\mathrm{AD}=x=\frac{20}{9}\sqrt{3}$　……(答)

◀解　説▶

≪三角形の面積≫

AD が ∠A の二等分線であるから

$$\mathrm{BD}:\mathrm{DC}=\mathrm{AB}:\mathrm{AC}=4:5$$

これを利用して，次のように考えてもよい。

△ABC で余弦定理を用いて　　$\mathrm{BC}=\sqrt{4^2+5^2-2\cdot4\cdot5\cdot\cos A}=\sqrt{21}$

$$\cos B=\frac{4^2+(\sqrt{21})^2-5^2}{2\cdot4\cdot\sqrt{21}}=\frac{3}{2\sqrt{21}}$$

$$\mathrm{BD}=\mathrm{BC}\times\frac{4}{4+5}=\frac{4\sqrt{21}}{9}$$

△ABD で余弦定理を用いると

$$AD^2=4^2+\left(\frac{4\sqrt{21}}{9}\right)^2-2\cdot4\cdot\frac{4\sqrt{21}}{9}\cdot\frac{3}{2\sqrt{21}}$$
$$=16+16\cdot\frac{7}{27}-\frac{16}{3}$$
$$=16\left(1+\frac{7}{27}-\frac{1}{3}\right)=\frac{16\cdot25}{27}$$

よって　　$AD=\frac{4\cdot5}{3\sqrt{3}}=\frac{20\sqrt{3}}{9}$

2 **解答** (1)　∠O が直角でないから，点 P は点 O と異なる点であり

$$\overrightarrow{OP}\neq\vec{0}$$

$\overrightarrow{BP}\perp\overrightarrow{OA}$ より

$$\overrightarrow{OA}\cdot\overrightarrow{BP}=\overrightarrow{OA}\cdot(\overrightarrow{OP}-\overrightarrow{OB})=\overrightarrow{OA}\cdot\overrightarrow{OP}-\overrightarrow{OA}\cdot\overrightarrow{OB}=0 \quad\cdots\cdots①$$

$\overrightarrow{AP}\perp\overrightarrow{OB}$ より

$$\overrightarrow{OB}\cdot\overrightarrow{AP}=\overrightarrow{OB}\cdot(\overrightarrow{OP}-\overrightarrow{OA})=\overrightarrow{OB}\cdot\overrightarrow{OP}-\overrightarrow{OA}\cdot\overrightarrow{OB}=0 \quad\cdots\cdots②$$

①，②より，$\overrightarrow{OA}\cdot\overrightarrow{OP}=\overrightarrow{OB}\cdot\overrightarrow{OP}$ が成り立ち

$$\overrightarrow{AB}\cdot\overrightarrow{OP}=(\overrightarrow{OB}-\overrightarrow{OA})\cdot\overrightarrow{OP}=\overrightarrow{OB}\cdot\overrightarrow{OP}-\overrightarrow{OA}\cdot\overrightarrow{OP}=0$$

したがって，$\overrightarrow{OP}$ と $\overrightarrow{AB}$ は直交する。　　　　(証明終)

(2)　$s+t=k$ とおくと　　$1\leqq k\leqq 2$

$$\overrightarrow{OQ}=s\overrightarrow{OA}+t\overrightarrow{OB}=\frac{s}{k}(k\overrightarrow{OA})+\frac{t}{k}(k\overrightarrow{OB})$$

$k\overrightarrow{OA}=\overrightarrow{OA_k}$，$k\overrightarrow{OB}=\overrightarrow{OB_k}$ とおくと

$$\overrightarrow{OQ}=\frac{s}{k}\overrightarrow{OA_k}+\frac{t}{k}\overrightarrow{OB_k}$$

$$\frac{s}{k}+\frac{t}{k}=1,\ \frac{s}{k}\geqq0,\ \frac{t}{k}\geqq0$$

であるから，k を固定して s，t を変化させると，点 Q は線分 A_kB_k 上を動き，k を $1\leqq k\leqq 2$ の範囲で変化させると，線分 A_kB_k は右図の線分 AB から線分 A_2B_2 まで平行に動く。

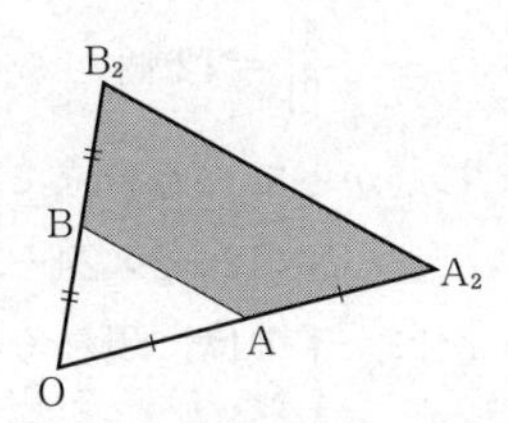

よって，点Qの存在する範囲は上図の網かけ部分。ただし，境界は含む。

(3)　　$\triangle OAB \backsim \triangle OA_2B_2$　（相似比は1：2）

よって，面積比は1：4だから $\triangle OA_2B_2$ の面積は $3\times4=12$ となり

網かけ部分の面積は　　$12-3=9$　……(答)

◀解　説▶

≪垂心の性質，平面上の点の存在範囲≫

$\overrightarrow{OP}=\alpha\overrightarrow{OA}+\beta\overrightarrow{OB}$ のとき

$\alpha+\beta=1,\ \alpha\geqq0,\ \beta\geqq0 \Longleftrightarrow$ Pは線分AB上の点

が成り立つことを利用する。

3

解答　(1)　偶数になるのは，次の2つの場合がある。

(i)□□□□0のとき，□の部分に，1，2，2，3を並べる。

(ii)□□□□2のとき，□の部分に，0，1，2，3を並べる。

万の位の数は0でないから，5桁の偶数の個数は

$$\frac{4!}{2!}+(4!-3!)=12+18=30 \text{ 個} \quad \cdots\cdots(\text{答})$$

(2)　万の位に現れる数の和を求める。

万の位が1の数は，1□□□□で□の部分に0，2，2，3を並べたものより

$$\frac{4!}{2!}=12 \text{ 個}$$

万の位が2の数は，2□□□□で□の部分に0，1，2，3を並べたものより

$$4!=24 \text{ 個}$$

万の位が3の数は，3□□□□で□の部分に0，1，2，2を並べたものより

$$\frac{4!}{2!}=12 \text{ 個}$$

したがって，万の位に現れる数の和は

$$1\times12+2\times24+3\times12=96$$

次に，千の位に現れる数の和を求める。

千の位が 1 の数は，□ 1 □□□で□の部分に 0，2，2，3 を並べたものより

$$\frac{4!}{2!}-\frac{3!}{2!}=9 \text{ 個}$$

千の位が 2 の数は，□ 2 □□□で□の部分に 0，1，2，3 を並べたものより

$$4!-3!=18 \text{ 個}$$

千の位が 3 の数は，□ 3 □□□で□の部分に 0，1，2，2 を並べたものより

$$\frac{4!}{2!}-\frac{3!}{2!}=9 \text{ 個}$$

したがって，千の位に現れる数の和は

$$1\times9+2\times18+3\times9=72$$

百の位，十の位，一の位に現れる数の和は，いずれも 72 である。

したがって，すべての数の和は

$$96\times10^4+72\times10^3+72\times10^2+72\times10+72\times1$$
$$=960000+72\times1111$$
$$=960000+79992$$
$$=1039992 \quad \cdots\cdots(\text{答})$$

◀解　説▶

≪5 桁の偶数の個数，5 桁の数の和≫

(2)　各位の数の和を別々に求めて計算する。

4 **解答**　(1)　$\int_0^1 \frac{1}{1+x}dx=\Big[\log_e(1+x)\Big]_0^1=\log_e 2 \quad \cdots\cdots(\text{答})$

(2)　$f(x)=e^{-x}-(1-x)$ とおくと

$$f'(x)=-e^{-x}+1=\frac{e^x-1}{e^x}>0 \quad (x>0)$$

よって，$f(x)$ は $x>0$ で単調に増加する。

$f(0)=0$ であるから，$x\geqq0$ のとき，$f(x)\geqq0$ つまり $e^{-x}\geqq1-x$ が成り立つ。

$g(x)=e^x-(1+x)$ とおくと

$$g'(x)=e^x-1>0 \quad (x>0)$$

よって，$g(x)$ は $x>0$ で単調に増加する。

$g(0)=0$ であるから，$x\geqq 0$ のとき，$g(x)\geqq 0$ つまり $e^x\geqq 1+x$ が成り立つ。

$e^x(x+1)>0$ であるから，不等式の両辺をこの式で割ると

$$\frac{1}{1+x}\geqq e^{-x}$$

が成り立ち，与えられた不等式は成り立つ。　(証明終)

(3)　(2)の結果より，$0\leqq x\leqq 1$ のとき

$$1-x\leqq e^{-x}\leqq\frac{1}{1+x}$$

が成り立ち，等号は $x=0$ のときに限るので

$$\int_0^1(1-x)dx<\int_0^1 e^{-x}dx<\int_0^1\frac{1}{1+x}dx$$

$\int_0^1(1-x)dx=\left[x-\frac{1}{2}x^2\right]_0^1=\frac{1}{2}$ であるから，(1)より

$$\frac{1}{2}<\int_0^1 e^{-x}dx<\log_e 2$$

が成り立つ。　(証明終)

◀解　説▶

≪定積分と不等式≫

(2)で $e^{-x}\leqq\frac{1}{1+x}$ を示す際，$1-x\leqq e^{-x}$ を示すときと同様に

$$g(x)=\frac{1}{1+x}-e^{-x}$$

とおいて微分すると

$$g'(x)=-\frac{1}{(1+x)^2}+e^{-x}=\frac{(1+x)^2-e^x}{e^x(1+x)^2}$$

となり，$g(x)$ の $x\geqq 0$ における最小値が 0 以上であることを示すのは簡単ではない。

そこで，$x\geqq 0$ において，$e^{-x}\leqq\frac{1}{1+x}\Longleftrightarrow 1+x\leqq e^x$ であるから

$g(x)=e^x-(1+x)$ とおいて $g(x)\geqq 0$ を示す。

(1)と(2)は(3)のヒントで，(3)は以下の定理を用いる。

「$f(x)$，$g(x)$ が区間 $[a,\ b]$ で連続で，$f(x) \leqq g(x)$ ならば

$$\int_a^b f(x)dx \leqq \int_a^b g(x)dx$$

等号は，常に $f(x)=g(x)$ であるときに限って成り立つ」

■数　学　②■

1　<数学①>1に同じ。

2　<数学①>2に同じ。

3　<数学①>3に同じ。

4　**解答**　(1)　$a_{n+2}-a_{n+1}=a_{n+1}-a_n\quad(n\geqq 1)$ より

数列 $\{a_{n+1}-a_n\}$ は一定な数列であり

$$a_{n+1}-a_n=a_2-a_1=3-1=2\quad(n\geqq 1)$$

よって，数列 $\{a_n\}$ は公差 2 の等差数列だから

$$a_n=a_1+2(n-1)=2n-1\quad\cdots\cdots(答)$$

(2)
$$\sum_{k=1}^{2n}a_k=\sum_{k=1}^{2n}(2k-1)$$
$$=2\cdot\frac{1}{2}\cdot 2n(2n+1)-2n$$
$$=4n^2\quad\cdots\cdots(答)$$

(3)
$$\sum_{k=1}^{2n}a_{2k}=\sum_{k=1}^{2n}(4k-1)=4\cdot\frac{1}{2}\cdot 2n(2n+1)-2n=8n^2+2n$$

$a_{2k-1}=2(2k-1)-1=4k-3$ より

$$\sum_{k=1}^{n}a_{2k-1}=\sum_{k=1}^{n}(4k-3)=4\cdot\frac{1}{2}n(n+1)-3n=2n^2-n$$

よって，(2)より

$$\left(\sum_{k=1}^{2n}a_{2k}-4\sum_{k=1}^{n}a_{2k-1}\right)^2=\{8n^2+2n-4(2n^2-n)\}^2$$
$$=(6n)^2=36n^2=9\cdot 4n^2$$
$$=9\sum_{k=1}^{2n}a_k$$

(証明終)

◀解　説▶

≪漸化式，等差数列，数列の和≫

(1)　数列 $\{x_n\}$ が，$x_{n+1}=x_n$ $(n\geqq 1)$ を満たすとき，$x_n=x_1$ $(n\geqq 1)$ である。

(2)　$\sum_{k=1}^{n} k=\frac{1}{2}n(n+1)$ を用いて，Σ 計算をする。数列 $\{a_n\}$，$\{a_{2n}\}$，$\{a_{2n-1}\}$ は等差数列であるから，等差数列の和の公式

$$\frac{1}{2}\cdot(\text{項数})\cdot(\text{初項}+\text{末項})$$

を利用してもよい。

◀文系学部▶

1 **解答** (1)① $5\sqrt{2}$ ② $\frac{125}{3}$ (2)③ $\frac{1}{14}$ ④ $\frac{\sqrt{195}}{2}$

(3)⑤ $\frac{4}{7}$ ⑥ 2 ⑦ 1152 (4)⑧ $\frac{1}{18}$ ⑨ $\frac{5}{648}$ ⑩ $\frac{1}{324}$

◀解 説▶

≪小問4問≫

(1) $f(x)=x^2-4x$, $g(x)=-x^2+2x+8$ とおくと

$$f(x)-g(x)=2(x+1)(x-4)$$

したがって，交点の座標は $(-1,\ 5)$, $(4,\ 0)$

$$AB=\sqrt{\{4-(-1)\}^2+(0-5)^2}=\sqrt{5^2+5^2}=5\sqrt{2} \quad (\to①)$$

また，$-1\leqq x\leqq 4$ において，$f(x)\leqq g(x)$ が成り立つから，2つの放物線で囲まれた部分の面積は

$$\int_{-1}^{4}\{g(x)-f(x)\}dx=-2\int_{-1}^{4}(x+1)(x-4)dx$$

$$=2\cdot\frac{1}{6}(4+1)^3=\frac{125}{3} \quad (\to②)$$

(2) $\overrightarrow{AB}=(1,\ -3,\ 2)$, $\overrightarrow{AC}=(-2,\ 1,\ 3)$ より

$$|\overrightarrow{AB}|=|\overrightarrow{AC}|=\sqrt{14},\ \overrightarrow{AB}\cdot\overrightarrow{AC}=-2-3+6=1$$

よって

$$\cos A=\frac{\overrightarrow{AB}\cdot\overrightarrow{AC}}{|\overrightarrow{AB}||\overrightarrow{AC}|}=\frac{1}{14} \quad (\to③)$$

$$\sin A=\sqrt{1-\left(\frac{1}{14}\right)^2}=\frac{\sqrt{14^2-1^2}}{14}=\frac{\sqrt{195}}{14}$$

△ABC の面積は

$$\frac{1}{2}|\overrightarrow{AB}||\overrightarrow{AC}|\sin A=\frac{1}{2}\cdot\sqrt{14}\cdot\sqrt{14}\cdot\frac{\sqrt{195}}{14}=\frac{\sqrt{195}}{2} \quad (\to④)$$

(3) 第 n 項を a_n，初項 $a_1=a$，公比を r とおくと

$$a_n=ar^{n-1} \quad (n\geqq 1)$$

$a_1+a_2+a_3=4$ より

$$a+ar+ar^2=4 \qquad a(1+r+r^2)=4$$

$a_4+a_5+a_6=32$ より

$$ar^3+ar^4+ar^5=32 \qquad ar^3(1+r+r^2)=32$$

以上より，$r^3=8$ であり，$\{a_n\}$ は実数の等比数列だから

$r=2$　（→⑥）

$a=\dfrac{4}{7}$　（→⑤）

$$\sum_{k=6}^{11}a_k=\sum_{k=6}^{11}ar^{k-1}=\frac{ar^5(r^6-1)}{r-1}=\frac{4}{7}\cdot 32\cdot 63=1152 \quad (\to ⑦)$$

(4)　1 回の試行で獲得する点は右の表のようになる。対角線の下側の数字は A の得点を，上側は B の得点を表す。

A＼B	1	2	3	4	5	6
1		1	1	1	1	1
2	1		2	2	2	2
3	1	2		3	3	3
4	1	2	3		4	4
5	1	2	3	4		5
6	1	2	3	4	5	

1 回の試行で A が 4 点を獲得している確率は

$\dfrac{2}{6^2}=\dfrac{1}{18}$　（→⑧）

2 回の試行で A が 8 点を獲得するのは

（1 回目の得点，2 回目の得点）＝(3, 5)，(4, 4)，(5, 3)

のときだから，確率は

$$\frac{3}{36}\times\frac{1}{36}+\frac{2}{36}\times\frac{2}{36}+\frac{1}{36}\times\frac{3}{36}=\frac{10}{36^2}=\frac{5}{648} \quad (\to ⑨)$$

2 回の試行で A が 4 点獲得し，B が 5 点獲得するのは

- 1 回目に A が 4 点獲得，2 回目に B が 5 点獲得
- 1 回目に B が 5 点獲得，2 回目に A が 4 点獲得

の場合だから

$$\frac{2}{36}\times\frac{1}{36}+\frac{1}{36}\times\frac{2}{36}=\frac{4}{36^2}=\frac{1}{324} \quad (\to ⑩)$$

2 解答

(1)　$f(x)=x^3-3(a-1)x^2+3(a+1)(a-3)x$ より

$$f'(x)=3x^2-6(a-1)x+3(a+1)(a-3)$$
$$=3\{x-(a+1)\}\{x-(a-3)\}$$

$f(x)$ の増減表は，次のようになる。

x	$\cdots$	$a-3$	$\cdots$	$a+1$	$\cdots$
$f'(x)$	$+$	0	$-$	0	$+$
$f(x)$	↗		↘		↗

$a=2$ のとき，$f(x)=x^3-3x^2-9x$ だから

$$\left.\begin{array}{ll} x=-1\text{ のとき極大値} & 5 \\ x=3\text{ のとき極小値} & -27 \end{array}\right\} \cdots\cdots(\text{答})$$

(2)　(1)の増減表から，$f(x)$ が極値をとるときの x の値は

$$x=a-3,\ a+1 \quad \cdots\cdots(\text{答})$$

(3)　$f(x)=x\{x^2-3(a-1)x+3(a+1)(a-3)\}$ より

$$\begin{aligned} f(a-3)&=(a-3)\{(a-3)^2-3(a-1)(a-3)+3(a+1)(a-3)\}\\ &=(a-3)^2\{(a-3)-3(a-1)+3(a+1)\}\\ &=(a-3)^2(a+3) \end{aligned}$$

$$\begin{aligned} f(a+1)&=(a+1)\{(a+1)^2-3(a-1)(a+1)+3(a+1)(a-3)\}\\ &=(a+1)^2\{(a+1)-3(a-1)+3(a-3)\}\\ &=(a+1)^2(a-5) \end{aligned}$$

よって

$$\left.\begin{array}{ll} x=a-3\text{ のとき極大値} & (a-3)^2(a+3) \\ x=a+1\text{ のとき極小値} & (a+1)^2(a-5) \end{array}\right\} \cdots\cdots(\text{答})$$

(4)　3次方程式 $f(x)=0$ が2個の異なる実数解をもつ条件は，極値が0となることだから

$$a=-3,\ -1,\ 3,\ 5 \quad \cdots\cdots(\text{答})$$

◀解　説▶

≪3次関数の極値，3次方程式が2個の異なる実数解をもつ条件≫

3次方程式 $f(x)=0$ の異なる実数解の個数を N とする。

- $f(x)$ が極値をもたないとき　　$N=1$
- $f(x)$ が極値をもつとき，$M=$(極大値)×(極小値) とおくと

$$N=\begin{cases} 1 & (M>0) \\ 2 & (M=0) \\ 3 & (M<0) \end{cases}$$

が成り立つ。

物理

1

解答　Ⅰ．問1．$m_{\mathrm{A}}v_0$

問2．$\frac{1}{2}m_{\mathrm{A}}{v_0}^2$

問3．$m_{\mathrm{A}}v_0=m_{\mathrm{A}}v_{\mathrm{A}}+m_{\mathrm{B}}v_{\mathrm{B}}$

問4．$\frac{1}{2}m_{\mathrm{A}}{v_0}^2=\frac{1}{2}m_{\mathrm{A}}{v_{\mathrm{A}}}^2+\frac{1}{2}m_{\mathrm{B}}{v_{\mathrm{B}}}^2$

問5．1倍

問6．$v_{\mathrm{A}}=\frac{1-x}{1+x}v_0$，$v_{\mathrm{B}}=\frac{2}{1+x}v_0$

問7．3倍

Ⅱ．問8．$ev_0=v_{\mathrm{B}}-v_{\mathrm{A}}$

問9．$v_{\mathrm{A}}=\frac{1-e}{2}v_0$，$v_{\mathrm{B}}=\frac{1+e}{2}v_0$

問10．$\frac{1-e^2}{2}$倍

◀解　説▶

≪直線上の2物体の衝突≫

Ⅰ．問3．物体系の運動量は保存するので

$$m_{\mathrm{A}}v_0=m_{\mathrm{A}}v_{\mathrm{A}}+m_{\mathrm{B}}v_{\mathrm{B}}$$

問4．弾性衝突の場合，運動エネルギーは保存するので

$$\frac{1}{2}m_{\mathrm{A}}{v_0}^2=\frac{1}{2}m_{\mathrm{A}}{v_{\mathrm{A}}}^2+\frac{1}{2}m_{\mathrm{B}}{v_{\mathrm{B}}}^2$$

問5．$m_{\mathrm{A}}=m_{\mathrm{B}}$なので，問3の式は$v_0=v_{\mathrm{A}}+v_{\mathrm{B}}$と表せ，$v_{\mathrm{A}}=v_0-v_{\mathrm{B}}$である。これらを問4の式に代入すると

$$\frac{1}{2}m_{\mathrm{A}}{v_0}^2=\frac{1}{2}m_{\mathrm{A}}{v_{\mathrm{A}}}^2+\frac{1}{2}m_{\mathrm{B}}{v_{\mathrm{B}}}^2$$

$${v_0}^2=(v_0-v_{\mathrm{B}})^2+{v_{\mathrm{B}}}^2$$

$${v_0}^2={v_0}^2-2v_0v_{\mathrm{B}}+{v_{\mathrm{B}}}^2+{v_{\mathrm{B}}}^2$$

$$v_B = v_0$$

よって，v_B は v_0 の 1 倍。

問6．題意より $m_B = xm_A$ なので，問 3 の式は $v_0 = v_A + xv_B$ と表せ，$v_A = v_0 - xv_B$ である。これらを問 4 の式に代入すると

$$\frac{1}{2}m_A{v_0}^2 = \frac{1}{2}m_A{v_A}^2 + \frac{1}{2}m_B{v_B}^2$$

$${v_0}^2 = (v_0 - xv_B)^2 + x{v_B}^2$$

$${v_0}^2 = {v_0}^2 - 2xv_0v_B + x^2{v_B}^2 + x{v_B}^2$$

$$2xv_0v_B = x(x+1){v_B}^2$$

$$v_B = \frac{2}{1+x}v_0$$

また，$v_A = v_0 - xv_B$ なので

$$v_A = v_0 - \frac{2x}{1+x}v_0$$

$$= \frac{1-x}{1+x}v_0$$

問7．問 6 の v_A の式より

$$-\frac{v_0}{2} = \frac{1-x}{1+x}v_0$$

$$-(1+x) = 2(1-x)$$

$$x = 3$$

よって，m_B は m_A の 3 倍である。

Ⅱ．問8．反発係数の式より

$$e = -\frac{v_A - v_B}{v_0 - 0}$$

$$ev_0 = v_B - v_A \quad \cdots\cdots①$$

問9．反発係数 e の値にかかわらず，運動量は保存するので

$$m_Av_0 = m_Av_A + m_Bv_B$$

$$v_0 = v_A + v_B \quad \cdots\cdots②$$

①＋② より

$$(e+1)v_0 = 2v_B$$

$$v_B = \frac{1+e}{2}v_0$$

②に代入すると

$$v_0=v_A+\frac{1+e}{2}v_0$$

$$v_A=\frac{1-e}{2}v_0$$

問10. 衝突前後の運動エネルギーの和をそれぞれ K_1, K_2 とすると

$$K_1=\frac{1}{2}m_Av_0{}^2$$

$$\begin{aligned}K_2&=\frac{1}{2}m_Av_A{}^2+\frac{1}{2}m_Bv_B{}^2\\&=\frac{1}{2}m_A\left(\frac{1-e}{2}v_0\right)^2+\frac{1}{2}m_B\left(\frac{1+e}{2}v_0\right)^2\\&=\frac{1}{2}m_Av_0{}^2\left(\frac{1+e^2}{2}\right)\end{aligned}$$

よって，失った運動エネルギー $\varDelta K$ は

$$\begin{aligned}\varDelta K&=K_1-K_2\\&=\frac{1}{2}m_Av_0{}^2\left(1-\frac{1+e^2}{2}\right)\\&=\frac{1}{2}m_Av_0{}^2\left(\frac{1-e^2}{2}\right)\end{aligned}$$

$$\therefore\quad \frac{\varDelta K}{K_1}=\frac{\frac{1}{2}m_Av_0{}^2\left(\frac{1-e^2}{2}\right)}{\frac{1}{2}m_Av_0{}^2}=\frac{1-e^2}{2}$$

2 解答

1. vt　2. vtS　3. $nvtS$　4. $envtS$
5. eE　6. EL
7. $\dfrac{kIL}{e^2nS}$　8. IR　9. $\dfrac{kL}{e^2nS}$　10. $evtE$　11. nSL
12. $envtSLE$　13. IVt

ア. 逆　イ. 一定の速さで　問. (f)

◀解　説▶

≪自由電子の運動，電気抵抗≫

自由電子の速さが v なので，移動する距離 l は

$$l=vt \quad (\to 1)$$

よって，体積 V は $V=lS$ なので

$$V=vtS \quad (\to 2)$$

したがって，求める電子の個数 N は

$$N=nV$$
$$=nvtS \quad (\to 3)$$

その電気量 q は

$$q=-eN=-envtS$$

よって，q の大きさは　$|q|=envtS \quad (\to 4)$

求める力の大きさ f は

$$f=eE \quad (\to 5)$$

自由電子の電荷は負なので，電場から受ける力は電場の向きと逆向きとなる。また電場から受ける力と抵抗力がつりあっていることから，一定の速さで移動する。（→ア，イ）

電場から受ける力が電場の向きと逆になることに注意すると，(f)となる。

（→問）

導体内の電場 E は一様な電場とみなせるので，電位差 V は

$$V=EL \quad (\to 6)$$

これに与式(1)，(2)を代入すると

$$V=EL$$
$$=\left(\frac{k}{e}v\right)L$$
$$=\frac{k}{e}\left(\frac{I}{enS}\right)L$$
$$=\frac{kIL}{e^2nS} \quad (\to 7)$$

ここで，オームの法則 $V=IR$ より　(→ 8)

$$IR=\frac{kIL}{e^2nS}$$

$$R=\frac{kL}{e^2nS}\quad(\rightarrow 9)$$

時間 t の間に自由電子が力の向きに移動する距離は vt なので，電気力 f が1個の自由電子にする仕事 w は

$$w=f\times vt$$
$$=evtE\quad(\rightarrow 10)$$

単位体積あたりの自由電子の数は n なので，体積 SL の中の総数 N は

$$N=nSL\quad(\rightarrow 11)$$

求める仕事 W は1個の自由電子にする仕事 w と総数 N の積なので

$$W=N\times w$$
$$=nSL\times evtE$$
$$=envtSLE\quad(\rightarrow 12)$$

この W がジュール熱 Q に等しいということから

$$Q=envtSLE$$

6の $V=EL$ と $I=envS$ より

$$Q=(envS)\times(EL)\times t$$
$$=IVt\quad(\rightarrow 13)$$

3 **解答** ア．$4L$　イ．$\frac{4L}{3}$　ウ．$f\lambda$　エ．$2(x_2-x_1)$

オ．$2f(x_2-x_1)$　カ．$\frac{nRT}{V}$　キ．$\sqrt{\gamma\frac{RT}{M}}$　ク．$\sqrt{273\gamma\frac{R}{M}}$

ケ．$1+\frac{t}{546}$

A―(い)　B―(う)　C―(か)　D―(い)

問．271 m/s　二酸化炭素

◀解　説▶

≪気柱の共鳴，理想気体の音速の導出≫

Ⅰ．基本振動と2番目の共鳴の様子は次図のようになる。基本振動の波長を λ_1 とすると

$$\lambda_1=4L\quad(\rightarrow ア)$$

また，2番目の共鳴がおこるときの波長を λ_2 とすると

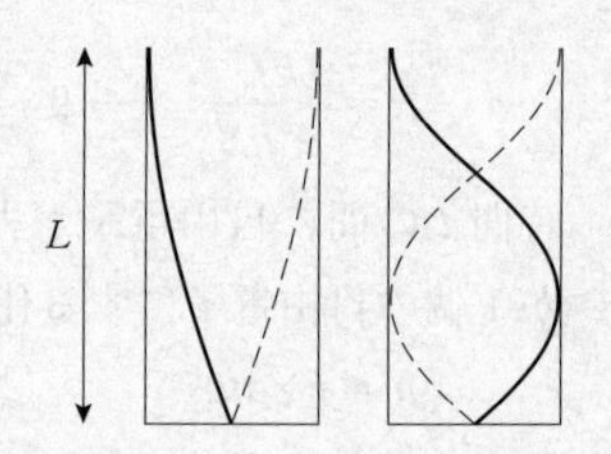

$$\lambda_2=\frac{4L}{3}\quad (\to イ)$$

空気を伝わる音の速さ V は変わらないので，$V=f\lambda$ より波長の短い音の方が振動数 f が大きくなる。よって，音の高さは高い。（→A）

一方で，管の長さが短くなるほど，共鳴する波長は短くなり，音の高さは高くなる。（→B）

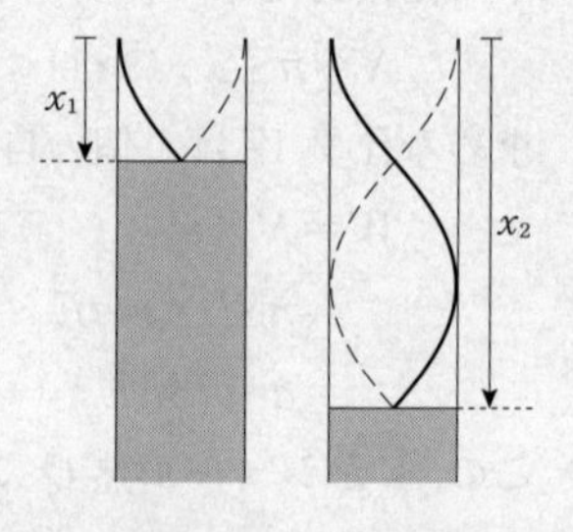

問題文の x_1 や x_2 は右図のようになる。開口端補正を考慮すれば，音波の波長 λ は

$$\lambda=2(x_2-x_1)\quad (\to エ)$$

ここで，音速 V は $V=f\lambda$ なので　（→ウ）

$$V=f\lambda$$
$$=2f(x_2-x_1)\quad (\to オ)$$

オの答えから，音速 V は

$$V=2\cdot 512\cdot (390-125)\times 10^{-3}$$
$$=271.36$$
$$\fallingdotseq 271\,[\mathrm{m/s}]\quad (\to 問)$$

表2より，ある気体は二酸化炭素とわかる。（→問）

Ⅱ．理想気体の状態方程式より

$$pV=nRT$$

$$p=\frac{nRT}{V}\quad (\to カ)$$

カを与式(1)に代入すると

$$v=\sqrt{\frac{\gamma}{\rho}\cdot\frac{nRT}{V}}$$

また，$M=\dfrac{V\rho}{n}$ を用いると

$$v=\sqrt{\gamma\frac{RT}{M}}\quad (\to キ)$$

ここに $T=t+273$ を代入すると

$$v=\sqrt{\gamma\frac{R}{M}}\sqrt{t+273}$$

$$=\sqrt{273\gamma\frac{R}{M}}\times\sqrt{1+\frac{t}{273}}$$

与式(2) $v=v_0\sqrt{1+\dfrac{t}{273}}$ と比較すると

$$v_0=\sqrt{273\gamma\frac{R}{M}}\quad(\to ク)$$

与えられた近似式を用いて

$$v=v_0\sqrt{1+\frac{t}{273}}$$

$$\fallingdotseq v_0\left(1+\frac{t}{546}\right)\quad(\to ケ)$$

与式(4)より，温度が上昇すると音速は大きくなる。（→C）

また，一定の長さの気柱では，共鳴するときの波長 λ は変わらないので $V=f\lambda$ より，V が大きければ振動数 f も大きくなり，音の高さは高くなる。（→D）

化学

1　解答

問1．(c)・(d)

問2．(1)Ⅰ．68.4　Ⅱ．25.5　(2)—(A)

問3．塩化鉄(Ⅲ)水溶液中の鉄(Ⅲ)イオンの一部が加水分解して水素イオンを生じるため。

問4．(1)$FeCl_3 \cdot 6H_2O$　(2)メスフラスコ　(3)5.41 g

問5．水酸化鉄(Ⅲ)のコロイド粒子が光を散乱させるため。

◀解　説▶

≪塩の水溶液の性質≫

問1．(a)強酸の HCl と弱塩基の NH_3 の中和によってできる塩。

(b)弱酸の H_3PO_4 と強塩基の NaOH の中和によってできる塩。

(c)強酸の H_2SO_4 と強塩基の NaOH の中和によってできる塩。

(d)強酸の HNO_3 と強塩基の KOH の中和によってできる塩。

(e)弱酸の CH_3COOH と強塩基の KOH の中和によってできる塩。

問2．(1)塩化カリウムの質量がⅠ〔g〕のとき，飽和水溶液になる。20°C における塩化カリウムの水への溶解度〔g/水 100 g〕は 34.2 なので，質量パーセント濃度Ⅱ〔%〕は

$$\text{Ⅱ}=\frac{34.2\times2}{200+34.2\times2}\times100=25.48\fallingdotseq25.5〔\%〕$$

(2)80°C における塩化カリウムの水への溶解度〔g/水 100 g〕は 51.3 なので，飽和水溶液の質量パーセント濃度〔%〕は

$$\frac{51.3}{100+51.3}\times100=33.90\fallingdotseq33.9〔\%〕$$

水 100 g に加えた塩化カリウムの質量〔g〕と水溶液の質量パーセント濃度〔%〕の関係は次の図のようになる。

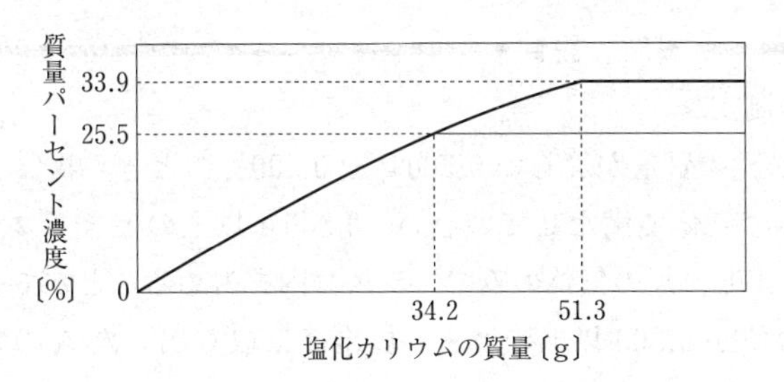

問3．$FeCl_3$ は水溶液中で Fe^{3+} と Cl^- に完全電離しているが，Fe^{3+} の一部が加水分解して H^+ が生じるため，水溶液は酸性を示す。

問4．(3)必要な $FeCl_3\cdot6H_2O$（式量270.3）を x〔g〕とすると

$$\frac{\frac{x}{270.3}\text{〔mol〕}}{\frac{200}{1000}\text{〔L〕}}=0.100\text{〔mol/L〕}$$

∴　$x=5.406\fallingdotseq5.41$〔g〕

問5．塩化鉄(Ⅲ)水溶液に沸騰水を加えると，水酸化鉄(Ⅲ)のコロイド溶液が生成する。

$$FeCl_3+3H_2O \longrightarrow Fe(OH)_3+3HCl$$

このコロイド溶液に横から強い光線を当てると，コロイド粒子が光を散乱させるため，光の通路が明るく見えるチンダル現象が起こる。

2　解答

問1．

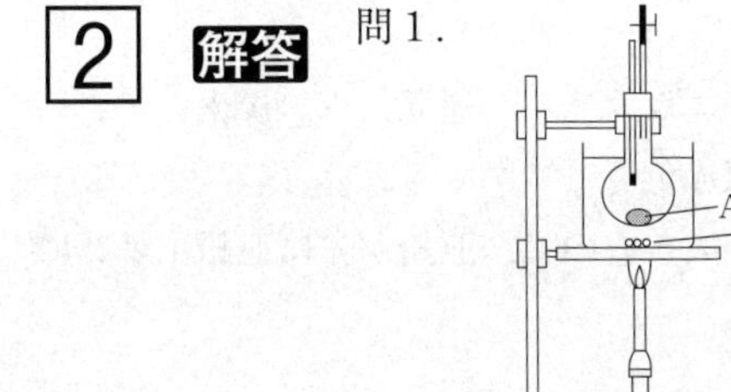

問2．気体になった物質Aがフラスコ内をすべて満たし，大気圧を超えたAの気体は大気中に放出されたため。

問3．49.9

問4．6.67×10^4 Pa

◀解　説▶

≪分子量の測定≫

問2．XとYの質量が等しい0.200gや0.400gのとき，物質Aはフラスコ内をすべて気体で満たせていない。0.800g以上のとき，フラスコ内の空気を押し出し，Aの気体のみでフラスコ内を占めることができる。

問3．Xの値が0.800以上のとき，放冷後に取り出したAの物質量は，気体の状態方程式より

$$n=\frac{pV}{RT}=\frac{1.00\times10^{5}\times0.360}{8.31\times10^{3}\times(273+87.0)}=1.203\times10^{-2}\text{[mol]}$$

となり，一定である。

Aの分子量をM_Aとすると，$n=\frac{w}{M}$より

$$1.203\times10^{-2}=\frac{0.600}{M_A}$$

$$\therefore\ M_A=49.87\fallingdotseq49.9$$

問4．フラスコ内のAの分圧をP_A[Pa]とすると，気体の状態方程式$pV=nRT=\frac{w}{M}RT$より

$$P_A=\frac{wRT}{M_AV}=\frac{0.400\times8.31\times10^{3}\times(273+87.0)}{49.87\times0.360}$$

$$=6.665\times10^{4}\fallingdotseq6.67\times10^{4}\text{[Pa]}$$

3 解答

問1．ア．アルミニウム　イ．還元　ウ．炭素
エ．水素　オ．血赤色

問2．亜鉛は鉄よりイオン化傾向が大きいので，亜鉛が先に亜鉛イオンになり鉄がさびるのを防ぐ。

問3．不動態

問4．$FeSO_4+2NaOH \longrightarrow Fe(OH)_2+Na_2SO_4$

問5．(i)$K_4[Fe(CN)_6]$　(ii)KSCN

◀解　説▶

≪製鉄，鉄の性質と化合物≫

問1．ア．地殻中の元素含有率（クラーク数）が高い順に並べると

$O > Si > Al > Fe > Ca$

イ．赤鉄鉱（主成分 Fe_2O_3）や磁鉄鉱（主成分 Fe_3O_4）が CO により還元されるときの化学反応式は次のようになる。

$$Fe_2O_3 + 3CO \longrightarrow 2Fe + 3CO_2$$

$$Fe_3O_4 + 4CO \longrightarrow 3Fe + 4CO_2$$

エ．鉄に希硫酸を加えると，水素が発生する。

$$Fe + H_2SO_4 \longrightarrow FeSO_4 + H_2$$

問4．$Fe(OH)_2$ の緑白色の沈殿が生じる。

4 解答

問1．ア．アミン　イ．アミノ　ウ．アニリン
エ．カルボニル（ケトン）　オ．アミド
カ．*p*-ヒドロキシアゾベンゼン（*p*-フェニルアゾフェノール）

問2．①H−N−H（N に H が結合）　②ベンゼン環　④$[C_6H_5{-}N{\equiv}N]^+Cl^-$

問3．(1)

$$C_6H_5{-}NH_2 + (CH_3{-}CO)_2O \longrightarrow C_6H_5{-}NH{-}CO{-}CH_3 + CH_3{-}CO{-}OH$$

(2)混合液をジエチルエーテルに溶かして分液ろうとに取り，希塩酸を加えてよく振り混ぜた後，静かに放置して二層に分かれた水層を取り出し，水酸化ナトリウムを加えて油層を回収する。

問4．ベンゼンに濃硫酸と濃硝酸を加えてニトロベンゼンにし，さらにスズと濃塩酸を加えて還元すると，アニリン塩酸塩の水溶液になる。その後，水酸化ナトリウム水溶液を加えると弱塩基のアニリンが生成する。

◀解　説▶

≪アニリンの合成と反応≫

問3．(2)混合液中の未反応の化合物 A（アニリン）と希塩酸が反応すると，アニリン塩酸塩が生成する。

$$C_6H_5{-}NH_2 + HCl \longrightarrow C_6H_5{-}NH_3^+Cl^-$$

アニリン塩酸塩は水に溶けるので，水層に移動する。

その後，強塩基の水酸化ナトリウム水溶液を加えると，弱塩基のアニリンが油層に生じる。

問4．ベンゼンに濃硫酸と濃硝酸を加えるとニトロベンゼンが生成する。

$$C_6H_6 + HNO_3 \xrightarrow{\text{濃 } H_2SO_4aq} C_6H_5{-}NO_2 + H_2O$$

ニトロベンゼンにスズと濃塩酸を加えて還元するとアニリン塩酸塩が生じる。

$$2C_6H_5{-}NO_2 + 3Sn + 14HCl \longrightarrow 2C_6H_5{-}NH_3^+Cl^- + 3SnCl_4 + 4H_2O$$

アニリン塩酸塩の水溶液に強塩基の水酸化ナトリウム水溶液を加えると，弱塩基のアニリンが生じる。

$$C_6H_5{-}NH_3^+Cl^- + NaOH \longrightarrow C_6H_5{-}NH_2 + NaCl + H_2O$$

■生物■

1 解答

問1．ア．制限酵素　イ．DNAリガーゼ
ウ．ベクター　エ．プラスミド　オ．プライマー
カ．DNAポリメラーゼ　キ．ヌクレオチド　ク．電気泳動法
ケ．マイクロアレイ　コ．オーダー（テーラー）メイド
問2．$y=a2^x$
問3．高温下でも失活しない。（10字程度）
問4．無機触媒は温度が上昇するほど反応速度が大きくなる。一方，酵素も温度が上昇するほど反応速度が大きくなるが，ある一定の温度以上になると反応速度は急速に低下する。
問5．新型コロナウイルスなどの感染症の検査，臓器移植のマッチング検査，ペットや家畜など生物の血統・系統の判定，水・土壌・食品などの汚染に関与する細菌や微生物の検出，などから1つ。
問6．(1)ー b）(2)ー a）(3)ー a）(4)ー a）

◀解　説▶

≪バイオテクノロジー，PCR法，酵素と無機触媒≫

問2．PCR法の操作を x 回繰り返すと，2本鎖DNA断片は下表のように 2^x 倍に増幅される。

操作回数	1回目	2回目	3回目	…	x 回目
2本鎖DNA	2^1 倍	2^2 倍	2^3 倍	…	2^x 倍

はじめ a 本から増幅が始まっているので　　$y=a2^x$
問3．PCR法では，反応溶液の高温加熱と冷却を繰り返すことになるので，多くの生物がもつDNAポリメラーゼでは失活してしまい，反応を連続的に繰り返すことはできない。そのため，PCR法に用いられるDNAポリメラーゼは，50～105℃を生育至適温度とする好熱菌のものが用いられる。
問4．無機触媒は高温になってもその構造が変わることはないが，酵素では，ある一定以上の高温になると，主成分のタンパク質の立体構造が変化

して，変性し失活してしまう。酵素には最もよくはたらく温度があり，その温度を最適温度という。

問5．PCR法を用いた病気の検査としては，新型コロナウイルスのほかに，B型肝炎，C型肝炎，子宮頸がん，白血病など，さまざまな例が挙げられる。

問6．DNAやRNAを構成するヌクレオチドにはリン酸基が含まれているため，緩衝液中では負（−）の電荷を帯びている。そのため，電気泳動法で電圧を加えるとDNA断片はゲル内を正（＋）電極方向に向かって移動する。アガロースゲルは細かい網目構造をしているため，長いDNA断片ほど網目構造に妨げられてゆっくり移動し，短いDNA断片ほど速く遠くまで移動する。その結果，DNA断片の大きさ（塩基数）に応じて分離される。

組織や細胞からmRNAを抽出し，逆転写酵素によってcDNAを合成し，蛍光色素で標識する。これをDNAマイクロアレイの基板に流すと，cDNAと相補的な塩基配列をもつ1本鎖DNAと結合する。そこにレーザー光線を照射するとcDNAが結合しているスポットが発光するため，発現している遺伝子（＝その組織や細胞で転写されたmRNA）がわかる。

2 **解答** 問1．ア．ヒストン イ．常染色体 ウ．性染色体 エ．46 オ．遺伝子座 カ．ホモ接合体 キ．ヘテロ接合体 ク．置換

問2．相同染色体

問3．DNAの特定の範囲の塩基配列中で1塩基のみが個体間で異なること。

問4．潜性（劣性）

問5．(1)−b・e (2)50%

問6．(1)X染色体 (2)−a・c・t・u (3)$\frac{1}{16}$

問7．(1)−(う)・(え) (2)−(う)・(お)・(き)

◀解 説▶

≪DNAの構造，SNP，顕性の法則，伴性遺伝，パフ≫

問4．ある対立遺伝子において，ヘテロ接合体のとき片方の形質のみ表れ

る場合，表れた形質を顕性（優性）形質，表れない形質を潜性（劣性）形質という。

問5．(1)顕性形質の遺伝子をA，潜性形質の遺伝子をaとすると，図1の家族の遺伝子型は次のようになる。

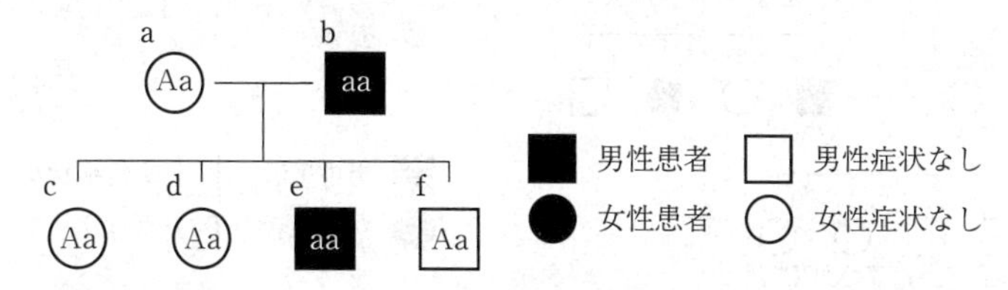

女性a（母）は症状がないが，子の男性eが患者（発症している）であるため，女性aは保因者（潜在的に遺伝子aをもっているヘテロ接合体Aa）である。

(2)cの女性（遺伝子型Aa）と患者の男性（遺伝子型aa）が子供をもうける場合，子の遺伝子型の組み合わせは次のようになる。

		患者の男性の配偶子
		a
cの配偶子	A	Aa
	a	aa

よって，患者（遺伝子型aa）の子が生まれる確率は$\frac{1}{2}$（＝50%）である。

問6．性染色体であるXY型のX染色体や，ZW型のZ染色体には，性決定に関係しない遺伝子も存在する。このような遺伝子が発現することによって生じる形質は，性別と深い関係をもって遺伝する。これを伴性遺伝という。顕性形質の遺伝子をB，潜性形質の遺伝子をbとすると，図2における設問と関連のある家族の遺伝子型は次のようになる。ただし，X^-で表したものは，X^BかX^bのどちらかである。

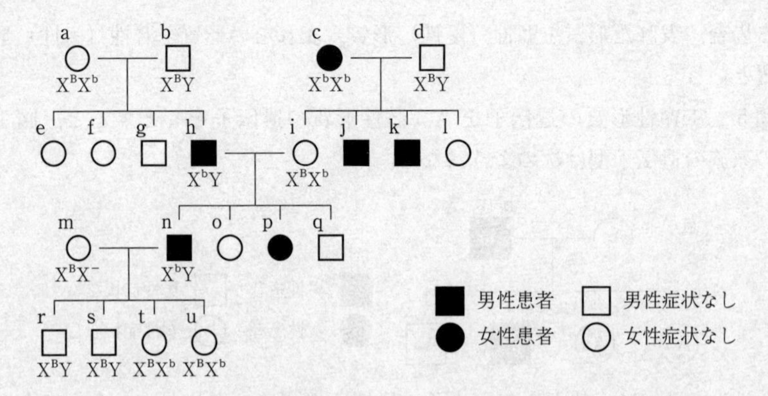

(2)女性 a：男性 h が患者であることから，女性 a（母）から X^b を，男性 b（父）から Y を受け継いだと考えられる。しかし，女性 a は症状がないので，遺伝子型は X^BX^b である。

女性 t と女性 u：症状はないが，必ず男性 n（父）から X^b を受け継いでいるので，遺伝子型は X^BX^b である。

(3)女性 m の遺伝子型が X^BX^b のとき，男性 n との間に生まれる子について考える。

男性 r と男性 s：男性 n（父）からは必ず Y 染色体を受け継ぐので，症状の有無は女性 m（母）から受け継ぐ X 染色体によって決まる。

　X^B を受け継ぐ→遺伝子型は X^BY となり，症状なし

　X^b を受け継ぐ→遺伝子型は X^bY となり，症状あり

したがって，r と s が症状なしとなる確率はどちらも　$\frac{1}{2}$

女性 t と女性 u：男性 n（父）からは必ず X^b を受け継ぐので，症状の有無は女性 m（母）から受け継ぐ X 染色体によって決まる。

　X^B を受け継ぐ→遺伝子型は X^BX^b となり，症状なし

　X^b を受け継ぐ→遺伝子型は X^bX^b となり，症状あり

したがって，t と u が症状なしとなる確率はどちらも　$\frac{1}{2}$

以上より，r ～ u の全員が症状なしとなる確率は

$$\frac{1}{2}\times\frac{1}{2}\times\frac{1}{2}\times\frac{1}{2}=\frac{1}{16}$$

問 7．パフは染色体が部分的にほどけたような領域で，1 つのパフは 1 つ

の遺伝子に対応していると考えられている。パフでは，それぞれの遺伝子から mRNA が転写されている。パフの位置（遺伝子の種類を反映する）と大きさ（転写の活発さを反映する）は，発生過程に応じてさまざまに変化する。

(1)(う)誤文。パフでは転写，すなわち mRNA 合成が行われており，タンパク質合成は mRNA が核外へ移行してから行われる。

(え)誤文。だ腺染色体は酢酸オルセインや酢酸カーミンで染色すると縞模様が鮮明に表れるが，パフではこの模様が不鮮明になる。

(2)(う)誤文。パフでは DNA から RNA への転写が行われており，発生段階によって作られる mRNA が変わるため，それに伴ってパフも移動する。したがって，パフの位置や大きさの変化は，実験操作の影響によるものではない。

(お)誤文。図3より，パフ4は蛹化開始前にも活性化している。

(き)誤文。エグジステロイドなどのステロイド型ホルモンは，受容体タンパク質と複合体を形成して，調節タンパク質として転写調節領域にはたらく。

3 解答

問1．ア．フィトクロム　イ．赤色　ウ．遠赤色
エ．細胞質　オ．核　カ．転写

問2．(d)

問3．あ．ジベレリン　い．サイトカイニン　う．エチレン
え．ジャスモン酸

問4．(1)デンプンを分解する。

(2)アミラーゼ

(3)Ⅰ．糊粉層

Ⅱ．植物ホルモン(あ)存在下において，胚がない種子Eでは酵素 i の作用がみられたが，糊粉層がない種子Dではみられなかったことから，酵素 i は糊粉層で合成される。

◀解　説▶

≪フィトクロムと光発芽種子，植物ホルモン，発芽のしくみ≫

問1．フィトクロムは赤色光や遠赤色光を吸収する光受容体である。フォトトロピンとクリプトクロムは青色光受容体である。フォトトロピンはおもに細胞膜に存在し，気孔の開閉やオーキシンによる茎の光屈性に関与す

る。クリプトクロムは核内に存在し，茎の伸長の抑制に関与する。

問２．「他の樹木が生い茂った緑葉群の下」とあるので，赤色光が緑葉に吸収され，遠赤色光が葉を透過する状況について考えればよい。

問４．⑴・⑵酵素ｉはデンプンをグルコースに分解するアミラーゼである。

⑶実験１および実験２において，アミラーゼが合成されなければデンプンは分解されず，デンプンがヨウ素と反応して呈色反応の結果は○になる。逆に，アミラーゼが合成されれば，デンプンは分解されるので呈色反応は×になる。

次の表は，表２にアミラーゼが合成されているかどうかをつけ加えたものである。

	取り除いた部位	寒天培地に含まれるもの	呈色反応の結果	アミラーゼの合成
種子A	外皮	デンプン	×	○
種子B	外皮，糊粉層	デンプン	○	×
種子C	外皮，胚	デンプン	○	×
種子D	外皮，糊粉層	デンプン，ジベレリン	○	×
種子E	外皮，胚	デンプン，ジベレリン	×	○

種子Ａの結果より，アミラーゼは外皮がなくても合成される。

種子Ｂ・Ｃの結果より，アミラーゼは糊粉層または胚を取り除くと合成されない。すなわち，糊粉層または胚で合成される。

種子Ｄの結果より，糊粉層を取り除くと，ジベレリンがあってもアミラーゼは合成されない。

種子Ｅの結果より，胚を取り除いても，ジベレリンがあればアミラーゼが合成される。

これらの結果から，胚で合成されたジベレリンが，糊粉層にはたらきかけてアミラーゼが合成されると考えることができる。本問は論述形式の実験考察問題であるが，解答枠が２行程度しかない。必要な情報を取捨選択し，簡潔にまとめる力が試されるであろう。

4 **解答**　問1．ア．10　イ．エディアカラ　ウ．5
エ．バージェス　オ．脊索　カ．ナメクジウオ
キ．無顎　ク．デボン　ケ．シダ植物　コ．硬い殻　サ．ジュラ
問2．(お)ペルム（二畳）　(く)白亜
問3．(1) B，D，F，G，I，から2つ。
(2)①（古生代）三葉虫，フズリナ，リンボク，などから1つ。
②（中生代）アンモナイト，恐竜，トリゴニア，などから1つ。
(3)適応度とは，ある個体が一生の間に産む子のうち，繁殖可能な年齢となるまで成長した子の数のことである。
問4．(1)分子系統樹
(2) a ―(vii)　b ―(vi)　c ―(v)

◀解　説▶

≪地質時代，大量絶滅，示準化石，適応度，分子系統樹≫

問1．イ．エディアカラ生物群は南オーストラリアのエディアカラ丘陵で発見され，その後，アフリカのナミビアやロシアの白海沿岸などでもその化石が発掘されている。扁平で体の大きいものが多く，骨格・殻など硬い構造はない。現生の生物との類縁関係は不明である。
ウ・エ．チェンジャン動物群は中国雲南省で，バージェス動物群はロッキー山脈（カナダ西部）のバージェス頁岩で発見された。硬い組織をもち，攻撃と防御の器官が発達していることから，これらの間には被食―捕食の関係が成立していたと考えられる。現生の生物につながるさまざまな種が出現した（カンブリア大爆発）。
オ．原索動物と脊椎動物をまとめて脊索動物という。
ケ．石炭紀の巨大な木生シダ植物には，ロボク（カラミテス），リンボク，フウインボクなどがある。語群にあるクックソニアは高さ数 cm の最古の陸上植物と考えられている。
問2．図1の地質時代区分を埋めると次のようになる。

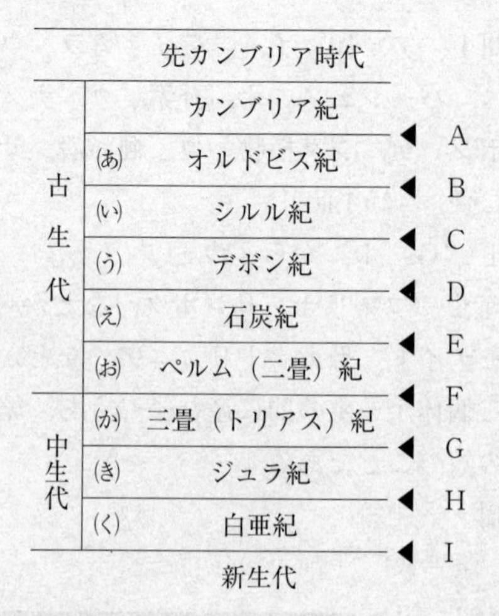

問3．(1)これまでの地球の歴史の中で，オルドビス紀末期，デボン紀後期，ペルム紀末期，三畳紀末期，白亜紀末期の5回の大量絶滅があったと考えられている。

(2)示準化石とは，特定の地質時代にのみ発見されるため，地質の年代特定に用いられる化石のことである。示準化石の特徴としては，種の生存期間が短い，地理的分布が広い，化石の産出量が多い，などが挙げられる。

(3)一般に，生物は，自らの子を数多く残すことができる個体ほど適応的であると考えられる。

問4．(2)2種の生物間で比較して，異なる塩基の程度が小さいほど2種の生物は近縁であると考えることができる（最節約法）。この方法を用いて，図2の遺伝子解析の結果を整理し，図3の系統樹に当てはめると，次のようになる。

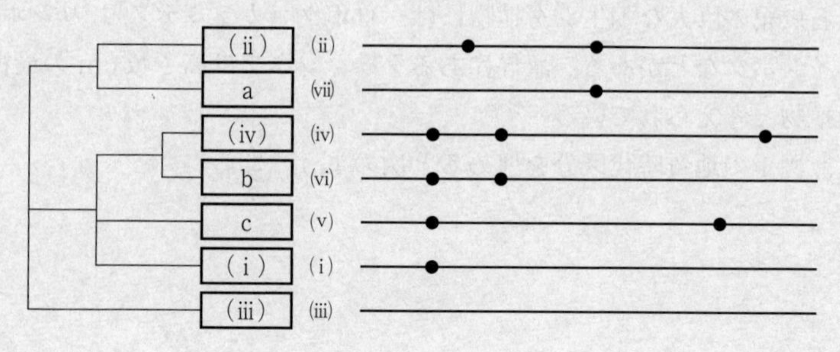

国語

1

出典　中井淳史『中世かわらけ物語――もっとも身近な日用品の考古学』（吉川弘文館）

解答

問1　a、系譜　b、砕　c、縛　d、立脚

問2　ア、ようぎょう　イ、かく　ウ、せっちゅう　エ、にな

問3　3

問4　ひとからげ

問5　5

問6　2

問7　「みようみまね」の技術伝播が成立し得た

問8　4

問9　3

問10　1

問11　2

◀解　説▶

問3　傍線部の「ふたつ」とは、続く第二・三段落で「ひとつは…」「もうひとつは…」と述べられている。よって、希少で高価な唐物を模倣する傾向と、技術の移植によって他産地の製品を模倣した傾向の説明になっている3が正解。1について、第二段落では「嗜好品」だけでなく、「碗皿類の日常製品までを模倣した」とあるので「嗜好品を模倣する傾向」が不適。2は後半「技術を模倣する傾向」が不適。技術は模倣されたのではなく、他産地の工人が流入し技術の移植によって他産地の製品の生産がはじまった（第三段落）。4については、流通方法の模倣の話ではないので、前半が不適。5は、常滑焼の影響を受けたのが信楽焼であり、説明に誤りを含み、不適。

問4　「十把ひとからげ」は〝さまざまなものを大雑把にひとまとめにして扱うこと〟の意。

問5　第十～十四段落に、「かわらけ」の模倣がほかの陶磁器と異なり「あいまい」であることの理由が示されている。「かわらけ」は陶磁器に比

べれば、技術要素を体系的に有機的に移植するのではなく、土着的な工人が、それぞれの土地ごとの技術でつくり、土地ごとに京風を再現しようとしたと書かれている。よって5が正解。1は後半の「京都のかわらけの技術の一部を取り入れて生産することが可能であった」が不適。2は後半の「したがって」以降が不適。3は第十～十四段落の内容と異なる。4は「京都のかわらけの全工程を熟知した工人の移動により技術が移植されて」が不適。

問6　土器・陶磁器生産の技術はすべてが連鎖しているということが第七段落の例示と第八・九段落に書かれている。特に第九段落最後の「これらのひとつでも欠けてしまうとめざす製品はつくれない」という箇所に着目しよう。「体系的」とは〝一つひとつ個別になっている物事が、ひとつのまとまりの中に収まっている〟の意。「有機的」とは〝多くの部分が集まり強く結びついてひとつの全体を形作る〟の意。2が正解。

問7　傍線部3の内容の詳細は、二文後の「各地の工人たちが…創意工夫の結果が京風かわらけの『変奏』なのである」という部分であり、これと同内容は第十二段落前半に記されている。正解部分は第十二段落の「別の言い方をすれば」の後である。第十二段落前半と第十四段落後半に京風かわらけの特性（要点）が述べられ、第十二段落後半・十三・十四段落前半には京風かわらけの特殊性を支える例が記されている。構成に着目しよう。

問8　「変奏の妙」とは、「みようみまね」の技術伝播によりさまざまにでき上がった「京風かわらけの魅力」のことである。1の後半「不思議な…」は第十七段落の説明にそぐわないので不適。第十四段落後半にも「模倣の度合いや着目点がバラバラである」「風変わりな焼き物として」とあるので、2の「甲乙をつけがたいほどすぐれていた」は不適。「京風かわらけ」は直接技術の伝播があったわけでもなく（第十四段落）、消費者も京都のかわらけを想い起こさせる程度で事足りた（第十七段落）ので、3の「京都のかわらけ技術を伝えられた」や「創造性は消費者に受け入れられなかった」は不適。5の「あらゆる属性において」が「変奏の妙」の説明ではないので不適。4が正解。

問9　「示唆」とは〝ほのめかすこと、それとなく教えること〟の意。1の「疑問を投げかける」は不適。筆者は、中谷の議論は京風かわらけを考えるうえで示唆を与えると言っているので、2の「歴史的変遷を考えるのに役に立つ」は本文中の「示唆」の意味としては不適。4は後半部「見解が誤りであることに」が不適。5は後半「中国製品が…」が不適。3が正解。第十五段落からはじまる中谷の擬洋風建築議論は、京風かわらけの魅力を支える例示である。そのことを踏まえて読んでみよう。

問10　「通底」とは〝表面は別に見える思想や芸術が、奥底では互いに通じ合っていること〟の意。第十六・十七段落の内容に当てはまる1が正解。2の「技術書の受け渡し」は不適（第十三段落参照）。3の「規矩術」は建築の技術説明であり「京風かわらけ」に当てはまらないので不適。工人は半農半工とは書かれている（第十二段落）が、4の「大工が半農半工」という内容は本文中にないので不適。5の「理想の生活文化を手に入れることに成功した」という内容は本文になく、むしろ「京風かわらけ」に関しては「現実の生活文化を更新させるだけの力は持ち得なかった」（最終段落）とあるので不適。

問11　1の後半「その代替品…大量生産された」は不適。京風かわらけの現象は、「上位の製品を写したものとはいいがたい」（第四段落）。3は不適。かわらけは、特別な粘土ではなくその土地のヴァナキュラーな素材でつくられた（第十一段落）。4は不適。かわらけ技術のノウハウが文字にのこされはじめたのは近代以降だが、技術書という整然とした体系とはいいがたい（第十三段落）。5は擬洋風建築の価値を認める説明になっていないので不適。中谷礼仁は「擬洋風とは…西洋を十分想起させられるだけの建築物」（第十六段落）と言っている。2が正解。かわらけと異なり、○○焼という地名を冠した焼き物は技術要素のすべての工程を移植、伝播する必要があった（第六・十・十二段落）。

2　出典　『転寝草子』

解答

問1　4

問2　見たいとお思いになる（十字以内）

問3　1

問4　5

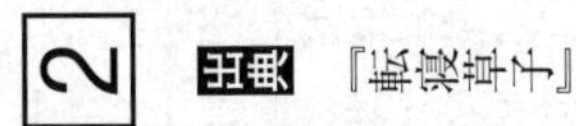

問5　1

問6　2

問7 2

問8 もがな

◀解 説▶

問1 「つとめ」は〝任務〟〝仏道修行に励む〟の意がある。姫君が、石山寺へ参籠したときの「念誦し、ぬかづきなど…まことに身にしみて尊き」といった場面であることを踏まえる。〝仏道修行に励むこと〟の意の4が正解。

問2 直前に「かの紫式部が、源氏の物語つくりしその所とかや」とあり、紫式部が『源氏物語』の着想を得たという部屋を姫君が見たい場面であることがわかる。ここでの「まほし」は自己の動作の実現の希望を表し〝〜たい〟の意。「おぼす」は「思ふ」の尊敬語で、「思ひ給ふ」よりも敬意が高い敬語動詞である。

問3 第二段落冒頭の「その中将ときこゆる人の声にて」に着目しよう。ここは、宰相中将の発言である。選択の決め手は、「ことわり過ぐ」(=普通の程度を超える)と「露の秋」(=露めく秋)である。宰相中将が、しょげかえる殿の左大将を心配している場面である。そのことを踏まえ、「露」は〝涙のたとえ〟である点に注意しよう。1が正解。

問4 「うらめしく侍れ」(=残念で悲しく思われます)と宰相中将はなぜ思ったのか。宰相中将が殿の左大将に対してどのような語り口調なのかに着目すると、宰相中将の気持ちが読み取れるだろう。特に、宰相中将の発言の最後から地の文にかけての「かつ語りきこえ給へ』と、せちに恨み給へば」(=ほんの少しお語り申し上げなされ」と、ひたすら嘆きなさるので)に着目しよう。親しい仲であるのに悩みを打ち明けてくれないでいる状態に不満をもち、悲しく思っているのである。5が正解。

問5 aは、宰相中将から悩みを打ち明けてほしいと言われた後、殿の左大将が答えている発言の中である。二重傍線部a内の「給ふ」は「うへ」という名詞に接続している連体形であるから、「給ふ」は四段活用の補助動詞であり、尊敬語である。「とてもかくてもかう恨み給ふうへに」(=いずれにせよこのように嘆きなさるうえに)と嘆いているのは、ひとつ前の発言から宰相中将だとわかる。殿の左大将が自分に対して尊敬語を用いるのは不自然であり、ここではまだ姫君の存在には殿の左大将は気づいていない。bは姫君からの垣間見の場面。直後の「なよびかなる狩衣姿にやつれなし給へる」のは宰相中将と殿の左大将。cは殿の左大将の発言であり、夢に出てきた女（＝姫君）との逢瀬が去年から今年にかけて繰り返されていることを意味している。dは姫君の動作である。直前の「さすがに女の…あらねば」（＝そうはいっても女の身で（夢の語り合わせをするのが）適当なことでもないので）に着目しよう。正解は1。

問6　「御ともの人々」は宰相中将と殿の左大将のお供の者たちである。「いぎたなし」は〝ぐっすり寝込んでいる〟の意。「くづほれぬるにや」は〝体力・気力が崩れてしまったのだろうか〟の意で、「に」は断定の助動詞「なり」の連用形、「や」は疑問を表す係助詞。正解は2。

問7　「つゆ」は、下に打消の語を伴って〝少しも、まったく〟の意。「例の」は〝いつもの〟の意。「かきくらす（掻き暮らす）」は〝心を暗くする〟の意。「念ず」は〝我慢する、じっとこらえる〟の意で、また夢かと悲しくなった姫君がなんとかじっとこらえて殿の左大将の様子を見ようとしている場面である。ここでの「念ず」は〝心の中で祈る、心の中で願う〟の方の意ではないので注意しよう。正解は2。1は「少しも似ておらず」以下が不適。3の「灯火がまぶしかったので」は不適。姫君は「いとよしある声けはひして」（第一段落）隣の局を垣間見たのである。「石山寺の観音を念じながら」もここでは不適。4は「まったくの別人」以下が不適。5は「少し食い違う」以下が不適。

問8　空白部Aを含む文章「大和、唐土は、…出で仕うまつるになむ」は、殿の左大将の発言である。傍線部6で姫君は、また夢かと思い心を暗くしつつもなんとかこらえて、殿の左大将の話を聞いている。すると、殿の左大将も夢の中で逢った姫君との契りの行く末を知るために、石山寺へ参籠したことを知るのである。願望を表す終助詞のうち、「なむ」は他者に対する願望を表し、「もが」「もがな」は他に対して実現不可能に近いことの願望を表す。「ばや」は自己願望を表し、「てしがな」「にしがな」は、多く、実現の困難なことがらへの自己願望を表す。夢の行く末を知りたい殿の左大将が「よすが」（＝よりどころ）があればいいなあ、と願っている意味になる語としては、終助詞「もがな」が適切。

////////////////////// · memo · //////////////////////

2022年度

問題と解答

■総合型選抜公募制推薦入試

問題編

▶試験科目・配点

学部・学科等		教　科	科　　目	配　点
文		外国語	コミュニケーション英語Ⅰ・Ⅱ・Ⅲ，英語表現Ⅰ・Ⅱ	100 点
		小論文〈省略〉	国語総合問題（読解力，論理的な思考力，表現力を問う）	100 点
経済・経営		外国語	コミュニケーション英語Ⅰ・Ⅱ・Ⅲ，英語表現Ⅰ・Ⅱ	100 点
法		外国語	コミュニケーション英語Ⅰ・Ⅱ・Ⅲ，英語表現Ⅰ・Ⅱ	200 点
マネジメント創造	英語評価型	外国語〈省略〉	コミュニケーション英語Ⅰ・Ⅱ・Ⅲ，英語表現Ⅰ・Ⅱ	100 点
	数学評価型	数　学	数学Ⅰ・Ⅱ・A	100 点
理工	物理	外国語	コミュニケーション英語Ⅰ・Ⅱ・Ⅲ，英語表現Ⅰ・Ⅱ	100 点
		数　学	数学Ⅰ・Ⅱ・Ⅲ・A・B	200 点
	生物	外国語	コミュニケーション英語Ⅰ・Ⅱ・Ⅲ，英語表現Ⅰ・Ⅱ	100 点
		数　学	数学Ⅰ・Ⅱ・A・B	100 点
	機能分子化	外国語	コミュニケーション英語Ⅰ・Ⅱ・Ⅲ，英語表現Ⅰ・Ⅱ	100 点
		数　学	数学Ⅰ・Ⅱ・Ⅲ・A・B	100 点
知能情報		外国語	コミュニケーション英語Ⅰ・Ⅱ・Ⅲ，英語表現Ⅰ・Ⅱ	100 点
		数　学	数学Ⅰ・Ⅱ・Ⅲ・A・B	100 点

フロンティアサイエンス	知識活用力評価型	理　科〈省略〉	「化学基礎」,「生物基礎」のうち1科目選択	100点
	課題探究力評価型			

［教科科目型］第1次選考を掲載。

▶備　考

- 「数学Ⅲ」は「平面上の曲線と複素数平面」,「極限」および「微分法」,「数学B」は「数列」および「ベクトル」を出題範囲とする。
- 第2次選考では面接が課される（配点：100点)。

文（英語英米文学科を除く）・経済・法・知能情報学部：個人面接

文学部（英語英米文学科)：個人面接（英語に関する質問，英語での質疑応答を含むことがある）

経営学部：個人面接（集団面接となることがある）

マネジメント創造学部

（英語評価型)：個人面接（英語での応答を求めることがある）

（数学評価型)：個人面接

理工学部（物理学科)：個人面接（物理に関する基礎的な内容を問う）

理工学部（生物学科)：個人面接（生物に関する基礎知識などを問う）

理工学部（機能分子化学科)：個人面接（化学に関する基礎知識などを問う）

フロンティアサイエンス学部

（知識活用力評価型)：個人面接（「化学基礎」または「生物基礎」に関する基礎知識などを問う）

（課題探究力評価型)：個人面接（探究活動に関して問う）

英語

◀文・経済・法・経営・理工・知能情報学部▶

（60分）

1 次の英文を読んで，それぞれの問いの答えとして最も適切なものを (A)～(D) より一つ選び，その記号をマークせよ。

Many people learned to ride bicycles as kids, but those who did not have the opportunity often face anxiety about learning as adults. Bicycle education programs help those who want to become cyclists to overcome that fear while also addressing problems in their communities. Recently, organizations around the world have been using bicycle education to empower new riders and promote fair, inclusive, and sustainable communities.

In 2015, Germany created a new term, *Willkommenskultur*, to describe the welcoming culture rolled out to greet arriving refugees, many of whom were fleeing the Syrian war. This culture led to an explosion of new volunteer organizations eager to address the needs of new arrivals. Few of these groups have had as much impact as #BIKEYGEES in Berlin. According to Annette Krüger, its founder, the organization teaches women arriving from all over the world how to ride bicycles.

For immigrants coming to Germany, where about nine out of every ten residents own a bicycle, learning how to ride means becoming part of a community. On bikes, women "can discover areas in their neighborhood and experience an improvement in independence, mobility, and security," says Greta Aigner, a trainer at #BIKEYGEES.

#BIKEYGEES was awarded the German Bicycling Award in 2018 for its community service, focus on women's empowerment, and promotion of sustainable transportation. Krüger and her team now give regular riding lessons in 15 locations in Berlin and the neighboring town of Brandenburg. She characterizes the courses as "two hours of happiness."

"You don't have to register," she says. "You can come as you are. We only ask: Do you want to learn how to ride a bike? Or do you want to learn how to teach to ride a bike? We are all learning something."

Like #BIKEYGEES in Berlin, many bicycle education programs in the U.S. work with immigrants who did not learn to ride as kids. Lana Zitser, a Russian immigrant who has spent most of her life in the U.S., says she decided to learn in her 30s in order to set a good example for her 11-year-old son. Zitser signed up for classes with an organization called Sustainable Streets, based in Los Angeles County. "I'm grateful for the experience," she says. "Now I ride around the neighborhood with my family."

Ron Durgin, co-founder and executive director of Sustainable Streets, says he loves empowering new riders like Zitser. He co-founded the organization in 2009 with the belief that turning more residents into cyclists would mean turning Los Angeles' urban environment into a more livable community.

"Whether it's air quality, water quality, land use, or the way we manage public spaces," Durgin says, "cyclists can have a big impact on city life." Published research(1) suggests that cities with good bicycle infrastructure and more riders have stronger economies, less traffic and pollution, and happier citizens.

More than a decade after its founding, Sustainable Streets' adult education programs have helped hundreds learn how to ride, navigate their cities, and perform basic bicycle maintenance. The organization has also had great success in influencing bike infrastructure such as helping to persuade the city to improve bicycle parking. It has even established a dedicated bike training site near its headquarters. At the site, cyclists can practice riding and learn the rules of the road in a safe environment.

Unlike Los Angeles, New York City is known for having its fair share of bicyclists. But research shows that the majority of people who choose to commute by bike are wealthy. These riders tend to be attracted to bicycling for environmental or health reasons.

But for lower-income communities, especially for people with disabilities or those who have health limitations, bicycling is not always so practical or even desirable. Members of these communities often have to live farther from city centers and travel longer distances for work, often on roads that lack the infrastructure for safe cycling.

Although reports show that low-income residents and racial minorities have been taking more interest in cycling, these groups rarely benefit from infrastructure improvements that make roads safer and more accessible. Instead, the city tends to focus more on its wealthier neighborhoods. For Bike New York, whose mission is to transform the lives of all New Yorkers through cycling, this inequality is unacceptable. By placing its adult education classes, after-school riding lessons, summer camps for kids, and bicycle libraries (an innovative program that allows kids to borrow bicycles in public parks for recreational use) in less wealthy communities, the organization is trying to "level the playing field,"(2) says Ken Podziba, the organization's CEO.

Podziba says that Bike New York's greatest success has been partnering with the city and placing its education programs in local parks, which provide safe spaces for riders to borrow bicycles and practice riding them. He also hopes that others will follow this model in the future and that there will be better communication among bike organizations "so we can all learn together, work together, support each other, and help each other grow."

1. According to the passage, which of the following sentences about Germany is true?
 (A) A small percentage of its refugees were from Syria in 2015.
 (B) #BIKEYGEES has not yet had much impact in Berlin.
 (C) Many new volunteer groups were formed to support immigrants.
 (D) Roughly nine out of every ten immigrants now possess a bicycle.

2. The reason the author introduced research(1) is to show that
 (A) Durgin and his colleagues collected data before making decisions
 (B) Durgin's belief which he had when starting Sustainable Streets was correct
 (C) hundreds of people have joined programs provided by Sustainable Streets
 (D) Sustainable Streets has helped people for more than ten years

3. According to the passage, which of the following problems is Bike New York trying to solve?
 (A) Bicycle infrastructure investments are not fairly distributed.
 (B) Other bicycle organizations in the city tend to lack clear goals.
 (C) The city has been unwilling to cooperate with their programs.
 (D) Wealthy New Yorkers are not interested in bicycle riding.

4. According to the passage, Bike New York
 (A) focuses mainly on wealthy neighborhoods
 (B) holds summer camps for adult learners
 (C) lends bicycles to kids at public parks
 (D) provides early morning classes before school

5. In this context, level the playing field(2) refers to
 (A) building facilities with multiple levels
 (B) designing innovative playgrounds for small children
 (C) improving the field of bicycle research

出典追記：The Power of Bike Education to Transform Lives and Communities, YES! Media on March 22, 2021 by Marianne Dhenin

(D) providing equal opportunities for all groups of people

6. Who expresses interest in increasing collaboration among bicycle organizations?

(A) Annette Krüger

(B) Greta Aigner

(C) Ron Durgin

(D) Ken Podziba

7. According to the passage, which organization provides bicycle riding lessons?

(A) #BIKEYGEES

(B) Sustainable Streets

(C) Bike New York

(D) all three of the organizations

2 次のそれぞれの英文の下線部に当てはまる最も適切なものを (A)～(D) より一つ選び，その記号をマークせよ。

1. Most of the people who listened to the band seemed ＿＿＿＿＿＿ with their performance.

(A) excitement

(B) fun

(C) impressed

(D) moving

2. Her father offered to turn down the radio so that she could concentrate on her homework, but she said she didn't ＿＿＿＿＿＿.

(A) bother

(B) matter

(C) mind

(D) need

3. They prefer to keep their old houses rather than building new ones ＿＿＿＿＿＿ it is very hard and expensive to maintain older ones.

(A) because

(B) even though

(C) on the contrary

(D) regardless

4. A more advanced model of this computer ______________ soon.

(A) has been introduced
(B) is going to introduce
(C) is introducing
(D) will be introduced

5. I wish you ______________ making that noise.

(A) are going to stop
(B) had better stop
(C) have stopped
(D) would stop

6. If you ______________ to my advice in the first place, you would have finished by now.

(A) had listened
(B) listen
(C) listened
(D) should listen

7. Fortunately, I ______________ working alone. Otherwise, the night shift would have been boring.

(A) used to
(B) was supposed to
(C) was to
(D) was used to

8. I don't know why he didn't ask me how to do it as I ______________ him.

(A) could have helped
(B) must have helped
(C) wanted help
(D) wouldn't help

9. ______________ that the weather is fine, we will hold the event outside.

(A) Provide
(B) Provided

(C) To provide

(D) To be provided

10. As I have just had a tooth ______________, I am not allowed to eat or drink anything for three hours.

(A) broken up

(B) run out

(C) taken out

(D) tried on

3 次の会話文を読み，それぞれの空所に入る最も自然で適切な表現を (A)～(D) より一つ選び，その記号をマークせよ。

Mary is helping John to find his keys.

Mary: You should hurry or you are going to be ___1___. You don't want to miss the beginning of your class.

John: I know, but I can't find my keys. I was already behind schedule and rushing to leave. Now, I am really in ___2___.

Mary: Oh no! I hate it when that happens. Where do you usually keep ___3___?

John: I always put my keys in my backpack, but they weren't there. I've looked everywhere and still haven't had any luck!

Mary: Okay, well, let's slow down just a moment and think carefully.

John: Yes, you are right. That is a ___4___ idea. I am not thinking clearly if I am running around in a panic.

Mary: ___5___ do you remember last having them?

John: You were already here and the door was unlocked when I came home yesterday. So, I didn't need them.

Mary: Okay, how about before that?

John: When I left my office, I packed my backpack as usual. I can't remember exactly, but I usually put them in with my lunchbox and whatever else I need to ___6___ home.

Mary: ___7___, is it possible that you left them at your office? Maybe on your desk?

John: No, I definitely remember locking my office door as I left.

Mary: Did you open your backpack on the way home? Maybe to get something to read on the bus?

John:　No, I was listening to a podcast. I did not open my backpack. In fact, I did not even open it when I got home. I just put it by the door because I wanted to get ___8___ to drink and finish the podcast.

Mary:　You didn't touch your backpack again until this morning when you first looked for your keys?

John:　That's right. I ___9___ my keys weren't in there after breakfast.

Mary:　And you were already late and hurrying when you looked?

John:　Yes. Oh, maybe I should look again a little more carefully.

Mary:　I agree, you should take everything out and be ___10___.

John:　Okay, I'll try... Hey, I found them! They were hiding under my lunch box. I forgot to take that out yesterday and so didn't see them there.

Mary:　Wonderful! Now, go to work.

John:　Yes, thank you so much. I'll make a great dinner for you tonight. Bye!

1.	(A) late	(B) on time	(C) over time	(D) too fast
2.	(A) difficulty	(B) problem	(C) trouble	(D) worry
3.	(A) it	(B) that	(C) them	(D) this
4.	(A) difficult	(B) good	(C) main	(D) strange
5.	(A) How	(B) What	(C) When	(D) Why
6.	(A) bring	(B) drive	(C) send	(D) stay
7.	(A) Also	(B) Fortunately	(C) Once again	(D) So
8.	(A) anything	(B) everything	(C) nothing	(D) something
9.	(A) forgot	(B) realized	(C) remembered	(D) thought
10.	(A) helpful	(B) late	(C) quiet	(D) thorough

4 次のそれぞれの問いに答えよ。

I 次の英文を完成させるために，空所に入る最も適切な文を (A)～(D) より選び，その記号をマークせよ。

(①) He describes it is a state of ideal experience that can be brought about by tasks that have clear goals and provide immediate feedback. (②) Chess and basketball players, dancers, climbers, and assembly line workers can all experience flow while deeply engaged in their activities. Flow happens at a point of balance between boredom and frustration. (③) On the other hand, if the challenge is too high relative to the individual's skill level, frustration becomes likely. The flow state sets in when the challenge level of the activity meets the skill level of the person. In this sense, flow is related to what we call "fun." (④) For example, climbers will move on to ascend more demanding rock formations, and chess players will seek to play against more skillful opponents.

(A) One of its defining characteristics is the loss of the sense of self and time because absorption in the task at hand is so complete.

(B) Flow, as famously investigated by Mihaly Csikszentmihalyi, is a mental state characterized by deep absorption during challenging activities.

(C) Moreover, as our skills improve in the activity, we seek to increase the challenge in order to keep experiencing flow.

(D) If an activity provides a level of challenge that is too low relative to the skill level of the person, it becomes boring.

II 次のそれぞれの英文を完成させるために，空所に入る最も適切なものを (A)～(D) より選び，その記号をマークせよ

1. Research experiments that (①) flow frequently make (②) of video games since they can make time (③) in a pleasant way and players (④) so absorbed in the game that they lose their sense of self.

(A) become

(B) fly

出典追記：Time Speeds Up in Flow States When Playing Video Games, Psychology Today on May 12, 2021 by Marc Wittmann

(C) investigate

(D) use

2. Also, researchers say that flow experiments (①) on video games are especially (②) because they provide clear (③) and offer fun tasks that require (④) of skills.

(A) based

(B) goals

(C) promising

(D) training

数学

（60分）

学部・学科	解答する試験問題
理系学部（理工学部生物学科以外）	数学①
理工学部（生物学科）	数学②
文系学部	数学③

（注）　解答は，結果だけでなく結果に至るまでの過程も記述せよ。

数　学　①

1　1から9までの数字が1つずつ記入された9個の玉が1つの袋の中に入っている。この袋の中から3個の玉を取り出すとき，以下の問いに答えよ。

(1)　取り出した3個の玉に記入された数の積が，奇数となる確率を求めよ。

(2)　取り出した3個の玉に記入された数の和が，奇数となる確率を求めよ。

2　i を虚数単位とし，$a=\dfrac{-1+\sqrt{3}i}{2}$ とするとき，以下の問いに答えよ。

(1)　a を1つの解とするような，整数係数の2次方程式を1つ作れ。

(2)　$a^4+a^3+2a^2+3a+1$ を $p+qi$（p，q は実数）の形で表せ。

3　数列 $\{a_n\}$ の初項から第 n 項までの積 $a_1a_2a_3\cdots a_n$ が，次の式で与えられている。

$$a_1a_2a_3\cdots a_n=\frac{2}{n+2}\ (n=1,\ 2,\ 3,\ \cdots)$$

このとき，以下の問いに答えよ。

(1)　a_1，a_2，a_3 を求めよ。

(2)　数列 $\{a_n\}$ の一般項を求めよ。

4 次の２つの極限に関する等式は，既に知られているとしてよい。

$$\lim_{x \to 0} \frac{\log(1+x)}{x} = 1, \qquad \lim_{x \to 0} \frac{\sin x}{x} = 1$$

このとき，これらの等式を用いて，次の極限値を求めよ。

(1) $\displaystyle \lim_{x \to 0} \frac{\log(1+\sin x)}{x}$

(2) $\displaystyle \lim_{x \to 0} \frac{\log(\cos x)}{\sin^2 x}$

■数　学　②■

1　<数学①>1に同じ。

2　<数学①>2に同じ。

3　<数学①>3に同じ。

4　座標平面上において，放物線 $y=x^2$ を C とする。y 軸上の点Aから C へ異なる2本の接線がひかれているとき，それらの接点をP，Qとする。

△APQが正三角形であるとき，以下の問いに答えよ。

(1)　点Aの座標を求めよ。

(2)　C と直線PQで囲まれた部分の面積を求めよ。

■数　学　③■

1　<数学①>1に同じ。

2　<数学①>2に同じ。

3　a を定数とし，$f(x)=x^2+(4a^2-4a-1)x+4a-1$ とするとき，以下の問いに答えよ。

(1)　$f(0)$ と $f(1)$ を a で表し，a の方程式 $f(0)f(1)=0$ を解け。

(2)　$f(0)<0$ または $f(1)<0$ のとき，x の 2 次方程式 $f(x)=0$ が $0<x<1$ の範囲で解をもつための a の条件を求めよ。

4　<数学②>4に同じ。

解答編

英語

◀文・経済・法・経営・理工・知能情報学部▶

1 **解答** 1—(C)　2—(B)　3—(A)　4—(C)　5—(D)　6—(D)
7—(D)

◆全　訳◆

≪自転車教育プログラムの広まり≫

多くの人が子どものころに自転車の乗り方を習うのだが，その機会がなかった人々は，大人になってから習うことに不安を覚えることが多い。自転車教育プログラムは，サイクリストになりたい人がその不安を克服するのを助けると同時に，また地域社会の問題に取り組む。近年，世界中の団体が自転車教育を通じて，新しい自転車利用者の社会的な力を高め，公正で包括的，かつ持続可能な社会を推進しようとしている。

2015年，ドイツは到着した難民を迎えるため展開された「歓迎文化」を意味する *Willkommenskultur* という新しい言葉を作った。その難民の多くはシリア戦争から逃れてきた人々であった。この文化によって，新たに到着した難民の要望に熱心に応えようとする新しいボランティア団体が爆発的に増えた。これらの団体の中で，ベルリンの #BIKEYGEES ほど大きな影響を与えたものはほぼない。その創設者のアネット＝クルーガーによると，この組織は世界中からやってきた女性に自転車の乗り方を教えているという。

住民の10人に9人が自転車を所有するドイツにやってきた移民にとって，自転車の乗り方を学ぶことはその地域社会の一員になることを意味する。#BIKEYGEES のトレーナーであるグレタ＝アイグナーは，自転車に乗ることで，女性たちは「近隣の地域を発見し，自立性，機動性，安全性の向上を体験することができるのです」と話す。

#BIKEYGEESは，その地域社会への奉仕，女性の社会的地位向上への注力，持続可能な交通手段の推進により，2018年にドイツ自転車賞を受賞した。クルーガーと彼女のチームは現在，ベルリンとその隣町のブランデンブルクの15カ所で定期的に自転車のレッスンを行っている。彼女はその講座を「幸せの2時間」と表現している。

「登録する必要はありません。そのまま来ていただいて結構です。私たちは『自転車の乗り方を習いたいですか？　それとも，自転車の乗り方をどう教えるかを学びたいのですか？』と聞くだけです。私たちはみな，何かを学んでいるのです」と彼女は言う。

ベルリンの#BIKEYGEESのように，アメリカでの多くの自転車教育プログラムが，子どものころに乗り方を習わなかった移民に対して行われている。ロシアからの移民で，人生の大半をアメリカで過ごしたラナ＝ジッツァーは，彼女の11歳の息子の良い手本となるため，30代になってからそれを習うことに決めたという。ジッツァーは，ロサンゼルス郡を拠点とするサステナブル＝ストリーツという組織のクラスに登録した。「この経験はありがたかったです」と彼女は言う。「今は家族で近所を走っています」

サステナブル＝ストリーツの共同設立者兼常務取締役であるロン＝ダーギンは，ジッツァーのような新しい自転車利用者に力をつけさせてあげることが好きだと言う。より多くの住民をサイクリストにすることは，ロサンゼルスの都市環境をより住みやすいコミュニティに変えるのだという信念を持ち，2009年にその組織を共同で設立した。

「空気の質にせよ，水質にせよ，土地利用や，公共スペースの管理方法にせよ，サイクリストは都市生活に大きな影響を与えることができます」とダーギンは言う。発表された研究によると，質の良い自転車インフラがあり，自転車利用者が多い都市の方が，経済力が強く，交通量や公害が少なく，市民が幸福であることが示されている。

設立から10年以上経って，サステナブル＝ストリーツの成人教育プログラムでは，これまで何百人もの人々が自転車の乗り方，街の移動の仕方，基本的な自転車の整備の仕方を学ぶ手助けをした。また，市に駐輪場の改善をするよう働きかける手伝いをするなど，自転車のインフラ整備への影響にも大きな成果を上げてきた。その本部の近くには，自転車専用のトレーニング場をも設立した。この施設では，サイクリストが安全な環境で走行練習を行い，交通ルールを学ぶことができる。

ロサンゼルスとは違い，ニューヨークは自転車利用者がかなり多いことで知られている。しかし，調査によると，自転車通勤を選択する人の大半は富裕層であるという。このような利用者は，環境や健康上の理由から自転車に魅力を感じる傾向がある。

しかし，低所得者のコミュニティ，特に障がい者や健康上の制約がある人々にとって，自転車は必ずしも実用的ではなく，望ましいものでさえないのだ。こうした社会の人々は，都心からより離れた場所に住み，仕事のために長距離を移動しなければならないことが多く，その道は安全なサイクリングに必要なインフラを欠いていることが多いのだ。

報告によると，低所得の住民や人種的少数派の人々がサイクリングに関心を持つようになりつつあるとはいえ，これらのグループが，道路をより安全に，より利用しやすくするようなインフラ改善の恩恵を受けることはめったにない。その代わり，市はより富裕な地域を重視する傾向にあるのだ。サイクリングを通じてすべてのニューヨーカーの生活を変えることを使命とするバイク＝ニューヨークにとって，この不平等は容認できるものではない。成人教育クラス，放課後の自転車教室，子ども向けのサマーキャンプ，自転車図書館（子どもがレクリエーションのために公園で自転車を借りることができる革新的なプログラム）を，より裕福ではない地域に開設することで，その組織は「競技場を平らに」しようとしているのだと組織の CEO であるケン＝ポッジバは言う。

ポッジバは，バイク＝ニューヨークの最も大きな成功は，市と提携し，その教育プログラムを地元の公園に開設し，自転車利用者が自転車を借りて乗る練習ができる安全な空間を提供するようになったことだと語る。彼はまた，将来は他の組織もこのモデルに従って，自転車組織間のコミュニケーションがより良いものになり，「共に学び，共に働き，共に支え合い，共に成長できるようになる」ことを望んでいるという。

◀解　説▶

1．「文章によるとドイツに関しての以下の文のうち正しいものはどれか」

第 2 段第 2 文（This culture led …）「この文化によって，新たに到着した難民の要望に熱心に応えようとする新しいボランティア団体が爆発的に増えた」とあることから，(C)「移民を支援するために，多くの新しいボランティア団体が組織された」が正解。

２．「著者が下線部(1)の研究を紹介しているのは…を示すためだ」

第７段第２文（He co-founded the …）には，「より多くの住民をサイクリストにすることは，ロサンゼルスの都市環境をより住みやすいコミュニティに変えることだ」というダーギンの信念が書かれており，次の第８段第２文（Published research suggests …）では，研究の結果として「質の良い自転車インフラがあり，自転車利用者が多い都市のほうが，経済力が強く，交通や公害が少なく，市民が幸福であることが示され」たとある。よって，研究結果はダーギンの信念を裏づけるものとなっているのが分かる。(B)「ダーギンがサステナブル＝ストリーツを立ち上げる際に持っていた信念が正しかった」を入れるのが正解。

３．「文章によると，バイク＝ニューヨークが解決しようとしているのは以下のどの問題か」

第10段（Unlike Los Angeles, …）以降では，ニューヨークの自転車利用者ならびに利用環境に格差があることが述べられており，第12段第３文（For Bike New York …）では「サイクリングを通じてすべてのニューヨーカーの生活を変えることを使命とするバイク＝ニューヨークにとって，この不平等は容認できるものではない」とある。また，この段落の後半でも，貧しい地域を支援する活動に触れられているので，(A)「自転車のインフラへの投資が公平に分配されていない」が正解。

４．「文章によると，バイク＝ニューヨークは…」

第12段第４文（By placing its …）に「自転車図書館（子どもがレクリエーションのために公園で自転車を借りることができる革新的なプログラム）」という取り組みが書かれている。これは(C)「公園で子どもに自転車を貸す」と同内容である。

５．「この文脈では『競技場を平らに』とは…のことである」

第10段（Unlike Los Angeles, …）から第12段にかけて述べられている課題は，ニューヨークの自転車利用者ならびに利用環境における格差である。第12段第３文（For Bike New York …）には「…すべてのニューヨーカーの生活を変えることを使命とするバイク＝ニューヨークにとって，この不平等は容認できるものではない」とあり，この組織がしようとしていることは(D)「すべてのグループの人々に平等な機会を提供すること」である。level は動詞で「一様にする，平等にする」という意味で使われている。

6．「自転車の組織間でますます協力がすすむことに関心を持っているのは誰か」
最終段第2文（He also hopes …）「彼はまた…自転車組織間のコミュニケーションがよりよいものになることを望んでいる」が，問いの内容に一致する。この段落にはケン＝ポッジバの発言が書かれているので(D)が正解。

7．「文章によると，どの組織が自転車の乗り方のレッスンをしているか」
第2段最終文（According to Annette …）では #BIKEYGEES が，第9段第1文（More than a …）ではサステナブル＝ストリーツが，第12段第4文（By placing its …）ではバイク＝ニューヨークがそれぞれ自転車の乗り方のレッスンを行っているとの記述がある。よって，(D)が正解。

1―(C) 2―(C) 3―(B) 4―(D) 5―(D) 6―(A)
7―(D) 8―(A) 9―(B) 10―(C)

◀解 説▶

1．「そのバンドの演奏を聴いたほとんどの人は彼らの演奏に感動しているようだった」
seem は SVC の文型をとる語で，be 動詞と同じ働きをすると考えてよい。主語は Most of the people なので，(C)を入れて「感動した」とするのが正解。(A) excitement は名詞であり，主語 people と be 動詞でつなぐことができない。(B) fun は Playing music is fun. のように，もの（行為）を主語にとる。(D) moving は moved とすれば「感動する」の意になる。

2．「彼女の父親は，彼女が宿題に集中できるようにラジオの音を小さくしようかと言ったが，彼女は構わないと言った」
(A) bother や(B) matter は物を主語にとり，それぞれ it didn't bother her や it didn't matter to her のような書き方なら可。また(D) need の場合は，she didn't need it のように目的語を伴う形となる。ここでは(C) mind を入れて，「彼女は気にしないと言った」とするのが最も適切。

3．「古い家を維持するのはとても大変でお金がかかるのに，彼らは新しい家を建てるより古い家を維持するのを好む」

(C)on the contrary と(D)regardless は接続詞の用法がないので，空所前後のSV同士をつなぐことはできない。従属接続詞の用法があるのは(A)because「～なので」，(B)even though「～なのに」の2つで，文脈より(B)が正解。

4.「このコンピュータのより高度なモデルがまもなく導入される」

文末に soon とあるので未来のことであると分かる。また，introduce「導入する」は主語がコンピュータであることから，受動態とするのが自然。よって，(D)が正解。

5.「その騒音を止めてもらいたいのですが」

I wish から始まる仮定法の表現。現在の仮定では過去形を使うので，助動詞 will の過去形 would を使った(D)が正解。I wish you would *do*「できれば～してもらいたいのだが」

6.「もし最初に私の忠告を聞いていれば，今ごろには終わっていただろう」

文頭に If があり，カンマ以降で would have finished の形が使われていることより，過去の事実に関する仮定を述べた仮定法過去完了の文であると考えられる。仮定法過去完了の文では条件節（if 節）内で過去完了形を使う。よって，(A)が正解。

7.「幸いなことに，私は1人で仕事をするのに慣れていた。そうでなければ，夜勤は退屈だっただろう」

(A)～(C)の選択肢はすべて to の後ろに動詞の原形をとる表現である。(D)には後ろに名詞（動名詞）をとって，be used to *doing*「～することに慣れている」とする用法がある。

8.「手伝ってあげられたのに，彼がなぜ私にやり方を聞かなかったのかわからない」

「彼がやり方を聞かなかった」あるいは「私が手伝った」等はいずれも過去の出来事である。現在から過去を振り返って推量する表現は「助動詞＋have *done*」の形をとる。(B)の must have *done* は「～したに違いない」の意で文意に合わず，(A)の could have *done*「～することができた（のに）」が正解。

9.「天気が良ければ，外でイベントを行う予定です」

カンマより前「天気が良い」は，後半部「外でイベントを行う」の条件となっており，条件を表すIfと同じ働きをするProvided thatとするのが最も適切。

10.「歯を抜いたばかりなので，3時間は何も食べたり飲んだりしてはいけない」

空所前のhadは使役動詞であり，空所を埋めるには目的語であるa toothとの関係を考えるとよい。A tooth was (　　). の空所に当てはまる語を選ぶと考えると，(C)taken out「取り出される」が最も適切。

3 解答

1—(A)　2—(C)　3—(C)　4—(B)　5—(C)　6—(A)
7—(D)　8—(D)　9—(B)　10—(D)

◆全　訳◆

≪探し物≫

メアリーはジョンがカギを探すのを手伝っている。

メアリー：急がないと遅刻するよ。授業の始まりを逃さない方がいい。

ジョン　：わかってるんだけど，カギが見つからないんだよ。すでに予定より遅れていて，あわてて出ようとしてたんだ。もう，本当に困っているんだ。

メアリー：ああ！　そういうのって嫌だね。いつもはどこに置いてるの？

ジョン　：いつもカギはリュックの中に入れているんだけど，なかったんだよ。あちこち探したんだけど，まだ見つからないんだ！

メアリー：そう。なら，ちょっとだけ落ち着いて，よく考えよう。

ジョン　：そうだね。いい考えだ。パニックになって走り回っていると，きちんと考えられないからね。

メアリー：最後にカギを持ってたのはいつ？

ジョン　：昨日僕が帰宅したとき，きみはすでに帰ってて，ドアのロックも開いてた。だから，カギは必要なかったんだ。

メアリー：じゃあ，その前はどう？

ジョン　：職場を出るとき，いつもどおりリュックに荷物をつめたよ。よく覚えてないけど，いつもは弁当箱とか他に家に持って帰らなきゃいけないものと一緒に入れるんだ。

メアリー：なら，職場に置いてきたかもしれないってこと？　机の上とか？

ジョン　：いや，帰るときに職場のドアにロックをかけたのは間違いなく覚えてる。

メアリー：帰る途中にリュックを開けた？　バスの中で何か読むものを取り出したとか？

ジョン　：いや，ポッドキャストを聴いてたんだ。リュックは開けてない。それどころか，家に帰っても開けなかった。何か飲み物が欲しくて，ポッドキャストも最後まで聴きたかったから，リュックはドアの脇に置いただけだ。

メアリー：今朝，最初にカギを探すまで，リュックには触らなかったんだね？

ジョン　：そのとおり。朝食の後，カギが入っていないことに気づいたんだ。

メアリー：そして探したときは，もう遅刻して急いでいた？

ジョン　：うん。そうだ，もう一度，もっと慎重に探した方がいいかもしれない。

メアリー：そうだね，全部出して徹底的にした方がいいね。

ジョン　：わかった，やってみる…。おい，見つけたぞ！　弁当箱の下に隠れていたんだ。昨日，弁当箱を出すのを忘れたから，目にしなかったんだ。

メアリー：すばらしい！　さあ，仕事に行って。

ジョン　：うん，本当にありがとう。今夜はおいしい夕食を作るよ。じゃあ！

◀解　説▶

1．空所を含むメアリーの発言では，直前でジョンに急ぐように促しており，また，空所直後では「授業の始まりを逃さない方がいい」と言っている。よって，急がないと授業に遅れるという状況であると考えられ，(A)が正解。

2．空所直前のジョンの発言より，「すでに予定より遅れていて，あわてて出ようとした」が，カギが見つからないのだと分かる。よって，ジョンの状況を考えると，(C) trouble が正解。be in trouble「困った状況にいる」

3．直後のジョンの発言「いつもカギはリュックの中に入れているんだ」より，メアリーはいつもカギをどこにしまっているかを尋ねたと推測できる。よって，my keys を指す(C)が正解。ここでは職場のカギや家のカギなど複数のカギをまとめたカギ束のようなものがイメージされる。

4．直前のメアリーの「ちょっとだけ落ち着いて，よく考えよう」との提案に対して，ジョンは空所直後で「パニックになって走り回っていると，きちんと考えられないからね」と同意している。よって，(B) good を入れて，「(それは) いい考えだ」とするのが自然。

5．空所を含むメアリーの発言以降，ジョンは「昨日僕が帰宅したとき…カギは必要なかったんだ」「職場を出るとき，…リュックに荷物をつめたよ」「帰るときに職場のドアにロックをかけたのは間違いなく覚えてる」のようにカギをいつ使ったかを遡って思い出している。よってメアリーはいつ最後にカギを見かけたかを問うたと考えられる。よって，(C)が正解。

6．空所を含む文は「いつもは弁当箱とか他に家に（　　）なきゃいけないものと一緒に入れるんだ」の意。弁当箱と一緒にリュックに入れるであろうものは，家に持って帰るものだと推測される。よって，(A) bring が最も適切。

7．直前のジョンの発言で，彼は職場を出る際にリュックにカギを入れたかを「よく覚えてない」と言っている。つまりこのことから，空所直後の「職場に置いてきたかもしれないってこと？」という推測につながる。このメアリーの推測は直前のジョンの発言から導かれたものなので，順接の接続詞，(D) So を入れるのが適切。

8．空所には選択肢の中から「何か飲み物が欲しくて」の意になる，(D)を入れるのが最も自然。肯定文では anything ではなく，something を用いる。

9．ジョンは空所直前で「そのとおり」と言っており，直前のメアリーの発言「今朝，最初にカギを探すまで，リュックには触らなかったんだね？」が正しいことを示している。よって，空所直後が今朝になってはじめてカギがないと分かったという意味になるよう，(B) realized を入れるのが最も適切。

10．メアリーは空所直前で，「そうだね」と言い，ジョンの「もう一度，もっと慎重に探した方がいいかもしれない」という発言に同意している。

よって，「もっと慎重に」と意味の近い(D) thorough「徹底的に」を入れるのが正解。

4 **解答**
Ⅰ．①―(B) ②―(A) ③―(D) ④―(C)
Ⅱ．1．①―(C) ②―(D) ③―(B) ④―(A)
2．①―(A) ②―(C) ③―(B) ④―(D)

◆全 訳◆

≪フローという精神状態≫

Ⅰ．フローとは，ミハイ＝チクセントミハイによって研究された有名なもので，困難な活動中に深い没頭によって特徴づけられる精神状態である。彼はそれを，明確な目標を備え，ただちにフィードバックが得られるタスクによってもたらされる理想的な経験の状態であると説明する。それを定義する特徴の１つは，目の前のタスクに完全に没頭するため，自己意識や時間の感覚が失われることだ。チェスやバスケットボールの選手，ダンサー，登山家，組立ラインの労働者などはみな，自分の活動に深く携わっているときにフローを経験することができる。フローは，退屈とフラストレーションの間のバランスのとれた点で起こる。もし，ある活動が，その人のスキルレベルに対して低すぎるレベルの課題を提供したならば，それは退屈になる。一方で，個人のスキルレベルに対して課題のレベルが高すぎると，同様にフラストレーションが生じる。フロー状態は，活動の課題レベルがその人のスキルレベルに見合ったときに起こる。この意味で，フローはいわゆる「楽しさ」と関係がある。さらに，活動においてスキルが向上すると，フローを経験し続けるために，挑戦の度合いを高めようとする。例えば，登山家はより困難な岩場を登ろうとするだろうし，チェスプレイヤーはより技術の高い相手と対戦しようとするだろう。

Ⅱ．1．フローを研究する実験では，テレビゲームがよく用いられる。それらは時間を心地よく経過させ，プレイヤーは自己の感覚を失うほどゲームに没頭することができるからだ。

2．また，研究者によると，テレビゲームにもとづいたフロー実験は，明確な目標を提供し，技術トレーニングを必要とする楽しいタスクを提供するため，特に期待できるものであるとのことだ。

◀解　説▶

Ⅰ．①空所直後に「彼はそれを，明確な目標を備え，ただちにフィードバックが得られるタスクによってもたらされる理想的な経験の状態であると説明する」とあり，このitの指すものが前文で述べられていると推測される。その指示内容は同じstateという語で表現されている(B)の「困難な活動中に深い没頭が特徴の精神状態」のことである。よって(B)が最も適切。

②空所直後では，チェスやバスケットボールの選手，ダンサー，登山家，組立ラインの労働者といった具体例が挙げられており，彼らが「自分の活動に深く携わっているとき」にフロー体験をすると述べられている。よって空所にはほぼ同内容の「目の前のタスクに完全に没頭する」ことで忘我（フロー）の状態になることが書かれている(A)が正解。

③空所直後には対比を表すディスコースマーカーOn the other handが置かれ，「一方で，個人のスキルレベルに対して課題のレベルが高すぎると，同様にフラストレーションが生じる」と書かれている。よって空所の内容はこれと対比的な内容であると考えられ，(D)を入れて「…ある活動が，その人のスキルレベルに対して低すぎるレベルの課題を提供した…」場合についての記述とするのが最も適切。

④空所直後には例示を表すディスコースマーカーFor exampleが置かれ，「例えば，登山家はより困難な岩場を登ろうとするだろうし，チェスプレイヤーはより技術の高い相手と対戦しようとするだろう」と，より難しいタスクに挑戦するという内容の文が書かれている。よって空所にはこれらの内容を例を用いずに述べている(C)「さらに，活動においてスキルが向上すると…挑戦の度合いを高めようとする」を入れるのが最も適切。

Ⅱ．1．(A)「～になる」　(B)「飛ぶ」　(C)「調査する」　(D)「使用する」

2．(A)「～に基づいた」　(B)「目標」　(C)「見込みのある」　(D)「トレーニング」

■数学■

■数　学　①■

1 **解答** (1)　3個の玉に記入された数の積が奇数となるのは

・奇数の玉を3個取り出す場合

だから，求める確率は

$$\frac{{}_5C_3}{{}_9C_3}=\frac{10}{84}=\frac{5}{42}\quad \cdots\cdots(\text{答})$$

(2)　3個の玉に記入された数の和が奇数となるのは

・奇数の玉を3個取り出す場合

・奇数の玉を1個，偶数の玉を2個取り出す場合

だから，求める確率は

$$\frac{{}_5C_3+{}_5C_1\cdot{}_4C_2}{{}_9C_3}=\frac{40}{84}=\frac{10}{21}\quad \cdots\cdots(\text{答})$$

◀解　説▶

≪3数の積および和が奇数となる確率≫

組合せを利用する。このとき，全事象は ${}_9C_3$ 通りである。

2 **解答** (1)　$a=\dfrac{-1+\sqrt{3}\,i}{2}$ より

$$2a+1=-\sqrt{3}\,i$$

両辺平方して　　$(2a+1)^2=-3 \Longleftrightarrow a^2+a+1=0$　……①

よって，求める2次方程式の1つは　　$x^2+x+1=0$　……(答)

(2)　①より

$$a^2=-a-1,\ a^3=-a^2-a=-(-a-1)-a=1,\ a^4=a$$

よって

$$\begin{aligned}a^4+a^3+2a^2+3a+1&=a+1+2(-a-1)+3a+1\\&=2a\end{aligned}$$

$$=-1+\sqrt{3}\,i \quad \cdots\cdots(答)$$

別解 割り算を実行して

$$a^4+a^3+2a^2+3a+1=(a^2+a+1)(a^2+1)+2a$$
$$=-1+\sqrt{3}\,i \qquad (\because \ ①)$$

◀解 説▶

≪3次式の値≫

⑵ a が2次方程式の解だから，自然数 n について，a^n は a の1次式で表される。

3

解答 ⑴ $a_1a_2a_3\cdots a_n=\dfrac{2}{n+2}$ ……①

①で $n=1,\ 2,\ 3$ として

$$a_1=\frac{2}{3}$$

$$a_1a_2=\frac{2}{4},\ \frac{2}{3}a_2=\frac{2}{4} \qquad \therefore \ a_2=\frac{3}{4}$$

$$a_1a_2a_3=\frac{2}{5},\ \frac{2}{4}a_3=\frac{2}{5} \qquad \therefore \ a_3=\frac{4}{5}$$

よって $a_1=\dfrac{2}{3},\ a_2=\dfrac{3}{4},\ a_3=\dfrac{4}{5}$ ……(答)

⑵ $n\geqq 2$ のとき

$$a_1a_2a_3\cdots a_{n-1}=\frac{2}{n+1} \quad \cdots\cdots ②$$

①，②より

$$\frac{2}{n+1}a_n=\frac{2}{n+2}$$

よって，$n\geqq 2$ のとき $a_n=\dfrac{n+1}{n+2}$

$a_1=\dfrac{2}{3}$ であるから，この式は $n=1$ のときも成り立つ。

したがって $a_n=\dfrac{n+1}{n+2}$ $(n=1,\ 2,\ \cdots)$ ……(答)

◀解　説▶

≪初項から第 n 項までの積が与えられた数列の一般項≫

$a_1a_2\cdots a_n=P_n$　$(n=1,\ 2,\ \cdots)$ のとき

$$a_n=\begin{cases}P_1 & (n=1)\\ \dfrac{P_n}{P_{n-1}} & (n\geqq 2)\end{cases}$$

4

解答　(1)　$t=\sin x$ とおくと，$x\to 0$ のとき $t\to 0$ だから

$$\lim_{x\to 0}\frac{\log(1+\sin x)}{\sin x}=\lim_{t\to 0}\frac{\log(1+t)}{t}=1$$

したがって

$$\lim_{x\to 0}\frac{\log(1+\sin x)}{x}=\lim_{x\to 0}\frac{\log(1+\sin x)}{\sin x}\cdot\frac{\sin x}{x}=1\cdot 1=1\quad\cdots\cdots(\text{答})$$

(2)　$t=-\sin^2 x$ とおくと，$x\to 0$ のとき $t\to 0$ だから

$$\lim_{x\to 0}\frac{\log(1-\sin^2 x)}{(-\sin^2 x)}=\lim_{t\to 0}\frac{\log(1+t)}{t}=1$$

したがって

$$\lim_{x\to 0}\frac{\log(\cos x)}{\sin^2 x}=\lim_{x\to 0}\frac{\log(\cos^2 x)}{2\sin^2 x}=\lim_{x\to 0}\frac{\log(1-\sin^2 x)}{(-\sin^2 x)}\cdot\left(-\frac{1}{2}\right)$$

$$=-\frac{1}{2}\quad\cdots\cdots(\text{答})$$

◀解　説▶

≪関数の極限≫

$\displaystyle\lim_{x\to 0}\frac{\log(1+x)}{x}=1$ が利用できるように，式変形する。

(2)は2倍角の公式より

$$\cos x=1-2\sin^2\frac{x}{2},\quad \sin x=2\sin\frac{x}{2}\cos\frac{x}{2}$$

であるから

$$\lim_{x\to 0}\frac{\log(\cos x)}{\sin^2 x}=\lim_{x\to 0}\frac{\log\left(1-2\sin^2\dfrac{x}{2}\right)}{\left(-2\sin^2\dfrac{x}{2}\right)}\cdot\frac{1}{\left(-2\cos^2\dfrac{x}{2}\right)}$$

$$=1\cdot\left(-\frac{1}{2}\right)=-\frac{1}{2}$$

■数　学　②■

1

＜数学①＞[1]に同じ。

2

＜数学①＞[2]に同じ。

3

＜数学①＞[3]に同じ。

4

解答　(1)　第1象限にある頂点を $Q(t,\ t^2)$ $(t>0)$ とおくと接線の方程式は

$$y=2t(x-t)+t^2 \qquad \therefore \quad y=2tx-t^2$$

△APQ が正三角形のとき，接線 AQ の傾きは $\sqrt{3}$ だから

$$2t=\sqrt{3},\ \ t=\frac{\sqrt{3}}{2}$$

点 A の y 座標は $-t^2$ であるから

A の座標は　$\left(0,\ -\dfrac{3}{4}\right)$　……(答)

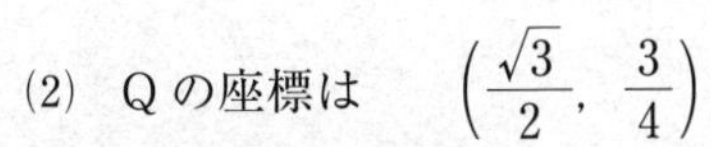

(2)　Q の座標は　$\left(\dfrac{\sqrt{3}}{2},\ \dfrac{3}{4}\right)$

C と直線 PQ で囲まれた図形は y 軸に関して対称だから，面積は

$$2\int_0^{\frac{\sqrt{3}}{2}}\left(\frac{3}{4}-x^2\right)dx=2\left[\frac{3}{4}x-\frac{1}{3}x^3\right]_0^{\frac{\sqrt{3}}{2}}=\frac{\sqrt{3}}{2} \quad \text{……(答)}$$

◀解　説▶

≪接線の方程式，面積≫

(1)接線の傾きは $\pm\sqrt{3}$ である。

接線の方程式を $y=\sqrt{3}x+a$ とおいて

$$x^2=\sqrt{3}x+a \Longleftrightarrow x^2-\sqrt{3}x-a=0$$

この 2 次方程式が重解をもつ条件から，判別式を D とおき

$$D=3+4a=0$$

としてもよい。

■数　学　③■

1

<数学①>1に同じ。

2

<数学①>2に同じ。

3

解答　(1)　$f(x)=x^2+(4a^2-4a-1)x+4a-1$ より

$$f(0)=4a-1,\ f(1)=4a^2-1 \quad \cdots\cdots(\text{答})$$

よって

$$f(0)f(1)=(4a-1)(4a^2-1)$$
$$=16\left(a-\frac{1}{4}\right)\left(a+\frac{1}{2}\right)\left(a-\frac{1}{2}\right)$$

したがって，$f(0)f(1)=0$ より

$$a=\frac{1}{4},\ \pm\frac{1}{2} \quad \cdots\cdots(\text{答})$$

(2)　$f(0)<0 \Longleftrightarrow a<\frac{1}{4}$，$f(1)<0 \Longleftrightarrow -\frac{1}{2}<a<\frac{1}{2}$

よって，$f(0)<0$ または $f(1)<0$ となる a の範囲は　　$a<\frac{1}{2}$　……①

$f(x)$ は下に凸の放物線で，$f(0)<0$ または $f(1)<0$ であるから，$f(x)=0$ が $0<x<1$ に重解をもつことも，異なる2つの実数解をもつこともない。

したがって，$f(x)=0$ が $0<x<1$ の範囲で解をもつ条件は

$$f(0)f(1)=16\left(a+\frac{1}{2}\right)\left(a-\frac{1}{4}\right)\left(a-\frac{1}{2}\right)<0$$
$$\Longleftrightarrow a<-\frac{1}{2},\ \frac{1}{4}<a<\frac{1}{2} \quad \cdots\cdots②$$

よって，求める条件は，①かつ②より

$$a<-\frac{1}{2},\ \frac{1}{4}<a<\frac{1}{2} \quad \cdots\cdots(\text{答})$$

◀解 説▶

≪2 次方程式の解の存在範囲≫

(2) $f(0)<0$ または $f(1)<0$ となる条件から，2 次方程式 $f(x)=0$ は，$0<x<1$ の範囲に 2 つの解をもつことがないと気付くことがポイント。

4

<数学②> 4 に同じ。

■一般選抜前期日程

問題編

▶試験科目・配点

学部・学科		教　科	科　　目	配　点
文・経営		外国語	コミュニケーション英語Ⅰ・Ⅱ・Ⅲ，英語表現Ⅰ・Ⅱ	200点
		地歴・数学	日本史B，世界史B，「数学Ⅰ・Ⅱ・A・B（数列，ベクトル）」のうちから1科目選択	100点※
		国　語	国語総合・現代文B・古典B（「国語総合」および「古典B」は漢文を除く）	200点
経　済		外国語	コミュニケーション英語Ⅰ・Ⅱ・Ⅲ，英語表現Ⅰ・Ⅱ	100点
		地歴・数学	日本史B，世界史B，「数学Ⅰ・Ⅱ・A・B（数列，ベクトル）」のうちから1科目選択	100点
		国　語	国語総合・現代文B・古典B（「国語総合」および「古典B」は漢文を除く）	100点
法		外国語	コミュニケーション英語Ⅰ・Ⅱ・Ⅲ，英語表現Ⅰ・Ⅱ	150点
		地歴・数学	日本史B，世界史B，「数学Ⅰ・Ⅱ・A・B（数列，ベクトル）」のうちから1科目選択	100点
		国　語	国語総合・現代文B・古典B（「国語総合」および「古典B」は漢文を除く）	150点
マネジメント創造		外国語	コミュニケーション英語Ⅰ・Ⅱ・Ⅲ，英語表現Ⅰ・Ⅱ	200点
		地歴・数学	日本史B，世界史B，「数学Ⅰ・Ⅱ・A・B（数列，ベクトル）」のうちから1科目選択	100点
		国　語	国語総合・現代文B・古典B（「国語総合」および「古典B」は漢文を除く）	100点
理工	物理	外国語	コミュニケーション英語Ⅰ・Ⅱ・Ⅲ，英語表現Ⅰ・Ⅱ	100点
		数　学	数学Ⅰ・Ⅱ・Ⅲ・A・B（数列，ベクトル）	100点
		理　科	「物理基礎・物理」，「化学基礎・化学」，「生物基礎・生物」のうち1科目選択	100点

学部	学科	教科	科目	配点
理工	生物	外国語	コミュニケーション英語Ⅰ・Ⅱ・Ⅲ，英語表現Ⅰ・Ⅱ	100点
		数　学	数学Ⅰ・Ⅱ・A・B（数列，ベクトル）	100点
		理　科	「物理基礎・物理」，「化学基礎・化学」，「生物基礎・生物」のうち1科目選択	100点
	機能分子化	外国語	コミュニケーション英語Ⅰ・Ⅱ・Ⅲ，英語表現Ⅰ・Ⅱ	100点
		数　学	「数学Ⅰ・Ⅱ・Ⅲ・A・B（数列，ベクトル）」，「数学Ⅰ・Ⅱ・A・B（数列，ベクトル）」のいずれかを選択	100点
		理　科	「物理基礎・物理」，「化学基礎・化学」，「生物基礎・生物」のうち1科目選択	100点
知能情報		外国語	コミュニケーション英語Ⅰ・Ⅱ・Ⅲ，英語表現Ⅰ・Ⅱ	100点
		数　学	「数学Ⅰ・Ⅱ・Ⅲ・A・B（数列，ベクトル）」，「数学Ⅰ・Ⅱ・A・B（数列，ベクトル）」のいずれかを選択	100点
		理　科	「物理基礎・物理」，「化学基礎・化学」，「生物基礎・生物」のうち1科目選択	100点
フロンティアサイエンス		外国語	コミュニケーション英語Ⅰ・Ⅱ・Ⅲ，英語表現Ⅰ・Ⅱ	100点
		数　学	「数学Ⅰ・Ⅱ・Ⅲ・A・B（数列，ベクトル）」，「数学Ⅰ・Ⅱ・A・B（数列，ベクトル）」のいずれかを選択	100点
		理　科	「物理基礎・物理」，「化学基礎・化学」，「生物基礎・生物」のうち1科目選択	200点

3教科型（2月1日実施分）を掲載。

▶備　考

※文学部歴史文化学科は200点。

【共通テスト併用型（前期）】

1．共通テスト併用型（前期）は，各学部・学科が指定する《一般選抜（前期日程）の教科の得点》と《大学入学共通テストの教科の得点》を合計して合否を判定するオプション型の入学試験。

2．共通テスト併用型（前期）に出願できるのは，一般選抜（前期日程）で出願した学部・学科に限る（共通テスト併用型（前期）のみに出願することはできない）。

3．共通テスト併用型（前期）の合否判定の対象となるには，一般選抜

（前期日程）の当該試験日の，すべての教科を受験する必要がある。

【一般選抜（前期日程）理工学部２教科判定方式】

1．理工学部２教科判定方式は，一般選抜（前期日程）で，物理学科・機能分子化学科は「数学」と「理科」，生物学科は「外国語」と「理科」の２教科を用いて合否を判定するオプション型の入学試験。

2．理工学部２教科判定方式に出願できるのは，２月１日，４日の一般選抜（前期日程）で理工学部に出願した者のみで，出願した学科に限る（理工学部２教科判定方式のみに出願することはできない)。

3．理工学部２教科判定方式の合否判定の対象となるには，一般選抜（前期日程）で理工学部に出願し，すべての教科を受験する必要がある。

英語

（文系学部：80分
　理系学部：70分）

〔注意〕 記述式で解答する場合は解答用紙Aを，マーク式で解答する場合は解答用紙Bを使用せよ。

1 次の英文を読んで，後の問いに答えよ。

There's an old stereotype about the difference between cats and dogs. Dogs are loving and fiercely loyal, they say, while cats are cold and distant. Most cat people probably disagree — (イ)<u>I certainly find it hard to believe, with my cat sitting contentedly in my lap, that she doesn't care about me</u>. Overall, research on how cats think (1)<u>implies</u> that cats do form emotional bonds with their humans. Cats seem to experience separation anxiety, respond more to their owners' voices than to strangers', and look for support from their owners in frightening situations.

But a new study by researchers in Japan complicates the picture of our relationship with cats. Adapting a method previously used to study dogs, the researchers found that cats, unlike dogs, don't avoid strangers who refuse to help their owners. In the experiment, a cat watched as her owner tried to open a box to (2)<u>get at</u> something inside. Two strangers sat on either side of the owner and the owner turned to one of them and asked for help. The researchers compared two situations: in one, the stranger helped the owner to open the box. In the other, the stranger refused. In both situations, the second stranger simply sat there, doing nothing. Then, both strangers offered the cat some food, and the scientists watched to see which stranger the cat approached first. Did she prefer to take food from a helper over a mere observer? This would indicate a helpfulness preference, showing that the helpful interaction made the cat feel more warmly towards the stranger. Or did she avoid taking food from the person who refused to help? This preference might mean the cat felt distrustful of someone who wasn't helpful even when asked.

When the same experiment was performed with dogs, it was found that the dogs preferred not to take food from a stranger who had refused to help their owner. (3), the cats in the new study had no feelings in either direction. They showed no preference for the helpful person and no avoidance of the unhelpful person. Apparently, as far as cats are concerned, food is food.

What should we take from this? A natural conclusion would be that cats are selfish and don't care how their owners are treated. However, this would mean we were interpreting cats' behavior as though they were little humans, rather than creatures with their own distinct ways of thinking. To really understand cats, we have to get out of this human-centered perspective and think of them as cats. When we do, what seems most likely isn't that the cats in this study were selfish, but that they weren't able to pick up on the social interactions between the humans. They simply weren't aware that some of the strangers were being unhelpful. Although cats are able to pick up on some human social signals — they can follow human pointing and are sensitive to human emotions — they're probably less sensitive to our social relationships than dogs are.

Cats were domesticated more recently, and have been changed by domestication far less, than dogs. While dogs are descended from social animals that lived in groups, cats' ancestors tended to live alone. Domestication has probably increased dogs' existing social skills, but it may not have done the same for cats, who were less socially aware to begin with. (ロ)So we shouldn't be too quick to conclude that our cats don't care if people are not nice to us. What's more likely is that they just can't read the situation.

Despite their popularity, we still know relatively little about how cats think. Future research might show cats' understanding of humans is even more limited than we currently realize. But whatever studies reveal, we should avoid letting prejudices or stereotypes (4)drive our interpretation of cats' behavior. Before we judge our pets to be mean or selfish, we should first try to look at the world through their eyes.

注　domesticate 飼い慣らす

1．下線部 (1), (2), (4) に代わる語句として最も適切なものを選択肢から選び，その記号をマークせよ（**解答用紙B**）。

(1) implies

A．believes　　B．proves　　C．repeats　　D．suggests

(2) get at

A．allow　　B．observe　　C．obtain　　D．reveal

(4) drive

A．determine　　B．follow　　C．overtake　　D．remove

2．空所（ 3 ）に入る最も適切なものを選択肢から選び，その記号をマークせよ（**解答用紙B**）。

A．As a result　　B．In contrast　　C．Likewise　　D．Therefore

出典追記：Cats don't avoid strangers who behave badly towards their owners, unlike dogs, The Conversation on February 19, 2021 by Ali Boyle

3．第1，2パラグラフの内容と一致するものを選択肢から二つ選び，その記号をマークせよ（**解答用紙B**）。

A．There has long been general agreement among pet owners that dogs are more affectionate than cats.

B．Cats appear to become worried when away from their owners, and are capable of recognizing their owner's voice.

C．The research conducted in Japan was unique in that it examined the behavior of both cats and dogs in the same experiment.

D．During the experiment the cats each observed three people, including their owner, one of whom did nothing at all.

E．Cats who refused to help their owners by giving them food did so because of their distrust of people.

4．第3，4パラグラフの内容と一致するものを選択肢から二つ選び，その記号をマークせよ（**解答用紙B**）。

A．Both dogs and cats preferred to take food from the person who had offered to help their owner.

B．The results of the experiment seem to indicate that cats will accept food from anyone, regardless of their behavior.

C．The experiment showed that cats behave differently depending on the size of the people around them.

D．We cannot understand the way cats think unless we appreciate that they are different from humans in many ways.

E．Cats in the study were able to communicate to their owners that they wanted to be picked up.

5．第5，6パラグラフの内容と一致するものを選択肢から一つ選び，その記号をマークせよ（**解答用紙B**）。

A．Living with humans has had a greater impact on the behavior of dogs than on that of cats.

B．The ancestors of modern dogs and cats lived together, but now the two species tend to live apart.

C．Although cats were not originally social animals, domestication has likely lessened their awareness of social signals.

D．Future research into cats' behavior is likely to be limited by their lack of understanding of humans.

6．**この問題は文系学部に出願した者のみ解答すること。**

下線部 (イ), (ロ) を和訳せよ（**解答用紙A**）。

2 次の英文を読んで，後の問いに答えよ。

Central to the South Korean drama boom are characters that working women can identify with. Many of the stories focus on ambitious heroines who are strong enough to protect the men they love while living their lives in their own style. The heroines defeat typical conservative men who are opposed to the idea of women participating in business. They also actively communicate with other women in local communities to (1) acquire important information even though doing so appears to be an exhausting task. The principal male characters respect the heroines' ability and independence, and try to protect them so that their free lifestyle will not be restricted.

"One trend in recent South Korean drama series is that women's lives are presented realistically through the stories," said Yone Yamashita, a professor of South Korean culture and women's studies. "Their creators write the stories with that in mind." This is in contrast to sentimental dramas such as *Winter Sonata*, which captured the hearts of middle-aged or older women in the past.

After the first entertainment boom ended due to the worsening political tensions between Japan and South Korea, as well as for other reasons, K-pop reawakened interest in South Korean culture, mainly among teenagers, in the 2010s. In the latest boom, many people posting their drama reviews on social networking sites (SNS) are in their 20s to 40s. Of these, working women have a positive view of South Korean dramas, especially those women who feel encouraged by the sight of (2) decisive heroines.

These dramas came to the market right after an award was introduced in South Korea in 1999 to honor creations that contribute to gender equality. Working mothers, single-parent families, gender inequality in households and other social (3) issues, along with love affairs, are described in many such stories. "The dramas show a society a step ahead of reality, and characters appear in them who break down walls that women frequently face," said Yamashita. "Viewers can easily relate to problems that overlap with their own, so the programs are supported by a wide range of viewers even in Japan."

注　sentimental 感傷的な

1．下線部 (1), (2), (3) に代わる語句として最も適切なものを選択肢から選び，その記号をマークせよ（**解答用紙B**）。

出典追記：The Asahi Shimbun, July 5, 2020

(1) acquire

A. gather B. report C. supply D. update

(2) decisive

A. confident B. cowardly C. modest D. perfect

(3) issues

A. business B. concerns C. editions D. work

2. 第1, 2パラグラフの内容と一致するものを選択肢から二つ選び, その記号をマークせよ (**解答用紙B**)。

A. Working women in South Korea have particular difficulty in identifying with the central characters in the drama.

B. Heroines of South Korean dramas are typically not so weak that they are unable to protect their male partners.

C. All the male characters in popular South Korean dramas are warmly supportive of the heroines.

D. In most South Korean dramas of the boom period, the main male characters show their understanding of the independent and free way of living of the heroines.

E. *Winter Sonata* was very popular among middle-aged women because it described working women's lifestyles in a realistic fashion.

3. 第3, 4パラグラフの内容と一致するものを選択肢から二つ選び, その記号をマークせよ (**解答用紙B**)。

A. The political relationship between South Korea and Japan has never influenced the Korean culture boom in Japan.

B. After the first drama boom had cooled down, teenagers' love of K-pop played a role in the revival of interest in South Korean culture in the 2010s.

C. In the latest boom, teenagers are more likely to view South Korean dramas positively than working women in their 20s to 40s.

D. In South Korea, an award was established to honor cultural works that have helped to promote equal treatment of men and women.

E. According to Professor Yone Yamashita, South Korean dramas represent society just as it is at present and the obstacles that characters face can never be overcome.

3　次の英文を読んで，後の問いに答えよ。

Babies from bilingual families are better at switching their attention from one task to another compared with infants from homes where only one language is spoken, according to new research. Dr. Dean D'Souza, a senior lecturer in Psychology at Anglia Ruskin University and lead (1) author on the study, said: "Bilingual environments may be more variable and unpredictable than monolingual environments — and therefore more challenging (2) to learn in. We know that babies can easily acquire multiple languages, so we wanted to investigate how they manage it".

A team of scientists, led by Dr. D'Souza, used eye-tracking technology to record the gaze patterns of 102 babies aged between seven and nine months. An eye tracker is a device for measuring eye positions and eye movement. Light, typically (3) infrared light, is reflected from the eye and sensed by a video camera or some other specially designed recorder. Of the 102 infants in their study, 51 were raised in bilingual homes while the rest came from monolingual homes. The researchers said they used infants who had not yet begun to speak "to rule out any benefits gained from being able to speak a second language", so their study could focus solely on the effects of hearing two or more languages.

The team found that babies from bilingual homes were 33% faster at switching their attention towards a new picture when it appeared on the screen. And, when shown two pictures side by side, these babies were found to shift attention from one picture to another more frequently than monolingual babies. The researchers say their results indicate that bilingual babies "were exploring more of their environment".

Dr. D'Souza added: "Checking their surroundings faster and more frequently might help the infants in a number of ways. For example, moving attention from a toy to a speaker's mouth could help infants to match ambiguous speech sounds with mouth movements". As part of the next step, the researchers are looking into whether this faster and more frequent switching in infancy can have a longer-lasting developmental impact.

注　monolingual 単一言語の　　infrared 赤外線　　ambiguous 曖昧

1．下線部 (1)，(2)，(3) に代わる語句として最も適切なものを選択肢から選び，その記号をマークせよ（**解答用紙B**）。

(1)　lead

A．joint　　B．main　　C．second　　D．sole

(2)　challenging

A．competitive　　B．difficult　　C．struggling　　D．useful

出典追記：Babies in bilingual homes '33 per cent faster' at switching between tasks, Science Focus on February 27, 2020 by Alexander McNamara, Immediate Media Company

(3) typically

A. exclusively B. occasionally C. only D. usually

2. 第1, 2パラグラフの内容と一致するものを選択肢から二つ選び, その記号をマークせよ (**解答用紙B**)。

A. New research suggests that babies from monolingual families are at a disadvantage when compared to those from two-language households, with respect to attention switching.

B. Dr. D'Souza predicted highly variable outcomes in bilingual acquisition as the result of a noisy environment, which he wanted to investigate further.

C. The experiment conducted by Dr. D'Souza's research group involved over 100 infants, and employed special equipment to track participants' eye movements.

D. In more than half of the families studied, the children were exposed to two or more languages; in the others at least one language was spoken regularly.

E. The main problem the researchers encountered was to exclude children from the test group that were able to speak more than one language.

3. 第3, 4パラグラフの内容と一致するものを選択肢から二つ選び, その記号をマークせよ (**解答用紙B**)。

A. Infants from bilingual homes were observed to shift their attention to two-thirds as many new pictures as those in the monolingual group did.

B. When the task involved attending to two pictures presented simultaneously, monolingual babies switched attention between them significantly less often.

C. According to the team, their experimental results caused bilingual babies to pay greater attention to what was in their immediate environment.

D. Dr. D'Souza believes that an increased ability to switch visual attention may be beneficial for understanding speech.

E. The researchers are currently examining effective methods of extending this stage of infant development into later childhood.

4 次の会話文を読み，空所に入る最も適切なものを選択肢から選び，その記号をマークせよ（**解答用紙B**）。

Win: Now, Louise, hello. Welcome to our recruitment agency. I hope we can get you a good job.

Louise: Thank you.

Win: I have the details of your career here. I see you've been very loyal to the one job.

Louise: Yes, I (1).

Win: Twenty-one years is a long time to work in one place.

Louise: I feel the same. I feel it's time to move on.

Win: What age are you now?

Louise: I'm in my forties.

Win: How old (2)?

Louise: Forty-six.

Win: Age is not necessarily a handicap. Well, of course we have to face that, but experience does (3) for something.

Louise: I hope so.

Win: Now tell me one thing, (4) ourselves. I'll never let it out. Is there any trouble, or any particular reason why you are leaving your (5) job?

Louise: Nothing at all.

Win: No long-term understandings come to a sudden end, I think. Have you found yourself in an impossible situation?

Louise: No. I've always taken care to (6) on very well with everyone.

Win: I see. I just want to be quite clear why you are moving on. So I take it the job itself no longer (7) you. Is it the money?

Louise: It's partly the money, but it's not so much the money.

Win: Thirty thousand pounds a year is a very respectable salary. So why are you making a change?

Louise: Other people make changes.

Win: But why are you now, (8) spending most of your life in the one place?

Louise: I've lived for that company, and you could really say I've given my life to my job. I had management status from the age of twenty-seven and I've achieved a number of things, but now I feel I'm stuck there. Nobody notices me, and (9) takes my work for granted. They will notice me when I go, and they will be sorry to (10) me. They will see when I've gone what I was doing for them.

Win: If they offer you more money, won't you stay?

Louise: No, I won't.

(1)	A. am	B. did	C. do	D. have
(2)	A. about	B. exactly	C. seriously	D. too
(3)	A. change	B. count	C. mean	D. worth
(4)	A. about	B. between	C. to	D. with
(5)	A. current	B. future	C. new	D. past
(6)	A. get	B. make	C. put	D. take
(7)	A. applies	B. complicates	C. ignores	D. satisfies
(8)	A. after	B. before	C. by	D. even
(9)	A. everybody	B. it	C. nobody	D. not all people
(10)	A. have	B. lose	C. share	D. win

5　**この問題は文系学部に出願した者のみ解答すること。**

下の絵が表していると思うことを，50語程度の英語で書け（**解答用紙A**）。

■日本史■

（60分）

〔注意〕記述式で解答する場合は解答用紙Aを，マーク式で解答する場合は解答用紙Bを使用せよ。

1 次の文章を読み，①文中の空欄［ A ］～［ E ］に当てはまる語句を答えよ（**解答用紙A**）。②文中の空欄（ 1 ）～（ 7 ）に当てはまる語句を下記の**【語群】**から選び，その記号をマークせよ（**解答用紙B**）。③下記の**【設問】**に答えよ（**解答用紙B**）。なお史料は分かりやすくするために改めたところがある。

奈良時代には飢饉に備えて粟などを蓄える（ 1 ）があったが，律令制の衰退とともに廃れていった。8世紀末から9世紀初頭には気候不順による飢饉が九州を中心として発生した。これに対し，大宰府管内では823年から4年間，有力農民を組織して，農村を再建し税収を確保するための新しい制度が導入された。この制度は［ A ］と呼ばれている。

平安時代の末期，1181年に養和の飢饉と呼ばれる大飢饉が起こった。この飢饉の様相を［ B ］は「世の中飢渇して，あさましきこと侍りき。…これにより国々の民，あるいは地を捨てて境をいで，あるいは家を捨てて山に住む」と，『方丈記』に記している。

鎌倉時代，1231年に起こった寛喜の飢饉では多くの餓死者をだし，人身売買も横行して混乱が続いた。これに対し鎌倉幕府の執権（ 2 ）は，飢饉の時に限って人身売買を黙認した。この時期に御成敗式目が編纂された一因には，社会的混乱に対して幕府の立場を明らかにする必要があったと考えられている。また<u>飢饉がもたらした危機的状況は人々の思想や信仰にも影響を与えた</u>(1)。

鎌倉時代の後半になると，瀬戸内では水田の裏作として栽培された（ 3 ）が農民の暮らしを支えるようになった。鎌倉幕府は御家人に対し「自今以後は田の（ 3 ）の所当を取るべからず」と命じている。地域によって異なるものの，農業技術の発展により食糧事情は少しずつ改善していった。

室町時代にも，度々凶作に見舞われ，戦乱や政治的な混乱も加わって，飢饉が発生した。大きな事件の背景に飢饉があることもある。1428年，近江国坂本の馬借の蜂起に始まった［ C ］の背景には，同年の厳しい飢饉と，米価の高騰があったと考えられている。

江戸時代になって農業技術が発達し，全国的な物資の流通が整えられると，食糧事情は大きく改善された。しかし，凶作になると飢饉を免れることは難しかった。江戸時代の最初の大飢饉は寛永の飢饉である。全国的な凶作がつづき，食糧を求める人々が農村部から都市部に流入し，農村部でも都市部でも多数の餓死者がでた。この後，幕府は<u>農民の経営を維持するための政策</u>(2)を取った。

1732年，西日本を中心にウンカなどが大量発生して凶作となり，飢饉が起こって多くの餓死者がでた。翌年，米価が高騰したため江戸では最初の打ちこわしが起こった。飢饉の後，青木昆陽は救荒用の作物として（　4　）の利点を小冊子にまとめた。それを幕府が取り上げ，栽培を奨励した。

天明年間には気候不順や自然災害による凶作が続いた。なかでも（　5　）地方は冷害で大凶作となり，多数の死者がでた。江戸には農村から窮民が流入し，米価が高騰し，大規模な打ちこわしが起こった。この後，幕府では老中（　6　）の指導のもと，農村の復興に取り組むとともに，飢饉に備える政策(3)を行った。また江戸における無宿人への対策として石川島に［　D　］を作った。

1830年代にも，大凶作のために米価が高騰し，慢性的な大飢饉が起こった。1837年，陽明学者であった［　E　］は幕吏の不正や江戸への廻米を批判して大坂で挙兵した。また，荒廃した農村を復興するため，報徳仕法で知られる（　7　）のような農政家や農学者の活躍が見られた。

【語群】

あ．稗	い．馬鈴薯	う．蕎	え．東北	お．麦
か．九州	き．義倉	く．甘蔗	け．松平定信	こ．水野忠邦
さ．甘藷	し．社倉	す．東海	せ．二宮尊徳	そ．北条時頼
た．大原幽学	ち．田沼意次	つ．北条義時	て．北条泰時	と．貝原益軒

【設問】

1．文中の下線部(1)について，寛喜の飢饉が起こった頃に活躍した仏教者の説明として正しいものを次の選択肢より一つ選び，その記号をマークせよ。

あ．親鸞が絶対他力の立場を明らかにした。

い．日蓮が法華経による護国を説いた。

う．道元が『喫茶養生記』を著した。

え．一遍が題目を唱えて諸国を遊行した。

2．文中の下線部(2)について，この時に幕府がとった農民経営を維持する政策に関する史料を下記の**【史料群】**より一つ選び，その記号をマークせよ。

3．文中の下線部(3)について，この時に幕府がとった飢饉対策に関する史料を下記の**【史料群】**より一つ選び，その記号をマークせよ。

【史料群】

あ．高一万石につき八木百石積り，差上げらるべく候。（中略）これにより在江戸，半年充，御免成され候間，緩々（ゆるゆる）休息いたし候様に仰せ出され候。

い．身上よき百姓は田地を買い取り，いよいよ宜しく成り，身躰（しんだい）成らざる者は田畠を沽却せしめ，なおなお身上成るべからざるの間，向後，田畠売買停止たるべき事。

う．高一万石につき五十石の割合をもって，来戌年より寅年まで五ヶ年の間，面々領邑に囲穀いたし候様に仰せ出され候。

え．在方のもの，身上相仕舞い，江戸人別に入り候儀，自今以後，決して相成らず。

2 次の文章を読み，①文中の空欄 [A] ～ [E] に当てはまる語句を記入せよ（**解答用紙A**）。②文中の空欄（ 1 ）～（ 6 ）に当てはまる語句を下記の【**語群**】から選び，その記号をマークせよ（**解答用紙B**）。③下記の【**設問**】に答えよ（**解答用紙B**）。

Ⅰ．政府の憲法草案作成作業は，伊藤博文が中心となって極秘に進められた。ドイツ人顧問のロエスレルらの助言を得ながら，検討が重ねられ，1889年２月11日に大日本帝国憲法(1)が発布された。

Ⅱ．1890年，日本で初めての衆議院議員総選挙が行われた。憲法と同時に公布された衆議院議員選挙法では，選挙人は満（ 1 ）歳以上の男子で直接国税15円以上の納入者に限られたため，参政権を持ったのは中農以上の農民ないし都市の上層民などにとどまった。その後，直接国税の要件は順次引き下げられ，1925年には撤廃され，[A] 制が導入された。

Ⅲ．1898年６月に初めての政党内閣である第１次（ 2 ）内閣が成立したが，内部対立により４ヶ月で退陣した。かわって成立した第２次山県有朋内閣は，1899年に [B] を改正した。この改正で，各省次官などの高級官僚にも資格規定が設けられ，資格のない政党員が高級官僚になることが難しくなった。

Ⅳ．1924年に成立した加藤高明内閣は，外交政策の面では外相の（ 3 ）が主導して協調政策をとるようになった。一方，内政面では治安維持法(2)を成立させた。

Ⅴ．第一次世界大戦後，財界から貿易振興のために金本位制への復帰と金輸出解禁を求める声が強まった。浜口雄幸内閣は，蔵相に（ 4 ）を起用して，緊縮財政と物価の引き下げをはかるとともに，産業の合理化を促進して国際競争力の強化をはかり，1930年１月に金輸出解禁を断行した。一方，1929年10月にアメリカで起きた恐慌が世界恐慌へと発展した。これらの影響により，日本経済は深刻な打撃を受けることとなった。政府は1931年に [C] 法を制定し，指定産業でのカルテルを容認した。

Ⅵ．日中戦争の拡大を受けて，第１次近衛文麿内閣は，戦時における物資調達や人員配置に関する計画の立案・総合調整を任務とする（ 5 ）を設置した。また，1938年４月には，[D] 法が制定され，政府は議会の承認なしに戦争遂行に必要な物資や労働力を動員する権限を手にした。

Ⅶ．1945年10月，GHQは憲法改正を日本政府に指示し，政府は（ 6 ）を委員長とする憲法問題調査委員会を設置した。しかし，同委員会の改正試案が大日本帝国憲法と同じく天皇の統治権を認める保守的なものであったため，GHQは独自の改正案を政府に示した。これを受けて政府は，GHQの改正案をもとにした新たな憲法草案を発表した。改正案は帝国議会で修正可決され，1946年11月に日本国憲法として公布された。(3)日本国憲法の精神に基づいて，多くの法律が新しく制定され，既存の法律も大幅に改正された。

Ⅷ. 1960年7月に成立した［　E　］内閣は,「所得倍増」をスローガンとして掲げ, 既に始まっていた高度経済成長を促進する政策を展開した。高度経済成長により国民生活が豊かになったが, (4)その一方で, 生活環境が破壊され, 後継の佐藤栄作内閣はその対処に追われることとなった。

【語群】

あ. 企画院	い. 松本烝治	う. 井上準之助	え. 幣原喜重郎	お. 尾崎行雄
か. 徳田球一	き. 内田康哉	く. 20	け. 軍需省	こ. 広田弘毅
さ. 経済安定本部	し. 25	す. 高野岩三郎	せ. 大隈重信	そ. 高橋是清
た. 平沼騏一郎	ち. 30	つ. 斎藤実	て. 板垣退助	と. 原敬

【設問】

1. 文中の下線部(1)について, 大日本帝国憲法の説明として誤っているものを次の選択肢から一つ選び, その記号をマークせよ。

あ. 予算案は, 議会の同意がなければ成立しなかった。

い. 各国務大臣は内閣として共同で天皇に対してのみ責任を負うものとされた。

う. 日本国民は「臣民」とされ, 法律の範囲内で信教の自由などの権利を有するものとされた。

え. 天皇大権の一つである陸海軍の統帥権は, 内閣からも独立して天皇に直属していた。

2. 文中の下線部(2)について, 治安維持法に関する説明として誤っているものを次の選択肢から一つ選び, その記号をマークせよ。

あ. 田中義一内閣の下で改正が行われ, 最高刑が死刑とされた。

い. 国体の変革と私有財産制度の否定を目的とする結社を組織する者を取り締まった。

う. 日ソ国交樹立による共産主義思想の波及を防ぐという目的があった。

え. 日本国憲法の成立に伴い廃止された。

3. 文中の下線部(3)について, 日本国憲法の公布後に新しく制定・改正された法律の説明として誤っているものを次の選択肢から一つ選び, その記号をマークせよ。

あ. 労働組合法が制定されて, 労働者の団結権・団体交渉権・争議権が保障された。

い. 地方自治法が制定されて, 都道府県知事・市町村長が公選制となった。

う. 刑事訴訟法が改正され, 被告人に黙秘権が明文化された。

え. 民法が改正され, 戸主・家督相続制度が廃止された。

4. 文中の下線部(4)について, 高度経済成長に伴う生活環境の悪化やそれへの対応の説明として誤っているものを次の選択肢から一つ選び, その記号をマークせよ。

あ. 水俣病, 四日市ぜんそくなどの被害をめぐる, いわゆる四大公害訴訟がおこされた。

い. 都市部では騒音や日照阻害, 住宅難や交通難といったいわゆる都市公害が深刻化した。

う. 公害に対する世論の批判の高まりを受けて, 1967年に環境基本法が制定された。

え. 1971に環境庁が発足し, 公害行政と環境保全施策の一本化が図られた。

3 次の文章はAさんとBさんの会話である。この会話を読み，文中の下線部(1)〜(10)に最も関係のある史料を下記の**【史料群】**から選び，その記号をマークせよ（**解答用紙B**）。なお史料は分かりやすくするために改めたところがある。

A：「貨幣の歴史」というテーマでレポートを書くために，史料を集めているんだ。相談に乗ってよ。

B：日本で最初の貨幣である富本銭の史料は見つかった？

A：まだ見つけられていないんだ。でも708年に鋳造された和同開珎に関する史料は見つけたよ。(1)鋳造のための役所が整備された史料だ。

B：鋳造は山背国や周防国で行われた。政府は貨幣の流通を図りたかったんだけど，なかなか浸透しなかった。711年には貨幣の流通を促進するための法令を出した。

A：貨幣が流通するためには，信用が大事だと思う。(2)政府は，民間が勝手に貨幣を鋳造すると厳しく罰したんだ。

B：和同開珎以降も，政府は958年の乾元大宝まで貨幣の発行を続けたんだ。政府が貨幣の鋳造を断念したのち，中国から輸入銭が入ってくる。宋との貿易によって大量の宋銭が日本に流れ込んだ。

A：宋銭の使用が浸透すると，年貢を銭で納める代銭納が進んだり，(3)為替が用いられたりした。宋銭の輸入は，その後の経済の仕組みにも大きな影響を与えたんだ。

B：日本で政府が再び貨幣を鋳造するのはいつからだろうか。

A：室町時代においても，日本では貨幣が鋳造されなかったため，宋銭や明銭が用いられた。(4)足利義政は，貨幣の蓄えがなくなったため，義満の例にならって銅銭を明に求めた。当時の社会にとって貨幣がとても重要だったことを示していると思う。

B：輸入した銅銭とは別に，国内で鋳造した粗悪な私鋳銭が用いられることもあった。私鋳銭は円滑な商取引の障害となったんだ。

A：私鋳銭や，摩耗や破損のある銭は，価値が低い悪貨として受け取りを拒否されることがあった。守護大名の中には(5)商取引を円滑に進めるための法令を出した者もいた。法令によって，悪貨の受け取り拒否を禁じたり，一定割合の悪貨を混入して取り引きすることを促したりした。

B：戦国時代には，貨幣を鋳造した大名もおり，豊臣秀吉も天正大判をつくっている。江戸幕府は，全国的な貨幣制度を整備し，金座・銀座・銭座を設けて三貨を発行したんだ。幕府は主要な鉱山を直轄にして貨幣の発行を独占した。

A：江戸時代には何度か金銀の改鋳が行われている。

B：有名な改鋳を見てみよう。勘定吟味役の荻原重秀の意見を取り入れてつくった貨幣は，金の含有率を落としたため，貨幣価値が下がり，経済の混乱を招いた。

A：新井白石は，(6)金の含有率を慶長小判の水準に戻した正徳小判を発行し，古い貨幣を回収しようとしたんだ。

B：鉱山や貿易と貨幣の関係はAさんの視野に入っている？

A：白石は，(7)銀などが海外へ流出することを問題として，貿易の制限を行っている。貨幣の原料を確保することは，貨幣の発行のためには重要なんだ。

B：そう言えば，テキストに計数貨幣の写真が載っていた。

A：この貨幣は，銀貨と金貨の交換比率が一定に定められた貨幣で，田沼時代に発行された。(8)結局，この貨幣は根付かなかった。

B：幕末にも改鋳は行われている。開港後は，海外との貿易量が増大し，金の海外流出が問題となった。その対策として質の悪い金貨を鋳造した。

A：貿易の際には，日本と海外の貨幣はどちらを使っても良く，重さが同じなら等価とされた。(9)しかし，金銀の交換比率が海外は１：15，国内は１：５と異なったため，諸外国は銀貨を持ち込んで金貨を持ち出したんだ。

B：江戸幕府の貨幣は，明治に入ってからもしばらくの間使用できたんだ。新しい貨幣体系が採用されたのは1871年(10)のことだ。

A：明治以降はまだ調べていない。急いで準備するよ。また相談に乗ってよ。

【史料群】

あ．外国の諸貨幣は，日本貨幣同量を以て通用すべし 金は金，銀は銀と量目を以て比較するをいう，双方の国人互いに品物の代料を払うに，日本と外国との貨幣を持ちうる事妨げなし。

い．京の町人，浜の商人，鎌倉の誂え物，（中略）湊々の替銭，浦々の問丸，割符を以てこれを進上し，僦載に任せてこれを運送す。

う．元禄以来の金銀は，集まり次第に引き替え所へ差し出し，新金に引き替え候様に仕，（後略）

え．この度通用のため吹き抜き候上銀，南鐐と唱え候銀を以て，二朱の歩判仰せ付けられ候間，右歩判八を以て金一両の積もり，（後略）

お．上下大小を云わず，永楽・宣徳においては，撰ぶべからず。堺銭と光武銭 なわきりの事也，打ち平め，この三色は撰ぶべし。但しかくの如く相定めらるるとて，永楽・宣徳ばかりを用うべからず。百文の内に永楽・宣徳を三十文加えて使うべし。

か．新貨幣と在来通用貨幣との価格を一円を以て一両，すなわち永一貫文に充つべし。

き．銅銭は乱を経て散失し，公庫索然たり・土瘠(や)せ民貧し。何を以てか賑施せん。永楽年間これを賜ることあり。

く．唐人の商売の法，およそ一年の船数，口船・奥船合わせて三十艘，すべて銀高六千貫目に限り，その内銅三百斤を相渡すべきこと。

け．始めて催鋳銭司を置き，従五位上丹治比真人三宅麻呂を以てこれに任ず。

こ．私に銭を鋳する者は斬(ざん)，従者は没官(もつかん)，家口は皆流(る)。

世界史

（60分）

〔注意〕記述式で解答する場合は解答用紙Aを，マーク式で解答する場合は解答用紙Bを使用せよ。

1　次の文章を読んで，問いに答えよ。

歴史を海から眺めてみると，新しい発見に出会うこともある。

まず，「地中海世界」の歴史を見てみよう。前2000年頃のエーゲ海には，クノッソスを中心とする［　A　］文明と呼ばれる青銅器文明が栄えていた。また，前16世紀頃からは，ギリシア本土でも高い水準の青銅器文明が築かれた(1)。こうしてエーゲ海文明がおこったが，前8世紀になると，ギリシアではポリスが生まれ，アテネでは古代民主政も展開した。

ギリシア以上に地中海全体に影響を及ぼしたのがローマである。ローマは，都市国家からはじまり，地中海全体を支配する一大帝国をつくりだす。共和政のローマは，カルタゴと戦った［　B　］戦争後，海外進出を強めた。オクタウィアヌスは，元老院からアウグストゥスの称号を与えられ，ここから帝政時代がはじまった。ローマ帝国の版図は，1世紀末から2世紀初めの皇帝，［　C　］帝の時代に最大となるが，この過程で地中海世界の経済的な交流も活性化した。ローマ帝国の支配は，大陸におけるゲルマン的要素(2)やキリスト教の普及(3)などと合わさって，「ヨーロッパの形成」の重要な要因となったのである。ヨーロッパとは，単なる地理的な空間ではなく，歴史的な創造物であったことが銘記されるべきだ。

次に大西洋に目を向けてみよう。この海が特に注目を浴びるようになったのは，16世紀以降である。(4)ポルトガルとスペインを中心とした大航海時代は，国際商業に大きな変革を引き起こし，16世紀から18世紀にかけて大西洋経済圏が形成される。これがヨーロッパの経済的発展に大きな影響を与えたことは，よく知られている。

こうした背景のもとで，「大西洋革命」が起こった。これは，18世紀後半から19世紀前半に起こったイギリスの産業革命，フランス革命，アメリカ独立革命，ラテンアメリカ諸国の独立という歴史的事象を，相互に連関する一連のものとして理解しようとする考え方である。これらの革命は，(5)七年戦争を契機にして引き起こされる連続的な変革として理解されている。

まず，ヨーロッパ大陸での七年戦争と並行して，北米では［　D　］戦争と呼ばれる英仏の植民地争奪戦が展開した。結果的にはイギリスが勝利し，広大な植民地を獲得し，産業革命のための食料および原料の供給地と工業製品の市場を確保した。しかし，イギリスは財政難に陥り，その負担をアメリカ植民地に負わせた。(6)13植民地はこれに反発し，反英感情を高めて，独立戦争を起こす。1776年7月4日には，13植民地は［　E　］らが起草した独立宣言を発して，独立への意向をより鮮明にした。

アメリカの独立は，ヨーロッパ大陸にも影響を及ぼした。七年戦争に敗北したフランスも，イギリスと同じように財政難に陥っていたが，これを解消しようと新たな税負担を特権身分に求めたことからフランス革命(7)が始まった。この革命の精神は，ナポレオンの支配のもとでヨーロッパ各地に広がった。また，フランス革命やアメリカ独立の影響は中南米諸国にも及び，(X)19世紀初頭には多くの独立国ができた。

問1　空欄 A ～ E に該当する語句を記せ（**解答用紙A**）。

問2　下線部(1)～(7)について，以下の問いに答えよ（**解答用紙B**）。

(1)　下線部の説明として誤っているものを，次の選択肢から一つ選べ。

a．巨石でできた城塞王宮とそれを中心にした小王国がたてられた。

b．この文明の中心地を発掘したのは，ドイツのシュリーマンである。

c．専制的な王が，役人を使い農産物・家畜を貢納させる貢納王政が展開していた。

d．線文字Bが用いられており，それをエヴァンズが解読した。

(2)　ゲルマン人の説明として誤っているものを，次の選択肢から一つ選べ。

a．ゲルマン人の原住地は，バルト海沿岸である。

b．ゲルマン人の大移動以前の生活は，カエサルの『ゲルマニア』に詳しく記されている。

c．ゲルマン人の大移動は，4世紀後半のフン人の西進をきっかけに起こった。

d．ゲルマン人は，従士制による主従関係のもとに社会をつくっていた。

(3)　キリスト教の普及の説明として誤っているものを，次の選択肢から一つ選べ。

a．イエスの教えは，ペテロやパウロらの伝道活動によりローマ帝国内に広まった。

b．コンスタンティヌス帝は，キリスト教を公認して，帝国統治に利用した。

c．司教・司祭などの聖職者身分が成立し，教会の組織化がすすんだ。

d．テオドシウス帝は，アリウス派キリスト教を国教とし，他の宗教の信仰を禁じた。

(4)　下線部の説明として誤っているものを，次の選択肢から一つ選べ。

a．オランダは西インド会社設立後，北アメリカ東岸にヴァージニア植民地を建設した。

b．商業革命が起き，国際商業の中心地が，地中海から大西洋岸に移った。

c．中南米から大量の銀がヨーロッパにもたらされ，価格革命がおこった。

d．東欧地域は農場領主制を強化し，西欧諸国への穀物輸出を増大させた。

(5)　この戦争の説明として誤っているものを，次の選択肢から一つ選べ。

a．この戦争の講和条約は，アーヘン条約である。

b．プロイセン側にはイギリスが，オーストリア側にはフランスが味方した。

c．プロイセンのフリードリヒ2世がオーストリアに対抗して始めた戦争である。

d．プロイセンは，戦争の結果，シュレジエンの領有を再確認した。

(6)　下線部の説明として誤っているものを，次の選択肢から一つ選べ。

a．1773年に制定された茶法への住民の怒りがボストン茶会事件を引き起こした。

b．「代表なくして課税なし」を合言葉に，反英感情が高まった。

c．トマス=ペインが『コモン=センス』を著して，独立を主張した。

d．ベルリン条約（1783年）で，アメリカ合衆国の独立が承認された。

(7) フランス革命の説明として誤っているものを，次の選択肢から一つ選べ。

a．1789年，国民議会で人権宣言が採択された。

b．1792年，立法議会がオーストリアに宣戦布告した。

c．1793年，ルイ16世が処刑された。

d．1799年，ブリュメール18日のクーデタでロベスピエールが失脚した。

問３　波線部(X)について，以下の説明文が示す地域を，地図中の記号から選べ（**解答用紙Ｂ**）。

ア．この地出身のクリオーリョサン=マルティンが戦いに加わり，1816年に独立した。

イ．トゥサン=ルヴェルチュールを指導者とする運動がおこり，史上初の黒人共和国として1804年に独立した。

ウ．ポルトガルの王子が帝位につき，1822年に独立した。

2 次の文章を読んで，問いに答えよ。

甲太郎：色の好みは人それぞれだけど，その場にふさわしい色とか好ましい色とかはあるよね。

南美：どういうことかしら？

甲：結婚式といえば日本人の多くは白を連想するんじゃないかな。

南：花嫁の打掛は白だし，西洋式のウェディングドレスも白。

甲：でも中国人なら赤と答える人が多いと思うな。中国では伝統的に花嫁衣装は赤。中国語では「紅」だけどね。共産党の実権を握った［ A ］が1978年にはじめた改革・開放政策により，最近では西洋式に白いウェディングドレスを着る新婦も増えたようだけど。

南：文化によって色に対する感覚はさまざまなのね。

甲：感覚だけじゃないよ。昔は身分によって着る服の色が制限されていたこともあったんだよ。たとえば中国の皇帝は黄色。

南：清朝のラストエンペラー溥儀(1)も，「少年時代を思い起こすたびに，黄色が浮かんでくる」と回想していたわね。衣服はもちろん，食器や轎（かご），窓のカーテン，宮殿の瓦まで黄色だったって。中国史上最初に皇帝を名乗った始皇帝(2)からの伝統かしら。

甲：そうでもないらしいよ。皇帝が黄色の服――黄袍――を着用するようになったのは，隋を建国した［ B ］のときから。それ以前は，黄色の他にも赤，紫，黒など様々だったらしいし，隋では皇帝専用ではなかったんだ。続く唐朝では「赭黄（しゃおう）」と呼ばれる茶色がかった黄色が皇帝専用色となり民間での使用が禁止されはじめ，しだいに黄色の範囲が拡大して，清朝にいたって皇帝と一部の皇族専用となったようだね。

南：時代によって変遷があったのね。でも，どうして黄色だったのかしら。

甲：帝王の象徴である太陽の色だからという説があるけれど，どうかな。後漢の時代(3)に編纂された『説文解字』には「黄は地の色なり」とあって，黄色は万物を育む大地を象徴する色として，上下を問わず広く好まれていたようだね。古代の五行説で…

南：戦国時代(4)の諸子百家で出てくる陰陽五行家。代表的人物は鄒衍だったかな。五行説では，木・火・土・金・水の5つの元素の循環により万物の生成変化を説明するのよね。

甲：漢代には，その5元素のうち「土」に中核的，超越的な位置づけが与えられるようになったらしい。『漢書』の著者でもある［ C ］の編纂した『白虎通』という書物には，「土が無かったら，木は生えず，火は盛んに燃えず，金は生成できない。土（河床）がなかったら，水は満ちない」という記述が出ている。ところで，この5元素にはそれぞれ特有の色が配されていて，木から順に青・赤・黄・白・黒。土は黄色とされていた。ここから黄色が天下の中心たる皇帝の色になったという説もあるんだ。

南：なるほど。それで清朝は，黄色地に龍を描いた「黄龍旗」を国旗にしたのね。でも，今の中国を象徴する色は，断然，赤ね。国旗も赤地に星をあしらった「五星紅旗」ですもの。共産党の政権だから，共産主義を象徴する赤が使われるのは当然よね，直接的にはソ連からの影響でしょうけど。赤旗の由来って知っている？

甲：いやあ，考えたことなかったな。

南：もともとはフランス革命のとき戒厳令を告げる旗が赤旗だった。これが掲げられたら家から出るなということだったらしいの。ところが，のちの二月革命や(5)パリ=コミューンのとき街頭へ出た民衆は抵抗の意味を込めて外出を禁じる赤旗を掲げた。それが世界の労働運動に取り入れられて，(6)ロシアのマルクス主義者にも採用されたというわけ。

甲：へえー，赤旗にはそんな由来があったんだね。しかし中国には，権力に対する抵抗のシンボルとして赤を用いる伝統が，古くから民衆の間にあったようだね。

南：漢の皇帝を廃して新を建てた［ D ］，彼を倒した赤眉の乱では，参加者は眉を赤く染めていたというわね。

甲：それもあるけれど，北宋の末，華北一帯で活動していた数多くの民間武装集団が仲間である印として頭に紅巾を巻いたことによって定着していったようだ。

南：あっ，知ってるわ。梁山泊を舞台に108人の豪傑が活躍する『〔 ア 〕』の世界ね。

甲：それは明代に成立した小説だけど，北宋の武装集団がモデルになっている。「替天行道」を標榜する任侠的指導者と義兄弟の契りを結んだ武装集団のエピソードは，南宋の末には「説話人」と呼ばれる講釈師が語って人々を喜ばせていた。豪傑談は小説に先立って広く流布していたんだね。

南：北宋の都をモデルにして描いたという，(7)張択端の「清明上河図」には，街角で人を集めて講釈している様子が描かれているわね。

甲：その通り。こうして民衆に浸透した赤は，その後も抵抗と正義の色として引き継がれた。

南：そういえば，(8)元末の白蓮教徒の乱は紅巾の乱とも称される。その中から頭角を現して明王朝を打ち立てた［ E ］も紅巾を巻いていたのかしら。

甲：そうだろうね。白蓮教はその後も存続したし，紅巾の伝統は，清代には「反清復明」をスローガンとする秘密結社にも受け継がれた。中華民国の時期に華北で活動した紅槍会という民間武装集団は槍に赤い房をつけていたところからこう呼ばれたんだ。紅槍会からは，(9)中国共産党の紅軍に吸収されたものも多かったらしい。

南：マルクス主義の赤と中国伝統の赤が見事に重なったわね。

問1　空欄［ A ］～［ E ］に該当する人物の姓名を記せ（**解答用紙A**）。

問2　空欄〔 ア 〕に該当する書名を，次の選択肢から一つ選べ（**解答用紙B**）。

a．金瓶梅　b．紅楼夢　c．水滸伝　d．聊斎志異

問3　下線部(1)～(9)について，以下の問いに答えよ（**解答用紙B**）。

(1)　革命派と交渉し，溥儀の皇帝退位と引き換えに北京で中華民国臨時大総統に就任した人物を，次の選択肢から一つ選べ。

a．袁世凱　b．康有為　c．蔣介石　d．孫文

(2)　始皇帝のおこなった事績として誤っているものを，次の選択肢から一つ選べ。

a．匈奴の建てた遊牧国家と対抗し，長城を修築した。

b．全国に郡県制を施行し，官僚を派遣して統治した。

c．南詔国を滅ぼし，南海郡を設置した。

d．李斯を起用し，言論・思想を統制した。

(3)　後漢時代の文化の説明として正しいものを，次の選択肢から一つ選べ。

a．鄭玄らによって経典の整理・注釈を行う訓詁学が盛んになった。

b．董仲舒により五経が定められ，『五経正義』が編纂された。

c．顧炎武らにより経典や史書の実証的研究を行う考証学が始められた。

d．『文選』が編集され，四六駢儷体と呼ばれる華麗な文章が流行した。

(4)　戦国時代についての記述として正しいものを，次の選択肢から一つ選べ。

a．周が洛邑に都を移したことをもって，戦国時代が始まったとされている。

b．中国各地の詩歌を集めた『詩経』が編纂された。

c．半両銭や五銖銭などの青銅貨幣が広く用いられた。

d．六国が同盟して秦に対抗すべきことを説く張儀が活躍した。

(5)　パリ＝コミューンの説明として正しいものを，次の選択肢から一つ選べ。

a．オルレアン家のルイ＝フィリップが国王に即位したため瓦解した。

b．共和派のティエールを首班とする臨時政府によって鎮圧された。

c．社会主義者のサン＝シモンを首班とする臨時政府が成立した。

d．ブルボン家のシャルル10世を追放して共和制を樹立した。

(6)　ロシア・ソ連の共産主義者と中国との関係についての説明として誤っているものを，次の選択肢から一つ選べ。

a．ソヴィエト政権は，カラハン宣言で帝政ロシアが中国に持っていた利権を放棄すると表明した。

b．一国社会主義論を主張するスターリン体制が確立されると，中ソ共産党間の対立が始まった。

c．中国共産党は，ロシア共産党の指導するコミンテルンの支援のもとに結成された。

d．中国国民党は「連ソ・容共・扶助工農」政策を打ち出しソ連に接近した。

(7)　この画巻が描かれた12世紀前半ころの出来事として正しいものを，次の選択肢から一つ選べ。

a．人に本来備わる「良知」を重視し，「知行合一」を説く宋学を大成した王守仁が生まれた。

b．現在の北京や大同地方を含む燕雲十六州が，契丹の進攻によって奪われた。

c．金との和平を主張する秦檜と抗戦を主張する岳飛が対立した。

d．宰相に登用された王安石が，青苗法などの新法を推進した。

(8)　白蓮教組織の説明として正しいものを，次の選択肢から一つ選べ。

a．現世を善悪二神の闘争の場とみる西域から伝来した祆教に淵源する宗教結社である。

b．不老不死の神仙思想を奉じる太平道系の宗教結社である。

c．弥勒仏が現世に下生して民衆を救済すると信じる浄土宗系の宗教結社である。

d．迷信的な呪術を排し内省と修養によって救済されると説く全真教系の宗教結社である。

(9)　紅軍の説明として正しいものを，次の選択肢から一つ選べ。

a．国民政府の攻撃を受け，瑞金から延安へ移動した。

b．五・三〇運動のストライキに参加した労働者により上海で設立された。

c．第一次国共合作のもと国民革命軍の一部隊として北伐に参加した。

d．文化大革命中には改組されて紅衛兵として活動した。

3　次の1～10について，〔　　　〕内の選択肢のうち，最も適切なものを一つ選べ（**解答用紙B**）。

1．アケメネス朝は，〔a．オリエント初の統一王朝となった　b．ニネヴェを首都とした　c．ネブカドネザル2世が建国した　d．ペルセポリスを建てた〕。

2．6世紀に中央アジアから勃興しモンゴル高原を制覇した突厥は，〔a．漢字をもとに独自の文字をつくった　b．匈奴を滅ぼした　c．ササン朝と外交関係をもった　d．西夏によって滅ぼされた〕。

3．〔a．ドミニコ　b．フランチェスコ　c．ベネディクトゥス　d．ロヨラ〕は，モンテ=カシノに修道院を創設した。

4．義浄は7世紀後半にインドを訪れ，〔a．『大唐西域記』を著した　b．ナーランダー僧院で学んだ　c．ハルシャ王の厚い保護を受けた　d．『仏国記』を著した〕。

5．〔a．オクスフォード　b．サレルノ　c．パリ　d．ボローニャ〕大学は，中世には医学で名高かった。

6．ルネサンス期のフィレンツェでは，〔a．ブルネレスキ　b．ペトラルカ　c．ボッティチェリ　d．ミケランジェロ〕がサンタ=マリア大聖堂のドームを設計した。

7．サファヴィー朝のアッバース1世は，〔a．アズハル=モスク　b．イマームのモスク　c．クトゥブ=ミナール　d．タージ=マハル〕を建てた。

8．第一次世界大戦後，〔a．アラビア半島ではムスタファ=ケマルがサウジアラビア王国　b．イランではレザー=ハーンがパフレヴィー朝　c．エジプトではムハンマド=アリーがエジプト王国　d．トルコではイブン=サウードがトルコ共和国〕を建てた。

9．1963年，パン=アフリカ主義を掲げて，植民地主義の根絶や紛争の平和的解決のために設立された地域組織は，〔a．アフリカ統一機構　b．アフリカ民族会議　c．アフリカ連合　d．パン=アフリカ会議〕である。

10．1979年のイラン革命後，隣国イラクでは，〔a．アラファト　b．サダム=フセイン　c．ホメイニ　d．ビン=ラーディン〕が大統領になり，翌年，国境紛争を理由にイラン=イラク戦争を起こした。

■数学■

◀理系学部▶

(80分)

(注)　理工学部物理学科を受験する者は数学①を，理工学部生物学科を受験する者は数学②を，その他の学部・学科を受験する者は数学①と数学②のいずれかを選択し解答すること。

解答は，結果だけでなく結果に至るまでの過程も記述せよ。

■数　学　①■

1　実数x，yが$y \geqq x^2-2x-4$，$y \leqq x$を満たすとき，$k=\dfrac{y-2}{x-5}$の最大値，最小値を求めよ。また，そのときのx，yを求めよ。

2　△ABCにおいてAB＝4，AC＝6，面積$S=3\sqrt{15}$とする。このとき，以下の問いに答えよ。

(1) $\sin A$および$\cos A$を求めよ。

(2) BCの長さを求めよ。

(3) △ABCの外接円のうち半径Rが最大となるものを求めよ。また，そのときの内接円の半径rを求めよ。

3　100から999までの3桁の自然数が1枚につき1つずつ書かれたカードが入っている箱がある。この箱からカードを1枚取り出し，カードに書かれた数を調べてからもとに戻すという試行を2回行う。このとき，2回目に取り出したカードに書かれた数が1回目に取り出したカードに書かれた数よりも大きい確率を求めよ。

4　数列 $\{a_n\}$ が $0<a_1\leqq\dfrac{1}{3}$，$a_{n+1}=\dfrac{3}{2}a_n(1-a_n)$（$n=1,\ 2,\ 3,\ \cdots$）を満たすとする。このとき，以下の問いに答えよ。

(1) $a_2\geqq a_1$ を示せ。

(2) $0<a_n\leqq\dfrac{1}{3}$，$a_{n+1}\geqq a_n$ を示せ。

(3) $\dfrac{1}{3}-a_{n+1}\leqq\left(1-\dfrac{3}{2}a_1\right)\left(\dfrac{1}{3}-a_n\right)$ を示せ。

(4) $\displaystyle\lim_{n\to\infty}a_n$ を求めよ。

■数　学　②■

1　<数学①>1に同じ。

2　<数学①>2に同じ。

3　<数学①>3に同じ。

4　p, q は $\dfrac{1}{p}+\dfrac{1}{q}=1$ を満たす実数とする。△OABと点C，D，E，Fが $\overrightarrow{OC}=\dfrac{1}{p}\overrightarrow{OA}+\dfrac{1}{q}\overrightarrow{OB}$, $\overrightarrow{OD}=p\overrightarrow{OA}$, $\overrightarrow{OE}=q\overrightarrow{OB}$, $\overrightarrow{OF}=\overrightarrow{OA}+\overrightarrow{OB}$ を満たすとき，以下の問いに答えよ。

(1)　点Cが線分ABを2：1に内分するとき，p, q の値を求めよ。

(2)　(1)のとき，点Fは線分DE上にあることを示せ。

(3)　p, q の値にかかわらず，直線DEは点Fを通ることを示せ。

◀文系学部▶

(60分)

1 以下の空欄 [①] ～ [⑩] にあてはまる数を所定の欄に記入せよ。

(1) 不等式 $|3x+5| \geqq x+8$ の解は，$x \leqq$ [①]，[②] $\leqq x$ である。

(2) 平行四辺形ABCDにおいて，辺CDを1：4に内分する点をE，対角線BDを1：2に内分する点をF，対角線BDと線分AEの交点をGとする。このとき，
$\overrightarrow{AF} =$ [③] $\overrightarrow{AB} +$ [④] $\overrightarrow{AD}$ である。また，$\overrightarrow{AG} =$ [⑤] $\overrightarrow{AE}$ である。

(3) △ABCは，∠B＝60°，AB＋BC＝5 を満たしている。△ABCの面積が $\frac{3\sqrt{3}}{2}$ で BC＞AB のとき，BC＝ [⑥] である。また，辺BCの中点をMとすると，線分AMの長さが最小となるのは，BC＝ [⑦] のときである。

(4) 1個のさいころを4回投げて，1回目の目を千の位，2回目の目を百の位，3回目の目を十の位，4回目の目を一の位として4桁の整数を作る。このとき，その整数が，4の倍数となる確率は [⑧] であり，3の倍数で千の位が1かつ一の位が4となる確率は [⑨] であり，3330より大きくなる確率は [⑩] である。

2　$-\frac{\pi}{2} \leqq \theta \leqq \frac{\pi}{2}$ として，次の方程式①を考える。

$$(\sqrt{3}\sin\theta + \cos\theta)^3 - 6\sin^2\theta - 3\sqrt{3}\sin 2\theta - \sqrt{3}\sin\theta - \cos\theta = 0 \cdots ①$$

また，$x = \sqrt{3}\sin\theta + \cos\theta$ とする。このとき，以下の問いに答えよ。

ただし，解答は結果だけでなく，結果に至るまでの過程も記述すること。

(1)　x のとり得る値の範囲を求めよ。

(2)　x^2 を $\sin\theta$ と $\sin 2\theta$ で表せ。

(3)　方程式①を x で表せ。また，得られた x の方程式を解け。

(4)　方程式①を満たす θ の値を求めよ。

物理

（80分）

1 以下の問いに答えよ。

図1のように，一端を原点Oに固定した長さlの軽い糸を鉛直に垂らし，他端に質量mの小球を取り付けた。このときの小球の位置を点Aとする。その後，水平方向に初速v_0を小球に与えた。重力加速度の大きさをgとする。また，糸の重さや空気抵抗の影響は考えない。

Ⅰ．小球は運動を続け，糸がたるまないまま点Bの位置に来た。このとき，鉛直下向きと糸のなす角をθとする。

問1　点Aでの小球の運動エネルギーはいくらか，求めよ。

問2　点Aを重力による位置エネルギーの基準に定めたとき，点Bでの小球がもつ重力による位置エネルギーはいくらか，求めよ。

問3　点Bでの小球の速さはいくらか，求めよ。

問4　点Bでの小球にはたらく糸の張力の大きさはいくらか，求めよ。

Ⅱ．図2のように，原点Oから初速度の向きにx軸を，鉛直上向きにy軸をとる。小球はxy面内を運動し，点Cに来たときに糸がたるみはじめた。点Cでの鉛直上向きと糸のなす角をϕとする。

問5　点Cの座標をlとϕを用いて書け。

問6　点Cでの小球にはたらく糸の張力の大きさはいくらか，求めよ。

問7　問6の結果を利用して，点Cでの小球の速さをv_0を用いずに書け。

問8　小球の初速v_0はいくらか，求めよ。

小球が最高点に達したときの位置を点Dとする。以下の問いでは v_0 を用いずに書け。また計算過程も含めて書くこと。

問9　点Dの y 座標はいくらか，求めよ。

問10　点Dの x 座標はいくらか，求めよ。

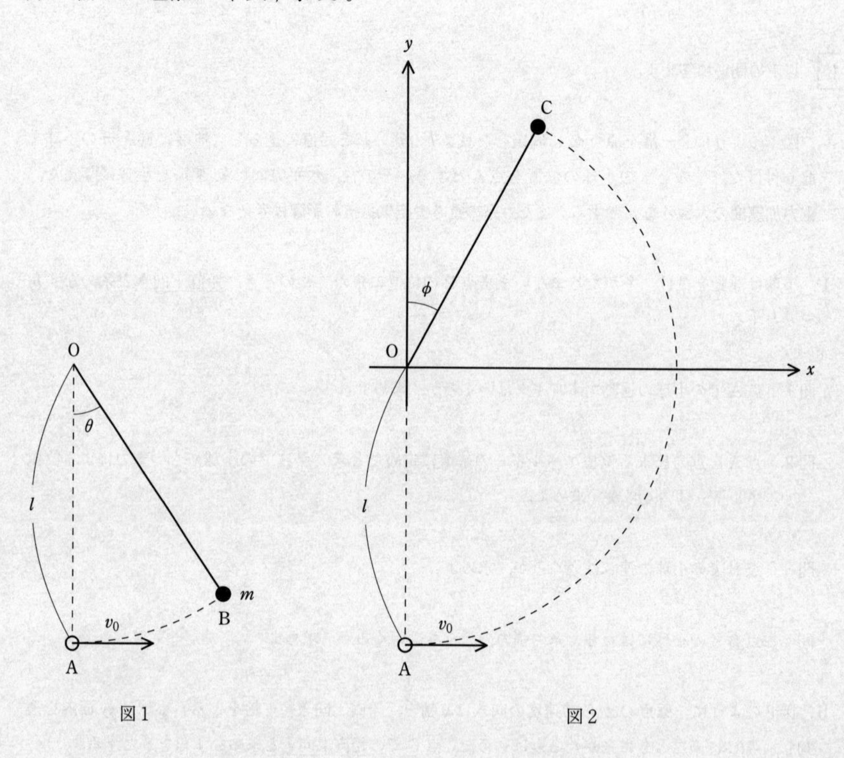

図1　　図2

2　以下の［ 1 ］から［ 13B ］に適切な式を，［ あ ］および［ い ］には適切な語句を解答用紙の所定欄に記入せよ。

Ⅰ．**図1**のように，起電力 $V(V>0)$ の2つの電源，1，2の二つの位置を持つスイッチS，開閉を切り替えられるスイッチ S_1，S_2，電気容量 C のコンデンサーA，Bからなる回路を考える。最初スイッチSは1に接続されていて，S_1，S_2 は開いた状態であり，コンデンサーA，Bに電荷は蓄えられていないものとする。

この状態からスイッチ S_1 を閉じ，十分に時間が経った（**図2**）。このとき，コンデンサーAに蓄えられた電荷 $Q(>0)$ は $Q=$［ 1 ］である。コンデンサーAのb側の極板とc側の極板に蓄えられた電荷の符号はそれぞれ［ あ ］，［ い ］である。続いて，スイッチ S_1 を開いて S_2 を閉じ，十分に時間が経った（**図3**）。aを電位の基準とするとbの電位は［ 2 ］である。bに対するcの電位を V_A，cに対するdの電位を V_B とすると，キルヒホッフの第2法則「任意の閉回路の電位の上昇の総和＝0」を閉回路a－b－d－e－aに適用すると，V，V_A，V_B は［ 3 ］を満たすことがわかる。一方，コンデンサーAのc側の極板からコンデンサーBのc側の極板までの部分は電気的に孤立しているので，電気量保存の法則によりコンデンサーAのc側の極板に蓄えられた電荷とコンデンサーBのc側の極板に蓄えられた電荷の和はスイッチの操作を行う前後で変化しない。したがって，コンデンサーAのc側の極板に蓄えられた電荷を $Q_A=CV_A$，コンデンサーBのd側の極板に蓄えられた電荷を $Q_B=CV_B$ とし，V_A，V_B の向きに注意すると，Q，Q_A，Q_B は［ 4 ］を満たすことがわかる。この関係と式［ 3 ］を Q，Q_A，Q_B を用いて書き換えた式から，電荷 Q_A，電荷 Q_B は Q を用いて［ 5A ］，［ 5B ］と表せる。

Ⅱ．回路を**図1**の状態に戻した。このとき，コンデンサーA，Bに電荷は蓄えられていないものとする。この状態からスイッチ S_1 を閉じ，十分に時間が経ったところ，コンデンサーAに電荷［ 1 ］が蓄えられた（**図2**）。その後，スイッチ S_1 を開き，スイッチSを1から2に切り替え，S_2 を閉じ，十分に時間が経った（**図4**）。aを電位の基準とするとbの電位は［ 6 ］である。bに対するcの電位を V'_A，cに対するdの電位を V'_B とするとき，閉回路a－b－d－e－aに着目すると V，V'_A，V'_B は［ 7 ］を満たすことがわかる。一方，コンデンサーAのc側の極板に蓄えられた電荷を $Q'_A=CV'_A$，コンデンサーBのd側に蓄えられた電荷を $Q'_B=CV'_B$ とし，V'_A，V'_B の向きに注意すると，電気量保存の法則を用いて，Q，Q'_A，Q'_B は［ 8 ］を満たすことがわかる。［ 7 ］と［ 8 ］の関係式から，電荷 Q'_A と電荷 Q'_B は Q を用いて［ 9A ］，［ 9B ］と表せる。

この後さらに**図4**の状態から**図2**の状態へスイッチS，S_1，S_2 を瞬時に切り替え，十分時間が経った（これを**操作4→2**と呼ぶ）。この操作により，コンデンサーAと電源は閉回路a－b－c－f－aをなすのでコンデンサーAのc側の電極には［ 1 ］の電荷が蓄えられる。一方，コンデンサーBは閉回路を構成しないので蓄えられた電荷は変化しない。この後，**図2**の状態から**図4**の状態へスイッチS，S_1，S_2 を瞬時に切り替え，十分時間が経った（これを**操作2→4**と呼ぶ）。このとき，bに対するcの電位を V''_A，cに対するdの電位を V''_B とすると，V，V''_A，V''_B は［ 7 ］と同様の考察で，関係式［ 10 ］を満たすことがわかる。一方，電気量保存の法則により，コンデンサーAのc側に蓄えられた電荷とコンデンサーBのc側に蓄えられた電荷の和は [11] となる。よって，コンデンサーAのc側の電極に蓄えられた電荷を $Q''_A=CV''_A$，コンデンサーBのd側に蓄えられた電荷を $Q''_B=CV''_B$ とすると，Q，Q''_A，Q''_B は [12] の関係を満たす。[10] と [12] の関係式から，電荷 Q''_A と電荷 Q''_B は Q を用いて [13A]，[13B] と表すことができる。この後，**操作4→2**と**操作2→4**を交互に多数回繰り返すと，コンデンサーA，Bに蓄えられている電荷に変化が起こらなくなる。この時，コンデンサーBに蓄えられている電荷は $-2Q$ となり電源の電圧 V より大きな電位を得ることができる。

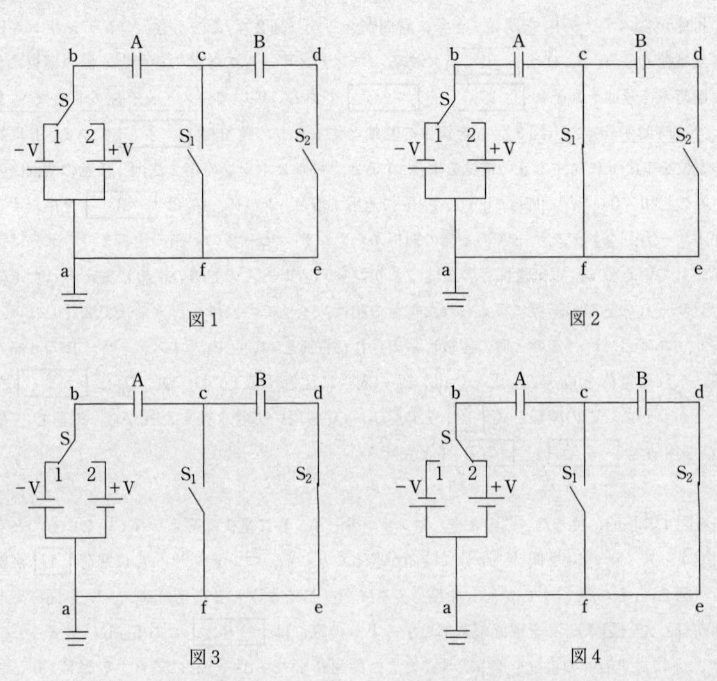

図1 図2 図3 図4

3 以下の［ア］から［シ］に適切な式または数値を記入せよ。また，［A］および［B］に適切な語句を語群より選び，所定欄に記入せよ。

Ⅰ．図1のように，質量 m のおもりを用いて，L だけ離れた点ab間に弦を張る。この弦に振動源を取り付けて振動数を変化させたところ，特定の振動数において，弦の固有振動数と一致して，弦に定常波が発生し，大きな音が鳴った。最も低い音が発生するのは，弦が基本振動をする場合である。この時，定常波の節は弦の点aおよびbの位置にあるので，定常波の波長 λ_1 は，L を用いて $\lambda_1 =$ ［ア］と書ける。また，弦を伝わる波の速さは，弦の張力の大きさ S と弦の単位長さあたりの質量（線密度）ρ を用いて，$\sqrt{\dfrac{S}{\rho}}$ と与えられる。図1中の滑車からおもりまでの弦の質量を無視できるとすると，弦にかかる張力の大きさは，重力加速度の大きさを g として $S=$ ［イ］となる。よって，弦の基本振動数 f_1 を，L，ρ，m，g を用いて表すと，$f_1 =$ ［ウ］である。振動源の振動数を大きくしていくと，弦のab間に定常波の腹が2つ現れた。さらに振動数を大きくすると，腹の数が3つ，4つと増えていった。弦に現れる腹の数が n の場合の弦の固有振動数 f_n は，基本振動数 f_1 と正の整数 $n=1,\ 2,\ 3,\ \cdots$ を用いて $f_n =$ ［エ］と書ける。$n=2$ の場合を2倍振動，$n=3$ の場合を3倍振動などと呼ぶ。

具体的な例で弦の振動数を計算してみよう。数値は有効数字3桁で答えよ。必要があれば $g=9.80\,\mathrm{m/s^2}$ および $\sqrt{5}=2.24$ を用いよ。質量 $m=10.0\,\mathrm{kg}$ のおもりで，線密度 $\rho=1.96\,\mathrm{g/m}$ の弦を，$L=300\,\mathrm{mm}$ で張った場合を考える。弦の張力と線密度から，弦を伝わる波の速さ v を求めると $v=$ ［オ］m/sとなる。また，この弦の基本振動数は，［カ］Hzと求まる。おもりの質量を9倍にすると，基本振動数は［キ］Hzになる。

Ⅱ．図1の装置を用いて弦を振動させると，その振動が空気に伝わり音波として観測される。弦を基本振動数 f_1 で振動させた時，空気中に伝わる音波の振動数も f_1 なので，空気中の音速を V とすると，音波の波長は f_1 を用いて［ク］と表せる。

図1と同じ音源装置を2つ用意した。ただし，一方の装置のおもりを質量 m' のものに変更した。おもりの質量 m の装置を3倍振動で，おもりの質量 m' の方の装置を2倍振動で鳴らしたところ，2つの音が全く同じ高さとなった。この時，m' を m を用いて表すと $m'=$ ［ケ］となる。

Ⅲ．図1の音源装置を再び1つだけにした。図2のように，音源装置に対して一定の速度で近づけたり遠ざけたりすることのできる反射板を用意した。装置の弦を基本振動数 f_1 で鳴らしながら反射板を速さ v_R で動かした。静止した装置のところにいる観測者に反射板から届く音が，装置から直接届く音よりもわずかに高く聞こえた。反射板を動かした向きは反射板と装置が［A］向きである。2つの音の高さがわずかに異なるため，1秒間あたり f 回のうなりが聞こえた。f は2つの音の振動数の［B］に等しくなる。反射板の速さ v_R を求めてみよう。音波は，音源装置と反射板の間の最短経路をたどると考えてよい。まず，反射板と共に移動する観測者の聞く音の振動数は，反射板が速さ v_R で動いているので，v_R，V，f_1 を用いて［コ］と書ける。音波が反射する際に振動数は変化しないことと，反射板が速さ v_R で動いていることに注意すると，観測者に反射板から届く音波の振動数は［コ］の［サ］倍となる。装置から直接聞こえる音と，反射板から聞こえる音の間で，1秒間あたり f 回のうなりが聞こえたという条件から方程式をたてて，v_R について解くと，$v_R =$［シ］となる。

語群：	近づく	遠ざかる	和	差	積	商

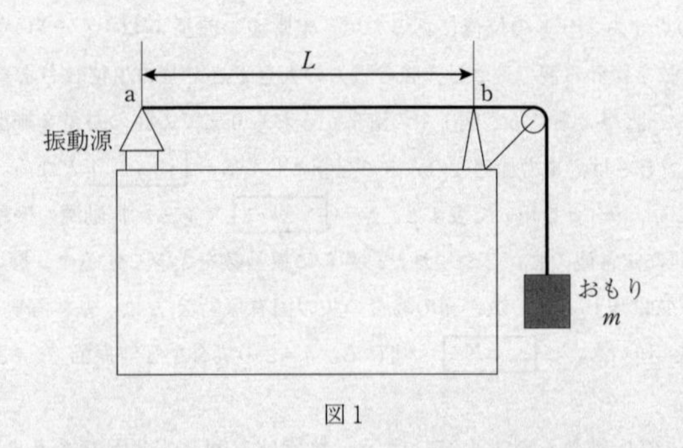

図1

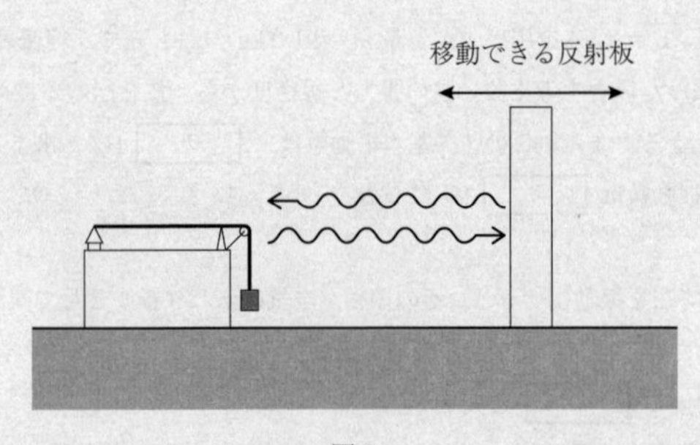

図2

■化学■

（80分）

1 次の文を読み，問1～問7に答えよ。

原子核のまわりの電子は，原子核を取り巻く電子殻と呼ばれるいくつかの層に分かれて存在している。電子殻は原子核に近い方から，［（a）］殻，［（b）］殻，［（c）］殻，などと呼ばれている。原子番号が増すに従って，電子は内側の電子殻から順に収容される。最も外側の電子殻にある電子は，最外殻電子と呼ばれ，原子どうしが結合したり，イオンになる場合に重要な働きをするときは，特に［（d）］と呼ばれる。

［（d）］が1個のアルカリ金属では，ア)この電子を放出して安定な希ガス(貴ガス)原子と同じ電子配置になり，［（e）］イオンとなる性質がある。また，ハロゲンは，イ)電子1個を受け入れ安定な希ガス(貴ガス)原子と同じ電子配置になり，［（f）］イオンとなる性質がある。一般に，［（e）］イオンと［（f）］イオンが静電引力により強く結びついた結合を［（g）］結合という。ウ)水分子では1個の酸素原子が2個の水素原子と，［（d）］を［（h）］し合って結合している。その結果，酸素原子はネオン原子に似た電子配置となり，安定になっている。このような結合を［（h）］結合という。この結合を形成している電子2個をまとめて［（i）］という。

問1　文中の［（a）］～［（i）］に当てはまる最も適当な語句，または記号を記せ。

問2　下線部ア)について，気体状態の原子から電子1個を取り去るために必要なエネルギーを何というか。名称を記せ。

問3　問2のエネルギーに関して，アルカリ金属である，リチウム，ナトリウム，カリウムのうち，最もこのエネルギーが小さい元素の元素記号を記せ。

問4　下線部イ)について，気体状態の原子が電子1個を受け取った際に放出するエネルギーを何というか。名称を記せ。

問5　問4のエネルギーに関して，ハロゲンである，フッ素，塩素，臭素，ヨウ素のうち，最もこのエネルギーが大きい元素の元素記号を記せ。

問 6　下線部ウ)について，水分子の電子式を記せ。

問 7　水を構成している酸素は 16 族元素である。16 族に属する元素の水素化合物である，水，硫化水素，セレン化水素，テルル化水素の沸点を比較すると，水は分子量が最も小さいにもかかわらず，沸点が著しく高い。このように水の沸点が高くなる理由について 20 字程度で記せ。

2　次の文を読み，問 1 ～問 3 に答えよ。必要があれば次の数値を用いること。
$\sqrt{5}=2.2$，$\log_{10}2=0.3$，$\log_{10}5=0.7$

水素イオン指数 pH は，酸性，中性，あるいは塩基性といった水溶液の液性や，その度合を表す便利な尺度として，科学で幅広く用いられている。pH は，水溶液中の水素イオン濃度$[H^+]$〔mol/L〕を用いて，$pH=-\log_{10}[H^+]$と表される。

25 ℃における純粋な水(純水)の pH は 7.0 であり，この温度における水溶液の液性は，pH＝7.0 を中性として，pH が 7.0 より小さいときを酸性，pH が 7.0 より大きいときを塩基性に分類している。なお，25 ℃における水のイオン積は，$K_w=1.0\times10^{-14}$ mol^2/L^2 であり，これは純水の pH＝7.0 に基づいている。

25 ℃における強酸や強塩基の水溶液の pH は次のようにして求められる。例えば，1 価の強酸である塩酸の濃度が 2.0×10^{-2} mol/L のとき，塩化水素 HCl の電離により生じた水素イオンの濃度は，$[H^+]$＝［　①　］mol/L であり，pH＝［　②　］と求められる。また，2 価の強塩基である水酸化カルシウムの水溶液の濃度が 5.0×10^{-3} mol/L のとき，水酸化カルシウム $Ca(OH)_2$ の電離により生じた水酸化物イオンの濃度は，$[OH^-]$＝［　③　］mol/L であるので，25 ℃における K_w の値を用いれば，$[H^+]$＝［　④　］mol/L となり，pH＝［　⑤　］と求められる。

一方で，強酸や強塩基の濃度が極めて薄い場合は，上記の方法では正しい pH を求めることはできない。例えば，25 ℃における塩酸の濃度が 1.0×10^{-8} mol/L のとき，HCl の電離により生じた水素イオンの濃度だけを考えれば pH＝8.0 となり，「1.0×10^{-8} mol/L 塩酸は塩基性である」という誤った結論を導くことになる。このようなア)極めて濃度が薄い強酸や強塩基の水溶液の pH を求める場合，水の電離を考慮する必要がある。

なお，中性の水溶液であれば，いかなる温度でも常に pH＝7.0 であると考えるのは間違いである。これは，イ)水のイオン積 K_w が温度により変化するため，温度が異なれば，中性の水溶液の pH が 7.0 ではない値となるためである。

問 1　文中の［　①　］～［　⑤　］に当てはまる数値を求め，それぞれ有効数字 2 桁で記せ。ただし，25 ℃における K_w の値は，文中の数値を用いること。

問2　下線部ア)に関して，極めて薄い塩酸のモル濃度をc〔mol/L〕とし，水の電離を考慮した場合の水溶液のpHを考える。以下の問いに答えよ。

1）極めて薄い塩酸では，HClの電離で生じた水素イオンの濃度と，水の電離で生じた水素イオンの濃度の和が，水素イオン濃度$[H^+]$〔mol/L〕となる。一方，水の電離で生じた水酸化物イオン濃度$[OH^-]$〔mol/L〕は，水の電離で生じた水素イオンの濃度と等しい。これらの濃度の関係から，この塩酸中の水酸化物イオン濃度$[OH^-]$〔mol/L〕を表す式を，$[H^+]$とcを用いて記せ。

2）1)で求めた式を，水のイオン積K_wを表す式に代入すると，K_wは$[H^+]$とcだけで表される関係式となり，これを整理することにより，次に示す$[H^+]$に関する二次方程式(1)が得られる。

$$[H^+]^2 + \boxed{\text{(A)}}\,[H^+] + \boxed{\text{(B)}} = 0 \qquad (1)$$

式(1)の（A）および（B）に当てはまる最も適当なものを，次の【解答群】からそれぞれ選び，記号を記せ。

【解答群】

(ア)　0　　**(イ)**　c　　**(ウ)**　$-c$　　**(エ)**　K_w

(オ)　$-K_w$　　**(カ)**　cK_w　　**(キ)**　$-cK_w$

3）2)の式(1)は，数学的に2つの解が求められるが，実際の水素イオン濃度$[H^+]$〔mol/L〕を表す適切な解は1つである。$[H^+]$〔mol/L〕を表す適切な解の式を，cとK_wを用いて記せ。

4）3)で求めた式に基づき，25℃でモル濃度$c = 1.0 \times 10^{-7}$ mol/Lの塩酸について，水の電離を考慮した場合の水素イオン濃度$[H^+]$〔mol/L〕を解答欄①に，pHを解答欄②に，それぞれ有効数字2桁で求め，数値を記せ。ただし，25℃におけるK_wは文中の数値を用いること。

問3　下線部イ)に関して，水溶液の液性は，水素イオン濃度$[H^+]$〔mol/L〕と水酸化物イオン濃度$[OH^-]$〔mol/L〕が，$[H^+] = [OH^-]$のときを中性，$[H^+] > [OH^-]$のときを酸性，$[H^+] < [OH^-]$のときを塩基性として分類する。一方，水のイオン積K_wの値は温度が高いほど大きくなり，例えば，80℃では$K_w = 2.5 \times 10^{-13}$ mol²/L²である。80℃においてpH = 7.0の水溶液は，酸性，中性，塩基性のいずれに分類されるか記せ。

3 次の文を読み，問１～問５に答えよ。必要があれば次の数値を用いること。
原子量 H＝1.00，C＝12.0，O＝16.0
1 気圧(atm)＝1.013×10^5 Pa

真空状態の密閉容器に少量の液体を入れ，一定温度で放置すると，単位時間に蒸発する分子数と凝縮する分子数が等しくなり，気液平衡の状態となる。気液平衡にあるとき，蒸気の示す圧力を蒸気圧という。図１にベンゼンとトルエンの蒸気圧曲線を示す。

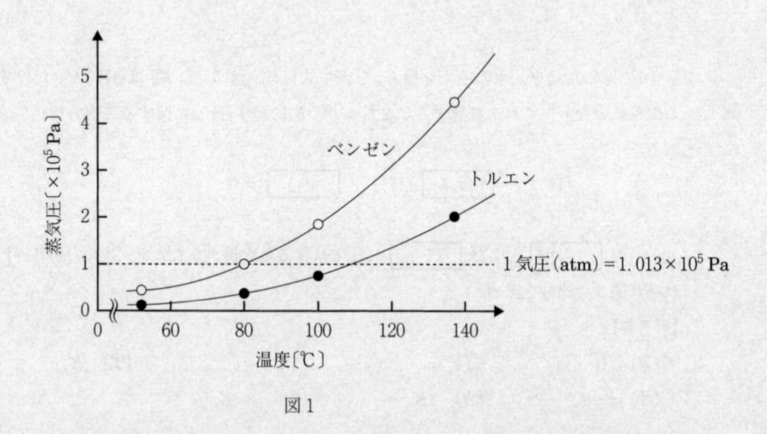

図１

問１　ベンゼンの分子式は C_6H_6 であり，トルエンの分子式は C_7H_8 である。以下の問いに答えよ。

1）ベンゼンの構造式を解答欄①に，トルエンの構造式を解答欄②にそれぞれ記せ。なお，ベンゼン環については，元素記号を省略した略記法で構造式を記してもよい。

2）ベンゼンとトルエンについて，1 mol あたりの質量を表すモル質量〔g/mol〕を整数値で求め，ベンゼンについては解答欄①に，トルエンについては解答欄②に，それぞれ数値を記せ。

問２　図１より，分子間力が強いのはベンゼンまたはトルエンのいずれか。名称を記せ。

問３　図１の 100 ℃における蒸気圧は，ベンゼンでは 1.858×10^5 Pa，トルエンでは 0.758×10^5 Pa である。ベンゼンとトルエンを別々の真空状態の体積可変密閉容器に入れ，両方の容器内の温度を 100 ℃，圧力を 1 気圧(atm)とした。このとき，各容器内のベンゼンとトルエンの状態に関する記述として最も適当なものを次の【解答群】から選び，記号を記せ。
【解答群】
（ア）　ベンゼンは沸騰するが，トルエンは沸騰しない
（イ）　トルエンは沸騰するが，ベンゼンは沸騰しない

(ウ)　ベンゼンとトルエンのいずれも沸騰する

(エ)　ベンゼンとトルエンのいずれも沸騰しない

問4　図1の 52 ℃におけるトルエンの蒸気圧は 0.134×10^5 Pa である。トルエンの入った密閉容器内の温度を 52 ℃に保ちながら，容器内の圧力を1気圧(atm)から徐々に低くしていくと，何気圧(atm)でトルエンは沸騰するか。有効数字2桁で求め，数値を記せ。

問5　ベンゼンとトルエンは分子構造が似ているため，両者を混合すると相互に溶解する。この混合溶液中のベンゼンの物質量を a〔mol〕，トルエンの物質量を b〔mol〕とすると，ベンゼンのモル分率 x は，式(1)で表される。

$$x=\frac{a}{a+b} \qquad (1)$$

学生のAさんは，ベンゼンとトルエンの混合溶液 100 g をつくる際，ベンゼンの質量を測定せずにうっかりトルエンと混合してしまった。100 g の溶液中にベンゼンがどれだけ含まれているかわからず困っていたところ，大学院生のBさんが，「混合溶液中のベンゼンのモル分率 x と蒸気圧〔Pa〕の関係は，80 ℃で図2のようになっているから，つくった溶液の全圧 P〔Pa〕を 80 ℃で測定して図2からモル分率 x を求め，式(1)を使ってベンゼンの物質量〔mol〕を求めれば，その質量〔g〕も求められるよね」と助言してくれた。そこでAさんはBさんに教わった方法で，混合溶液中のベンゼンの質量〔g〕を求めることにした。以下の問いに答えよ。

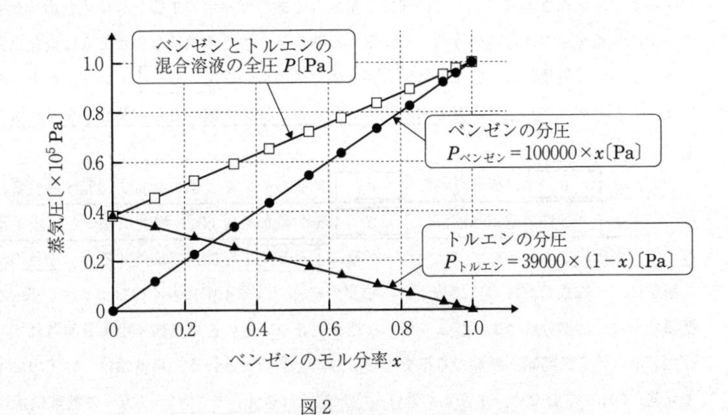

図2

1）図2のモル分率 x に対するベンゼンの分圧 $P_{ベンゼン}$〔Pa〕(●)を結ぶ直線と，トルエンの分圧 $P_{トルエン}$〔Pa〕(▲)を結ぶ直線は，それぞれ次の式で表される。

ベンゼンの分圧 $P_{ベンゼン}$〔Pa〕を表す式：　$P_{ベンゼン}=100000\times x$

トルエンの分圧 $P_{トルエン}$〔Pa〕を表す式：　$P_{トルエン}=39000\times(1-x)$

図2のベンゼンとトルエンの混合溶液の全圧P〔Pa〕(□)を結ぶ直線を表す式を，ベンゼンのモル分率xを用いて記せ。

2）Aさんがつくった混合溶液の80 ℃での蒸気圧(全圧P)は0.695×10^5 Paであった。1)で求めた全圧Pを表す式を用いて，この混合溶液中のベンゼンのモル分率xを有効数字2桁で求め，数値を記せ。

3）式(1)に基づいて，ベンゼンとトルエンの混合溶液100 g中に含まれるベンゼンの質量〔g〕を表す式を，ベンゼンのモル分率xを用いて記せ。ただし，ベンゼンとトルエンのモル質量は問1で求めた数値を用いること。

4）Aさんがつくった100 gの混合溶液中にベンゼンは何g含まれていたか。3)で求めた式を用いて有効数字2桁で求め，数値を記せ。

4　次の文を読み，問1～問8に答えよ。

自然界から得られる有機化合物の多くは，炭素や水素の他に，酸素や窒素などを含む。例えば，炭化水素の水素原子をヒドロキシ基－OHで置換した形の化合物は［ａ］という。［ａ］を酸化すると，炭素原子と酸素原子との間に二重結合のあるカルボニル基をもつ化合物へと変換される。カルボニル基をもつ化合物のうち，カルボニル基に結合する置換基2個がともに炭化水素基のものをケトンといい，置換基の一方または両方が水素原子のものを［ｂ］という。ケトンの一種であるアセトンの水溶液に，ア)ヨウ素と水酸化ナトリウムを加えて温めると，特異臭をもつ黄色結晶が生じる。

一方，イ)［ｂ］は酸化されて［ｃ］になりやすく，他の物質を還元する性質がある。例えば，ウ)アンモニア性硝酸銀水溶液に［ｂ］を少量加えて60 ℃程度に保つと，銀イオンが還元されて，銀が析出する。また，フェーリング液に［ｂ］を加えて加熱するとエ)赤色の沈殿が生じる。

糖類は，一般式$C_m(H_2O)_n$で表される物質の総称で，分子中に多くのヒドロキシ基－OHをもつ。糖類のうち，加水分解によってより簡単な糖を生じないものを単糖類，加水分解されて2分子の単糖を生じるものを二糖類，多数の単糖を生じるものを多糖類という。単糖類は，分子中に多くのヒドロキシ基－OHを含むため，水によく溶け，オ)水溶液は還元性を示す。一方，多糖類は水に溶けにくく，還元性を示さない。植物中で光合成によりつくられるデンプンは，単糖類であるカ)α-グルコースが多数縮合重合した多糖類である。デンプンには2種類の成分［Ａ］と［Ｂ］がある。［Ａ］は，比較的分子量が大きく，枝分かれ構造をもち，水に溶けにくい。［Ｂ］は，比較的分子量が小さく，直鎖状構造をもち，熱水に可溶である。

問1 文中の [a] ～ [c] に当てはまる最も適当な語句を記せ。

問2 下線部ア)について，この反応の名称を記せ。

問3 次の①～⑤の反応のうち，下線部イ)と同様の還元性を示す化合物が生成するものをすべて選び，記号を記せ。

① 塩化パラジウム(Ⅱ)と塩化銅(Ⅱ)を触媒に用いて，エチレンを酸化する

② 2-プロパノールを二クロム酸カリウムの硫酸酸性溶液で酸化する

③ メタノールを二クロム酸カリウムの硫酸酸性溶液で酸化する

④ マレイン酸を160 ℃に加熱する

⑤ 白金を触媒として，エチレンに水素を反応させる

問4 下線部ウ)について，この反応の名称を記せ。

問5 下線部エ)について，生じる赤色沈殿は何か。化学式を記せ。

問6 下線部オ)について，代表的な単糖類であるグルコースは，結晶中で下図のような構造をとることが知られているが，これらの構造だけではグルコースが水溶液中で還元性を示すことを説明できない。グルコースの水溶液が還元性を示す理由を60字程度で記せ。

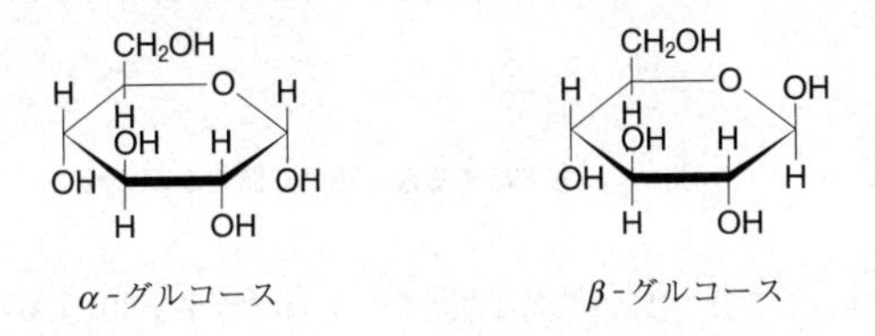

α-グルコース　　β-グルコース

問7 文中の [A] および [B] に当てはまる最も適当な語句を次の【解答群】から選び，記号を記せ。

【解答群】

(ア) グリコーゲン　(イ) マルトース　(ウ) アミロペクチン

(エ) ガラクトース　(オ) アミロース　(カ) アルドース

問8 下線部カ)について，β-グルコースが縮合重合したときに生じる高分子化合物の名称を記せ。

生物

(80 分)

1 次の文を読み，以下の問いに答えよ。

地球上には多くの種①が存在する。種は生き物の分類の基本単位であり，一般に，自然状態での交配が不可能，もしくは交配しても生殖能力をもたない子孫が生じる，(a)が成立していれば別の種とみなされる②。

同じ種であっても，個体間には変異がみられる。変異のうち，DNA の塩基配列の変化や，(b)の数や構造の変化である突然変異により生じた遺伝的変異は，進化の重要な要素となる。交配可能な集団がもつ遺伝子全体は(c)とよばれ，(c)の中の1つの遺伝子座における対立遺伝子の頻度を遺伝子頻度③という。ある環境において，生存や繁殖に有利な遺伝的変異をもつ個体はより多くの子を次世代に残し，やがて，集団中にその形質にかかわる遺伝子頻度が高くなる。これが自然選択④による進化のしくみである。一方，自然選択とは無関係に，遺伝子頻度が偶然により変動する(d)も進化の重要な要因である。木村資生は，分子レベルで起こる突然変異の多くは中立⑤であり，それが(d)によって集団中に固定されることで進化が生じるという中立説を提唱した。

問1 文中の(a)～(d)にあてはまる最も適当な語句を記入せよ。

問2 下線部①について，生物の種は国際的な基準で決められた学名を用いてあらわす。たとえば，キイロショウジョウバエとヒトの学名はそれぞれ *Drosophila melanogaster* と *Homo sapiens* である。この2語の組み合わせで種名を表記する方法を何というか，解答欄（あ）に記入せよ。また，この2語のそれぞれの部分が何をあらわしているかを，*Drosophila* や *Homo* などの前半の部分については解答欄（い）に，*melanogaster* や *sapiens* などの後半の部分については解答欄（う）に記入せよ。

問3 下線部②について，この基準により種を定義できない生物がいる。どのような特徴をもつ生物か，例を一つあげよ。

問4　下線部③について，以下の問いに答えよ。

(1) ある生物の種では，常染色体のある遺伝子座に2つの対立遺伝子Aとaがある。この種のハーディー・ワインベルグの法則が成立しているある集団の個体の遺伝子型を調べたところ，AAが1125，Aaが750，aaが125個体であった。遺伝子Aとaの割合をそれぞれpとqとし（$p+q=1$），Aの遺伝子頻度pを求めよ。答えは小数第2位まで求め，解答欄には数字のみ記入せよ。割り切れない場合は，小数第3位の数字を四捨五入せよ。

(2) この集団のある世代において，遺伝子型がaaの個体が生殖可能になる前にすべて死亡した場合，次世代の集団でのAの遺伝子頻度を，pのみを用いた数式であらわせ。

問5　下線部④について，自然選択に関する記述としてあてはまる最も適当なものを，次の選択肢から一つ選び，記号で答えよ。

（ア）自然選択により，複雑な形態の生き物が単純な形態の生き物に進化することはない。

（イ）自然選択による進化は，多細胞生物に特有の現象であり，単細胞生物では起こらない。

（ウ）食物連鎖の上位の種は，下位の種よりも自然選択を強く受けているといえる。

（エ）寿命が短く，繁殖もしない働きバチは生存にも繁殖にも不利であるため，この特徴は自然選択を受けていずれ消滅する。

（オ）自然選択が生じても確実に子孫を残すために，生物は常に新しい形質を進化させようとしている。

（カ）自然選択による進化は，数年という短期間でも起こる。

問6　下線部⑤について，中立な突然変異の説明としてあてはまる最も適当なものを，次の選択肢から一つ選び，記号で答えよ。

（ア）生存と繁殖に有利になるか不利になるかは偶然で決まる突然変異

（イ）生存と繁殖のうち，片方には有利だが，もう片方には不利である突然変異

（ウ）生存と繁殖に有利でも不利でもない突然変異

（エ）生存と繁殖に有利な点と不利な点の両方が存在する突然変異

（オ）生存と繁殖に不利であるが，一部の遺伝子配列が次世代に伝わる突然変異

（カ）生存と繁殖に有利か不利かは不明な突然変異

2　次の文を読み，以下の問いに答えよ。

(1) 動物は，外界から受け取った刺激の情報を，神経系を使って筋肉などの（　a　）に伝え，刺激に応じた反応を行う。ヒトの骨格筋の収縮は，（　b　）ニューロンにより制御されている。（　b　）ニューロンは，筋細胞との間で（　c　）を形成している。（　b　）ニューロンの神経繊維の末端には，神経伝達物質である（　d　）を含む（　c　）小胞が多数存在する。（　d　）が分泌されると，筋細胞の細胞膜に埋め込まれた（　e　）体に結合し，筋細胞の興奮が引き起こされる①。

問1　文中の（　a　）～（　e　）にあてはまる最も適当な語句を記入せよ。

問2　下線部①で示す筋細胞の興奮は，筋細胞の細胞膜に存在して，イオンを透過する役割をもつタンパク質によって直接引き起こされる。そのようなタンパク質を何というか，答えよ。

(2) 脊椎(せきつい)動物の骨格筋に神経繊維がつながった状態で取り出したものを神経筋標本という。神経筋標本において，神経に1回の短時間の電気刺激を与えると，潜伏期(せんぷくき)の後に筋肉の単収縮が起こる。図1は，神経筋標本の模式図である。図1において，筋肉から15.0 mm 離れた神経繊維上の位置をXとし，同じく45.0 mm 離れた位置をYとした。この神経筋標本を使って，表1で示す「電気刺激を与えた位置」に電気刺激を与えてから，「単収縮が起きるまでの時間」が経過すると，筋肉の単収縮が起きた。

電気刺激を与えた位置	単収縮が起きるまでの時間
X	1.5ミリ秒
Y	2.0ミリ秒
筋肉（直接刺激を与えた）	0.3ミリ秒

表1

問3　この神経繊維における興奮の伝導速度を答えよ。なお，答えの単位は「mm/ミリ秒」とする。答えは小数第1位まで求め，解答欄には数字のみ記入せよ。割り切れない場合は，小数第2位の数字を四捨五入せよ。

問4　この神経繊維の末端部が筋肉に興奮を伝達するのに要した時間を答えよ。なお，答えの単位は「ミリ秒」とする。答えは小数第2位まで求め，解答欄には数字のみ記入せよ。割り切れない場合は，小数第3位の数字を四捨五入せよ。

(3) 筋収縮には，ミオシンフィラメントとアクチンフィラメントとの相互作用が重要であり，筋収縮のしくみには，下記の①〜③の現象が含まれている。

① ミオシン頭部が曲がり，アクチンフィラメントをたぐり寄せ，動かす。

② ミオシン頭部がアクチンフィラメントに結合する。

③ ATP が分解される際に放出されるエネルギーによって，ミオシン頭部の角度が変化する。

問5 筋収縮において，ミオシン頭部に ATP が結合し，ミオシンがアクチンフィラメントから解離した後に起きる反応の順番として，最も適当なものを，次の選択肢から一つ選び，記号で答えよ。

（ア） ①→②→③

（イ） ①→③→②

（ウ） ②→①→③

（エ） ②→③→①

（オ） ③→①→②

（カ） ③→②→①

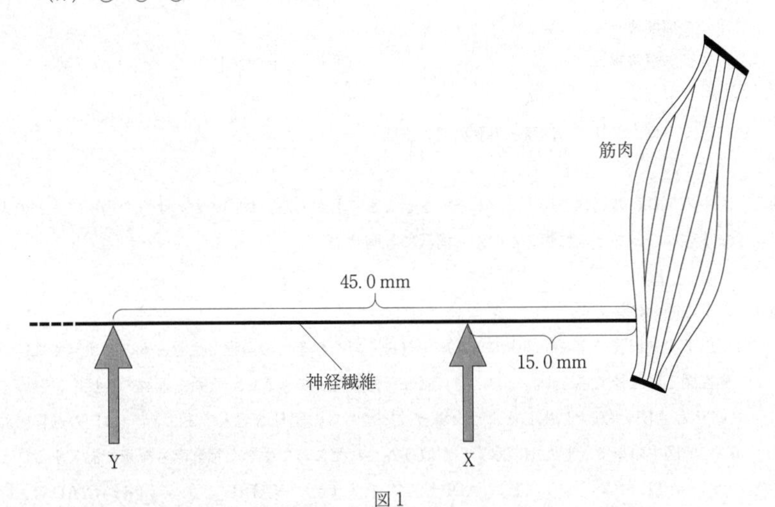

図1

3　次の文を読み，以下の問いに答えよ。

図 1 は，グルコースを起点とする異化の過程について，炭素，水素，酸素で構成されるおもな代謝物質に着目した概念図である。なお，図中の※で示した H（水素）は，酸化還元反応を仲立ちする補酵素の一部として運ばれることを意味している。

問 1　図中の（ア）～（オ）にあてはまる最も適当なものを，次の選択肢からそれぞれ一つ選び，記号で答えよ。なお，同じ記号を何度使ってもよい。

（a）H_2O　（b）O_2　（c）H^+　（d）H_2
（e）CH_4　（f）CH_3OH　（g）CH_2O　（h）CO_2
（i）ピルビン酸　（j）酢酸　（k）コハク酸　（l）リンゴ酸
（m）オキサロ酢酸　（n）クエン酸　（o）アセトアルデヒド

問 2　図中の **（A）～（C）** の過程について，それぞれの名称を解答欄Ⅰに記入せよ。また，それぞれの過程の反応が起こる場所を以下からそれぞれ一つ選び，解答欄Ⅱに記号で答えよ。なお，同じ記号を何度使ってもよい。

（a）細胞質基質　（b）ミトコンドリアのマトリックス
（c）ミトコンドリアの内膜　（d）ミトコンドリアの外膜
（e）ミトコンドリアの内膜と外膜の間の空間

問 3　図中の **（D）** の過程の反応は，ヒトでも起こることがある。体内のどのような場所で，どのような状態になったときに起こるのか，簡潔に説明せよ。

問 4　以下の問いに答えよ。

(1) 以下の選択肢のうち，図中の **（A）～（E）** のそれぞれの過程で生じるものをすべて選び，解答欄Ⅰに記号で答えよ。なお，同じ記号を何度使ってもよい。また，過程の各反応において ATP と ADP が別々に生じるような場合は，どちらの記号も記入すること。**（C）** の過程において，図中の※で示した H（水素）が取り外されたことで生じた補酵素も記号で記入すること。

（a）ATP　（b）ADP　（c）NADH　（d）NAD^+
（e）NADPH　（f）$NADP^+$　（g）FAD　（h）$FADH_2$

(2) 図中の **（A）～（E）** のそれぞれの過程において，グルコース 1 分子から生じる最大の ATP 分子の数を，解答欄Ⅱに記入せよ。なお，それぞれの過程の中で ATP の生成と消費が起こる場合には，差し引きをした上で結果的に生じる ATP 分子の数を記入せよ。また，ATP が生じない場合は 0（ゼロ）と記入すること。

問5　ATP は細胞におけるエネルギー通貨といわれている。どのような形でエネルギーを蓄えているか，ATP の構造に基づいて簡潔に説明せよ。

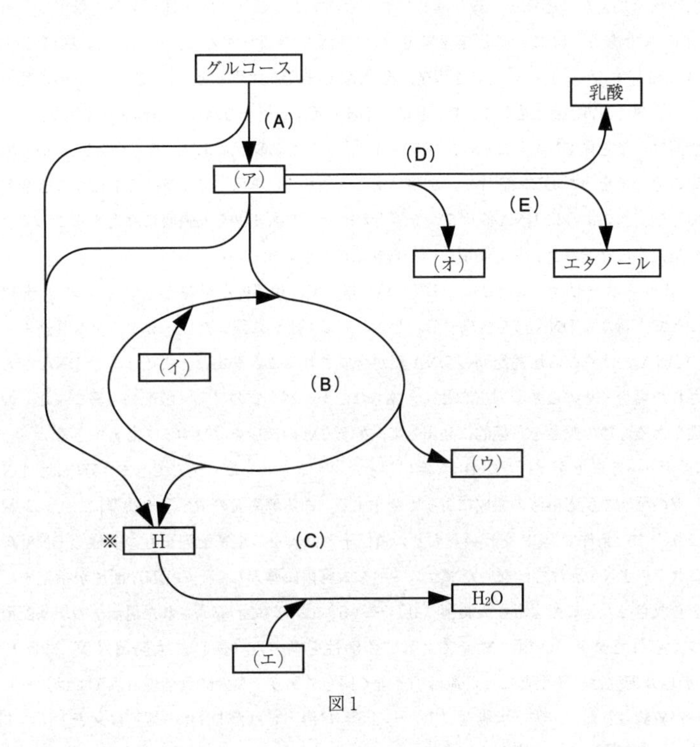

図 1

4　次の文を読み，以下の問いに答えよ。

ポリメラーゼ連鎖反応（PCR）法は，微量のDNAを鋳型（いがた）として，特定の塩基配列のDNA断片を大量に増幅させる方法である。鋳型となるDNA，DNAポリメラーゼ①，プライマー，（　a　）など必要な試薬を加えた反応液を，繰り返し加熱・冷却することで反応が進行する。以下は，一般的なPCR法の例である。はじめに反応液を95℃の高温まで加熱すると，[　A　]。次にその溶液を60℃まで冷却すると，[　B　]。その後，再び72℃まで加熱すると，[　C　]。この加熱・冷却のサイクルを30回程度繰り返すことで，目的のDNA断片が何十万倍にも増幅される。

大腸菌は，染色体DNAとは別に，プラスミドとよばれる環状のDNAをもつ。PCR法で増幅させた特定の遺伝子を含むDNA断片を，制限酵素と（　b　）を用いてプラスミドにつなぎ合わせることができる。このようにDNA断片をつなぎ合わせたプラスミドを大腸菌に導入することで，その遺伝子が指定するタンパク質を大腸菌につくらせることもできる。

DNAポリメラーゼは，鋳型となるDNA鎖に対して，相補的な塩基をもつ（　a　）を順次連結することで，新たなDNA鎖を合成する。しかし，ごくまれに誤った（　a　）を取り込んでしまい，もとのDNAとは異なる塩基配列のDNA鎖が合成されることがある。このようなDNAが大腸菌に導入された場合，その塩基配列をもとに合成されるタンパク質のアミノ酸配列も異なったものになる可能性がある。この誤りを積極的に利用して，酵素などの機能を改良することもできる。

DNAポリメラーゼが，新たなDNA鎖に誤った（　a　）を取り込んでしまう確率は，DNAポリメラーゼの種類や反応溶液の組成によって変化する。ある酵素Xの遺伝子を鋳型にして，比較的誤りの起こりやすい条件でPCRを行い，もとの遺伝子とは異なる塩基配列をもつ多様なDNA断片を得た。これらのDNA断片をつないだプラスミドを大腸菌に導入し，そのDNA断片が指定するタンパク質を合成させた。このような大腸菌（0）～（5）について，導入された遺伝子の塩基配列，および，つくられたタンパク質の酵素Xとしての活性を調べた（表1）。大腸菌（0）に導入されたDNAの塩基配列は，鋳型となった遺伝子と全く同じであり，高い酵素活性（表1では「+」とあらわす）が確認された。一方，大腸菌（1）～（5）に導入されたDNAの配列は，表1に示す通り，それぞれ1塩基ずつもとの遺伝子とは異なっていた。大腸菌（1），（2）でつくられたタンパク質の酵素活性は（0）の場合と同程度であったが，（3）の酵素活性は（0）のものよりもずっと高く（表1では「++」とあらわす），（4），（5）では逆に酵素活性は全くみられなくなっていた（表1では「−」とあらわす）。

問1　文中の（　a　），（　b　）にあてはまる最も適当な語句を，次の選択肢からそれぞれ一つ選び，記号で答えよ。

（ア）DNAヘリカーゼ　（イ）DNAリガーゼ　（ウ）ラギング鎖
（エ）リーディング鎖　（オ）プロモーター　（カ）ヌクレオチド
（キ）ヌクレオソーム

問2　文中の［　A　］～［　C　］にあてはまる最も適当な文を，次の選択肢からそれぞれ一つ選び，記号で答えよ。

（ア）　DNAポリメラーゼのはたらきによりプライマーが分解される
（イ）　DNAポリメラーゼのはたらきにより２本鎖DNAの一方の鎖が分解される
（ウ）　DNAポリメラーゼのはたらきによりDNA鎖が合成される
（エ）　２本鎖DNAが１本ずつに分かれる
（オ）　２本のDNA鎖が１本につながる
（カ）　鋳型DNAの一部にプライマーが結合する

問3　下線部①について，ヒトもDNAポリメラーゼをもつが，ヒトのDNAポリメラーゼを用いた場合，PCRはうまくいかないと考えられる。なぜそのように考えられるのか，理由を簡潔に説明せよ。

問4　表２の遺伝暗号表を参考にして，表１の大腸菌（１）～（５）に導入された遺伝子とそれをもとに合成されたタンパク質の説明として最も適当なものを，次の選択肢からそれぞれ一つ選び，記号で答えよ。なお，同じ記号を何度使ってもよい。

（ア）　塩基配列は変化したが，アミノ酸配列が変化しなかったため，酵素活性も変化しなかった。
（イ）　アミノ酸配列は変化したが，塩基配列が変化しなかったため，酵素活性も変化しなかった。
（ウ）　アミノ酸配列は変化しなかったが，立体構造が変化したため，酵素活性は上昇した。
（エ）　アミノ酸配列は変化しなかったが，立体構造が変化したため，酵素活性が失われた。
（オ）　アミノ酸配列は変化したが，酵素活性に影響するような変化ではなかった。
（カ）　機能にかかわるアミノ酸が変化したため，酵素活性が上昇した。
（キ）　機能にかかわるアミノ酸が変化したため，酵素活性が失われた。
（ク）　塩基配列の変化によって，遺伝子の途中に開始コドンが導入され，酵素Xの途中からのアミノ酸配列からなるタンパク質が合成されたため，酵素活性はみられなかった。
（ケ）　塩基配列の変化によって，遺伝子の途中に終止コドンが導入され，酵素Xの途中までのアミノ酸配列からなるタンパク質が合成されたため，酵素活性はみられなかった。

大腸菌	酵素活性	導入されたDNAの塩基配列の一部
（0）	＋	5′－ATG　AAA　AAA　ACA　TGG　TGG　AAA　GAG　GGC　GTC　GCC　TAT　CAA　ATT……－3′
（1）	＋	5′－ATG　AAA　AAA　ACA　TGG　TGG　AAA　GA[A]　GGC　GTC　GCC　TAT　CAA　ATT……－3′
（2）	＋	5′－ATG　A[T]A　AAA　ACA　TGG　TGG　AAA　GAG　GGC　GTC　GCC　TAT　CAA　ATT……－3′
（3）	＋＋	5′－ATG　AAA　AAA　ACA　TGG　TGG　AAA　GA[T]　GGC　GTC　GCC　TAT　CAA　ATT……－3′
（4）	－	5′－ATG　AAA　AAA　ACA　TGG　TGG　AAA　GAG　[T]GC　GTC　GCC　TAT　CAA　ATT……－3′
（5）	－	5′－ATG　AAA　AAA　ACA　TGG　TGG　AAA　GAG　GGC　GTC　GCC　TAT　[T]AA　ATT……－3′

注）下線を引いたATGが酵素Xの開始コドンに相当する。変化のあった塩基を四角で囲んだ。表に示した以外の塩基配列は，もとの遺伝子から変化がなかった。

表1

第一塩基	第二塩基 U	第二塩基 C	第二塩基 A	第二塩基 G
U	UUU・UUC フェニルアラニン	UCU・UCC・UCA・UCG セリン	UAU・UAC チロシン	UGU・UGC システイン
	UUA・UUG ロイシン		UAA・UAG 終止コドン	UGA 終止コドン
				UGG トリプトファン
C	CUU・CUC・CUA・CUG ロイシン	CCU・CCC・CCA・CCG プロリン	CAU・CAC ヒスチジン	CGU・CGC・CGA・CGG アルギニン
			CAA・CAG グルタミン	
A	AUU・AUC・AUA イソロイシン	ACU・ACC・ACA・ACG トレオニン	AAU・AAC アスパラギン	AGU・AGC セリン
	AUG メチオニン		AAA・AAG リシン	AGA・AGG アルギニン
G	GUU・GUC・GUA・GUG バリン	GCU・GCC・GCA・GCG アラニン	GAU・GAC アスパラギン酸	GGU・GGC・GGA・GGG グリシン
			GAA・GAG グルタミン酸	

表2

（七〇分）

〔注意〕　記述式で解答する場合は解答用紙Aを、マーク式で解答する場合は解答用紙Bを使用せよ。

1　次の文章は納富信留著『対話の技法』の一節である。これを読んで、後の問に答えよ。

人間として生きている限り、私たちの間に対話はあります。状況はさまざまで、身体や知的な能力に違いがあったとしても、異なる仕方で対話が可能です。異なる相手との対話からは、また違ったことを学んだり経験したりできるはずです。では、さらに対話の相手を広げることができるでしょうか。対話が生きている相手と言葉を交わすことだとすると、言葉を持たない生き物、あるいは生きていない物との対話は可能でしょうか。

［　A　］、人間でない生き物を考えましょう。彼らは人間の言葉を話しません。しかし、私たちの語る言葉をなんらかの仕方で理解して反応すると信じて、飼い主はペットの動物に話しかけます。ペットたちは仕草や動作でそれに答えてくれると思っています。鳥類や爬（は）虫類や両生類、ア甲殻類や魚類など、人間から遠ざかり、人間的な知性の果たす役割が少なくなるにつれて、擬似人間的なコミュニケーションは困難になり、対話的な見かけはaウスれていきます。それでも飼い主は生きている仲間に話しかけ、相手の反応に癒（いや）されたり、励まされたりするのです。

私はこういった語りかけが人間の勝手な思い込みに過ぎないとか、一方的な幻想だと断定するつもりはありません。程度が違っても、種族を超えても生き物の間では交感が可能であり、とりわけ犬や猫や馬といった人間社会に馴（な）染んだ動物にはそういった習慣が身についていると思われるからです。動物にも愛情や不満や敵意などの感情があり、体勢や仕草で伝えられます。それでも言葉をつうじた相互的なやりとりは不可能で、1人間同士の対話とはまったく異なることは認めざるを得ません。人間が使う音声言語は、動物には指示を与える記号として認識されても、それを理解して向こうから発することはないからです。また、植物が話しかけられて感応しているかは、判断が難しいところです。

チンパンジーやイルカのように、動物には高度の知的能力を備えたものもいて、彼ら同士では独自の音声によるコミュニケーションが行われています。そこには、私たち人間とは異なる繊細なやりとりがあるのかもしれません。

［　B　］、生き物でないものはどうでしょう。私たち人間は、石や山にも語りかけます。動物とは違って相手からの反応はなく、擬人化だと言われています。人が作ったものでも同様です。人形やぬいぐるみはとりわけ話しかける対象となります。ヴァーチャルな対象では、アニメやゲームのキャラクターや、小説や映画の登場人物を相手に会話をする想像もしますが、それはやはり擬似体験であり、相手がいるわけではありません。

C 、相手からの応答という点で言えば、近年進歩してきたロボットやコンピュータや家電は、私たちの言葉に反応して言葉でメッセージを返したり、向こうから話しかけたりもします。それは、生きている友人が会話してくれているような感覚を与えてくれます。無論、それはコンピュータのプログラムで、人間の音声応答のパターンを入力して X に行っている機能であり、さらに使い手に合わせた反応をしたり、学習機能を組み込んだものもあるようです。それらの機械は名前を与えられ個性を持つ相手として認識され、私たちの生活の一部となっていきます。さらに、AI（人工知能）とのやりとりをどう[イ]捉えるべきか、人類が技術発展に応じて今後認識を変えていくことになると思います。いずれAIを搭載したロボットが人間関係に深く関わっていくことも生じるでしょう。

しかし、対話は基本的に対等な者同士、能力や資質に違いはあっても互角に対峙できる二者の間でなされる相互的なものです。その意味で、一方が人間で他方が人間以外という場合は、対等性や相互性の[b]ケツジョという観点から、定義上は「対話」とは認められません。しかし、そこからあえて視野を広げてみることで浮かび上がる問題もあります。生命とは何か、知性とは何か、言葉とは何か、人間とは何か。こんな問いが改めて私たちに投げかけられるのです。

人間の精神や知性が特別だと言えるでしょうか。もしかしたら、私たちの知的な営みも、かなりの部分は機械的な条件反射に過ぎず、人間に特別なスピリチュアルな要素は見つからないかもしれません。それでも、こんなことを考えること自体、かなり奇妙な機械的反応だとは思いますが。あるいは、異星人に[c]ソウグウしたらさらに問われるべき問題かもしれません。

人間が機械と言葉を交わすこと、ヴァーチャルなアイドルに恋すること、あるいはペットの亀に話しかけることがシュールだと感じるとしたら、実は人間同士が言葉をやりとりして理解したつもりになっている姿もよほどシュールなのかもしれません。今は、[2]対話の範囲を限定しすぎることなく、開かれた可能性から見ていきましょう。

対話を行うのに明らかに不可能だと思われる相手に、すでに亡くなった人がいます。今、目の前にいる人間と交わすのが対話だとすると、かつて生きていた人間であっても、現在言葉を聞いて応えてくれない死者は、対話の相手とは言えません。ですが、私たちはそういった不在の相手に向かってしばしば言葉を語りかけ、あたかも聞こえない応答があるかのように思いを抱きながら生きています。亡くなった家族や友人や恩師の顔を思い浮かべながら言葉を口にすることは、よくあることではないでしょうか。これも、たんなる妄想だとか擬似的な体験だと言って済まされるとは思えません。その理由には、対話にはそもそも不在の相手に向けて語りかけるという構造があるからです。

対話とは何かを考察した際に、対話は限られた時間と状況のなかで、けっして理解し合えない相手との間で言葉をやりとりする、不完全な営みであることを確認しました。とりわけ、リアルタイムで語り合う対話は、予期せぬ展開や感情の揺れや集中力の限界によって、けっしてその場で満足のいく交わりにはなりません。これは対話の宿命と言ってもよい条件です。語られ聞かれた言葉の弱さを補うものが、それを書いて読まれる言葉であることを、以前に検討しました。その場ではけっして満たされない対話を時間の差を経て[3]反芻（はんすう）することは、その対話の[ウ]遂行において相手が不在であることを意味します。では、対話の相手が不在者、死者であるとはどういうことでしょうか。

ある時にある場で交わした一回きりの対話は、不完全であり未完成です。言い足りないこと、その場では理解できなかったこともたくさんあり、そうして対話の体験は記憶から消えていきます。ですｓ

が、その欠損を補おうとするとどうなるのでしょうか。対話した相手にもう一度お手合わせを願って、前回の対話で聞きそびれた点を尋ねたり、語られた言葉の意味を確かめたりすることも、あるいは言い足りなかった点で説得を試みることも、事情が許せば可能です。ですが、それは前に行われた対話を補うものではなく、かえってそれとは別のもう一つの新しい対話を遂行することになります。「以前に言ったことはこういう意味でした」と言われたとしても、それは現時点での解釈であり新たに得られた理解であって、最初のやりとりでは了解されていなかった事柄です。もしかしたら、対話した後で相手が考え直した内容かもしれません。こうして時間を経て対話相手と再び向き合ってさらに話をしたとしても、一つの対話の不完全さを埋めることはけっしてできないのです。

このように新たな対話を続けていっても全体としては未完のままで、人と人が生きている間は対話は完結しません。生きている相手との対話は、つねに変わってしまうがゆえに、[d]シゲキ的で生産的なのです。［ Y ］的に聞こえることを承知で言えば、対話が一つの形と意味を持ちうるのは、亡くなった人、不在の人を相手にした場合以外にはないということになります。

亡くなった人との対話には、二つの場合があります。生前に付き合いがあった相手との回想を[エ]伴った対話、そして、直接出会ったことがない人、たとえば遠い過去の人物との書物を介した対話です。

一緒にじっくり対話した相手との記憶をもって遂行され、書物にされた対話があります。プラトンは師のソクラテスが死刑になった後に、彼を主人公にした対話篇(へん)を著しました。そこには生前に自分が交わした言葉のやりとり、とりわけソクラテスからかけられた言葉や問いかけも含まれていることでしょう。不在のソクラテスを相手に対話することで、彼がどんな言葉を話すだろうかと想像力を用いて、対話を書き物にしたのでしょう。そこには、書いている時点で不在のソクラテスと、彼を作品で対話させる不在の著者プラトンとの[4]不思議な対話があるのです。

さらに、プラトンの対話篇を読む私たちは、ソクラテスともプラトンとも会ったことはありません。しかし、彼らが交わした対話を書き言葉から読み取りながら、彼らが私たちに何を語りかけ、その問いにどう答えるかを思案しながら、不在の相手と対話をしています。私たちが彼らとの対話に入ることができるのは、彼ら同士の対話がそこにあるからです。

真の対話には身体や時間を超える次元が必要なのかもしれません。生きている人間と今行われる対話は、それらの不在において成立するという逆説を私たちは経験します。

亡くなっていて今はいない相手に語りかける想像上の対話は、どちらも実は私である両者の内的な独り言だと思われるかもしれませんが、それは違います。実際に私たちはそう感じていないはずです。むしろそんな対話は私の内で思いもよらないもの、私を超えるものに関わらせてくれます。それは、私という生きた存在が、はるかに大きなものに支えられていることを感じさせてくれる場面です。それを「対話の根」と呼びましょう。

不在の人を相手に言葉を発する時、その相手は過去の特定の人物ですらなく、私が生きている今ここという世界の限界を超えたものへの呼びかけにも見えます。目に見えないものに投げかける言葉、それは一体何でしょうか。

なにか極限状況で絶望したり、不安にさいなまれたり、とびきりの幸福に浸る時に、私たちは自分をはるかに超える存在に向けて言葉を発します。それは「祈り」とも呼ばれる語りかけで、だれかに向けて発せられる魂の言葉です。心の内で、誰とははっきりと分からずに、でも、そのはるか彼方(かなた)に向けて言葉を送ります。

　二〇二〇年という現在をはるかに超える過去や未来、さらに言うと、そんな時間を超えた永遠の地平のどこか、だれかに語りかけ、その声を聴いているように感じます。そんな経験は、古来、神や超越者と向き合う体験として語られてきました。シナイ山でモーセが神に出会ったり、ソクラテスがアポロン神託をつうじて神からの使命を受け取ったように、私たち人間は超越的なものとの出会い、その呼びかけによって生かされています。それは啓示とか預言と呼ばれる言葉なのでしょう。

　それは、私やこの場を無にしてしまうような、はるかに遠いもの、超越的なものとの関わりとも言えますが、逆に、今この時に私を包み込んでいるすべてとの関わりでもあります。私たちは夜空を見ながら、果てしない暗闇の彼方までつづく宇宙の遠さに進み出ながら、この私自身も宇宙に含まれており、私が立つ大地もその小さな一部であることを実感します。そんな宇宙の言葉（ロゴス）を聴くことで、対話としか呼べない感応が生じます。私が私であること、ここに生きていることを語り問いながら、それを聞き答えてくれる全体に戻っていくような経験かもしれません。そこに［ Z ］が感じられます。

　それでは、私とあなたが向き合って交わす対話は、そのような超越的な体験とは違う次元のものでしょうか。いや、おそらくそれは同じ対話というものの別の姿でしょう。今この同じ場で生きることは、その場の全体である宇宙において可能となり、私たちを超える根拠によって生かされていることの確認です。つまり、私がこうして言葉を語り、それを聞く相手からさらに言葉を受け取って対話して生きている現実こそ、私たち存在者が存在の根拠に関わる対話の根の現れなのです。

〈注〉
対話とは何かを考察した際に――この本の第一部が対話とは何かについての考察になっている。
以前に検討しました――この本の第一部が語り言葉と書き言葉についての考察になっている。
プラトン――古代ギリシアの哲学者。
ソクラテス――古代ギリシアの哲学者、教育者。
シナイ山――『旧約聖書』に記されている山で、エジプトのシナイ半島にある「モーセの山（ガバルムーサ）」であるとされる。
モーセ――紀元前一四世紀ごろの人。モーゼともいう。
アポロン――ギリシア神話で、詩歌・音楽・医術・弓術などをつかさどる神。
神託――神が自分の意向を仲介者や夢・占いを通し知らせること。神のおつげ。

〔問1〕　二重傍線部a〜dに相当する漢字を含むものを、次の各群の1〜5のうちから、それぞれ一つずつ選び、その番号をマークせよ。（**解答用紙B**）

a　ウスれ
1　ハクヒョウを踏む思いで毎日を過ごす。
2　ハクライ品の毛織物は珍重された。

3　動物のハクセイや昆虫の標本が展示されている。
4　ガハクにふすま絵を描いていただいた。
5　キュウハクした状況を想定して訓練する。

b　ケツジョ
1　ジョクンの受賞者が発表された。
2　冬の光景がヤクジョとして描かれている。
3　軽快なジョキョクで有名なオペラ。
4　ジョコウして交差点内に進入する。
5　薬剤で虫をクジョする。

c　ソウゾウ
1　膨大な資料をハクソウする。
2　気温が下がりソウガイを被ったので出荷量が減少した。
3　湖底にソウルイが繁殖する。
4　サンガクソウナンの事例を報告する。
5　姫は晩年出家しニソウになった。

d　シゲキ
1　この作品はユーモアとフウシがきいている。
2　社員にスンシを支給する。
3　第三者機関に審査をシモンした。
4　シンシな態度で取り組む。
5　客席から選手のユウシを見守った。

〔問2〕二重傍線部ア～エの漢字の読みを平仮名で記せ。（**解答用紙A**）
ア　甲殻　　イ　捉（える）　　ウ　遂行　　エ　伴（った）

〔問3〕空白部A・B・Cを埋めるのに最も適当な組み合わせを次の中から選び、その番号をマークせよ。（**解答用紙B**）
1　A　まず　　B　さて　　C　つまり
2　A　まず　　B　では　　C　逆に
3　A　では　　B　では　　C　このように
4　A　では　　B　しかし　　C　このように
5　A　むしろ　　B　さて　　C　逆に
6　A　むしろ　　B　しかし　　C　つまり

〔問4〕 傍線部1「人間同士の対話」とあるが、筆者は「人間同士の対話」をどのように定義しているか。最も適当なものを次の中から選び、その番号をマークせよ。（**解答用紙B**）

1　人間同士の対話とは、日ごろから付き合いがあり気兼ねなく言葉を交わすことのできる相手と、仕草を交えながら伝え合い理解し合うことで成立するものである。

2　人間同士の対話とは、知的な能力が互角で、ディスカッションを行うことのできる相手と、意見をたたかわせ説得を試みてはじめて成立するものである。

3　人間同士の対話とは、能力や資質の違いを認め合える相手と、会話することを想像する擬似的な体験によって成立するものである。

4　人間同士の対話とは、多少の能力差はあっても、言葉によるコミュニケーションを行うことのできる対等な相手と、相互的にやりとりすることで成立するものである。

5　人間同士の対話とは、高度の知的な能力を備えた相手と、生命や知性、言葉について議論を交わし深く追究していくことで成立するものである。

〔問5〕 空白部Xに入る最も適当な語を次の中から選び、その番号をマークせよ。（**解答用紙B**）

1　感覚的　　2　擬似的　　3　献身的　　4　個性的　　5　恣意的

〔問6〕 傍線部2「対話の範囲を限定しすぎることなく、開かれた可能性から見ていきましょう」とあるが、傍線部2以降で、どのような「対話」を新たに付け加えて考察しているか。最も適当な組み合わせを次の中から選び、その番号をマークせよ。（**解答用紙B**）

e　家族や友人や恩師といった、生前に付き合いがあった死者との対話。
f　けっして理解し合えない、生きている人との対話。
g　生きている人間とリアルタイムで語り合う対話。
h　ある時に目の前にいる人と交わした一回きりの対話。
i　時間を経て対話相手と再び向き合った対話。
j　直接出会ったことがない、亡くなった人との対話。
k　永遠の地平の誰かに向けて言葉を送り、それに答えてくれるように感じる対話。

1　e　g　h　i
2　e　i　j　k
3　e　j　k
4　f　g　h
5　f　g　h　i
6　f　i　j　k
7　g　h　i
8　g　h　i　k
9　g　i　k

〔問7〕　傍線部3「反芻」という語句の意味として最も適当なものを次の中から選び、その番号をマークせよ。（**解答用紙B**）

1　深くかえりみること。
2　文字で書き表すこと。
3　繰り返しよく考えること。
4　調査して事実を証明すること。
5　よいものにするために吟味すること。

〔問8〕　空白部Yには「パラドックス」という意味の語が入る。空白部Yを埋めるのに最も適当な語を本文中から漢字二字で抜き出して記せ。（**解答用紙A**）

〔問9〕　傍線部4「不思議な対話」とあるが、その説明として最も適当なものを次の中から選び、その番号をマークせよ。（**解答用紙B**）

1　プラトンが作品を著す時点では、ソクラテスとの対話から時間を経ているが、もう一度ソクラテスからの言葉や問いかけに答えようとすることでソクラテスが存在者と捉えられ、対話篇に現れる対話は存在者同士の対話になっている。
2　私たちは、ソクラテスにもプラトンにも出会ったことがないにもかかわらず、書物を読み解くことで、ソクラテスの残した言葉や彼らが交わした言葉のやりとりを知ることができ、対話篇に現れる対話は不在の私たちに向けて語りかける対話である。
3　ソクラテスとプラトンがリアルタイムに語り合ったことは事実であるが、プラトンが作品を書いている時点ではソクラテスは不在であることから、対話篇に現れる対話はプラトンが両者の言葉を想像した独り言と言える。
4　ソクラテスの死後、プラトンが書き物にしたことから、ソクラテスは不在であるが、対話は相手の不在により成り立つという前提からすれば、対話篇に現れる対話は不在のソクラテスとプラトンという生きた存在者による対話として成立している。
5　プラトンは亡くなった不在のソクラテスを作品に登場させ、作品中のソクラテスと対話するプラトンも作品の登場人物に過ぎず、現実に生きているプラトンが作品中にいるわけではないという意味において不在であり、対話篇に現れる対話は不在の者同士の対話である。

〔問10〕　空白部Zに入る最も適当な語句を、本文中から四字で抜き出して記せ。（**解答用紙A**）

〔問11〕　本文の内容に合致するものを次の中から一つ選び、その番号をマークせよ。（**解答用紙B**）

1　生きていない物との対話は、擬似人間的なやりとりが困難であるが、AIを搭載したロボットの存在は看過できず、対話の定義を見直す必要がある。
2　リアルタイムで語り合う対話は、満たされることはないという宿命を持つが、相手から学ぶことは多く、自分の視野を広げることができる。
3　言葉を持たない生き物や生きていない物との対話も、亡くなった人との対話が私の内的な独り言であるという観点から考えれば、対話と認められる。

4 生命、知性、言葉、人間について深く考えたり、自分の存在意義を確かめたりしてはじめて、宇宙との対話が可能となる。

5 紀元前一四世紀ごろモーセがシナイ山で神に出会ったことは、私たちが投げかけた言葉に対する宇宙からの言葉を聴くことと同じ次元の体験である。

2 次の文章は『蜻蛉日記(かげろふにき)』の一節であり、夫藤原兼家(ふぢはらのかねいへ)（本文中では「殿」と記されている）の不実に悩み苦しむ作者道綱母(みちつなのはは)が、天禄(てんろく)元年（西暦九七〇年）六月にお祓(はら)いのために出かけた近江国(あふみのくに)唐崎から京都へ戻る道中の記述から始まる。これを読んで、後の問に答えよ。

行きもてゆけば、粟田山(あはたやま)といふところにぞ、京よりまうち持ちて人来たる。「この昼、殿おはしましたりつ」と言ふを聞く。いとぞあやしき、なき間をうかがはれけるとまでぞおぼゆる。「さて」など、これかれ問ふなり。われはいとあさましうのみおぼえて[1]来着きぬ。降りたれば、ここちいとせむかたなく苦しきに、とまりたりつる人々、「[a]おはしまして、問はせ給(たま)ひつれば、ありのままになむ[2]聞こえさせつる。『なにとか、この心[b]ありつる。悪しうも[c]来にけるかな』となむありつる」などあるを聞くにも、夢のやうにぞおぼゆる。

またの日は、困(こう)じ暮らして、明くる日、幼き人、殿へと出(い)で立つ。[3]あやしかりけることもや問はましと思ふも、もの憂けれど、ありし浜辺を思ひ出づるここちの、しのびがたきに負けて、

うき世をばかばかりみつの浜辺にて涙になごりありやとぞ見し

と書きて、「これ、見給はざらむほどに、さし置きて、やがてものしね」と[4]教へたれば、「さしつ」とて帰りたり。もし[d]見たる気色もやと、[e]した待たれけむかし。されど、つれなくて、つごもりごろになりぬ。

さいつころ、つれづれなるままに、草どもつくろはせなどせしに、あまた若苗の生ひたりしを取り集めさせて、家(や)の軒にあてて植ゑさせしが、いとをかしうはらみて、水まかせなどせさせしかど、色づける葉の、なづみて立てるを見れば、いと悲しくて、

いなづまの光だに来 X 家(や)がくれは軒端の苗ももの思ふらし

と見えたり。

貞観殿(ぢやうぐわんでん)の御方は、一昨年(をととし)、尚侍(ないしのかみ)になり給ひにき。あやしく、かかる世をも問ひ給はぬは、このさるまじき御仲のたがひにたれば、ここをもけうとく思(おぼ)すにやあらむ、かくことのはかなるをも知り給はでと思ひて、御文奉るついでに、

ささがにのいまはとかぎるすぢにてもかくてはしばし絶えじとぞ思ふ

と聞こえたり。返りごと、なにくれといとあはれに多くのたまひて、

絶えきとも聞くぞ悲しき年月をいかにかきこしくもならなくに

これを見るにも、見聞き給ひしかばなど思ふに、いみじくここちまさりて、ながめ暮らすほどに、文あり。「文ものすれど、返りごともなく、はしたなげにのみ[f]あめれば、つつましくてなむ。今日もと[g]思へども」などぞあめる。これかれそのかせば、返りごと書くほどに、日暮れぬ。まだ行きも着か

じかしと思ふほどに、見えたる。人々、「なほ、あるやうあらむ。つれなくて気色を見よ」など言へば、思ひかへしてのみあり。「つつしむことのみあればこそあれ、さらに来じとなむわれは思はぬ。人の気色ばみ、くせぐせしきをなむ、あやしと思ふ」など、うらなく、気色もなければ、けうとくおぼゆ。

つとめては、「ものすべきことのあればなむ。いま明日明後日のほどにも」などあるに、まこととは思はねど、思ひなほるにやあらむと思ふべし。もしはた、このたびばかりにやあらむとこころみるに、やうやうまた日数過ぎゆく。さればよと思ふに、ありしよりもけに、ものぞ悲しき。

（『蜻蛉日記』による）

〈注〉
栗田山　京都の東郊の山。
まつ　松明。
この心　唐崎行きを思い立った心。
幼き人　兼家と作者の子道綱。
浜辺　近江国の琵琶湖岸。
貞観殿の御方　兼家の同母妹登子。
御仲　兄兼家と妹登子の仲。
ことのほかなる　夫兼家と妻である作者の不仲。

〔問1〕　二重傍線部a〜kの動詞は、その主体によって、二つに分けることができる。その分け方として最も適当なものを次の中から選び、その番号をマークせよ。（**解答用紙B**）

1　〔a　b　c　d　f　g　k〕・〔e　h　i　j〕
2　〔a　b　d　h　i　j〕・〔c　e　f　g　k〕
3　〔a　b　e　h　k〕・〔c　d　f　g　i　j〕
4　〔a　c　d　e〕・〔b　f　g　h　i　j　k〕
5　〔a　c　d　f　k〕・〔b　e　g　h　i　j〕
6　〔a　c　d　g　i　j〕・〔b　e　f　h　k〕
7　〔a　d　e　f　g　i〕・〔b　c　h　j　k〕
8　〔a　d　f　g　h　j　k〕・〔b　c　e　i〕
9　〔a　d　f　j　k〕・〔b　c　e　g　h　i〕

〔問2〕　傍線部1「問はせ給ひつれば」とあるが、この部分の文法的説明として最も適当なものを次の中から選び、その番号をマークせよ。（**解答用紙B**）

1　ハ行上一段活用の動詞「問ふ」の未然形「問は」　＋　尊敬の助動詞「す」の未然形「せ」　＋　尊敬の補助動詞「給ふ」の連用形「給ひ」　＋　過去の助動詞「つ」の未然形「つれ」　＋　接続助詞「ば」

2　ハ行上二段活用の動詞「問ふ」の未然形「問は」　＋　使役の助動詞「す」の連用形「せ」　＋　尊敬の補助動詞「給ふ」の連体形「給ひ」　＋　過去の助動詞「つ」の已然形「つれ」

+ 接続助詞「ば」

3 ハ行下二段活用の動詞「問ふ」の未然形「問は」 + 使役の助動詞「す」の連用形「せ」
+ 謙譲の補助動詞「給ふ」の連用形「給ひ」 + 完了の助動詞「つ」の連体形「つれ」
+ 接続助詞「ば」

4 ハ行四段活用の動詞「問ふ」の未然形「問は」 + 尊敬の助動詞「す」の連用形「せ」
+ 尊敬の補助動詞「給ふ」の連用形「給ひ」 + 完了の助動詞「つ」の已然形「つれ」
+ 接続助詞「ば」

5 ハ行上一段活用の動詞「問ふ」の連用形「問は」 + 尊敬の助動詞「す」の連用形「せ」
+ 尊敬の補助動詞「給ふ」の連用形「給ひ」 + 過去の助動詞「つ」の已然形「つれ」
+ 接続助詞「ば」

6 ハ行上二段活用の動詞「問ふ」の連用形「問は」 + 使役の助動詞「す」の連用形「せ」
+ 尊敬の補助動詞「給ふ」の連体形「給ひ」 + 完了の助動詞「つ」の未然形「つれ」
+ 接続助詞「ば」

7 ハ行下二段活用の動詞「問ふ」の連用形「問は」 + 尊敬の助動詞「す」の連用形「せ」
+ 謙譲の補助動詞「給ふ」の已然形「給ひ」 + 完了の助動詞「つ」の未然形「つれ」
+ 接続助詞「ば」

8 ハ行四段活用の動詞「問ふ」の連用形「問は」 + 使役の助動詞「す」の連用形「せ」
+ 謙譲の補助動詞「給ふ」の連用形「給ひ」 + 完了の助動詞「つ」の已然形「つれ」
+ 接続助詞「ば」

〔問3〕 傍線部2「聞こえさせつる」を七字以内で現代語に改めよ。ただし、句読点等も字数に含むものとする。（**解答用紙A**）

〔問4〕 傍線部3「あやしかりけること」とあるが、その説明として最も適当なものを次の中から選び、その番号をマークせよ。（**解答用紙B**）

1 作者が近江国への旅から帰って来た時に迎えの者が京都の東郊の山まで来てくれた、その配慮への賞賛。

2 作者の近江国への旅の留守中を意識的に狙ったのかといぶかしく思ってしまうほどの、夫兼家の突然の来訪。

3 近江国への旅の疲れが出て、何日もふせって暮らしている自分自身の健康状態に対する心配。

4 夫兼家の不実を悩み苦しんでいる作者とは対照的に、父親のことを慕って会いに行く道綱の屈託の無さ。

5 近江国への旅で立ち寄った琵琶湖岸の風景の美しさを思い出すにつけて、こらえていてもにじみ出てしまう笑み。

〔問5〕 傍線部4「教へ」とあるが、作者が誰にどのように教えたのか。その説明として最も適当な

ものを次の中から選び、その番号をマークせよ。（**解答用紙B**）

1　作者が道綱に、作者が書いた和歌を兼家が御覧にならないうちは兼家の前に置いておき、しばらくして兼家が御覧になってから戻っておいで、と教えた。

2　作者が兼家に、作者が書いた和歌を道綱が詠み上げる際に兼家自身も歌をじっくりと詠み上げる親子による唱和の技法を教えた。

3　作者が道綱に、作者が書いた和歌を兼家が御覧にならないそのうちに、さっと置いてそのまま戻っておいでと教えた。

4　作者が兼家に、道綱が書いた和歌を道綱が詠み上げる時は道綱の気持を尊重しよく聞き、しばらくして兼家も詠むようにと教えた。

5　作者が道綱に、作者が書いた和歌を兼家が御覧にならないうちに道綱自身も良い歌をすぐに考え出して詠むようにと教えた。

〔問6〕　空白部Xには助動詞「ず」が入る。字余りにならないように和歌の韻律に従って、空白部を埋めるのに最も適当な形に活用させて記せ。（**解答用紙A**）

〔問7〕　傍線部5「さらに来じとなむわれは思はぬ」とあるが、その意味として最も適当なものを次の中から選び、その番号をマークせよ。（**解答用紙B**）

1　いっそのこと通って来ない方が良いと、私は判断した。

2　一層まめに通って来ようと、私は決意した。

3　夫婦仲円満のために少しだけ通って来る方便を私は発見した。

4　これ以上まめに通って来る必要はないと私は思ってしまった。

5　決して通って来るまいなどと、私は思わない。

〔問8〕　本文中で述べられている内容と合致するものを次の中から一つ選び、その番号をマークせよ。（**解答用紙B**）

1　作者は自宅の庭の手入れを自ら行った際に、わずかばかりの稲の若苗を集めて自宅の軒下に沿って自ら植えた。しかし、水を十分に与えることを怠ったので、すべて枯れてしまった。

2　宮中で天皇にお仕えする内侍となった貞観殿の御方は、実家においては兄兼家と仲が悪くなった。その結果、兄兼家とその妻である作者の不仲についてもまったく知らなかった。

3　貞観殿の御方の兄である兼家の不実に苦しんでいるのに、貞観殿の御方はいたわりの言葉をかけて下さらないし、作者への理解を示しても下さらない。これに対して作者は強い憤りを感じている。

4　夫兼家から作者への突然の手紙が来た。周りの者が返事を書くことを勧めるので返事を書いたのだが、返事を兼家の家に届ける使者が先方に行き着く前に、兼家自身がやって来た。

5　突然やって来た夫兼家は、翌朝、明日か明後日の来訪を約束して帰って行った。これまで兼家の不実に悩み苦しんで来た作者ではあるが、愛情のこもった兼家の言葉を作者は心から信じることができた。

解答編

■英語■

1 **解答** 1．(1)―D (2)―C (4)―A
2―B 3―B・D 4―B・D 5―A
6．全訳下線部(イ)・(ロ)参照。

◆全 訳◆

≪ネコは冷たいのか≫

ネコとイヌの違いについては，古くからの固定観念がある。イヌは愛情深く，非常に忠実で，ネコは冷淡でよそよそしいというものだ。おそらくほとんどのネコ好きは賛成しないだろう。(イ)私のネコが私の膝の上で満足そうに座っている状態で，彼女が私のことを気にかけていないと思うのは確かに難しいことだ。概して，ネコの思考の仕方に関する研究により，ネコは人間と感情的な結びつきを確かに形成すると示されている。ネコは分離不安を感じ，見知らぬ人よりも飼い主の声の方に反応し，恐怖を感じる状況では飼い主の助けを求めるようだ。

しかし，日本の研究者による新しい研究は，人間とネコとの関係の実態を複雑にしている。これまでイヌの研究で用いられた方法を応用したところ，ネコはイヌと違って，飼い主を助けるのを拒否した見知らぬ人を避けはしないことが分かったのだ。実験では，飼い主が箱を開けて中のものを取ろうとするのをネコが見ていた。飼い主の両脇に見知らぬ人が2人座り，飼い主はそのうちの1人に向かって助けを求めた。研究者たちは，2つの状況を比較した。一方の実験では，その見知らぬ人は飼い主が箱を開けるのを手伝い，もう一方の実験においては，その見知らぬ人は手伝うのを拒否した。どちらの場合も，2番目の見知らぬ人は何もせず，ただそこに座っていた。そして，両方の見知らぬ人がネコに食べ物を差し出し，科学者は，ネコがどちらの見知らぬ人に先に近づくかを観察した。ネコは単に見ていただけの人よりも，手助けをしてくれた人からエサをもらうことを好むのだろうか？　もしそうであれば，手助けしてくれた好意を好むということであり，助けられることでネコは見知らぬ人に対してより温かい気持ちになったということである。それとも，手助けを拒否した人からはエサを取ろうとしなかっただろうか？　それならば，頼まれても助けてくれない人に対して，ネコが不信感を抱いたということかもしれない。

同じ実験をイヌで行ったところ，イヌは飼い主の手助けを断った見知らぬ人から食べ物をもらわない傾向があることが分かった。対照的に，今回の実験では，ネコはどちらの方向の感情も持っていない。助けてくれる人を好むことも，助けてくれない人を避ける傾向もなかったのである。どうやら，ネコに限っては，食べ物は食べ物なのだ。

このことをどう考えたらいいのだろう？　ネコは利己的で，飼い主がどう扱われようと気にしないというのが当然の結論だろう。しかし，それではまるで，ネコが独自の考え方を持つ生き物というより，子どもじみた人間であるかのようにネコの行動を解釈していることになる。本当にネコを理解するためには，このような人間中心の考え方から脱却して，ネコをネコとしてとらえる必要があるのだ。そうすると，この研究のネコたちは利己的だったのではなく，人間同士の社会的な相互作用を理解できていなかった可能性が高いと考えられる。見知らぬ人たちが不親切であったことに気づかなかっただけなのだ。ネコは人間の指差した方に目を向けたり，人間の感情に敏感に気づいたりと，人間の社会的合図のいくつかを拾うことができるが，おそらく人間の社会的関係に対する感度はイヌよりも低いのであろう。

ネコはイヌよりも最近家畜化されたので，家畜化によって変化した部分がはるかに少ない。イヌは集団で生活していた社会的動物の子孫であるのに対し，ネコの祖先は単独で生活する傾向があった。家畜化によって，イヌはもともと持っていた社会性を高めたのだろうが，そもそも社会意識の低いネコは同じようにはいかなかった。(ロ)だから私たちは，ネコは，人々が私たちに不親切かどうか，は気にしないのだと急いで結論づけるべきではない。むしろ，状況が読めないだけだという可能性が高い。

ネコは人気者だが，私たちはまだ，ネコがどのように考えるのかについて，どちらかと言えばほとんど知らない。今後の研究によって，ネコの人間に対する理解は，私たちが現在思っている以上に限定的であることが明らかになるかもしれない。しかし，研究でどのようなことが明らかになったとしても，私たちは偏見や固定観念によってネコの行動を解釈することは避けるべきである。私たちのペットが意地悪だとかわがままだとか判断する前に，まず，彼らの目を通して世界を見るようにすべきだ。

◀解　説▶

2．空所以前の部分では，イヌに対する実験の結果，「イヌは飼い主の手助けを断った見知らぬ人から食べ物をもらわない傾向があることが分かった」と述べられている一方，空所の後では「ネコはどちらの方向の感情も持っていない。助けてくれる人を好むことも，助けてくれない人を避ける傾向もなかった」とある。よって，イヌとネコとでは結果が正反対であったと分かるので，対比を表すB．「対照的に」が正解。

3．B．「ネコは飼い主と離れると不安になるようであり，またネコは飼い主の声を認識することができる」が第1段最終文（Cats seem to …）「ネコは分離不安を感じ，見知らぬ人よりも飼い主の声の方に反応し，恐怖を感じる状況では飼い主の助けを求めるようだ」とほぼ同内容である。また，第2段第7文（In both situations, …）「どちらの場合も，2番目の見知らぬ人は何もせず，ただそこに座っていた」より，実験に参加した飼い主以外の2人のうち，1人は何の働きかけもしなかったことが分かり，これはD．「実験中，ネコたちは飼い主を含む3人の人間をそれぞれ観察したが，そのうち1人は全く何もしなかった」と一致する。A．「長い間，ペットの飼い主の間では，イヌはネコより愛情深い，という一般的な合意がある」は，第1段第1文（There's an old …）に一致しているように思えるかもしれないが「ペットの飼い主の間では」の部分がおかしい。次の文（Most cat people …）で「ほとんどの猫好き（≒猫を飼っている人）は賛成しないだろう」とある。

4．第3段第3・4文（They showed no … food is food.）「助けてくれる人を好むことも，助けてくれない人を避ける傾向もなかったのである。どうやら，ネコに限っては，食べ物は食べ物なのだ」は，B．「この実験結果は，ネコは相手の行動に関係なく，誰からでも食べ物を受け取るということを示しているようだ」と同内容である。また，D．「ネコの考え方は人間とはいろいろな意味で違うということを理解しないと，理解できないのだ」は，人間目線ではない見方が必要という意味で，第4段第4文

(To really understand …)「本当にネコを理解するためには，このような人間中心の考え方から脱却して，ネコをネコとしてとらえる必要があるのだ」と一致している。

5．第5段第3文（Domestication has probably …)「家畜化によって，イヌはもともと持っていた社会性を高めたのだろうが，そもそも社会意識の低いネコは同じようにはいかなかった」の家畜化 domestication の部分を「人間と（ともに）暮らすこと」とパラフレーズしたのが，A．「人間との暮らしは，ネコよりもイヌの行動に大きな影響を及ぼしてきた」である。D．「ネコの行動への今後の研究は，ネコたちの人間への理解の欠如によって限定されるだろう」は，第6段第2文（Future research might …)「今後の研究によって，ネコの人間に対する理解は，私たちが現在思っている以上に限定的であることが明らかになるかもしれない」の部分と似ているが，選択肢では「研究」が限定されると書いてある一方で，本文では「ネコの理解」が限定されるとあり，食い違うため不可。

6．(イ)まず，全体の構造として，下線部中のカンマで囲まれた with my cat sitting contentedly in my lap の箇所は挿入句であり，分かりやすくするため挿入句を取り除いて考えると，that she doesn't care about me は動詞 believe の目的語となっている。また，it は仮目的語であり，その指示内容は to believe 以下，つまり「～と信じる（思う）こと」となる。with から始まる挿入句の部分は，付帯状況「～した状態で」を表す。

(ロ)be too quick to … の箇所は too ～ to … 構文で「～すぎて…できない」の意である。また if people are not nice to us は他動詞 care の目的語となっているので名詞節と考えられ，「～かどうか」の意である。

1．(1)―A　(2)―A　(3)―B

2―B・D　3―B・D

◆全　訳◆

≪韓国ドラマの描く女性像≫

韓国ドラマブームの中心は，働く女性が共感できるキャラクターである。自分のスタイルで生きながら，愛する男性を守ることができる強さを持った野心的なヒロインが主人公の作品が多い。ヒロインたちは女性が仕事に参加するのに反対する典型的な保守派の男たちを打ち負かす。また彼女らは大変骨の折れることであるにも関わらず，地域の女性たちと積極的に交流し，重要な情報を入手する。主人公の男性たちは，ヒロインたちの能力や自立心を尊重し，彼女たちの自由な生き方が制限されないように守ろうとする。

「最近の韓国ドラマの傾向として，女性の生き方が物語を通じてリアルに表現されていることがあります」と，韓国文化・女性学の山下英愛教授は言う。「作り手がそのことを念頭において物語を書いているのです」これは，過去に中高年の女性の心をとらえた『冬のソナタ』のような感傷的なドラマとは対照的である。

日本と韓国の間の政治的緊張の悪化やその他の理由のせいで第1次の芸能ブームが去った後，2010年代には10代を中心にK-POPが韓国文化への関心を再び呼び起こした。最近のブームでは，ソーシャル＝ネットワーキング＝サイト（SNS）でドラマの感想を投稿する人の多くが20代から40代である。それらの中でも，働く女性たちは韓国ドラマを好意的に受け止めており，特に決断力のあるヒロインの姿に勇気づけられているようだ。

1999年に韓国でジェンダー平等に貢献した作品を表彰する制度が導入された直後から，これらのドラマは市場に出始めた。仕事を持つ母親，母子家庭，家庭内の男女格差などの社会問題が，恋愛と共に，多くの物語で描かれている。「これらのドラマは現実より一歩進んだ社会を描いており，女性がしばしば直面する壁を壊すキャラクターが登場します。視聴者は自分と重なる問題に共感しやすいので，これらの番組は日本でも幅広い層に支持されています」と山下は言う。

◀解　説▶

2．第1段第2文（Many of the …）「自分のスタイルで生きながら，愛する男性を守ることができる強さを持った野心的なヒロインが主人公の作品が多い」が，B．「韓国ドラマのヒロインは，男性パートナーを守れないほど弱くはないのが一般的だ」に一致する。また，第1段最終文（The principal male …）「主人公の男性たちは，ヒロインたちの能力や自立心を尊重し，彼女たちの自由な生き方が制限されないように守ろうとする」はD．「ブーム期の韓国ドラマの多くは，主人公の男性がヒロインの自立した自由な生き方に理解を示す」の内容と一致する。

3．第3段第1文（After the first …）「日本と韓国の間の政治的緊張の悪化やその他の理由のせいで第1次の芸能ブームが去った後，2010年代には10代を中心にK-POPが韓国文化への関心を再び呼び起こした」はB．「第1次ドラマブームが冷めた後，2010年代に韓国文化への関心が再び高まったのは，10代のK-POP好きがその一翼を担っている」と一致している。また，D．「韓国では，男女の平等な扱いの向上に貢献した文化作品を表彰する賞が設立された」は最終段第1文（These dramas came …）「1999年に韓国でジェンダー平等に貢献した作品を表彰する制度が導入された直後から…」の内容と一致する。

3 解答

1．(1)―B　(2)―B　(3)―D
2―A・C　3―B・D

◆全　訳◆

≪バイリンガルの乳児の特徴≫

バイリンガル家庭の乳児は，1つの言語しか話さない家庭の乳児と比べて，あるタスクから別のタスクへの注意の切り替えが上手であることが，新しい研究により明らかになった。アングリア＝ラスキン大学の心理学専任講師で，この研究の主執筆者であるディーン＝ドゥ＝ソーザ博士は「バイリンガル環境は，モノリンガル環境よりも変化に富んでおり，予測不可能であるため，その環境下で学習するのはより難しいのかもしれません。乳児は簡単に複数の言語を習得できることが分かっているので，どのようにそれを成し遂げているのかを調査したかったのです」と述べている。

ドゥ＝ソーザ博士率いる科学者チームは，視標追跡技術を使って，生後7カ月から9カ月の乳児102人の視線パターンを記録した。視標追跡装置とは，目の位置や目の動きを計測するための装置である。光（通常は赤外線）を眼球で反射させ，ビデオカメラなどの専用レコーダーで感知する。研究では，102人の乳児のうち，51人はバイリンガルの家庭で育ち，残りはモノリンガルの家庭出身であった。研究者らは，「第二言語を話せるようになることで得られる利益を除外するため」，まだ言葉を発しない乳児を被験者とし，2カ国語以上を聞くことの効果にのみ焦点を当てた研究を行ったと述べた。

そのチームは，バイリンガルの家庭の乳児は，新しい絵が画面に現れたときに，注意をそちらに向けるのが33%速いことが分かった。また，２枚の絵を並べて見せられた場合，バイリンガルの乳児は，モノリンガルの乳児よりも頻繁に１枚の絵から別の絵に注意を移すことが分かった。この結果は，バイリンガルの乳児が「より多くの環境を探索している」ことを示していると研究者は述べている。

ドゥ＝ソーザ博士は「周囲の状況をより速く，より頻繁に確認することは，乳児にとって様々な点で役立つかもしれません。たとえば，おもちゃから話し手の口元に注意を向けることで，あいまいな話し言葉と口の動きを一致させる手助けとなるかもしれません」と付け加えた。研究者たちは次のステップの一部として，幼児期により速く，より頻繁な切り替えを行うことが，発達への長期的な影響を与えるかどうかを調べている。

◀解　説▶

２．第１段第１文（Babies from bilingual …）「バイリンガル家庭の乳児は，１つの言語しか話さない家庭の乳児と比べて，あるタスクから別のタスクへの注意の切り替えが上手であることが，新しい研究により明らかになった」はA．「新しい研究ではモノリンガル家庭の乳児は，２種類の言語が使われる家庭の乳児と比べると，注意の切り替えの点で不利であるということが示されている」の内容と一致している。また，C．「ドゥ＝ソーザ博士の調査グループによって行われた実験は，100人以上の乳幼児を対象とし，被験者の目の動きを追跡する特別な装置を用いた」は第２段第１文（A team of …）「ドゥ＝ソーザ博士率いる科学者チームは，視標追跡技術を使って，生後７カ月から９カ月の乳児102人の視線パターンを記録した」の内容と同じである。

３．第３段第２文（And, when shown …）「また，２枚の絵を並べて見せられた場合，バイリンガルの乳児は，モノリンガルの乳児よりも頻繁に１枚の絵から別の絵に注意を移すことが分かった」は，B．「同時に提示された２つの絵に注意を向けることがタスクに含まれた場合，モノリンガルの乳児はそれらの間での注意の切り替えをする頻度ははるかに少なかった」と一致する内容であり，最終段第２文（For example, moving …）「たとえば，おもちゃから話し手の口元に注意を向けることで，あいまいな話し言葉と口の動きを一致させる手助けとなるかもしれません」は，乳児が口の動きを見ながら話し言葉を理解しようとしているという意味であり，D.「ドゥ＝ソーザ博士は視覚的な注意の切り替えの能力がより高いことは，話し言葉を理解するのに有益であるかもしれないと考えている」と同内容である。

4 解答

(1)―D　(2)―B　(3)―B　(4)―B　(5)―A　(6)―A
(7)―D　(8)―A　(9)―A　(10)―B

◆全　訳◆

≪転職を希望する理由≫

ウィン　：さて，ルイーズさん，こんにちは。私たちの人材派遣会社へようこそ。いい仕事が見つかるといいですね。

ルイーズ：ありがとうございます。

ウィン　：ここにあなたの経歴の詳細があります。1つの仕事にとても忠実だったようですね。

ルイーズ：はい，そうです。

ウィン　：21年というのは，1つの場所で働くには長い時間でしたね。

ルイーズ：私も同じ気持ちです。そろそろ次のステップに進まないといけないと思っています。

ウィン　：今，あなたは何歳ですか？

ルイーズ：40代です。

ウィン　：正確には何歳ですか？

ルイーズ：46歳です。

ウィン　：年齢がハンディキャップになるとは限りません。まあ，もちろん向き合わねばなりませんが，経験というのは大事なものですからね。

ルイーズ：そうだといいんですが。

ウィン　：では，ここだけの話，ひとつだけ教えてください。絶対に漏らしませんから。何かトラブルや，今の仕事を辞める特別な理由でもあるのですか？

ルイーズ：まったくありません。

ウィン　：これまでの長年にわたる信頼関係が突然終わることはないと思いますが，どうしようもない状況に陥ったのですか？

ルイーズ：いいえ，私はいつもみんなと仲良くするように気をつけてきました。

ウィン　：なるほど。ただ，なぜ転職するのか，その理由をはっきりさせたいのです。仕事そのものに満足できなくなったということですね。お金のせいですか？

ルイーズ：お金のせいもありますが，そうでもないんです。

ウィン　：年収3万ポンドはとても立派な給料です。では，なぜ変化を起こそうとしているのですか？

ルイーズ：他の人たちもそうしています。

ウィン　：でも，人生の大半を同じ場所で過ごしてきたのに，なぜ今なんですか？

ルイーズ：その会社のために生きてきたし，仕事に人生を捧げてきたとも言えます。27歳から管理職になり，いろいろなことを成し遂げましたが，今はそこから抜け出せないと感じています。誰も私に気づかないし，みんな私の仕事を当然のように見ている。私がいなくなったら，みんなは私に気がつくでしょうし，いなくなることを残念に思うでしょう。そして，私がいなくなったときに，私が何をしていたかを知ることになるのです。

ウィン　：もし，もっとお金をくれるなら，今の仕事を続けるのでは？

ルイーズ：いいえ，続けません。

◀解　説▶

⑴直前のウィンの最後の発言 I see you've …「1つの仕事にとても忠実だったようですね」に対しての返答。Yes ということは，1つの仕事をずっと続けてきたという意味なので，I have been … の意味の返答をしているはず。よってDが正解。

⑵直前でルイーズは「(私は) 40代です」と答え，さらにウィンの空所の発言の後では「46歳です」と答えている。よって，より具体的な年齢を答えるように促したBが正解。

⑶空所を含むウィンの発言内で「まあ，もちろん（年をとることとは）向き合わねばなりません」と年齢を重ねることにやや否定的な発言をしたあと，逆接の接続詞 but が置かれていることより，but 以降では，年をとることについて肯定的な発言があると考えられる。よってBを入れて「経験というのは大事なものですからね」とするのが最も適切。count for「～

の価値がある」

(4)空所直後でウィンは「絶対に漏らしませんから」と内緒にするという約束をしている。よって空所にBを補って，ほぼ同義の「ここだけ（私たちだけ）の話」とするが正解。

(5)ここまでの文脈では，最初のウィンの発言からルイーズが新しい仕事を探しに来ていることが分かる。よってもちろんルイーズが辞めようとしているのは，A. current「現在の」仕事である。

(6)直前のウィンの発言「どうしようもない状況に陥ったのですか？」に対して，Noと答えていることから，ルイーズは現在の職場で特にトラブルなく過ごしていることが分かる。よって，空所にAを入れて「私はいつもみんなと仲良くするように気をつけてきました」とするのが正解。get on well with「～と仲良くする」

(7)これまでのルイーズの発言から，職場の人間関係などに不満があって転職を希望しているわけではないことが分かる。よってここではD. satisfies「～を満足させる」を入れて，「仕事そのものに満足できなくなったということですね」とするのが適切。これにより，仕事の報酬が十分でないことに触れた，次の「お金のせいですか？」ともうまくつながる。

(8)直前ではwhy are you now「なぜ今なんですか」と尋ねている。空所直後の「人生の大半を同じ場所で過ごす」はこれまでのルイーズの経歴に関して述べたものであり，時系列にならべてAを入れるのが最も適切。

(9)空所直前でルイーズは「誰も私（の仕事ぶり）に気づかない」と言っており，順接のand以降も，ほぼ同内容が続くのが自然。よってA. everybodyを入れて，「みんな私の仕事を当然のように見ている」とするのが最も適切。

(10)空所を含む文の前半でルイーズは「私がいなくなったら，みんなは私に気がつくでしょう」と言っており，これに続く文として，同僚が何を残念に思うかを考えると，B. loseを入れて，「私を失うこと」とするのが最も自然。

5 **解答例** A girl accidentally drops a piece of chocolate on the ground right outside her house. She kicks it in front of her friends and makes them laugh. However, after seeing her friends walk away, she picks it up, goes back inside, washes it carefully, and probably eats it. (50語程度)

◀解　説▶

本問のような一連のイラストを順に描写する場合，ふつう一貫して現在形を用いる。

まず，問題で与えられた4コマのイラストから，重要な情報をピックアップすることから始める。1コマ目では「子どもが食べようとしたお菓子(a piece of chocolate / a candy) をうっかり落とした」こと。2コマ目では「みんなの前でそれを蹴とばしてみせている」こと。加えて，周りの子どもたちがそれを見て笑っていることにも触れたい。3コマ目では「友人とおぼしき子どもたちが帰っていく」様子。そして4コマ目では「女の子が洗面所で落としたお菓子を洗って」おり，これはもちろんそのお菓子を自分で食べるためだと考えられる。

各コマの必要な情報を簡潔に盛り込み，時系列でつないでいく。加えて，何のために女の子が4コマ目でお菓子を洗っているのか (She probably eats it. や She is going to eat it. のような内容) も含めたい。

表現面では，drop，kick，pick up などの他動詞を正しく使えるかという点や，みなが帰った「後」で拾って持って帰ったという時間の前後をうまく表せるかといった点がポイントとなる。

またストーリーの展開上，友だちがいるときといないときでの態度の変化をはっきりさせるため，3コマ目の描写には，接続詞 but や副詞 However が必要となる。

日本史

1 解答

①A．公営田　B．鴨長明　C．正長の徳政一揆
D．人足寄場　E．大塩平八郎

②1－き　2－て　3－お　4－さ　5－え　6－け　7－せ

③1－あ　2－い　3－う

◀解　説▶

≪古代～近世の飢饉≫

①A．「大宰府管内」「823年」などから公営田と判断できる。公営田は直営田の初期のものとして小野岑守の提案で実施されたことを覚えておこう。

B．空欄に続いて『方丈記』と出てくるので鴨長明と判断できる。

E．「1837年」「陽明学者」「大坂で挙兵」などから大塩平八郎とわかる。

②1．律令制度下で飢饉に備えて穀物を備蓄するのは義倉。義倉という名称は江戸時代にも使用される。義倉に対して民間が主体となって備蓄したものは社倉という。

2．「1231年」の執権を問うているが，「この時期に御成敗式目が編纂された」とあるので北条泰時と判断できるだろう。

4．「青木昆陽」が栽培を勧めたのは甘藷，すなわちサツマイモである。なお，く．甘蔗はサトウキビのこと。

6．「天明」の飢饉の後に農村復興に取り組んだ幕府の老中は松平定信。

③1．あ．正解。鎌倉新仏教の開祖6人は，平安末～鎌倉初の法然・栄西，鎌倉前期の親鸞・道元，元寇の頃の日蓮・一遍というふうに，教義での分類以外に年代での整理も大切である。寛喜の飢饉は親鸞・道元の頃であるが，道元が著したのは『正法眼蔵』であり，『喫茶養生記』は栄西の著作である。

2・3．史料群の史料は，あ．上米の制，い．田畑永代売買の禁令，う．囲米，え．人返しの法。いずれも重要史料である。

2 解答

①A．普通選挙　B．文官任用令　C．重要産業統制
D．国家総動員　E．池田勇人

②1－し 2－せ 3－え 4－う 5－あ 6－い

③1－い 2－え 3－あ 4－う

◀解 説▶

≪憲法と政党政治・経済政策≫

①A．直接国税の要件が撤廃され，1925 年に導入されたのは普通選挙制である。

B．「1899 年」だけでは難しいが，「高級官僚にも資格規定が設けられ」たという文章から文官任用令改正だとわかる。

E．「所得倍増」を掲げたのは池田勇人内閣。

②1．1890 年の有権者資格は 25 歳以上，男性，直接国税 15 円以上納入である。

3．外交政策で「協調政策」とは協調外交のことであり，この用語は幣原喜重郎とセットにして押さえておこう。

5．日中戦争勃発を受けて戦時下の統制経済の総本山として立案・実施にあたったのは企画院。1943 年には企画院の動員部門は軍需省へと引き継がれている。

6．戦後，幣原喜重郎内閣で憲法問題調査委員会の委員長になったのは商法を専門とした松本烝治である。

③1．い．誤文。大日本帝国憲法では国務大臣は単独輔弼，つまり各国務大臣が，独立して天皇に対して輔弼の責を負っていた。「共同で」という部分が誤り。

2．え．誤り。治安維持法の廃止は日本国憲法の成立（1946 年 11 月 3 日公布，1947 年 5 月 3 日施行）より先の 1945 年 10 月 15 日。終戦時，東久邇宮内閣は「共産革命に対処するため」として治安維持法の廃止を否定したが，10 月 4 日に GHQ より人権指令が出され廃止を指令された。これを拒否した東久邇宮内閣が総辞職すると，後継の幣原喜重郎内閣によって廃止された。

3．あ．誤り。労働組合法は GHQ 指令により 1945 年 12 月 22 日に公布された。日本国憲法成立より前のことである。

4．う．誤文。環境基本法は 1993 年制定である。1967 年に制定されたのは公害対策基本法である。なお公害対策基本法は環境基本法制定により廃止されている。

3 **解答**　(1)—け　(2)—こ　(3)—い　(4)—き　(5)—お　(6)—う
(7)—く　(8)—え　(9)—あ　(10)—か

◀解　説▶

≪古代～明治初期の貨幣≫

(1)正解は「け」。和同開珎鋳造の際には「催鋳銭司」が設置された。「鋳」「銭」という文字から貨幣の鋳造に関わる官司（役所）であることが推定できるだろう。

(2)正解は「こ」。律令政府は貨幣の流通を図るために蓄銭叙位令を出し，あわせて民間が勝手に貨幣を鋳造する行為を厳罰化した。

(3)正解は「い」。為替は遠隔地間の送金・送米を手形（預り証）で行う金融システム。「替銭」は銭を扱う為替，「割符」は手形のこと。

(4)正解は「き」。足利義政は応仁の乱の時の将軍。「銅銭は乱を経て散失し」という言葉に注目すれば正解できるだろう。「公庫索然」も幕府に貨幣の蓄えがないことを意味する。

(5)正解は「お」。下線部の法令は撰銭令。永楽通宝・宣徳通宝は「撰ぶべからず」（良銭・悪銭を区別するな），「この三色は撰ぶべし」（この三種類は良銭・悪銭を区別してよい）などに注目すれば正解できるだろう。

(7)正解は「く」。銀などの海外流出を防ぐために新井白石が行った貿易制限は海舶互市新令。「船数」や「銀高」などの言葉に注目すれば正解できるだろう。

(8)正解は「え」。田沼時代に発行されたのは南鐐二朱銀。変動制だった金と銀の交換比率を固定化するため，南鐐二朱銀８枚で小判１枚と交換できるようにした。

(10)正解は「か」。新しい貨幣体系とは新貨条例のこと。単位を「両」から「円」に切り替え，円・銭・厘の十進法とした。

世界史

1 解答

問1．A．クレタ〔ミノア〕 B．ポエニ
C．トラヤヌス D．フレンチ＝インディアン
E．トマス＝ジェファソン

問2．(1)―d (2)―b (3)―d (4)―a (5)―a (6)―d (7)―d

問3．ア―⑪ イ―② ウ―⑤

◀解 説▶

≪地中海世界の歴史と大西洋革命≫

問1．A．クレタ文明は，ミノア文明とも呼ばれる。

問2．(1)d．誤文。線文字Bは，ヴェントリスによって解読された。エヴァンズはクノッソス宮殿跡を発掘した考古学者。

(3)d．誤文。テオドシウス帝は，アタナシウス派キリスト教を国教とした。アリウス派キリスト教はニケーア公会議で異端とされた。

(5)a．誤文。七年戦争の講和条約はフベルトゥスブルク条約。アーヘン条約はオーストリア継承戦争の講和条約。

(6)d．誤文。アメリカの独立が承認されたのは，パリ条約（1783年）。

(7)d．誤文。ロベスピエールが失脚したのは，テルミドール9日のクーデタ。

問3．アの地域は⑪のアルゼンチン。イの地域は②のハイチ。ウの地域は⑤のブラジル。

2 解答

問1．A．鄧小平 B．楊堅 C．班固
D．王莽 E．朱元璋

問2．c

問3．(1)―a (2)―c (3)―a (4)―b (5)―b (6)―b (7)―c
(8)―c (9)―a

◀解 説▶

≪色をテーマとした中国史≫

問2．cの『水滸伝』が正しい。aの『金瓶梅』は，明代の社会風俗を描

いた小説。bの『紅楼夢』は清代の長編小説で，貴族の没落を描いた。dの『聊斎志異』は怪異物語を集めた清代の短編小説集。

問3．(2)c．誤文。南詔国は唐の時代に雲南地方にあった国。

(3)b．誤文。董仲舒は前漢の人。『五経正義』は唐代に孔穎達を中心に編纂された。

c．誤文。顧炎武は明末清初の人物。

d．誤文。『文選』は南北朝時代の梁の昭明太子によって編纂された。

(4)a．誤文。洛邑への遷都は春秋時代の始まり。

c．誤文。半両銭は中国統一後の秦が統一貨幣に定め，五銖銭は前漢が発行した。

d．誤文。張儀は秦を中心とする連衡策を主張した。合従策は蘇秦が主張した。

(5)a．誤文。ルイ＝フィリップ（在位 1830～48 年）の即位は七月革命のときで，パリ＝コミューン（1871 年）とは関係しない。

c．誤文。サン＝シモンは，初期の社会主義者。パリ＝コミューンとは時代が合わない。

d．誤文。シャルル 10 世（在位 1824～30 年）の追放は七月革命のとき。

(6)b．誤文。中ソ共産党間の対立は，スターリン批判から始まる。

(7)a．誤文。王守仁は明代の人。宋学の大成者は南宋の朱熹。

b．誤文。燕雲十六州を割譲した後晋は五代の王朝。

d．誤文。王安石は北宋の中頃，11 世紀の政治家。

(8)白蓮教は，仏教色の強い民間の宗教結社。

a．誤文。祆教は，ゾロアスター教のこと。

b．誤文。太平道は五斗米道とともに，のちに道教に発展する宗派。

d．誤文。全真教は道教の一派。

(9)b．誤文。紅軍は中国共産党の軍事組織。

c．誤文。紅軍は国共内戦に対応して結成された。

d．誤文。紅軍は第二次国共内戦の時に人民解放軍と改称された。紅衛兵は文化大革命初期に動員された学生や青年男女の組織で，紅軍とは関係ない。

3 解答

1―d 2―c 3―c 4―b 5―b
6―a 7―b 8―b 9―a 10―b

◀解 説▶

≪全範囲からの小問集合≫

2．a．誤り。突厥文字は，アラム文字，もしくはソグド文字からつくられたとされる。

b．誤り。突厥が滅ぼしたのは柔然。

d．誤り。突厥は6～8世紀の国家，西夏は11～13世紀の国家。

4．a・c．誤り。『大唐西域記』は玄奘の著作で，彼はハルシャ王に保護された。

d．誤り。『仏国記』は法顕の著作。

6．b．誤り。ペトラルカは詩人。

c．誤り。ボッティチェリは画家。

d．誤り。ミケランジェロが建造にかかわった教会は，ローマのサン＝ピエトロ大聖堂。

7．a．誤り。アズハル＝モスクは北アフリカのファーティマ朝が建てた。

c．誤り。クトゥブ＝ミナールはインドの奴隷王朝が建てたミナレット。

d．誤り。タージ＝マハルはインドのムガル帝国が建てた墓廟。

8．a．誤り。サウジアラビア王国はイブン＝サウードが建国。

c．誤り。ムハンマド＝アリーは，エジプトにムハンマド＝アリー朝を建てた。

d．誤り。トルコ共和国を建てたのは，ムスタファ＝ケマル。

9．b．誤り。アフリカ民族会議は南アフリカの黒人の民族主義組織。

c．誤り。アフリカ連合は，アフリカ統一機構を発展させ，21世紀に設立された。

d．誤り。パン＝アフリカ会議は，20世紀初めに開かれたアフリカとアメリカの黒人の連帯組織。

数学

◀理系学部▶

■数　学　①■

1 **解答**　$y=x^2-2x-4=(x-1)^2-5$　……①

$$x^2-2x-4=x \Longleftrightarrow x^2-3x-4=0 \Longleftrightarrow (x-4)(x+1)=0$$

よって，放物線①と直線 $y=x$ の交点は　$(-1,\ -1)$，$(4,\ 4)$

連立不等式 $y \geqq x^2-2x-4$，$y \leqq x$ で表される領域 D は右図の網かけ部分である。ただし，境界線は含む。

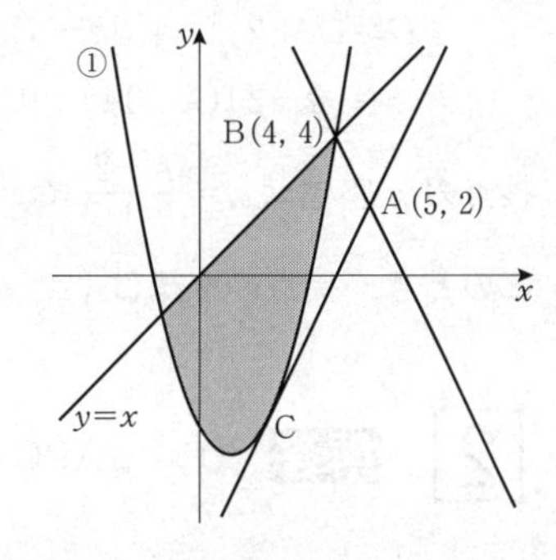

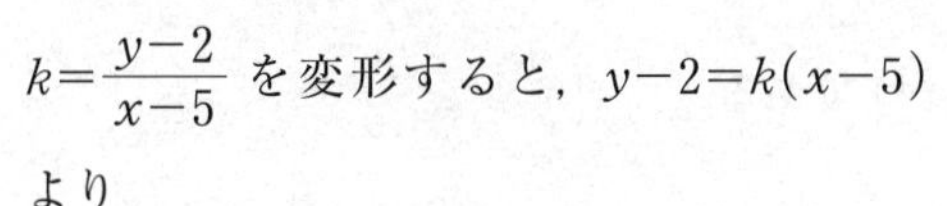

$k=\dfrac{y-2}{x-5}$ を変形すると，$y-2=k(x-5)$

より

k は点 $\mathrm{A}(5,\ 2)$ を通る直線の傾きである。

・k が最小値をとるのは点 $\mathrm{B}(4,\ 4)$ を通るときだから

k の最小値は　-2　$(x=4,\ y=4)$　……(答)

・k が最大値をとるのは直線が図の点Cで接するときである。

$(x^2-2x-4)'=2x-2$ より，$\mathrm{C}(t,\ t^2-2t-4)$ とおくと，Cにおける接線の方程式は

$$y-(t^2-2t-4)=(2t-2)(x-t)$$

$$y=(2t-2)x-t^2-4$$

この直線がAを通る条件は

$$2=5(2t-2)-t^2-4 \Longleftrightarrow t^2-10t+16=0 \Longleftrightarrow (t-2)(t-8)=0$$

$t<4$ より　　$t=2$, C$(2,\ -4)$

よって，k の最大値は　　2　$(x=2,\ y=-4)$　……(答)

◀解　説▶

≪領域と最大・最小≫

$x\neq5$ のとき

$$k=\frac{y-2}{x-5}\iff y-2=k(x-5)$$

この直線と領域 D が共有点をもつ k の範囲を考えてもよい。この直線は定点 $(5,\ 2)$ を通るから，点 $(4,\ 4)$ を通るとき k は最小値をとり，〔解答〕で示した図のように放物線 $y=x^2-2x-4$ と接するとき k は最大値をとる。

接する条件は

$$x^2-2x-4=k(x-5)+2\iff x^2-(k+2)x+5k-6=0$$

が重解をもつことから，判別式を D とおくと

$$D=(k+2)^2-4(5k-6)=k^2-16k+28$$
$$=(k-2)(k-14)=0$$

接点の x 座標は $x=\dfrac{k+2}{2}$ で，$\dfrac{(k+2)}{2}<4$ より　　$k=2$

このとき，接点の座標は $(2,\ -4)$ である。

2

解答　(1)　△ABC の面積が $3\sqrt{15}$ より

$$\frac{1}{2}\mathrm{AB}\cdot\mathrm{AC}\cdot\sin A=3\sqrt{15}$$

$$\frac{1}{2}\cdot4\cdot6\cdot\sin A=3\sqrt{15}$$

よって　　$\sin A=\dfrac{\sqrt{15}}{4}$　……(答)

$$\cos A=\pm\sqrt{1-\sin^2A}=\pm\frac{1}{4}\quad\text{……(答)}$$

(2)　余弦定理から

$$\mathrm{BC}^2=\mathrm{AB}^2+\mathrm{AC}^2-2\mathrm{AB}\cdot\mathrm{AC}\cdot\cos A$$
$$=4^2+6^2-2\cdot4\cdot6\cdot\cos A$$

$=52-48\cos A$

よって　　$BC=\begin{cases} 2\sqrt{10} & (\angle A \text{が鋭角}) \\ 8 & (\angle A \text{が鈍角}) \end{cases}$　……(答)

(3)　正弦定理から

$$\frac{BC}{\sin A}=2R,\ R=\frac{BC}{2\sin A}=\frac{2BC}{\sqrt{15}}$$

よって，半径 R が最大となるのは BC が最大の場合，つまり BC=8($\angle A$ が鈍角) の場合である。

……(答)

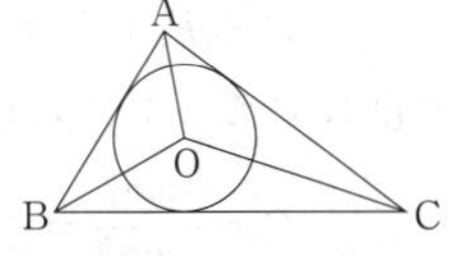

このとき R の最大値は　$\dfrac{16}{\sqrt{15}}$

内心を O とすると

$$\triangle ABC=\triangle OAB+\triangle OBC+\triangle OCA$$

よって，そのときの内接円の半径 r は

$$3\sqrt{15}=\frac{1}{2}\cdot AB\cdot r+\frac{1}{2}\cdot BC\cdot r+\frac{1}{2}\cdot CA\cdot r$$

$$\frac{1}{2}(AB+BC+CA)r=3\sqrt{15},\ 9r=3\sqrt{15}$$

$$r=\frac{\sqrt{15}}{3}$$　……(答)

◀解　説▶

≪三角形の外接円・内接円の半径≫

$\angle A$ は鋭角，鈍角の 2 つの場合がある。

外接円の半径は正弦定理，内接円の半径は

$$\triangle ABC=\triangle OAB+\triangle OBC+\triangle OCA \quad (O：内心)$$

を利用する。

3　**解答**　カードの枚数は，999−100+1=900 枚であるから，求める確率は

$$\frac{{}_{900}C_2}{900^2}=\frac{\frac{1}{2}\cdot 900\cdot 899}{900^2}=\frac{899}{2\cdot 900}=\frac{899}{1800}$$　……(答)

別解　カードの枚数は 999−100+1=900 枚である。
カードを引いて戻す試行を 2 回繰り返すとき，1 回目に取り出すカードの数を a，2 回目に取り出すカードの数を b とすると
$a<b$ となる確率 P_1 と $a>b$ となる確率 P_2 は対称性より

$$P_1=P_2$$

$a=b$ となる確率 P_3 に対し

$$P_1+P_2+P_3=1$$

900 枚のカードに対して P_3 は

$$P_3=\frac{900}{900^2}=\frac{1}{900}$$

求める確率 P_1 は $2P_1+P_3=1$ より

$$P_1=\frac{1}{2}(1-P_3)=\frac{1}{2}\left(1-\frac{1}{900}\right)=\frac{1}{2}\cdot\frac{899}{900}=\frac{899}{1800}$$

◀解　説▶

≪組合せの数と確率≫

1 回目に取り出すカードの数を k（$100\leqq k\leqq 998$）とすると，2 回目のカードの数は

$$k+1,\ k+2,\ \cdots,\ 999$$

であり

$$999-(k+1)+1=999-k \text{ 通り}$$

よって

（1 回目に取り出すカードの数）<（2 回目に取り出すカードの数）

となる取り出し方は

$$\sum_{k=100}^{998}(999-k)=1+2+3+\cdots+899=\frac{1}{2}\cdot 899\cdot 900$$

なお，カードを戻す場合，カードの数が違う取り出し方では対称性があるため，〔別解〕のように，カードの数が同じ場合の確率を求めることで余事象から求めたい確率を計算することもできる。

4 **解答** (1)　$f(x)=\frac{3}{2}x(1-x)$ とおくと

$a_{n+1}=f(a_n)\quad (n=1,\ 2,\ \cdots)$

グラフは右図のようになり

$0<x\leqq\frac{1}{3}$ のとき

$0<f(x)\leqq\frac{1}{3}$，$f(x)\geqq x$ が成り立つ。

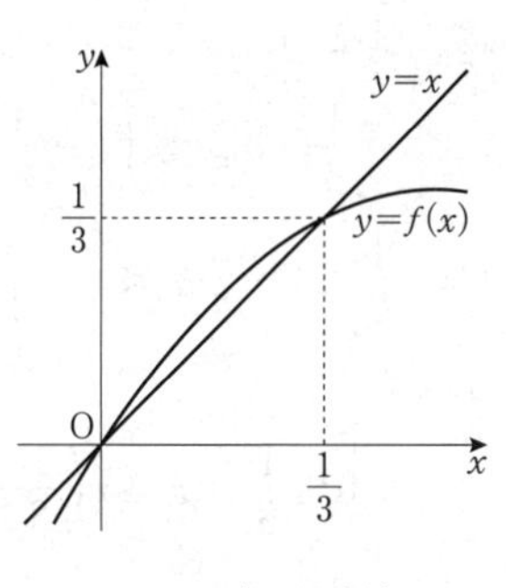

したがって，$0<a_1\leqq\frac{1}{3}$ より，$a_2=f(a_1)\geqq a_1$ が成り立つ。　（証明終）

(2)　$0<a_n\leqq\frac{1}{3}$　……①とおく。

[i]　$n=1$ のとき，a_1 の仮定より①は成り立つ。

[ii]　$n=k\ (k\geqq 1)$ のとき，①が成り立つと仮定すると

$$0<a_k\leqq\frac{1}{3}$$

よって，$0<f(a_k)\leqq\frac{1}{3}$ が成り立ち，$a_{k+1}=f(a_k)$ だから

$$0<a_{k+1}\leqq\frac{1}{3}$$

も成り立つ。

[i]，[ii]より，任意の自然数 n に対して，①は成り立つ。

したがって，$a_{n+1}=f(a_n)\geqq a_n$ が成り立つ。　（証明終）

(3)

$$\frac{1}{3}-a_{n+1}=\frac{1}{3}-\frac{3}{2}a_n(1-a_n)=\frac{3}{2}a_n{}^2-\frac{3}{2}a_n+\frac{1}{3}$$

$$=\left(a_n-\frac{1}{3}\right)\left(\frac{3}{2}a_n-1\right)$$

$$=\left(\frac{1}{3}-a_n\right)\left(1-\frac{3}{2}a_n\right)\quad\cdots\cdots②$$

$a_n\geqq a_{n-1}\geqq\cdots\geqq a_2\geqq a_1$ より　　$1-\frac{3}{2}a_n\leqq 1-\frac{3}{2}a_1$

この不等式の両辺に $\frac{1}{3}-a_n(\geqq 0)$ をかけて

$$\left(\frac{1}{3}-a_n\right)\left(1-\frac{3}{2}a_n\right)\leqq\left(1-\frac{3}{2}a_1\right)\left(\frac{1}{3}-a_n\right)\quad\cdots\cdots③$$

②，③より

$$\frac{1}{3}-a_{n+1}\leqq\left(1-\frac{3}{2}a_1\right)\left(\frac{1}{3}-a_n\right)$$

（証明終）

(4)　$\frac{1}{2}\leqq 1-\frac{3}{2}a_1<1$，$\frac{1}{3}-a_n\geqq 0$ より，(3)の不等式から，$1-\frac{3}{2}a_1=r$ とおくと

$$0\leqq\frac{1}{3}-a_n\leqq r\left(\frac{1}{3}-a_{n-1}\right)\leqq r^2\left(\frac{1}{3}-a_{n-2}\right)\leqq\cdots\leqq r^{n-1}\left(\frac{1}{3}-a_1\right)$$

$$\frac{1}{3}-\left(\frac{1}{3}-a_1\right)r^{n-1}\leqq a_n\leqq\frac{1}{3}\quad(n=1,\ 2,\ 3,\ \cdots)$$

$\frac{1}{2}\leqq r<1$ より　　$\lim_{n\to\infty}\left\{\frac{1}{3}-\left(\frac{1}{3}-a_1\right)r^{n-1}\right\}=\frac{1}{3}$

したがって，はさみうちの原理より　$\lim_{n\to\infty}a_n=\frac{1}{3}$　……(答)

◀解　説▶

≪漸化式と極限≫

(1)・(2) $f(x)=\frac{3}{2}x(1-x)$ とおくと

$$a_{n+1}=f(a_n)\quad(n=1,\ 2,\ 3,\ \cdots)$$

であるから，$y=f(x)$ と $y=x$ のグラフが利用できる。

(3) $\frac{1}{3}-a_{n+1}=\left(\frac{1}{3}-a_n\right)\left(1-\frac{3}{2}a_n\right)$ を導くことがポイント。

$1-\frac{3}{2}a_n$ と $1-\frac{3}{2}a_1$ の大小関係は，$a_n\geqq a_1$ を利用する。

(4) はさみうちの原理『$a_n\leqq c_n\leqq b_n$ $(n\geqq 1)$，$\lim_{n\to\infty}a_n=\lim_{n\to\infty}b_n=\alpha$ ならば $\lim_{n\to\infty}c_n=\alpha$』を用いる。

■数　学　②■

1

＜数学①＞1に同じ。

2

＜数学①＞2に同じ。

3

＜数学①＞3に同じ。

4

解答　(1)　$\overrightarrow{OC}=\dfrac{1}{p}\overrightarrow{OA}+\dfrac{1}{q}\overrightarrow{OB}$　……①

点Cが線分ABを2：1に内分するから

$$\overrightarrow{OC}=\frac{\overrightarrow{OA}+2\overrightarrow{OB}}{3}=\frac{1}{3}\overrightarrow{OA}+\frac{2}{3}\overrightarrow{OB}\quad\cdots\cdots②$$

$\overrightarrow{OA}\neq\vec{0}$，$\overrightarrow{OB}\neq\vec{0}$，$\overrightarrow{OA}\not\parallel\overrightarrow{OB}$ だから，①，②より

$$\frac{1}{p}=\frac{1}{3},\quad \frac{1}{q}=\frac{2}{3}$$

よって　　$p=3$，$q=\dfrac{3}{2}$　……(答)

(2)　$\overrightarrow{OD}=3\overrightarrow{OA}$，$\overrightarrow{OE}=\dfrac{3}{2}\overrightarrow{OB}$ より

$$\overrightarrow{OF}=\overrightarrow{OA}+\overrightarrow{OB}=\frac{1}{3}\overrightarrow{OD}+\frac{2}{3}\overrightarrow{OE}$$

よって，点Fは線分DEを2：1に内分し，線分DE上にある。

（証明終）

(3)
$$\overrightarrow{OF}=\frac{1}{p}\overrightarrow{OD}+\frac{1}{q}\overrightarrow{OE}$$
$$=\left(1-\frac{1}{q}\right)\overrightarrow{OD}+\frac{1}{q}\overrightarrow{OE}\qquad\left(\because\quad \frac{1}{p}+\frac{1}{q}=1\right)$$

$$=\overrightarrow{\mathrm{OD}}+\frac{1}{q}(\overrightarrow{\mathrm{OE}}-\overrightarrow{\mathrm{OD}})$$

$$=\overrightarrow{\mathrm{OD}}+\frac{1}{q}\overrightarrow{\mathrm{DE}}$$

が成り立ち，直線 DE は点 F を通る。　（証明終）

◀解　説▶

≪分点公式，直線のベクトル方程式≫

$\overrightarrow{\mathrm{OP}}=\alpha\overrightarrow{\mathrm{OA}}+\beta\overrightarrow{\mathrm{OB}}$ のとき

$\alpha+\beta=1 \Longleftrightarrow$ P は直線 AB 上の点

が成り立つことを用いれば，(2)と(3)の証明は容易にできるが，(2)と(3)では問題文に違いがあるため，(3)の〔解答〕では，直線 DE のベクトル方程式

$$\overrightarrow{\mathrm{OX}}=\overrightarrow{\mathrm{OD}}+t\overrightarrow{\mathrm{DE}}$$

を利用して証明している。

◀文系学部▶

1 **解答** (1)① $-\dfrac{13}{4}$　② $\dfrac{3}{2}$　(2)③ $\dfrac{2}{3}$　④ $\dfrac{1}{3}$　⑤ $\dfrac{5}{9}$

(3)⑥ 3　⑦ $\dfrac{25}{7}$　(4)⑧ $\dfrac{1}{4}$　⑨ $\dfrac{1}{108}$　⑩ $\dfrac{65}{108}$

◀解　説▶

≪小問 4 問≫

(1)　$|3x+5|=\begin{cases} 3x+5 & \left(x \geqq -\dfrac{5}{3}\right) \\ -(3x+5) & \left(x \leqq -\dfrac{5}{3}\right) \end{cases}$

$3x+5=x+8 \iff x=\dfrac{3}{2}$

$-(3x+5)=x+8 \iff x=-\dfrac{13}{4}$

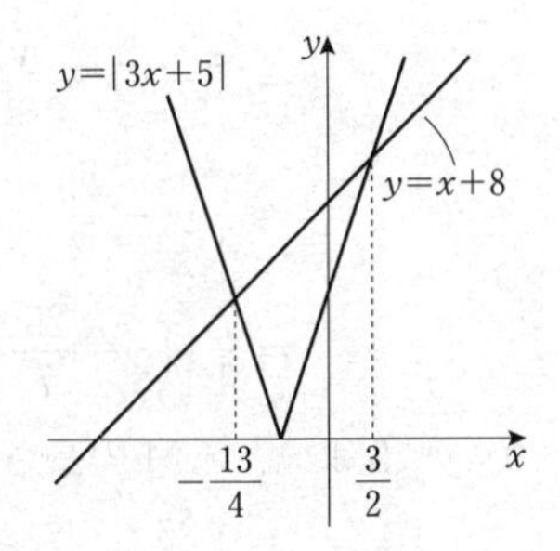

よって，右のグラフから

$x \leqq -\dfrac{13}{4}$　(→①)

$\dfrac{3}{2} \leqq x$　(→②)

(2)　BF：FD=1：2 より

$\overrightarrow{AF}=\dfrac{2\overrightarrow{AB}+\overrightarrow{AD}}{3}$

$=\dfrac{2}{3}\overrightarrow{AB}+\dfrac{1}{3}\overrightarrow{AD}$　(→③・④)

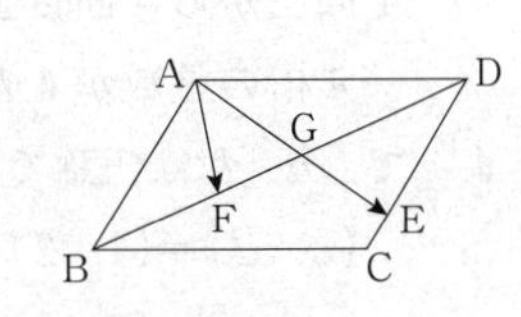

CE：ED=1：4 より

$\overrightarrow{AE}=\overrightarrow{AD}+\overrightarrow{DE}=\overrightarrow{AD}+\dfrac{4}{5}\overrightarrow{AB}$

$\overrightarrow{AG}=k\overrightarrow{AE}$ とおくと

$\overrightarrow{AG}=k\overrightarrow{AD}+\dfrac{4}{5}k\overrightarrow{AB}$

G は線分 BD 上の点だから

$$k+\frac{4}{5}k=1 \qquad \therefore \quad k=\frac{5}{9} \quad (\to⑤)$$

(3)　AB$=x$, BC$=y$ とおくと

$$x+y=5$$

A, B, M, C, 60°

△ABC の面積が $\frac{3\sqrt{3}}{2}$ より

$$\frac{1}{2}xy\sin 60^\circ=\frac{3\sqrt{3}}{2}$$

$$xy=6$$

$y>x$ より　　BC$=y=3$　(→⑥)

△ABM で余弦定理を用いて

$$\begin{aligned}AM^2&=x^2+\left(\frac{y}{2}\right)^2-2\cdot x\cdot\frac{y}{2}\cos 60^\circ=x^2+\frac{y^2}{4}-\frac{1}{2}xy\\&=(5-y)^2+\frac{y^2}{4}-\frac{1}{2}y(5-y)\\&=\frac{7}{4}y^2-\frac{25}{2}y+25\\&=\frac{7}{4}\left\{\left(y-\frac{25}{7}\right)^2-\left(\frac{25}{7}\right)^2\right\}+25\end{aligned}$$

$0<y<5$ より，AM の長さが最小となる BC の値は

$$BC=y=\frac{25}{7} \quad (\to⑦)$$

(4)　1回目から4回目までの目を順に a, b, c, d とおくと

　4桁の整数が4の倍数 $\Longleftrightarrow$ $10c+d$ が4の倍数

よって，a, b は任意で

$$(c,\ d)=(1,\ 2),\ (1,\ 6),\ (2,\ 4),\ (3,\ 2),\ (3,\ 6),\ (4,\ 4)$$
$$(5,\ 2),\ (5,\ 6),\ (6,\ 4)$$

であり，4桁の整数が4の倍数となる確率は

$$\frac{6\times 6\times 9}{6^4}=\frac{1}{4} \quad (\to⑧)$$

$a=1$, $d=4$ で4桁の整数が3の倍数となる条件は

$$1+b+c+4=b+c+5$$

が3の倍数となることから

$b+c=4,\ 7,\ 10$

$b+c$ が 4，7，10 となるときの $(b,\ c)$ は

$b+c=4$ のとき

$(b,\ c)=(1,\ 3),\ (2,\ 2),\ (3,\ 1)$

$b+c=7$ のとき

$(b,\ c)=(1,\ 6),\ (2,\ 5),\ (3,\ 4),\ (4,\ 3),\ (5,\ 2),\ (6,\ 1)$

$b+c=10$ のとき

$(b,\ c)=(4,\ 6),\ (5,\ 5),\ (6,\ 4)$

の 12 通りであり，確率は

$$\frac{1\times12\times1}{6^4}=\frac{1}{108}\quad(\to⑨)$$

また，3330 より大きくなるのは

(i) 6 ***，5 ***，4 ***

(ii) 36**，35**，34**

(iii) 336*，335*，334*

(iv) 333*

の場合である。ただし，『*』は 1 ～ 6 の目が出ることを表すものとする。

よって，求める確率は

$$\frac{6^3\times3+6^2\times3+6\times3+6}{6^4}=\frac{6^2\times3+6\times3+3+1}{6^3}=\frac{130}{216}=\frac{65}{108}$$

(→⑩)

2 解答

(1)　$x=\sqrt{3}\sin\theta+\cos\theta=2\sin\left(\theta+\frac{\pi}{6}\right)$

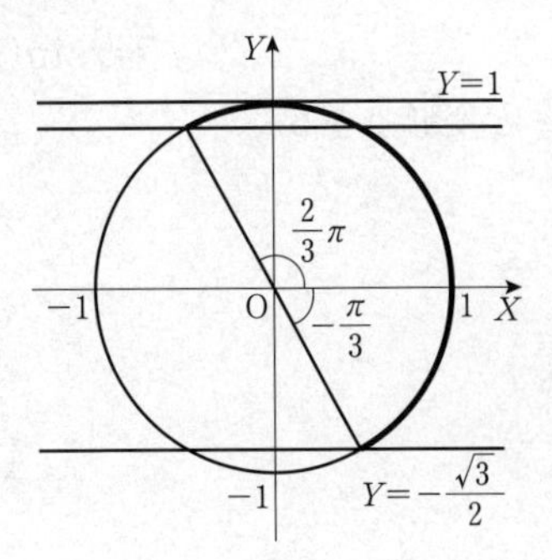

$-\frac{\pi}{2}\leqq\theta\leqq\frac{\pi}{2}$ より

$$-\frac{\pi}{3}\leqq\theta+\frac{\pi}{6}\leqq\frac{2}{3}\pi\quad\cdots\cdots②$$

よって，$-\frac{\sqrt{3}}{2}\leqq\sin\left(\theta+\frac{\pi}{6}\right)\leqq1$ より

$$-\sqrt{3}\leqq x\leqq2\quad\cdots\cdots(答)$$

(2)　$x^2=(\sqrt{3}\sin\theta+\cos\theta)^2$

$=3\sin^2\theta+2\sqrt{3}\sin\theta\cos\theta+\cos^2\theta$

$$=3\sin^2\theta+2\sqrt{3}\sin\theta\cos\theta+(1-\sin^2\theta)$$
$$=2\sin^2\theta+\sqrt{3}\sin2\theta+1 \quad \cdots\cdots(答)$$

(3)　方程式①

$$\Longleftrightarrow (\sqrt{3}\sin\theta+\cos\theta)^3-3(2\sin^2\theta+\sqrt{3}\sin2\theta)-(\sqrt{3}\sin\theta+\cos\theta)=0$$

よって

$$x^3-3(x^2-1)-x=0 \Longleftrightarrow x^3-3x^2-x+3=0 \quad \cdots\cdots(答)$$
$$\Longleftrightarrow (x-3)(x+1)(x-1)=0$$
$$\Longleftrightarrow x=3,\ \pm1$$

(1)の結果から　$x=\pm1$　……(答)

(4)　• $x=1$ のとき　$\sin\left(\theta+\frac{\pi}{6}\right)=\frac{1}{2}$, $\theta+\frac{\pi}{6}=\frac{\pi}{6}$　(∵ ②)

• $x=-1$ のとき　$\sin\left(\theta+\frac{\pi}{6}\right)=-\frac{1}{2}$, $\theta+\frac{\pi}{6}=-\frac{\pi}{6}$　(∵ ②)

よって　$\theta=0,\ -\frac{\pi}{3}$　……(答)

◀解　説▶

≪合成公式，三角方程式≫

(1)合成公式

$$a\sin\theta+b\cos\theta$$

は右図のように α と r を決めると

$$a=r\cos\alpha,\ b=r\sin\alpha$$

であるから

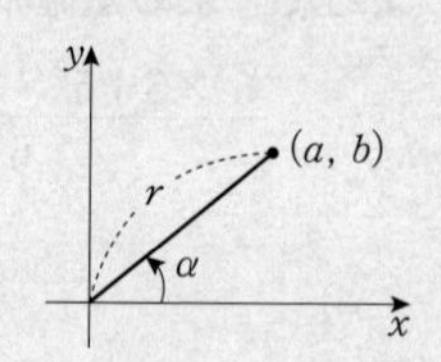

$$a\sin\theta+b\cos\theta=r\cos\alpha\sin\theta+r\sin\alpha\cos\theta$$
$$=r(\sin\theta\cos\alpha+\cos\theta\sin\alpha)$$
$$=r\sin(\theta+\alpha)$$

と変形できる。

物理

1

解答　Ⅰ．問1．$\frac{1}{2}mv_0{}^2$

問2．$mgl(1-\cos\theta)$

問3．$\sqrt{v_0{}^2-2gl(1-\cos\theta)}$

問4．$m\frac{v_0{}^2}{l}+mg(3\cos\theta-2)$

Ⅱ．問5．$(l\sin\phi,\ l\cos\phi)$

問6．0

問7．$\sqrt{gl\cos\phi}$

問8．$\sqrt{gl(2+3\cos\phi)}$

問9．点C以降は小球には重力のみがはたらく。よって点C以降は斜方投射とみなし，鉛直方向の変位yを考える。等加速度運動の式より，点Cでの小球の速さをv_{C}とおくと

$$0^2-(v_{\mathrm{C}}\sin\phi)^2=-2gy$$

$$\therefore\quad y=\frac{v_{\mathrm{C}}{}^2\sin^2\phi}{2g}$$

問7の結果より

$$y=\frac{gl\cos\phi\sin^2\phi}{2g}=\frac{1}{2}l\cos\phi\sin^2\phi$$

よって求める解をy_{D}とおくと

$$y_{\mathrm{D}}=l\cos\phi+\frac{1}{2}l\cos\phi\sin^2\phi$$

$$=l\cos\phi\left(1+\frac{1}{2}\sin^2\phi\right)$$

問10．最高点Dに達するまでの時間tは，鉛直方向を考えると

$$0=v_{\mathrm{C}}\sin\phi-gt$$

$$t=\frac{v_{\mathrm{C}}\sin\phi}{g}$$

水平方向は等速であるので，時間 t の間の水平方向の変位 x は

$$x = -v_C\cos\phi\cdot t$$
$$= -\frac{v_C{}^2\sin\phi\cos\phi}{g}$$

問 7 の結果より

$$x = -l\sin\phi\cos^2\phi$$

よって求める解を x_D とおくと

$$x_D = l\sin\phi - l\sin\phi\cos^2\phi$$
$$= l\sin\phi(1-\cos^2\phi) = l\sin^3\phi$$

◀解　説▶

≪円運動，斜方投射≫

Ⅰ．問 1．点 A での運動エネルギー K_A は

$$K_A = \frac{1}{2}mv_0{}^2$$

問 2．点 B での重力による位置エネルギー U_B は，点 A からの高さが $l - l\cos\theta$ で表されるので

$$U_B = mgl(1-\cos\theta)$$

問 3．非保存力が仕事をしないため力学的エネルギーは保存する。よって点 B での小球の速さを v_B とすると

$$\frac{1}{2}mv_0{}^2 = \frac{1}{2}mv_B{}^2 + mgl(1-\cos\theta)$$

$$v_0{}^2 = v_B{}^2 + 2gl(1-\cos\theta)$$

$$\therefore\ v_B = \sqrt{v_0{}^2 - 2gl(1-\cos\theta)}\quad (>0)$$

問 4．点 B では円運動をしているので，向心力 F は $F = m\frac{v_B{}^2}{l}$ で表される。

糸の張力を T，中心向きを正とすると，右図より

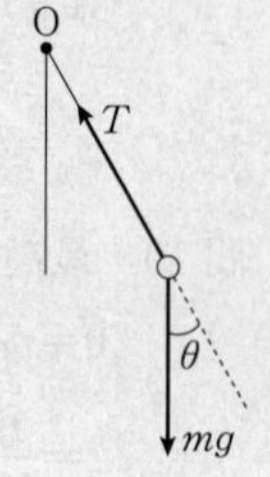

$$m\frac{v_B{}^2}{l} = T - mg\cos\theta$$

$$T = m\frac{v_B{}^2}{l} + mg\cos\theta$$

問 3 の結果より

$$T = m\frac{v_0{}^2 - 2gl(1-\cos\theta)}{l} + mg\cos\theta$$

$$=m\frac{{v_0}^2}{l}+mg(3\cos\theta-2)$$

Ⅱ．問５．右図より，$\mathrm{C}(x,\ y)$ とおくと

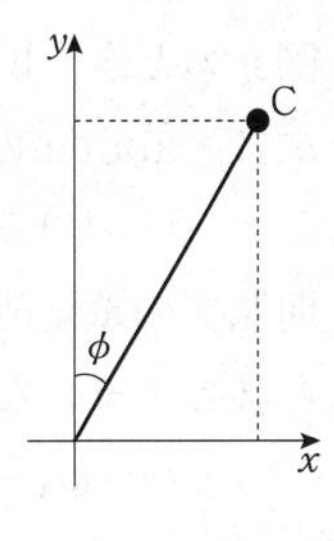

$$x=l\sin\phi$$

$$y=l\cos\phi$$

問６．「点Ｃに来たときに糸がたるみはじめた」ことから，張力 T は０であることがわかる。

問７．点Ｃでの小球の速さを v_C とすると，点Ｃでの向心力 F は

$$F=m\frac{{v_\mathrm{C}}^2}{l}$$

よって，中心向きを正とすると右図より

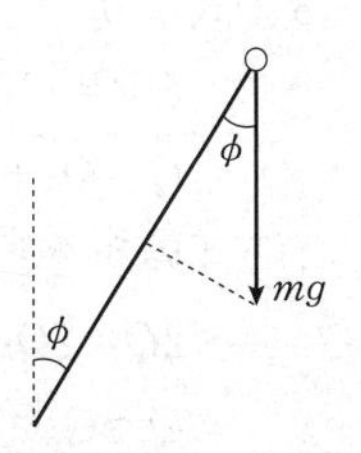

$$m\frac{{v_\mathrm{C}}^2}{l}=mg\cos\phi\quad(T=0)$$

$$\therefore\quad v_\mathrm{C}=\sqrt{gl\cos\phi}\quad(>0)$$

問８．問３と同様に力学的エネルギーが保存するので

$$\frac{1}{2}m{v_0}^2=\frac{1}{2}m{v_\mathrm{C}}^2+mgl(1+\cos\phi)$$

このとき，v_C は問７の結果と同じであるので

$$\frac{1}{2}m{v_0}^2=\frac{1}{2}mgl\cos\phi+mgl(1+\cos\phi)$$

$$\therefore\quad v_0=\sqrt{gl(2+3\cos\phi)}$$

2 解答

1．CV　2．$-V$　3．$-V+V_\mathrm{A}+V_\mathrm{B}=0$
4．$Q=Q_\mathrm{A}-Q_\mathrm{B}$　5A．Q　5B．0　6．V
7．$V+V_\mathrm{A}'+V_\mathrm{B}'=0$　8．$Q=Q_\mathrm{A}'-Q_\mathrm{B}'$　9A．0　9B．$-Q$
10．$V+V_\mathrm{A}''+V_\mathrm{B}''=0$　11．$2Q$　12．$2Q=Q_\mathrm{A}''-Q_\mathrm{B}''$
13A．$\frac{1}{2}Q$　13B．$-\frac{3}{2}Q$　あ．負　い．正

◀解　説▶

≪コンデンサーを含んだ回路，電気量保存則≫

Ⅰ．図２のとき，コンデンサーＡには電位差 V がかかっているので

$$Q=CV\quad(\to 1)$$

またb側が低電位であるので，b側の極板には負電荷，c側の極板には正電荷が蓄えられている。（→あ，い）

図3のとき，bの電位は $-V$ となる。（→2）

次に，abdeaの順で電位を考えると

$$(-V)+V_{A}+V_{B}=0 \quad (\rightarrow 3)$$

問題文の電気的に孤立している部分を考えると右図のようになるので

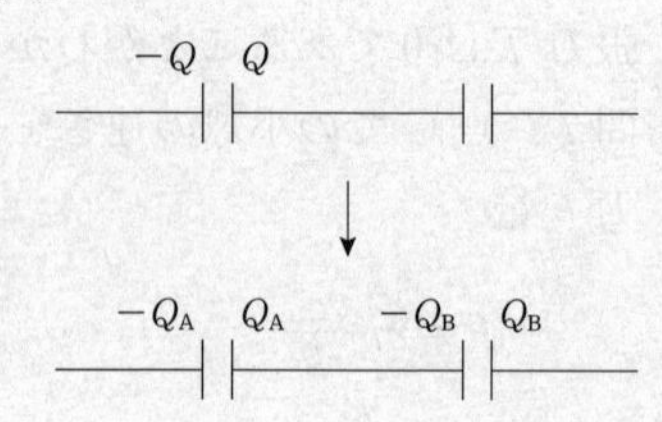

$$Q=Q_{A}-Q_{B} \quad (\rightarrow 4)$$

3の式より

$$CV=CV_{A}+CV_{B}$$

$$Q=Q_{A}+Q_{B} \quad \cdots\cdots①$$

①と4の和をとると

$$2Q=2Q_{A}$$

$$Q=Q_{A}$$

よって

$$Q_{A}=Q \quad (\rightarrow 5A)$$

$$Q_{B}=0 \quad (\rightarrow 5B)$$

Ⅱ．図4のとき，電源の向きに注意すると，bの電位は V である。（→6）

また3と同様にabdeaの順で電位を考えると

$$V+V_{A}'+V_{B}'=0 \quad (\rightarrow 7)$$

4と同様に孤立した部分を考えると

$$Q=Q_{A}'-Q_{B}' \quad (\rightarrow 8)$$

7の式より

$$CV+CV_{A}'+CV_{B}'=0$$

$$Q=-Q_{A}'-Q_{B}' \quad \cdots\cdots②$$

②と8の和をとると

$$Q=-Q_{B}'$$

よって

$$Q_{A}'=0 \quad (\rightarrow 9A)$$

$$Q_{B}'=-Q \quad (\rightarrow 9B)$$

次に操作**2**→**4**のとき，7と同様にabdeaの順で電位を考えると

$$V+V_A''+V_B''=0 \quad (\to 10)$$

問題文より，操作**2**→**4**の孤立部分の電荷の様子は右図のようになるので

$-Q$　Q　$-Q_B'$　Q_B'

↓

Q_A''　$-Q_B''$　Q_B''

$$Q-Q_B'=Q-(-Q)$$
$$=2Q \quad (\to 11)$$

また，孤立部分の電気量は保存するので

$$Q-Q_B'=Q_A''-Q_B''$$
$$2Q=Q_A''-Q_B'' \quad (\to 12)$$

10の式より

$$CV+CV_A''+CV_B''=0$$
$$Q+Q_A''+Q_B''=0 \quad \cdots\cdots③$$

③と12の和をとると

$$3Q=-2Q_B''$$

よって

$$Q_A''=\frac{1}{2}Q \quad (\to 13\text{A})$$

$$Q_B''=-\frac{3}{2}Q \quad (\to 13\text{B})$$

3　**解答**　ア．$2L$　イ．mg　ウ．$\dfrac{1}{2L}\sqrt{\dfrac{mg}{\rho}}$　エ．nf_1

オ．2.24×10^2　カ．3.73×10^2　キ．1.12×10^3　ク．$\dfrac{V}{f_1}$

ケ．$\dfrac{9}{4}m$　コ．$\dfrac{V+v_R}{V}f_1$　サ．$\dfrac{V}{V-v_R}$　シ．$\dfrac{f}{2f_1+f}V$

A．近づく　B．差

◀解　説▶

≪弦の振動，うなり，ドップラー効果≫

Ⅰ．基本振動の様子は右図のようになる。このとき，ab間は波長λ_1の半分であるので

a　b

$$L=\frac{1}{2}\lambda_1$$

$\lambda_1=2L$　(→ア)

問題文より弦にかかる張力Sは　mg　(→イ)

イより，弦を伝わる波の速さvは

$$v=\sqrt{\frac{mg}{\rho}}$$

また$v=f_1\lambda_1$より

$$f_1=\frac{v}{\lambda_1}=\frac{1}{2L}\sqrt{\frac{mg}{\rho}}\quad (\text{→ウ})$$

節から節までの長さ（腹１つ分）は$\dfrac{\lambda}{2}$で表されるので，腹の数がnの場合の波長をλ_nとすると

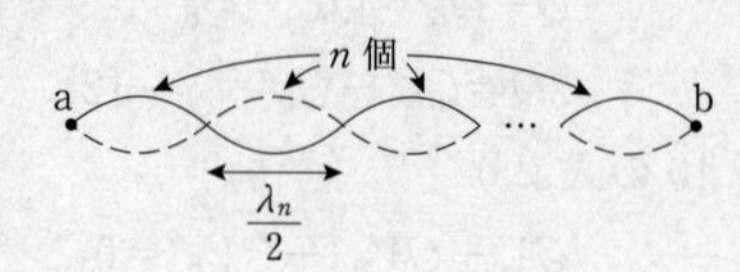

$$L=\frac{\lambda_n}{2}\times n$$

となる。

よって

$$\lambda_n=\frac{2L}{n}$$

また$v=f_n\lambda_n$なので

$$f_n=\frac{v}{\lambda_n}=\frac{n}{2L}\sqrt{\frac{mg}{\rho}}$$

ウの結果より

$$f_n=nf_1\quad (\text{→エ})$$

物理量の単位に注意して速さvを求めると

$$v=\sqrt{\frac{mg}{\rho}}$$

$$=\sqrt{\frac{10\times 9.8}{1.96\times 10^{-3}}}$$

$$=\sqrt{\frac{9.8}{1.96}\times 10^4}$$

$$=\sqrt{5}\times 10^2$$

$$\fallingdotseq 2.24\times 10^2\,[\text{m/s}]\quad (\text{→オ})$$

またアとウより$f_1=\dfrac{v}{2L}$なので

$$f_1=\frac{2.24\times10^2}{2\times300\times10^{-3}}$$
$$=0.3733\cdots\times10^3$$
$$\fallingdotseq3.73\times10^2\,[\mathrm{Hz}]\quad(\to カ)$$

おもりの質量を9倍にすると $v=\sqrt{\dfrac{mg}{\rho}}$ より v は3倍となる。このことより振動数 f_1' も3倍となるので

$$f_1'=1.119\times10^3\fallingdotseq1.12\times10^3\,[\mathrm{Hz}]\quad(\to キ)$$

Ⅱ．音波の波長を λ とすると

$$V=f_1\lambda$$
$$\lambda=\frac{V}{f_1}\quad(\to ク)$$

今，おもりの質量 m の装置による振動数を f_m とすると，3倍振動なので

$$f_m=\frac{3}{2L}\sqrt{\frac{mg}{\rho}}$$

同様に，おもりの質量 m' の装置による振動数を $f_{m'}$ とすると，2倍振動なので

$$f_{m'}=\frac{2}{2L}\sqrt{\frac{m'g}{\rho}}$$

2つの音が全く同じ高さなので $f_m=f_{m'}$ とわかり

$$\frac{3}{2L}\sqrt{\frac{mg}{\rho}}=\frac{2}{2L}\sqrt{\frac{m'g}{\rho}}$$
$$9m=4m'$$
$$m'=\frac{9}{4}m\quad(\to ケ)$$

Ⅲ．反射板を音源とみなすと，音源が観測者に近づくとき音は高く聞こえる。したがって，反射板は装置に近づく向きに動く。（→A）
うなりの振動数 f は，2つの振動数 f_1，f_2 の差に等しい。（→B）
今，反射板と共に移動する観測者の聞く振動数を f_1' とすると，ドップラー効果の式より

$$f_1'=\frac{V+v_\mathrm{R}}{V}f_1\quad(\to コ)$$

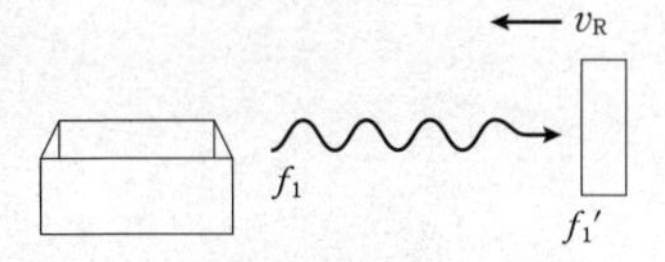

v_R で近づく反射板を，f_1' の振動数の音を出す音源とみなすと，装置のところにいる観測者に届く音波の振動数 f_1'' は

$$f_1'' = \frac{V}{V - v_R} f_1' \quad (\to サ)$$

よってうなりの振動数 f は

$$f = f_1'' - f_1 = \frac{V + v_R}{V - v_R} f_1 - f_1$$

$$= \frac{V + v_R - (V - v_R)}{V - v_R} f_1 = \frac{2v_R}{V - v_R} f_1$$

したがって

$$v_R = \frac{f}{2f_1 + f} V \quad (\to シ)$$

化学

1　解答

問1．(a)K　(b)L　(c)M　(d)価電子　(e)陽　(f)陰　(g)イオン　(h)共有　(i)共有電子対

問2．イオン化エネルギー

問3．K

問4．電子親和力

問5．Cl

問6．H:Ö:H（O の上下に非共有電子対）

問7．水分子は，分子間に水素結合を形成するため。(20字程度)

◀解　説▶

≪原子の構造と化学結合≫

問3．イオン化エネルギーは周期表上で左下に行くほど小さくなるので，Li，Na，Kの中ではKが最も小さくなる。

問5．電子親和力は周期表上で右上に行くほど大きくなるが，最も大きい元素はフッ素ではなく塩素であることに注意が必要である。

問7．水分子は分子間に水素結合を形成するため，他の水素化合物より沸点が高くなる。15族，17族の水素化合物も同じ傾向にある。

2　解答

問1．①$2.0\times10^{-2}$　②1.7　③$1.0\times10^{-2}$　④$1.0\times10^{-12}$　⑤12

問2．1）$[H^+]-c$

2）(A)―(ウ)　(B)―(オ)

3）$\dfrac{c+\sqrt{c^2+4K_w}}{2}$

4）①$1.6\times10^{-7}$ mol/L　②6.8

問3．塩基性

◀解　説▶

≪pHの計算≫

問1．①HClは強酸で，完全電離するので

$[H^+]=2.0\times10^{-2}$〔mol/L〕

②①より，求めるpHの大きさは

$pH=-\log_{10}[H^+]=-\log_{10}(2.0\times10^{-2})=2-\log_{10}2=2-0.3=1.7$

③$Ca(OH)_2$は2価の強塩基なので

$[OH^-]=5.0\times10^{-3}\times2=1.0\times10^{-2}$〔mol/L〕

④③と水のイオン積K_Wより

$$[H^+]=\frac{K_W}{[OH^-]}=\frac{1.0\times10^{-14}}{1.0\times10^{-2}}=1.0\times10^{-12}\text{〔mol/L〕}$$

⑤④より求めるpHの大きさは

$pH=-\log_{10}[H^+]=-\log_{10}(1.0\times10^{-12})=12$

問2．1)水の電離により生じた水素イオン濃度$[H^+]_{水}$と極めて薄い塩酸から生じた水素イオン濃度$[H^+]_{HCl}$の合計が溶液中に存在する全体の水素イオン濃度$[H^+]$になる。

$[H^+]=[H^+]_{水}+[H^+]_{HCl}=[H^+]_{水}+c$

また，水の電離により生じた水素イオン濃度$[H^+]_{水}$と水酸化物イオン濃度$[OH^-]$は等しいので$[H^+]_{水}=[OH^-]$より

$[H^+]=[H^+]_{水}+c=[OH^-]+c$　　$[OH^-]=[H^+]-c$

2)水のイオン積K_Wの式より

$$[OH^-]=\frac{K_W}{[H^+]}$$

これを1)で導出した式に代入すると

$$\frac{K_W}{[H^+]}=[H^+]-c\qquad[H^+]^2-c[H^+]-K_W=0$$

3)2)で導出した式から解の公式より

$$[H^+]=\frac{c\pm\sqrt{c^2+4K_W}}{2}$$

また，$[H^+]>0$より最適な解は1つだけである。

$$[H^+]=\frac{c+\sqrt{c^2+4K_W}}{2}$$

4）① $c=1.0\times10^{-7}\,\mathrm{mol/L}$，$K_w=1.0\times10^{-14}\,\mathrm{mol^2/L^2}$ であり，3）で導出した式より

$$[\mathrm{H^+}]=\frac{1.0\times10^{-7}+\sqrt{1.0\times10^{-14}+4\times1.0\times10^{-14}}}{2}$$

$$=\frac{1.0\times10^{-7}+\sqrt{5}\times10^{-7}}{2}$$

$$=1.6\times10^{-7}=2^4\times10^{-8}\,[\mathrm{mol/L}]$$

②求める pH は

$$\mathrm{pH}=-\log_{10}(2^4\times10^{-8})=8-4\log_{10}2=8-1.2=6.8$$

問3．80°C で中性のとき $[\mathrm{H^+}]=[\mathrm{OH^-}]$ より

$$[\mathrm{H^+}]=\sqrt{K_w}=\sqrt{2.5\times10^{-13}}=5.0\times10^{-7}\,[\mathrm{mol/L}]$$

$$\therefore\quad \mathrm{pH}=-\log_{10}(5.0\times10^{-7})=7-\log_{10}5.0=7-0.7=6.3$$

よって，80°C で pH=7.0 の水溶液は中性である pH=6.3 より大きいので塩基性と判断できる。

3 解答

問1．1）①（ベンゼン）　②（トルエン，CH_3）

2）① 78 g/mol　② 92 g/mol

問2．トルエン

問3．(ア)

問4．0.13 気圧

問5．1）$P[\mathrm{Pa}]=61000x+39000$

2）0.50

3）$\dfrac{3900x}{46-7x}$

4）46 g

◀解　説▶

≪ベンゼンとトルエンの混合溶液≫

問2．ベンゼン（=78）よりトルエン（=92）の方が，分子量が大きいので，より強く分子間力がはたらく。

問3．外気圧=蒸気圧になったときに沸騰がはじまる。100°C において，ベンゼンの蒸気圧（1.858×10^5 Pa）は外気圧（1 気圧 $=1.013\times10^5$ Pa）

と比較して

$$1.858\times10^{5}[\mathrm{Pa}]>1.013\times10^{5}[\mathrm{Pa}]$$

より，ベンゼンは沸騰している。一方，トルエンの蒸気圧（0.758×10^{5} Pa）は外気圧（1気圧$=1.013\times10^{5}$ Pa）と比較して

$$0.758\times10^{5}[\mathrm{Pa}]<1.013\times10^{5}[\mathrm{Pa}]$$

より，トルエンはすべて液体のままである。

問4．外気圧＝蒸気圧になったときに沸騰がはじまるので，容器内の圧力が 0.134×10^{5} Pa になったときに沸騰がはじまる。よって，そのときの圧力〔気圧〕は

$$\frac{0.134\times10^{5}}{1.013\times10^{5}}=0.132\fallingdotseq0.13\text{ 気圧}$$

問5．1）混合溶液の全圧 P〔Pa〕は，ベンゼンの分圧とトルエンの分圧の合計なので

$$P=(100000\times x)+\{39000\times(1-x)\}=61000x+39000$$

2）$P=0.695\times10^{5}$ Pa なので1）で導出した式より

$$0.695\times10^{5}=61000x+39000\qquad x=0.50$$

3）ベンゼンの物質量が a〔mol〕，トルエンの物質量が b〔mol〕であり，混合溶液の質量が100gなので

$$78a+92b=100\quad\cdots\cdots\text{(i)}$$

また，ベンゼンのモル分率 x を表す式から

$$x=\frac{a}{a+b}\quad\cdots\cdots\text{(ii)}$$

(i)，(ii)よりベンゼンの物質量は

$$a=\frac{100x}{92-14x}$$

よって，ベンゼンの質量は

$$78a=\frac{7800x}{92-14x}=\frac{3900x}{46-7x}$$

4）2）より $x=0.50$ であり，3）で導出した式から

$$\frac{3900x}{46-7x}=45.8\fallingdotseq46[\mathrm{g}]$$

4　解答

問1．a．アルコール　b．アルデヒド
c．カルボン酸

問2．ヨードホルム反応

問3．①・③

問4．銀鏡反応

問5．Cu_2O

問6．水溶液中でα-グルコースやβ-グルコースのヘミアセタール構造が開環し，鎖状構造になると還元性を示す構造を生じるため。(60字程度)

問7．A―(ウ)　B―(オ)

問8．セルロース

◀解　説▶

≪脂肪族と糖類の基礎知識≫

問3．それぞれの選択肢で起こっている反応は以下のようになる。

① $CH_2=CH_2 \xrightarrow{PdCl_2, CuCl_2} CH_3CHO$
エチレン　アセトアルデヒド

② $CH_3CH(OH)CH_3 \xrightarrow{酸化} CH_3COCH_3$
2-プロパノール　アセトン

③ $CH_3OH \xrightarrow{酸化} HCHO$
メタノール　ホルムアルデヒド

④ $HC(COOH)=CH(COOH) \xrightarrow{加熱}$ (無水マレイン酸：$C=C$ の両端の $C(=O)$ が O で結ばれた環状構造) $+H_2O$
マレイン酸　無水マレイン酸

⑤ $CH_2=CH_2 \xrightarrow{H_2} CH_3CH_3$
エチレン　エタン

以上より，アルデヒドが生成する反応は①，③である。

問 6．グルコースは水溶液中で以下のような平衡状態になっている。

CH₂OH　　　　CH₂OH　　　　CH₂OH
C—O　　　　C—OH　　　　C—O
H H H　　　　H H H　　　　H H OH
C C ⇄ C C ⇄ C C
HO OH H OH　HO OH H O　HO OH H H
C—C　　　　C—C　　　　C—C
H OH　　　　H OH　　　　H OH

α-グルコース　⇄　鎖状構造　⇄　β-グルコース

鎖状構造のときにアルデヒド（ホルミル）基が生じるので還元性を示す。

生物

1 解答

問1．a．生殖的隔離　b．染色体　c．遺伝子プール
d．遺伝的浮動

問2．(あ)二名法　(い)属名　(う)種小名

問3．アメーバなど，無性生殖で増殖する生物では，交配集団によって種を定義することができない。

〔別解〕アンモナイトなど，化石でしか知られないすでに絶滅している種は，交配させることができないため，この定義を当てはめられない。

問4．(1)0.75　(2)$\dfrac{1}{2-p}$

問5．(カ)

問6．(ウ)

◀解　説▶

≪二名法，ハーディー・ワインベルグの法則，自然選択，中立説≫

問2．二名法はリンネの提唱した命名法であり，種小名の後に命名者名を書き加えることもある。

問4．(1)遺伝子Aとaの割合をそれぞれ p と q とする（$p+q=1$）とき

$$(pA+qa)^2=p^2AA+2pqAa+q^2aa$$

よって，遺伝子型の分離比は

$$AA:Aa:aa=p^2:2pq:q^2$$

となる。

AAが1125，Aaが750，aaが125個体とあるので，集団全体に対するaaの割合（q^2）は

$$\frac{125}{1125+750+125}=\frac{1}{16}$$

よって

$$q=\frac{1}{4}$$

$p+q=1$ なので　　$p=1-q=\dfrac{3}{4}=0.75$

(2)(1)の集団において，次世代の遺伝子数について考える。

p^2AA の次世代の遺伝子数は，遺伝子 A の数が $2p^2$ になる。

$2pq$Aa の次世代では，遺伝子 A の数が $2pq$，遺伝子 a の数が $2pq$ になる。

q^2aa の次世代では，遺伝子 a の数が $2q^2$ になる。

したがって

次世代の遺伝子 A の総数は　$2p^2+2pq$

次世代の遺伝子 a の総数は　$2q^2+2pq$

aa が全て死亡した場合，次世代の遺伝子 a の総数は $2pq$ となる。

このとき，次世代の全遺伝子数は

$$2p^2+2pq+2pq=2p^2+4pq$$

したがって，次世代の遺伝子 A の割合（遺伝子頻度）は

$$\frac{2p^2+2pq}{2p^2+4pq}=\frac{2p(p+q)}{2p(p+2q)}$$

$p+q=1$ であり，また $q=1-p$ なので

$$\frac{2p(1)}{2p\{p+2(1-p)\}}=\frac{1}{2-p}$$

問5．(ア)誤文。たとえば，見た目が複雑で目立つ場合などでは捕食者から狙われやすくなるため，必ずしも複雑な形態が生存に有利であるとは限らない。複雑な形態よりも単純な形態の方が有利になるのであれば，その方向に進化する可能性もある。

(イ)誤文。最初に出現した生物は単細胞生物であり，多細胞生物は単細胞生物から進化したと考えられている。

(ウ)誤文。栄養段階などの生態的地位と，自然選択の強さは直接的には関係がない。

(エ)誤文。働きバチの存在は，社会性昆虫の集団全体でみると，生存や繁殖にとって有利にはたらいている。

(オ)誤文。進化とは，環境に適応した形質の遺伝子頻度が高まった結果のことであり，形質を得るために変化することではない。

(カ)正文。世代の短い生物であれば，数年もあれば多くの世代を経ることができるので，数年で進化による形質の変化が生じることもある。

問6．DNA の塩基配列のうち，遺伝子としてはたらくものの割合は低い。また，アミノ酸の置換が生じる DNA の変化であっても生存に影響しない

場合が多い。木村資生は，有利でも不利でもない中立な突然変異は自然選択を受けないのでこれが蓄積し，遺伝的浮動によって集団内に広がっていき進化が起こるという中立説を提唱した。

2 **解答**　問1．a．効果器〔作動体〕　b．運動　c．シナプス
d．アセチルコリン　e．（アセチルコリン）受容

問2．電位依存性 Na^+ チャネル

問3．60.0　問4．0.95　問5．(カ)

◀解　説▶

≪興奮の伝導と伝達，筋収縮と滑り説≫

問3．XY 間の距離は　45.0−15.0＝30.0〔mm〕

XY 間の伝導に要した時間は　2.0−1.5＝0.5〔ミリ秒〕

これより，この神経繊維における興奮の伝導速度は

$$\frac{30.0}{0.5}=60.0〔\text{mm/ミリ秒}〕$$

問4．位置 X を刺激してから筋肉が収縮するまでにかかる時間は，表1より 1.5 ミリ秒であり，その内訳は大きく次の3つに分けることができる。

①位置 X から神経末端までの興奮の伝導時間

②神経末端から筋肉への興奮の伝達時間

③筋肉に刺激（神経からの伝達）が伝わってから筋肉が収縮するまでの時間

問3より，この神経の伝導速度は 60.0 mm/ミリ秒なので

①の伝導時間は　$\frac{15.0}{60.0}=0.25$〔ミリ秒〕

③の時間は　0.3 ミリ秒（表1より）

①＋②＋③＝1.5 ミリ秒なので

②の伝達時間は　1.5−(0.25+0.3)＝0.95〔ミリ秒〕

なお，位置 Y についても，同じように計算することができる。

問5．筋収縮は，ミオシンフィラメントの間にアクチンフィラメントが滑り込んで起こる。これを滑り説という。

3 **解答** 問1．(ア)―(i) (イ)―(a) (ウ)―(h) (エ)―(b) (オ)―(h)

問2．(解答欄Ⅰ，Ⅱの順に) (A)解糖系，(a)
(B)クエン酸回路，(b) (C)電子伝達系，(c)

問3．激しい運動時など酸素が不足しクエン酸回路や電子伝達系が進行しにくくなるような状態になったとき，筋肉で起こる。

問4．(1)(A)―(a)・(b)・(c) (B)―(a)・(c)・(h) (C)―(a)・(d)・(g)
(D)―(d) (E)―(d)

(2)(A) 2 (B) 2 (C) 34 (D) 0 (E) 0

問5．ATPは，アデニンという塩基とリボースという五炭糖からなるアデノシンに，3分子のリン酸が結合した構造をもつ化合物である。リン酸どうしの結合の際にエネルギーを蓄えるため，この結合は高エネルギーリン酸結合と呼ばれ，結合が切り離される時に多量のエネルギーを放出する。

◀解　説▶

≪呼吸，発酵と解糖，ATPの構造と高エネルギーリン酸結合≫

問3．解糖の過程で生じた乳酸の大部分は，肝臓に運ばれてグルコースに再合成（糖新生）される。

問4．(A)解糖系は2分子のATPを消費し，その後生じるエネルギーによって4分子のATPをつくる。よって差し引き2分子のATPがつくられる（基質レベルのリン酸化）。

(B)クエン酸回路では，脱炭酸酵素と脱水素酵素のはたらきでCO_2，NADH，$FADH_2$が生成される。また，2分子のATPが生成される。

(C)電子伝達系では，解糖系とクエン酸回路で生じたNADHと$FADH_2$が運び込まれ，高エネルギーの電子を放出し，NAD^+とH^+，FADとH^+に戻る。また，ATP合成酵素のはたらきで最大34分子のATPが合成される（酸化的リン酸化）。

(D)乳酸発酵では，解糖系で生じたNADHがピルビン酸に酸化されてNAD^+に戻る。ピルビン酸は還元されて乳酸になる。

(E)アルコール発酵では，解糖系で生じたNADHがアセトアルデヒドに酸化されてNAD^+に戻る。アセトアルデヒドは還元されてエタノールになる。

乳酸発酵（解糖）やアルコール発酵では，どちらも差し引き2分子のATPが生成されるが，それはピルビン酸が生じる前までの過程(A)で行われる。したがって，(D)，(E)が示すピルビン酸以降の反応経路でATPは生成されないことに注意する。
選択肢(e)NADPHや(f)$NADP^+$は，光合成のカルビン・ベンソン回路ではたらく。

4 **解答**

問1．a．(カ)　b．(イ)
問2．A．(エ)　B．(カ)　C．(ウ)
問3．PCR法では反応液の高温加熱と冷却を繰り返すため，ヒトのもつDNAポリメラーゼでは高温に耐えられず，熱変性を起こして失活してしまうと考えられる。
問4．(1)―(ア)　(2)―(オ)　(3)―(カ)　(4)―(キ)　(5)―(ケ)

◀解　説▶

≪PCR法，遺伝子組換え，遺伝暗号表≫

問1．a．DNAポリメラーゼがDNA鎖を合成するときの原料として，4種類のヌクレオチドが必要である。
問2．A．加熱によって2本鎖DNAの塩基間の水素結合が切れて，1本ずつのヌクレオチド鎖に解離する。
問3．PCR法で用いられるDNAポリメラーゼは，50～105℃を生育最適温度とする好熱菌のものが用いられる。
問4．この実験では導入遺伝子の「鋳型」をもとにしてタンパク質の合成を行ったことに注意する。
(1)導入遺伝子8番目のコドンがGAGからGAAに変化したということは鋳型鎖ではCTC→CTTの変化となる。転写されたmRNAは表2からGAG→GAAとなり，指定されるアミノ酸はどちらもグルタミン酸である。
(2)2番目のコドンがAAAからATAに変化したため，アミノ酸もリシンからイソロイシンに変化したが，酵素活性が同程度だったということは，タンパク質の立体構造（酵素活性）に影響するような変化ではなかったと考えられる。
(3)8番目のコドンがGAGからGATに変化したことで，アミノ酸もグルタミン酸からアスパラギン酸に変化し，タンパク質の立体構造が変化したことで酵素活性が上昇したと考えられる。

⑷ 9番目のコドンがGGCからTGCに変化したことで，アミノ酸もグリシンからシステインに変化し，タンパク質の立体構造が変わって基質と結合できなくなり，酵素活性が失われたと考えられる。

⑸ 13番目のコドンが，グルタミンを指定するCAAから，終止コドンであるTAAに変化している。

国語

1

出典　納富信留『対話の技法』〈第13回　不在者との対話〉（笠間書院）

解答

問1　a―1　b―2　c―4　d―1

問2　ア、こうかく　イ、とら　ウ、すいこう　エ、ともな

問3　2

問4　4

問5　2

問6　3

問7　3

問8　逆説

問9　5

問10　対話の根

問11　5

◀解　説▶

問3　対話の相手の拡大の例が示され始めるAには「まず」か「では」が入る。第一～四段落は「言葉を持たない生き物」との対話例で、第五段落からは「生きていない物」との対話例。よってBには別の事柄に転換する「さて」か、〝もう一方は〟という意味で「では」が入る。第一～五段落はこちらが話しかけた時の相手からの「反応」の有無が記されるが、第六段落は反対に、近年はロボットやコンピュータの側から話しかけることができるという話なので、Cには「逆に」が入る。正解は2。

問4　第一～六段落は例示。第一段落と第七段落に筆者の言う「人間同士の対話」の説明がある。そこには「状況はさまざまで」「生きている相手と言葉を交わす」（第一段落）、「対等な者同士」「互角に対峙できる二者の間でなされる相互的なもの」（第七段落）とある。正解は4。あくまで「人間同士の対話」の説明であることに留意しよう。

問5　空欄には、ロボットやコンピュータや家電が私たちの言葉に対して、あたかも応答しているようにみえるという意味になる語が入る。正解は2

「擬似的」（＝〝あるものを模して表現している〟）となる。

問6　第七段落二つ目の「しかし」を境に、話題が「真の対話」（第十三段落以降）や「対話の根」（第十八段落以降）に移行する。〈「対話」の範囲を限定しない〉とは、「人間同士の対話」が「対話」の全てとはしないということである。e、j、kは「真の対話」や「対話の根」を感じるのに必要な考察条件と言える。一方で、f、g、h、iは、それに対比して示された、不完全さを伴う「対話」のもつ宿命の例である。

問8　「パラドックス」は〝一見成り立ちそうだが、矛盾を含み論理的に成り立たない説〟の意。空欄Yを含む文は、「真の対話」において必要な条件を含んでいる。同内容が記されている第十七段落内の「逆説」が同じ意味となる。

問9　「不思議な対話」とは、プラトンがソクラテスという人物との対話を借りながら、ソクラテスだったらどう考えるのだろう、どう答えるのだろうと、いわば死んだソクラテスのことを自分の中で想像しながら作っているということ。ここで注意したいのは、すでに亡くなったソクラテスだけでなく、プラトンも「不在の著者」と記されていることである。これは、ソクラテスとの対話相手としてのプラトンは、ソクラテスが亡くなっているため、現実世界で実際に対話を行っているわけではなく、その意味で実在しているとは言えないということである。この内容を踏まえている5が正解。

問10　正解は「対話の根」。空欄Z直前の「そこ」とは「私が私であること……経験かもしれません」のことであるが、これと同内容は最後の六つの段落中に繰り返し記されている。特に第十八段落と最終段落中の「対話の根」の説明に着目しよう。「根」とは〝物事のもと〟の意。「対話の根」とは〝対話のもと、ねざすところ〟の意である。最後から二つ目の段落も「対話の根」を説明するための例示の一つである。

問11　第二十・二十一段落の内容と合致する5が正解。1は、第五・六段落の内容と合致しない。2は、後半が本文中に記述がない。3は、第七・十八段落と合致しない。4は、後半、とりわけ最後の六つの段落内容と合致しない。宇宙と対話することで、私たちの存在意義がみえてくるのであり、因果関係が反対になっている。

2

出典　藤原道綱母『蜻蛉日記』〈中巻　天禄元年六月〉

解答

問1　6
問2　4
問3　申し上げた〔答え申し上げた〕（七字以内）
問4　2
問5　3
問6　ぬ
問7　5
問8　4

◀解　説▶

問1　それぞれの動詞の前後の文を、主体を明示して訳してみよう。aは〝殿がお越しになりまして〟。bとcは殿の台詞の中にあり、bは〝どうして、妻はこんな気を起こしたのか〟。cは〝悪いときに私（＝殿）は来てしまったものだなあ〟。dは〝もしや殿が（この歌を）読んで何か反応を示してくれるかしら〟。eは〝私（＝作者）はひそかに自然と心待ちにしたようだよ〟。ここの「けむ」は日記執筆当時からの回想表現である。fとgは殿が書いた手紙の中にあり、fは〝あなた（＝作者）が薄情な態度でばかりいるようなので〟。「あるめり」の撥音便「あんめり」の「ん」が表記されない形。gは〝私（＝殿）は今日にでも（行こう）と思うのだが〟。hは〝私（＝作者）は（怒りたいのを）我慢ばかりしている〟。iは殿の台詞の中にあり、〝あなたがむきになって、拗ねているのを、私（＝殿）は不思議に思っているのだ〟。jも殿の台詞の中にあり、〝私（＝殿）はしなければならない用事があるので（帰る）〟。kは〝本心だとは私（＝作者）は思わないが〟。正解は6。選択肢内の上部が殿（＝兼家）、下部が作者（＝道綱母）。

問2　傍線部は〝お尋ねになったので〟の意。殿が「とまりたりつる人々」（＝〝留守居をしていた侍女たち〟）に、なぜ作者が留守であるかを尋ねた部分である。「問は」はハ行四段活用の「問ふ」の未然形、「せ給ひ」は「殿」に対する二重敬語。「つれば」は完了の助動詞「つ」の已然形＋接続助詞「ば」で、順接確定条件（＝〝…たので、…たところ〟）と訳す。

問3　四段活用動詞「聞こえさす」には〝申し上げるのを途中でやめる〟の意もあるが、ここでは「言ふ」の謙譲語でサ行下二段活用動詞「聞こえさす」。「聞こえさせ」は連用形である。「つる」は完了の助動詞「つ」の連体形で、連用形接続。係助詞「なむ」の結びなので連体形になっている。〝申し上げた〟〝答え申し上げた〟などが七字以内の現代語訳となる。

問4　「あやしかりけること」（＝〝不審だったこと〟）とは、作者にとっては自分の留守中を狙ったような、腑に落ちない先日の殿（＝夫）の来訪という意味である。本文二行目「いとぞあやしき、なき間をうかがはれけるとまでぞおぼゆる」（＝〝とても不審なことだ、（私の）いないときを狙われたのだとまで疑いたい気がする〟）が根拠となる。

問5　第二段落中「幼き人」とは作者の息子「道綱」のことである。傍線部4の直前「これ、見給はざらむほどに、さし置きて、やがてものしね」は〝これを、（父上が）ご覧にならないうちに、あちらに置いて、そのまま帰ってきなさい〟と訳す。「ものす」は日常的な動作を婉曲的にいう言葉で、ここでは「『さしつ』とて帰りたり」（＝〝「その通りにした」と言って帰ってきた〟）を手がかりにしよう。

問6　「家」につながる連体形であることと、二句の七字目にあたることから、打消の助動詞「ず」の連体形「ぬ」が入る。この歌の解釈は〝稲妻の光さえも届かない家に隠れているので、軒下の苗も、物思いにうちしおれているようにみえる（＝夫の訪れもなく、ひっそりと家にこもっている私のようだ）〟。「軒端の苗」は作者のことをたとえている。

問7　副詞「さらに」は打消表現と呼応して〝決して……ない〟の意を表す。傍線部5は二重否定になっていて、強い肯定を表している。物忌みなどが続いて来られなかったのだと、殿が作者の機嫌を取ろうと言い訳をしている場面。

問8　4が正解。「絶えきとも……」の歌の後「ながめ暮らす……見えたる」の内容と合致する。1は「自ら」が間違い。第三段落に「草どもつくろはせなどせしに」と使役表現が用いられている。また、後半部も「水まかせなどせさせしかど」と合致しない。2と3は、「絶えきとも……」の歌の直後「これを見るにも……こちまさりて」の内容と合致しない。「貞観殿の御方」は作者と兄（＝殿）の不仲を知っていて、作者に対して気を遣っていた。「ささがにの……」の歌の前にある「かくことのはかなるをも知り給はで」（＝〝このように思いのほかであること（＝自分たち夫婦が不仲であること）も（貞観殿の御方は）ご存じなくて〟）は作者の推測である。5は、最終段落「まことにとは思はねど……と思ふべし」と合致しない。作者は夫の言葉を本心とは思っていない。

//////////////////// · memo · ////////////////////

////////////////////// · memo · ////////////////////

////////////////////// · memo · //////////////////////

教学社 刊行一覧

2025年版 大学赤本シリーズ

国公立大学（都道府県順）

374大学556点
全都道府県を網羅

全国の書店で取り扱っています。店頭にない場合は，お取り寄せができます。

1 北海道大学（文系－前期日程）
2 北海道大学（理系－前期日程） [医]
3 北海道大学（後期日程）
4 旭川医科大学（医学部〈医学科〉） [医]
5 小樽商科大学
6 帯広畜産大学
7 北海道教育大学
8 室蘭工業大学／北見工業大学
9 釧路公立大学
10 公立千歳科学技術大学
11 公立はこだて未来大学 [総推]
12 札幌医科大学（医学部） [医]
13 弘前大学 [医]
14 岩手大学
15 岩手県立大学・盛岡短期大学部・宮古短期大学部
16 東北大学（文系－前期日程）
17 東北大学（理系－前期日程） [医]
18 東北大学（後期日程）
19 宮城教育大学
20 宮城大学
21 秋田大学 [医]
22 秋田県立大学
23 国際教養大学 [総推]
24 山形大学 [医]
25 福島大学
26 会津大学
27 福島県立医科大学（医・保健科学部） [医]
28 茨城大学（文系）
29 茨城大学（理系）
30 筑波大学（推薦入試） [医][総推]
31 筑波大学（文系－前期日程）
32 筑波大学（理系－前期日程） [医]
33 筑波大学（後期日程）
34 宇都宮大学
35 群馬大学 [医]
36 群馬県立女子大学
37 高崎経済大学
38 前橋工科大学
39 埼玉大学（文系）
40 埼玉大学（理系）
41 千葉大学（文系－前期日程）
42 千葉大学（理系－前期日程） [医]
43 千葉大学（後期日程） [医]
44 東京大学（文科） [DL]
45 東京大学（理科） [DL] [医]
46 お茶の水女子大学
47 電気通信大学
48 東京外国語大学 [DL]
49 東京海洋大学
50 東京科学大学（旧 東京工業大学）
51 東京科学大学（旧 東京医科歯科大学） [医]
52 東京学芸大学
53 東京藝術大学
54 東京農工大学
55 一橋大学（前期日程）
56 一橋大学（後期日程）
57 東京都立大学（文系）
58 東京都立大学（理系）
59 横浜国立大学（文系）
60 横浜国立大学（理系）
61 横浜市立大学（国際教養・国際商・理・データサイエンス・医〈看護〉学部）
62 横浜市立大学（医学部〈医学科〉） [医]
63 新潟大学（人文・教育〈文系〉・法・経済科・医〈看護〉・創生学部）
64 新潟大学（教育〈理系〉・理・医〈看護を除く〉・歯・工・農学部） [医]
65 新潟県立大学
66 富山大学（文系）
67 富山大学（理系） [医]
68 富山県立大学
69 金沢大学（文系）
70 金沢大学（理系） [医]
71 福井大学（教育・医〈看護〉・工・国際地域学部）
72 福井大学（医学部〈医学科〉） [医]
73 福井県立大学
74 山梨大学（教育・医〈看護〉・工・生命環境学部）
75 山梨大学（医学部〈医学科〉） [医]
76 都留文科大学
77 信州大学（文系－前期日程）
78 信州大学（理系－前期日程） [医]
79 信州大学（後期日程）
80 公立諏訪東京理科大学 [総推]
81 岐阜大学（前期日程） [医]
82 岐阜大学（後期日程）
83 岐阜薬科大学
84 静岡大学（前期日程）
85 静岡大学（後期日程）
86 浜松医科大学（医学部〈医学科〉） [医]
87 静岡県立大学
88 静岡文化芸術大学
89 名古屋大学（文系）
90 名古屋大学（理系） [医]
91 愛知教育大学
92 名古屋工業大学
93 愛知県立大学
94 名古屋市立大学（経済・人文社会・芸術工・看護・総合生命理・データサイエンス学部）
95 名古屋市立大学（医学部〈医学科〉） [医]
96 名古屋市立大学（薬学部）
97 三重大学（人文・教育・医〈看護〉学部）
98 三重大学（医〈医〉・工・生物資源学部） [医]
99 滋賀大学
100 滋賀医科大学（医学部〈医学科〉） [医]
101 滋賀県立大学
102 京都大学（文系）
103 京都大学（理系） [医]
104 京都教育大学
105 京都工芸繊維大学
106 京都府立大学
107 京都府立医科大学（医学部〈医学科〉） [医]
108 大阪大学（文系） [DL]
109 大阪大学（理系） [医]
110 大阪教育大学
111 大阪公立大学（現代システム科学域〈文系〉・文・法・経済・商・看護・生活科〈居住環境・人間福祉〉学部－前期日程）
112 大阪公立大学（現代システム科学域〈理系〉・理・工・農・獣医・医・生活科〈食栄養〉学部－前期日程） [医]
113 大阪公立大学（中期日程）
114 大阪公立大学（後期日程）
115 神戸大学（文系－前期日程）
116 神戸大学（理系－前期日程） [医]
117 神戸大学（後期日程）
118 神戸市外国語大学 [DL]
119 兵庫県立大学（国際商経・社会情報科・看護学部）
120 兵庫県立大学（工・理・環境人間学部）
121 奈良教育大学／奈良県立大学
122 奈良女子大学
123 奈良県立医科大学（医学部〈医学科〉） [医]
124 和歌山大学
125 和歌山県立医科大学（医・薬学部） [医]
126 鳥取大学 [医]
127 公立鳥取環境大学
128 島根大学 [医]
129 岡山大学（文系）
130 岡山大学（理系） [医]
131 岡山県立大学
132 広島大学（文系－前期日程）
133 広島大学（理系－前期日程） [医]
134 広島大学（後期日程）
135 尾道市立大学 [総推]
136 県立広島大学
137 広島市立大学
138 福山市立大学 [総推]
139 山口大学（人文・教育〈文系〉・経済・医〈看護〉・国際総合科学部）
140 山口大学（教育〈理系〉・理・医〈看護を除く〉・工・農・共同獣医学部） [医]
141 山陽小野田市立山口東京理科大学 [総推]
142 下関市立大学／山口県立大学
143 周南公立大学 [新][総推]
144 徳島大学 [医]
145 香川大学 [医]
146 愛媛大学 [医]
147 高知大学 [医]
148 高知工科大学
149 九州大学（文系－前期日程）
150 九州大学（理系－前期日程） [医]
151 九州大学（後期日程）
152 九州工業大学
153 福岡教育大学
154 北九州市立大学
155 九州歯科大学
156 福岡県立大学／福岡女子大学
157 佐賀大学 [医]
158 長崎大学（多文化社会・教育〈文系〉・経済・医〈保健〉・環境科〈文系〉学部）
159 長崎大学（教育〈理系〉・医〈医〉・歯・薬・情報データ科・工・環境科〈理系〉・水産学部） [医]
160 長崎県立大学 [総推]
161 熊本大学（文・教育・法・医〈看護〉学部・情報融合学環〈文系型〉）
162 熊本大学（理・医〈看護を除く〉・薬・工学部・情報融合学環〈理系型〉） [医]
163 熊本県立大学
164 大分大学（教育・経済・医〈看護〉・理工・福祉健康科学部）
165 大分大学（医学部〈医・先進医療科学科〉） [医]
166 宮崎大学（教育・医〈看護〉・工・農・地域資源創成学部）
167 宮崎大学（医学部〈医学科〉） [医]
168 鹿児島大学（文系）
169 鹿児島大学（理系） [医]
170 琉球大学 [医]

2025年版　大学赤本シリーズ

国公立大学 その他

- 171 〔国公立大〕医学部医学科 総合型選抜・学校推薦型選抜※ 医 総推
- 172 看護・医療系大学〈国公立 東日本〉※
- 173 看護・医療系大学〈国公立 中日本〉※
- 174 看護・医療系大学〈国公立 西日本〉※
- 175 海上保安大学校／気象大学校
- 176 航空保安大学校
- 177 国立看護大学校
- 178 防衛大学校 総推
- 179 防衛医科大学校(医学科) 医
- 180 防衛医科大学校(看護学科)

※No.171～174の収載大学は赤本ウェブサイト(http://akahon.net/)でご確認ください。

私立大学①

北海道の大学(50音順)

- 201 札幌大学
- 202 札幌学院大学
- 203 北星学園大学
- 204 北海学園大学
- 205 北海道医療大学
- 206 北海道科学大学
- 207 北海道武蔵女子大学・短期大学
- 208 酪農学園大学(獣医学群〈獣医学類〉)

東北の大学(50音順)

- 209 岩手医科大学(医・歯・薬学部) 医
- 210 仙台大学 総推
- 211 東北医科薬科大学(医・薬学部) 医
- 212 東北学院大学
- 213 東北工業大学
- 214 東北福祉大学
- 215 宮城学院女子大学 総推

関東の大学(50音順)

あ行(関東の大学)

- 216 青山学院大学(法・国際政治経済学部－個別学部日程)
- 217 青山学院大学(経済学部－個別学部日程)
- 218 青山学院大学(経営学部－個別学部日程)
- 219 青山学院大学(文・教育人間科学部－個別学部日程)
- 220 青山学院大学(総合文化政策・社会情報・地球社会共生・コミュニティ人間科学部－個別学部日程)
- 221 青山学院大学(理工学部－個別学部日程)
- 222 青山学院大学(全学部日程)
- 223 麻布大学(獣医、生命・環境科学部)
- 224 亜細亜大学
- 226 桜美林大学
- 227 大妻女子大学・短期大学部

か行(関東の大学)

- 228 学習院大学(法学部－コア試験)
- 229 学習院大学(経済学部－コア試験)
- 230 学習院大学(文学部－コア試験)
- 231 学習院大学(国際社会科学部－コア試験)
- 232 学習院大学(理学部－コア試験)
- 233 学習院女子大学
- 234 神奈川大学(給費生試験)
- 235 神奈川大学(一般入試)
- 236 神奈川工科大学
- 237 鎌倉女子大学・短期大学部
- 238 川村学園女子大学
- 239 神田外語大学
- 240 関東学院大学
- 241 北里大学(理学部)
- 242 北里大学(医学部) 医
- 243 北里大学(薬学部)
- 244 北里大学(看護・医療衛生学部)
- 245 北里大学(未来工・獣医・海洋生命科学部)
- 246 共立女子大学・短期大学
- 247 杏林大学(医学部) 医
- 248 杏林大学(保健学部)
- 249 群馬医療福祉大学・短期大学部
- 250 群馬パース大学 総推
- 251 慶應義塾大学(法学部)
- 252 慶應義塾大学(経済学部)
- 253 慶應義塾大学(商学部)
- 254 慶應義塾大学(文学部) 総推
- 255 慶應義塾大学(総合政策学部)
- 256 慶應義塾大学(環境情報学部)
- 257 慶應義塾大学(理工学部)
- 258 慶應義塾大学(医学部) 医
- 259 慶應義塾大学(薬学部)
- 260 慶應義塾大学(看護医療学部)
- 261 工学院大学
- 262 國學院大學
- 263 国際医療福祉大学 医
- 264 国際基督教大学
- 265 国士舘大学
- 266 駒澤大学(一般選抜T方式・S方式)
- 267 駒澤大学(全学部統一日程選抜)

さ行(関東の大学)

- 268 埼玉医科大学(医学部) 医
- 269 相模女子大学・短期大学部
- 270 産業能率大学
- 271 自治医科大学(医学部) 医
- 272 自治医科大学(看護学部)／東京慈恵会医科大学(医学部〈看護学科〉)
- 273 実践女子大学 総推
- 274 芝浦工業大学(前期日程)
- 275 芝浦工業大学(全学統一日程・後期日程)
- 276 十文字学園女子大学
- 277 淑徳大学
- 278 順天堂大学(医学部) 医
- 279 順天堂大学(スポーツ健康科・医療看護・保健看護・国際教養・保健医療・医療科・健康データサイエンス・薬学部) 総推
- 280 上智大学(神・文・総合人間科学部)
- 281 上智大学(法・経済学部)
- 282 上智大学(外国語・総合グローバル学部)
- 283 上智大学(理工学部)
- 284 上智大学(TEAPスコア利用方式)
- 285 湘南工科大学
- 286 昭和大学(医学部) 医
- 287 昭和大学(歯・薬・保健医療学部)
- 288 昭和女子大学
- 289 昭和薬科大学
- 290 女子栄養大学・短期大学部 総推
- 291 白百合女子大学
- 292 成蹊大学(法学部－A方式)
- 293 成蹊大学(経済・経営学部－A方式)
- 294 成蹊大学(文学部－A方式)
- 295 成蹊大学(理工学部－A方式)
- 296 成蹊大学(E方式・G方式・P方式)
- 297 成城大学(経済・社会イノベーション学部－A方式)
- 298 成城大学(文芸・法学部－A方式)
- 299 成城大学(S方式〈全学部統一選抜〉)
- 300 聖心女子大学
- 301 清泉女子大学
- 303 聖マリアンナ医科大学 医
- 304 聖路加国際大学(看護学部)
- 305 専修大学(スカラシップ・全国入試)
- 306 専修大学(前期入試〈学部個別入試〉)
- 307 専修大学(前期入試〈全学部入試・スカラシップ入試〉)

た行(関東の大学)

- 308 大正大学
- 309 大東文化大学
- 310 高崎健康福祉大学
- 311 拓殖大学
- 312 玉川大学
- 313 多摩美術大学
- 314 千葉工業大学
- 315 中央大学(法学部－学部別選抜)
- 316 中央大学(経済学部－学部別選抜)
- 317 中央大学(商学部－学部別選抜)
- 318 中央大学(文学部－学部別選抜)
- 319 中央大学(総合政策学部－学部別選抜)
- 320 中央大学(国際経営・国際情報学部－学部別選抜)
- 321 中央大学(理工学部－学部別選抜)
- 322 中央大学(5学部共通選抜)
- 323 中央学院大学
- 324 津田塾大学
- 325 帝京大学(薬・経済・法・文・外国語・教育・理工・医療技術・福岡医療技術学部)
- 326 帝京大学(医学部) 医
- 327 帝京科学大学 総推
- 328 帝京平成大学 総推
- 329 東海大学(医〈医〉学部を除く－一般選抜)
- 330 東海大学(文系・理系学部統一選抜)
- 331 東海大学(医学部〈医学科〉) 医
- 332 東京医科大学(医学部〈医学科〉) 医
- 333 東京家政大学・短期大学部 総推
- 334 東京経済大学
- 335 東京工科大学
- 336 東京工芸大学
- 337 東京国際大学
- 338 東京歯科大学
- 339 東京慈恵会医科大学(医学部〈医学科〉) 医
- 340 東京情報大学
- 341 東京女子大学
- 342 東京女子医科大学(医学部) 医
- 343 東京電機大学
- 344 東京都市大学
- 345 東京農業大学
- 346 東京薬科大学(薬学部) 総推
- 347 東京薬科大学(生命科学部) 総推
- 348 東京理科大学(理学部〈第一部〉－B方式)
- 349 東京理科大学(創域理工学部－B方式・S方式)
- 350 東京理科大学(工学部－B方式)
- 351 東京理科大学(先進工学部－B方式)
- 352 東京理科大学(薬学部－B方式)
- 353 東京理科大学(経営学部－B方式)
- 354 東京理科大学(C方式、グローバル方式、理学部〈第二部〉－B方式)
- 355 東邦大学(医学部) 医
- 356 東邦大学(薬学部)

2025年版　大学赤本シリーズ

私立大学②

357 東邦大学(理・看護・健康科学部)
358 東洋大学(文・経済・経営・法・社会・国際・国際観光学部)
359 東洋大学(情報連携・福祉社会デザイン・健康スポーツ科・理工・総合情報・生命科・食環境科学部)
360 東洋大学(英語〈3日程×3カ年〉)
361 東洋大学(国語〈3日程×3カ年〉)
362 東洋大学(日本史・世界史〈2日程×3カ年〉)
363 東洋英和女学院大学
364 常磐大学・短期大学 総推
365 獨協大学
366 獨協医科大学(医学部) 医

な行(関東の大学)

367 二松学舎大学
368 日本大学(法学部)
369 日本大学(経済学部)
370 日本大学(商学部)
371 日本大学(文理学部〈文系〉)
372 日本大学(文理学部〈理系〉)
373 日本大学(芸術学部〈専門試験併用型〉)
374 日本大学(国際関係学部)
375 日本大学(危機管理・スポーツ科学部)
376 日本大学(理工学部)
377 日本大学(生産工・工学部)
378 日本大学(生物資源科学部)
379 日本大学(医学部) 医
380 日本大学(歯・松戸歯学部)
381 日本大学(薬学部)
382 日本大学(N全学統一方式−医・芸術〈専門試験併用型〉学部を除く)
383 日本医科大学 医
384 日本工業大学
385 日本歯科大学
386 日本社会事業大学 総推
387 日本獣医生命科学大学
388 日本女子大学
389 日本体育大学

は行(関東の大学)

390 白鷗大学(学業特待選抜・一般選抜)
391 フェリス女学院大学
392 文教大学
393 法政大学(法〈I日程〉・文〈II日程〉・経営〈II日程〉学部−A方式)
394 法政大学(法〈II日程〉・国際文化・キャリアデザイン学部−A方式)
395 法政大学(文〈I日程〉・経営〈I日程〉・人間環境・グローバル教養学部−A方式)
396 法政大学(経済〈I日程〉・社会〈I日程〉・現代福祉学部−A方式)
397 法政大学(経済〈II日程〉・社会〈II日程〉・スポーツ健康学部−A方式)
398 法政大学(情報科・デザイン工・理工・生命科学部−A方式)
399 法政大学(T日程〈統一日程〉・英語外部試験利用入試)
400 星薬科大学 総推

ま行(関東の大学)

401 武蔵大学
402 武蔵野大学
403 武蔵野美術大学
404 明海大学
405 明治大学(法学部−学部別入試)
406 明治大学(政治経済学部−学部別入試)
407 明治大学(商学部−学部別入試)
408 明治大学(経営学部−学部別入試)
409 明治大学(文学部−学部別入試)
410 明治大学(国際日本学部−学部別入試)
411 明治大学(情報コミュニケーション学部−学部別入試)
412 明治大学(理工学部−学部別入試)
413 明治大学(総合数理学部−学部別入試)
414 明治大学(農学部−学部別入試)
415 明治大学(全学部統一入試)
416 明治学院大学(A日程)
417 明治学院大学(全学部日程)
418 明治薬科大学 総推
419 明星大学
420 目白大学・短期大学部

ら・わ行(関東の大学)

421 立教大学(文系学部−一般入試〈大学独自の英語を課さない日程〉)
422 立教大学(国語〈3日程×3カ年〉)
423 立教大学(日本史・世界史〈2日程×3カ年〉)
424 立教大学(文学部−一般入試〈大学独自の英語を課す日程〉)
425 立教大学(理学部−一般入試)
426 立正大学
427 早稲田大学(法学部)
428 早稲田大学(政治経済学部)
429 早稲田大学(商学部)
430 早稲田大学(社会科学部)
431 早稲田大学(文学部)
432 早稲田大学(文化構想学部)
433 早稲田大学(教育学部〈文科系〉)
434 早稲田大学(教育学部〈理科系〉)
435 早稲田大学(人間科・スポーツ科学部)
436 早稲田大学(国際教養学部)
437 早稲田大学(基幹理工・創造理工・先進理工学部)
438 和洋女子大学 総推

中部の大学(50音順)

439 愛知大学
440 愛知医科大学(医学部) 医
441 愛知学院大学・短期大学部
442 愛知工業大学 総推
443 愛知淑徳大学
444 朝日大学 総推
445 金沢医科大学(医学部) 医
446 金沢工業大学
447 岐阜聖徳学園大学 総推
448 金城学院大学
449 至学館大学 総推
450 静岡理工科大学
451 椙山女学園大学
452 大同大学
453 中京大学
454 中部大学
455 名古屋外国語大学 総推
456 名古屋学院大学 総推
457 名古屋学芸大学 総推
458 名古屋女子大学 総推
459 南山大学(外国語〈英米〉・法・総合政策・国際教養学部)
460 南山大学(人文・外国語〈英米を除く〉・経済・経営・理工学部)
461 新潟国際情報大学
462 日本福祉大学
463 福井工業大学
464 藤田医科大学(医学部) 医
465 藤田医科大学(医療科・保健衛生学部)
466 名城大学(法・経営・経済・外国語・人間・都市情報学部)
467 名城大学(情報工・理工・農・薬学部)
468 山梨学院大学

近畿の大学(50音順)

469 追手門学院大学 総推
470 大阪医科薬科大学(医学部) 医
471 大阪医科薬科大学(薬学部) 総推
472 大阪学院大学 総推
473 大阪経済大学 総推
474 大阪経済法科大学 総推
475 大阪工業大学 総推
476 大阪国際大学・短期大学部 総推
477 大阪産業大学 総推
478 大阪歯科大学(歯学部)
479 大阪商業大学 総推
480 大阪成蹊大学・短期大学 総推
481 大谷大学 総推
482 大手前大学・短期大学 総推
483 関西大学(文系)
484 関西大学(理系)
485 関西大学(英語〈3日程×3カ年〉)
486 関西大学(国語〈3日程×3カ年〉)
487 関西大学(日本史・世界史・文系数学〈3日程×3カ年〉)
488 関西医科大学(医学部) 医
489 関西医療大学 総推
490 関西外国語大学・短期大学部 総推
491 関西学院大学(文・法・商・人間福祉・総合政策学部−学部個別日程)
492 関西学院大学(神・社会・経済・国際・教育学部−学部個別日程)
493 関西学院大学(全学部日程〈文系型〉)
494 関西学院大学(全学部日程〈理系型〉)
495 関西学院大学(共通テスト併用日程〈数学〉・英数日程)
496 関西学院大学(英語〈3日程×3カ年〉) 新
497 関西学院大学(国語〈3日程×3カ年〉) 新
498 関西学院大学(日本史・世界史・文系数学〈3日程×3カ年〉) 新
499 畿央大学 総推
500 京都外国語大学・短期大学 総推
502 京都産業大学(公募推薦入試) 総推
503 京都産業大学(一般選抜入試〈前期日程〉)
504 京都女子大学 総推
505 京都先端科学大学 総推
506 京都橘大学 総推
507 京都ノートルダム女子大学 総推
508 京都薬科大学 総推
509 近畿大学・短期大学部(医学部を除く−推薦入試) 総推
510 近畿大学・短期大学部(医学部を除く−一般入試前期)
511 近畿大学(英語〈医学部を除く3日程×3カ年〉)
512 近畿大学(理系数学〈医学部を除く3日程×3カ年〉)
513 近畿大学(国語〈医学部を除く3日程×3カ年〉)
514 近畿大学(医学部−推薦入試・一般入試前期) 医 総推
515 近畿大学・短期大学部(一般入試後期) 医
516 皇學館大学 総推
517 甲南大学 総推
518 甲南女子大学(学校推薦型選抜) 新 総推
519 神戸学院大学 総推
520 神戸国際大学 総推
521 神戸女学院大学 総推
522 神戸女子大学・短期大学 総推
523 神戸薬科大学 総推
524 四天王寺大学・短期大学部 総推
525 摂南大学(公募制推薦入試) 総推
526 摂南大学(一般選抜前期日程)
527 帝塚山学院大学 総推
528 同志社大学(法、グローバル・コミュニケーション学部−学部個別日程)

2025年版　大学赤本シリーズ　No. 517
甲南大学

編　集　教学社編集部
発行者　上原 寿明
発行所　教学社
〒606-0031
京都市左京区岩倉南桑原町56
電話　075-721-6500
振替　01020-1-15695
印　刷　共同印刷工業

2024年7月30日　第1刷発行
ISBN978-4-325-26576-4
定価は裏表紙に表示しています